"十三五"普通高等教育本科规划教材

高等院校经济管理类专业"互联网+"创新规划教材

金|融|学|系|列

金融学基础与实务

Basic and Practice of Finance

主　编/战玉锋

北京大学出版社
PEKING UNIVERSITY PRESS

内容简介

本书全面、系统地阐述了货币信用、金融市场、金融中介、金融危机与金融监管、国际金融体系等基本理论和知识，注重对基本概念、基本原理和基础知识的理解与把握，以及对金融学理论和实践的最新发展情况的介绍与分析。全书共分为 4 篇 12 章，各章配有阅读材料、阅读案例、理财小窍门、本章小结和练习题等内容。本书通过案例和数据把金融学理论与金融学实践有机结合起来，有助于学生对金融学基本理论的全面理解和深刻认识，同时帮助学生认识和掌握市场经济条件下货币金融运行的规律。本书着重培养学生运用相关金融学理论知识观察、分析和解决我国金融改革与发展过程中的现实问题的能力，以便为进一步学习其他专业课程打下比较坚实的基础。

本书既可作为普通高等学校金融学、金融工程、工商管理、会计学等专业的教材，也可供想了解和掌握金融知识的广大金融爱好者选用。

图书在版编目(CIP)数据

金融学基础与实务/战玉锋主编. —北京：北京大学出版社，2017.9
（高等院校经济管理类专业"互联网+"创新规划教材）
ISBN 978-7-301-28753-8

Ⅰ. ①金… Ⅱ. ①战… Ⅲ. ①金融学—高等学校—教材 Ⅳ. ①F830

中国版本图书馆 CIP 数据核字（2017）第 220136 号

书 名	金融学基础与实务 JINRONGXUE JICHU YU SHIWU
著作责任者	战玉锋 主编
策划编辑	王显超
责任编辑	王显超 刘 丽
数字编辑	陈颖颖
标准书号	ISBN 978-7-301-28753-8
出版发行	北京大学出版社
地 址	北京市海淀区成府路 205 号　100871
网 址	http://www.pup.cn 新浪微博：@北京大学出版社
电子信箱	pup_6@163.com
电 话	邮购部 62752015　发行部 62750672　编辑部 62750667
印刷者	北京富生印刷厂
经销者	新华书店
	787 毫米×1092 毫米　16 开本　19 印张　446 千字 2017 年 9 月第 1 版　2017 年 9 月第 1 次印刷
定 价	45.00 元

未经许可，不得以任何方式复制或抄袭本书之部分或全部内容。
版权所有，侵权必究
举报电话：010-62752024　电子信箱：fd@pup.pku.edu.cn
图书如有印装质量问题，请与出版部联系，电话：010-62756370

前　言

现代经济从本质上讲就是一种发达的货币信用经济或金融经济。金融是现代经济中调节宏观经济的重要杠杆，是沟通整个社会经济生活的命脉和媒介。尤其是随着全球金融海啸的爆发、美元的贬值、全球经济增速的放缓、通货膨胀压力的加大，各国政府越来越多地采用货币金融政策来调控本国经济，金融的重要性日益突出。金融是现代经济的核心，当今世界上的一切经济变化都会在金融领域里表现出来。在新形势下，金融问题已经影响到各国经济发展和国家安全与稳定。金融作为一种重要资源，必然有一个适度开发利用的问题，即金融的可持续发展。中国如此，世界各国亦如此。所以，教材必须能够引导学生注意到金融学基础理论、金融制度与金融学实务的变化发展。在这种背景下，编写《金融学基础与实务》这本书，对学习者增强金融风险防范意识，满足高校经济、管理类专业学生学习金融基础理论的教学需要以及金融机构从业人员培训的需要，具有十分重要的现实意义。

本书分为4篇。第1篇讲述金融领域的基本概念和范畴，是开始系统地学习金融学所必需的知识准备，主要包括货币与货币制度、信用、利息和利率、金融；第2篇讲述微观金融，即金融市场与金融中介的基本理论，主要包括金融市场、金融中介概述、商业银行、中央银行；第3篇讲述宏观金融，即货币均衡的基本理论，主要包括货币需求与货币供给、货币政策、通货膨胀；第4篇讲述金融危机与金融监管。

传统的金融学以"货币与货币制度—信用—金融机构"和"货币—货币供求—货币均衡—货币政策"两条线索为主线，比较全面地涵盖了金融学的全部内容。经过改革开放以来三十多年的发展，我国的金融学已经从最初的引进西方经济学理论体系和内容转变到结合我国金融体制改革的实践不断创新和发展的阶段。为了适应新形势的变化和教学的需要，编者在多年来不断修改的教学讲义和业已出版的相关科研成果基础上，广泛借鉴、吸收国内比较流行的金融学教材、专著，更对这些专著、教材的结构和内容进行了比较研究，力图在此基础上有所创新，以期在金融学的教学活动中收到更佳的效果。与当前现有教材相较，本书主要突出了以下四个方面的特色：

(1) 系统、全面。本书紧紧把握当前金融业改革、开放和发展的时代脉搏，结合编者自身教学实践，将金融学理论研究、阅读材料以及相关案例分析适当分层编写，尽可能把金融学理论与金融实务有机结合。这样不仅可以加深学生对金融学理论知识的理解与应用，还有助于着重培养学生观察、分析和解决实际金融问题的能力。

(2) 体例结构新颖，内容务实创新。本书在每章开篇之处均有教学目标、本章引言和知识要点结构图，易于学生了解本章所学的金融学的内容，准确把握所学章节的重点、难点；每章安排了大量的阅读材料、阅读案例和理财小窍门，有助于加强理论与实践的结合，增强学生对金融学相关理论的理解和领悟；每章都附有小结和题型多样的练习题，以便学生能够更好地学习和掌握每章的知识要点与基本知识。

(3) 前沿性。本书尽可能把当代中国金融领域的最新理论研究成果、最新改革动态全面地介绍给读者。这一点可以从每章中编排的阅读材料和阅读案例等内容上体现出来。

(4) 通俗易懂与趣味性。在写作风格上，本书力争寓理性认识于感性认识之中，用轻松的笔调深入浅出地介绍金融学的基本原理，尽量用读者可以看得到、感受得到的事例来阐明枯燥晦涩的理论，而且基本上没有数学模型，使本书具有很强的可读性。全书的内容显得轻松活泼，同时又不失教材所应有的严肃性，让读者能够轻轻松松学金融。

本书由战玉锋担任主编并总纂定稿。

在编写本书的过程中，编者参阅了许多相关著作和教材，在此向它们的作者表示感谢！此外，北京大学出版社的工作人员为本书的出版做了大量细致的工作，在此一并衷心表示感谢！

搁笔掩卷，仍深感惶恐，限于编者的知识水平和教学经验，本书的缺点和不足之处在所难免，寄厚望于各位识者不吝赐教、批评和斧正。

编　者

2017 年 6 月

【资源索引】

目 录

第1篇 基本范畴

第1章 货币与货币制度 3
- 1.1 货币的含义 4
  - 1.1.1 日常生活中的货币 4
  - 1.1.2 经济学中的货币 5
- 1.2 货币的起源与职能 6
  - 1.2.1 货币的产生 6
  - 1.2.2 货币的形态 7
  - 1.2.3 货币的职能 11
- 1.3 货币的定义与计量 14
  - 1.3.1 货币的定义 14
  - 1.3.2 货币的计量 14
- 1.4 货币制度 17
  - 1.4.1 货币制度的内涵及其构成要素 17
  - 1.4.2 中国现行的货币制度 19
- 1.5 国际货币体系 21
  - 1.5.1 国际货币体系概述 21
  - 1.5.2 国际货币体系的演变 22
- 本章小结 24
- 练习题 25

第2章 信用 27
- 2.1 信用及其与货币的联系 28
  - 2.1.1 信用的本质 28
  - 2.1.2 信用的产生和发展 30
  - 2.1.3 信用与金融 32
- 2.2 高利贷 32
  - 2.2.1 高利贷信用的特点 32
  - 2.2.2 高利贷信用的作用 33
- 2.3 信用活动的基础 33
  - 2.3.1 信用经济 33
  - 2.3.2 信用关系中的主体 34
- 2.4 信用的形式 36
  - 2.4.1 商业信用 36
  - 2.4.2 银行信用 40
  - 2.4.3 国家信用 41
  - 2.4.4 消费信用 43
  - 2.4.5 国际信用 44
  - 2.4.6 民间信用 45
- 2.5 构建市场经济的社会征信体系 46
  - 2.5.1 建立社会征信体系的必要性 46
  - 2.5.2 我国社会征信体系建设的现状 47
- 本章小结 48
- 练习题 49

第3章 利息和利率 51
- 3.1 利息 52
  - 3.1.1 利息的含义 52
  - 3.1.2 利息的本质 53
  - 3.1.3 收益的资本化 54
- 3.2 利率及其种类 56
  - 3.2.1 利率的定义及其表示方法 56
  - 3.2.2 利率的种类 57
- 3.3 利息的计算 60
  - 3.3.1 单利和复利 60
  - 3.3.2 现值、终值及其应用 63
  - 3.3.3 到期收益率 65
- 3.4 利率的决定及影响因素 67
  - 3.4.1 利率决定理论 67
  - 3.4.2 影响利率的主要因素 68
- 3.5 利率的风险结构与期限结构 70
  - 3.5.1 利率的风险结构 70
  - 3.5.2 利率的期限结构 72
- 本章小结 74
- 练习题 75

第 4 章 金融 77
4.1 金融概述 78
4.1.1 金融的含义 78
4.1.2 金融的特征 79
4.2 金融范畴的形成与发展 79
4.3 金融在现代经济中的地位和作用 80
本章小结 82
练习题 83

第 2 篇 金融市场与金融中介

第 5 章 金融市场 87
5.1 金融市场概述 89
5.1.1 金融市场的定义及其构成要素 89
5.1.2 金融市场的分类 91
5.1.3 金融市场的功能 93
5.2 货币市场 95
5.2.1 货币市场概述 95
5.2.2 货币市场的类型 96
5.3 资本市场 101
5.3.1 资本市场概述 101
5.3.2 股票市场 102
5.3.3 长期债券市场 111
5.4 金融衍生工具市场 116
5.4.1 金融衍生工具的发展 116
5.4.2 金融远期市场 117
5.4.3 金融期货市场 117
5.4.4 金融期权市场 121
5.4.5 金融互换市场 124
5.5 证券投资基金 124
5.5.1 证券投资基金的概念与特征 124
5.5.2 证券投资基金与股票、债券、银行储蓄存款的差别 125
5.5.3 证券投资基金的分类 126
5.6 外汇市场与黄金市场 128
5.6.1 外汇市场 128
5.6.2 黄金市场 134
本章小结 137
练习题 138

第 6 章 金融中介概述 140
6.1 金融中介的概念及其主要类型 141
6.1.1 金融中介的概念 141
6.1.2 金融中介的主要类型 142
6.2 西方国家的金融中介体系 143
6.2.1 银行体系 143
6.2.2 非银行金融中介体系 144
6.3 我国金融中介体系 147
6.3.1 我国金融中介体系的演变 147
6.3.2 我国现行的金融中介体系 149
6.4 国际金融机构体系 161
6.4.1 国际金融机构的形成与发展 161
6.4.2 国际清算银行 161
6.4.3 国际货币基金组织 162
6.4.4 世界银行集团 163
6.4.5 区域性国际金融机构 164
本章小结 167
练习题 167

第 7 章 商业银行 169
7.1 商业银行概述 170
7.1.1 商业银行的性质与职能 170
7.1.2 商业银行的一般原则 173
7.1.3 商业银行的组织制度 175
7.2 商业银行的经营范围 177
7.2.1 商业银行的一般业务范围 177
7.2.2 中国商业银行的业务范围 178
7.2.3 商业银行存款业务规则 182
7.2.4 商业银行贷款业务规则 184
7.3 商业银行存款货币的创造 185
7.3.1 现代金融体制下的存款货币创造过程 185
7.3.2 派生存款乘数的修正 188
7.4 网络银行 190
7.4.1 网络银行的概念及其特征 190

目录

  7.4.2 网络银行发展中面临的
    问题 191
 本章小结 194
 练习题 195

第8章 中央银行 197

 8.1 中央银行概述 198
  8.1.1 建立中央银行的必要性 198
  8.1.2 中央银行的产生和发展 199
  8.1.3 中央银行制度的类型 200
 8.2 中央银行的性质及职能 202
  8.2.1 中央银行的性质 202
  8.2.2 中央银行的职能 203
 8.3 中国人民银行 205
  8.3.1 中国人民银行的性质、职能与
    职责 205
  8.3.2 中国人民银行的业务 206
 本章小结 207
 练习题 208

第3篇 货币均衡

第9章 货币需求与货币供给 211

 9.1 货币需求 212
  9.1.1 货币需求及其决定因素 212
  9.1.2 货币需求理论的研究思路 ... 215
 9.2 货币供给 216
  9.2.1 货币供给与货币供给量 216
  9.2.2 中央银行对货币供给的
    控制 217
  9.2.3 货币乘数对货币供给的
    影响 218
 9.3 货币供求均衡 220
  9.3.1 货币均衡原理 220
  9.3.2 货币均衡的调节 221
 本章小结 224
 练习题 225

第10章 货币政策 227

 10.1 货币政策及其目标 228

  10.1.1 货币政策的定义、特征及其
    内容 228
  10.1.2 货币政策的目标 230
 10.2 货币政策工具 236
  10.2.1 一般性货币政策工具 236
  10.2.2 选择性货币政策工具 241
  10.2.3 其他货币政策工具 242
 10.3 货币政策的传导机制与效果分析 ... 244
  10.3.1 货币政策的传导机制 244
  10.3.2 货币政策的效果分析 247
 本章小结 252
 练习题 253

第11章 通货膨胀 254

 11.1 通货膨胀及其度量 255
  11.1.1 通货膨胀的含义及其
    类型 255
  11.1.2 通货膨胀的度量 258
 11.2 通货膨胀的社会经济效应 259
  11.2.1 通货膨胀的产出效应 259
  11.2.2 通货膨胀与菲利普斯
    曲线 260
  11.2.3 强制储蓄效应 262
  11.2.4 收入分配效应 262
  11.2.5 恶性通货膨胀与
    经济社会危机 263
 11.3 通货膨胀的成因及其治理 263
  11.3.1 通货膨胀的成因 263
  11.3.2 通货膨胀的治理 267
 本章小结 271
 练习题 271

第4篇 金融危机与金融监管

第12章 金融危机与金融监管 275

 12.1 金融危机 276
  12.1.1 金融危机的定义及其
    类型 276
  12.1.2 西方的金融危机理论 279
  12.1.3 金融危机的防范措施 279

12.2 金融监管 283
　12.2.1 金融监管概述 283
　12.2.2 银行业监管 287
　12.2.3 证券业监管 288
　12.2.4 保险业监管 290
本章小结 294
练习题 295

参考文献 296

第1篇 基本范畴

第1章 货币与货币制度

教学目标

通过本章的学习，了解货币的产生和发展，了解国际货币体系的含义及其演变过程，掌握货币的定义、货币的职能、货币制度的构成要素，理解货币层次划分的目的、依据和方法，理解中国的货币制度的主要内容。

本章引言

在人类历史长河中，货币已经有五千多年的历史。日常生活中，人们每天都与货币打交道，人们吃、穿、住、用所需要的各种商品都需要货币购买，同时人们享受的各种服务也要支付货币。货币已成为人们每时每刻都不可或缺的东西，然而并不是每个人都能真正认识货币。马克思曾引用当时英国议员格莱斯顿的话说："受恋爱愚弄的人，甚至还没有因钻研货币本质而受愚弄的人多。"萨缪尔森在其名著《经济学》有关货币的章节中，引用了金·哈伯特的一句名言："在一万人中只有一人懂得通货问题，而我们每天都碰到它。"由此看来，货币貌似简单，实际上却极其复杂。只有深刻了解了货币，才能够在此基础上理解当今世界的经济发展。本章将揭开货币神秘的面纱。

知识要点结构图

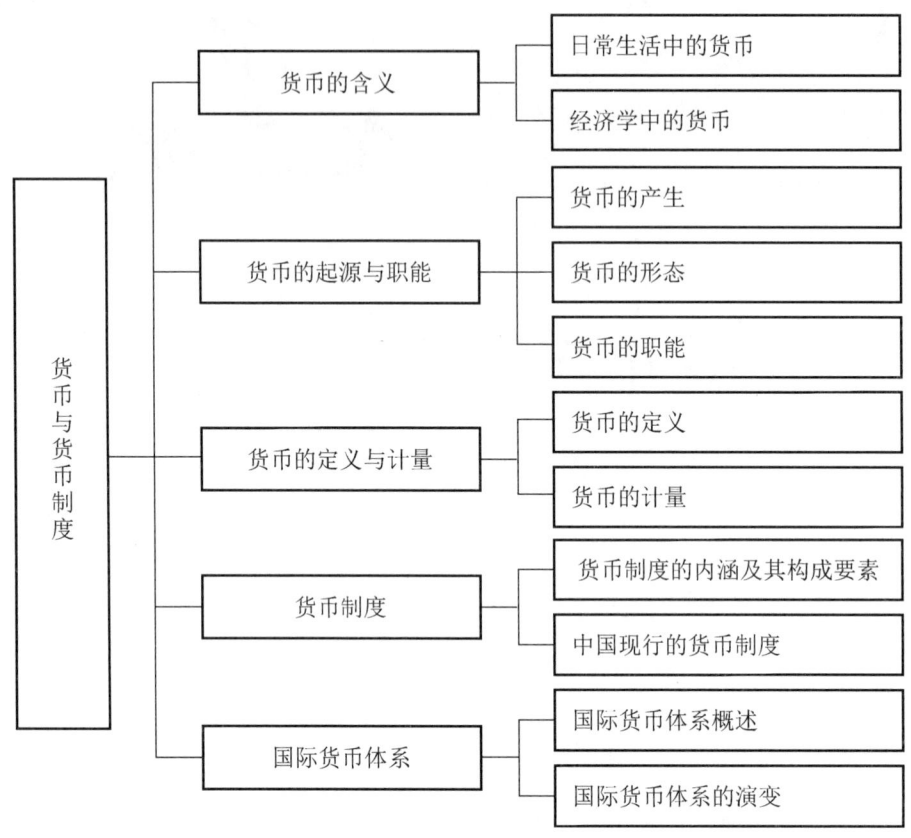

货币或金钱是人类生活中的重要因素，其历史几乎与人类文明本身一样悠久。人们对它的评价一直是众说纷纭、莫衷一是。那些信奉金钱拜物教的人把金钱当成了权力、幸福和真理的源泉。而一些道德家则把金钱视为万恶之源。我们中国人大多持中庸之道，"钱不是万能的，没有钱却是万万不能的"似乎更适合常人的感受。要将关于货币的话题说清道明绝非易事，因为这涉及人类知识和智慧的许多领域。我们要做的工作，只是用经济学这一系统性的理论知识对货币现象进行研究和解释。只有深刻了解了货币，才能够在此基础上理解当今世界的经济发展。本章将揭开货币神秘的面纱。

1.1 货币的含义

1.1.1 日常生活中的货币

在现代经济社会生活中，"钱"无时不在、无处不在，人们几乎天天与"钱"打交道。无论家庭、企业、国家都要用货币(钱)购买商品和支付劳务费用或制造商品和提供劳务获得货币报酬。如果没有货币，社会商品便不能实现等价交换，社会经济不能得以正常运转，国家就会失去存在的条件，整个社会秩序将会一片混乱。

但对于不同的人来说，货币意味着不同的东西。在日常生活中，货币的一个替代词是"钱"。人们经常用到或者听到如下说法："这个你要多少钱(money)""你一年赚多少钱(money)""他们家很有钱(money)"。

显然，上述三种"money"说法的意思并不相同。第一种说法是指价格(price)，第二种说法是指收入(income)，第三种说法是指财富(wealth)。

1.1.2 经济学中的货币

人们在日常生活中对货币的认识与经济学对货币的解释存在较大差异。对于经济学家来说，货币有特定的含义。

1. 通货与货币

通货(currency，即钞票和硬币)显然符合经济学家们提出的货币定义，因而是货币的一种。人在生活中谈到的货币大多就是指通货。然而，把货币仅仅定义为通货，对于经济学家来说则过于狭窄了。在中国，由于目前支票还没有进入普通家庭，人们日常生活中的商品交易主要是以现金为媒介来完成的。人们买副食品、买日用品、交房租、交水电费一般都用现金，就连买耐用消费品，大多用的也是现金，因此老百姓头脑中货币的概念通常就是通货(现金)。但实际上对组织来说，由于支票在购买付款时也是被接受的，因此支票账户上的存款也被看成货币，甚至旅行支票或储蓄存款之类，如能迅速而方便地转变为通货或支票存款，有时也用来支付货款或有效地发挥货币的功能，所以我们常常也称之为货币。可见货币的范围大大超过通货的概念。

2. 收入与货币

人们也常常用货币一词指代经济学家所说的收入。常听到人们这样说："他有一份好工作，能挣大笔的钱。"在这里，货币一词被当作收入来使用。但应注意的是，虽然收入是用货币来表示的，但是收入和货币却是完全不同的两个概念。收入是一个流量，而货币则是一个存量。流量是指在一段时间内所发生的量，比如，我们的月收入就是一个流量，我们国家的国民生产总值也是一个流量。讲流量一定要讲明时间的长短，如果人家问老张"你挣多少钱"，老张回答"10 000 元"，你说是多还是少呢？如果老张指月收入，那是多的，但如果是指年收入，那是少的。存量是指在一个时点上的数量，比如老张在 2016 年底有 100 万元存款，这是在一个时点上的数量，是多是少是完全清楚的。可见，在经济学家的头脑里，货币与收入是两个不同的概念。

3. 财富与货币

在日常生活中，货币一词也常常被用作财富的同义词。比如，人们在衡量一个人的财富时，首先想到的是他的银行存款有多少，紧接着就是诸如他所拥有的股票、债券以及不动产的价值等。在这里，货币与财富完全属于同一种意思。但是，通货作为货币的定义范围虽然过于狭窄，而把货币定义为财富，范围又未免过于宽泛。所以，经济学家们把用于交易的各种形式的货币，同作为价值储藏的各项财产总和的财富进行了区分。在两者的关系上，财富不仅包括通货、存款、信用卡等货币，而且包括诸如股票、债券以及能够代表所有权的各种金融资产和实物资产。可见货币的概念远小于财富的范围。

其实，要准确理解经济学中货币的定义，不仅要比较日常生活中的货币与经济学中的货币，更要追溯货币的起源。

1.2 货币的起源与职能

1.2.1 货币的产生

1. 货币起源于社会分工和商品交换

货币不是从来就有的，它起源于社会分工和商品交换。社会分工使人们根据自己的优势生产单一产品，而人们生产和生活的需求又是多样性的。在私有制度下，解决生产单一化和需求多样性矛盾的最好手段就是交换，因此社会分工和私有制促成了商品生产和商品交换的发展。在商品生产和交换的漫长发展过程中，从商品中自然分离出来的一般等价物就是货币。

马克思第一个用完整的劳动价值论揭示了货币产生过程的本质矛盾。他认为商品是使用价值和价值矛盾的统一体，一个商品生产者要么拥有商品的价值，要么拥有其使用价值，两者相互依存又互为条件的关系必然导致交换过程的存在，使商品内部矛盾转化为商品交换过程中的矛盾。商品生产者出售商品的使用价值获得价值的交换过程，使每个商品生产者的私人劳动转化为社会劳动，交换过程就是商品使用价值和价值矛盾的转换过程。这一过程通过价值形式的演变表现出来，并由此导出在商品经济条件下货币产生的客观必然性。

其他经济学派常用交换制度的演变来说明货币的产生。他们认为世界各地的交换都经历了物物交换和货币交换两个发展阶段。

2. 物物交换的缺陷

在人类的早期社会，原始经济的交易方式是物物交换(barter)。在古埃及的壁画中可以看到物物交换的情景：有用瓦罐换鱼的，有用一捆葱换一把扇子的。中国古书中有这样的记载：神农氏的时候，"日中为市，致天下之民，聚天下之货，交易而退，各得其所。"但是，物物交换这种交易方式至少存在三个缺陷，如表1-1所示。

表 1-1 物物交换的缺陷

缺　　陷	具 体 内 容
难以达成交换双方愿望的一致	物物交换要求双方必须都有对方所需要的商品，否则，交换就无法进行，这样，使得交换的系列不断延长
交换比价多而且混乱	商品交换的比价随着交换系列的延伸而不断增加，有 n 种商品参与交换就会有 n 个价格比率，如此之多的商品比价，必然出现混乱，从而加大交换难度
没有普遍接受的价值储存手段	物物交换必须在同一时间完成，这就无法实现过去的商品同将来的商品进行交换，无法将现在拥有的购买力转移到将来使用，更无法进行将来的投资与交换

物物交换存在的缺陷，使得其交易成本不断上升。这种交易成本的上升表现在三个方面：一是人们为了寻找交易对象而不断发生的搜寻成本上升；二是将资源用于迂回交易过程时所失去的其他方面投资收益的机会成本上升；三是进行交换时所发生的直接成本上升。这样，就给货币的出现和发展留下了空间。

3. 货币交换的优势

人们在交换实践中慢慢寻找，终于找到了克服这些缺陷的办法，这个办法就是使用充当一般等价物的商品，即货币。与物物交换相比较，货币交换具有的优势如表 1-2 所示。

表 1-2　货币交换的优势

优　势	具　体　内　容
简化了交换方式	通过货币，能够把所有的商品或劳务交换都简化成买与卖，这就大大降低了交易成本
提供了交换效率	通过货币，能够使商品交换跨越时间和空间进行，从而解决了持有一种商品来等待另一种商品的不经济和低效率问题
奠定了经济结构演变的基础	在货币的基础上，孕育了专门经营货币的中介机构，逐渐分离出了金融业。显然，货币的出现，推动了专业化分工、市场经济、金融中介等现代经济形态的出现

由于通过货币的交换是一种间接交换，即先以商品交换货币，再以货币交换商品，或者反向交换，这样，就使货币具有了交易媒介的功能。又因为货币隐含着价值储藏和支付手段的功能，即交易不必同时进行，这就给交易提供了跨越时间的对付未来经济不确定性的办法。

【阅读案例】

1.2.2　货币的形态

人类历史上的货币形态十分繁杂。在古代，货币的形式有牲畜、盐、茶叶、皮革等，也有铜、铁、贝壳、银、金。到现代，人们所熟悉的是纸币、辅币、银行存款和信用卡等。大体来说，货币的历史发展经历了实物货币、金属货币、代用货币、信用货币四个阶段，并逐渐向电子货币的新阶段迈进。

1. 实物货币

人类历史上最古老的货币是实物货币，就是以自然界存在的某种物品或人们生产的某种物品来充当货币。历史上，牛、羊、米、布、木材、家畜、贝壳等都曾在不同的时期扮演过货币的角色。我国以贝壳作为货币有着较长的历史，"贝"作为我国最早的货币，在我国货币史上有着深远的影响。因此，我国汉字中许多与价值有关的字，都由"贝"构成，如"贵""贱""贷""财"等。多数实物货币不易分割、不易保存、不便携带，因而不便于行使货币职能。所以，随着历史的推移，货币逐渐固定在金属上。

阅读案例1-1

战俘营里的货币

第二次世界大战期间,在纳粹的战俘集中营中流通着一种特殊的商品货币——香烟。当时的红十字会设法向战俘提供了各种人道主义物品,如食物、衣服、香烟等。由于数量有限,这些物品只能根据某种平均主义的原则在战俘之间进行分配,而无法顾及每个战俘的特定偏好。但是人与人之间的偏好显然是有所不同的,有人喜欢巧克力,有人喜欢奶酪,有人则可能更想得到一包香烟。因此这种分配显然是缺乏效率的,战俘们有进行交换的需要。

但是即使在战俘营这样一个狭小的范围内,物物交换也显得非常不方便,因为它要求交易双方恰巧都想要对方的东西,也就是所谓的需求的双重巧合。为了使交换能够更加顺利地进行,需要有一种充当交易媒介的商品。那么,在战俘营,究竟哪一种物品适合做交易媒介呢?许多战俘营都不约而同地选择香烟来扮演这一角色。战俘们用香烟来进行计价和交易,如一根香肠10根香烟,一件衬衣值80根香烟,替别人洗一件衣服则可以换得两根香烟。有了这样一种记账单位和交易媒介之后,战俘之间的交换就方便多了。

香烟之所以会成为战俘营中流行的"货币",是和它自身的特点分不开的。它容易标准化,而且具有可分性,同时也不易变质,这些正是和作为"货币"的要求相一致的。当然,并不是所有的战俘都吸烟,但是,只要香烟成了一种通用的交易媒介,用它可以换到自己想要的东西,自己喜不喜欢吸烟又有什么关系呢?我们现在愿意接受别人付给我们的钞票,也并不是因为我们对这些钞票本身有什么偏好,而仅仅是因为我们相信,当我们用它来买东西时,别人也愿意接受。

(资料来源:http://bank.jpkc.gdcc.edu.cn/.)

2. 金属货币

实物货币的弊端暴露以后,经济对新币材提出了要求,要求新币材能克服实物货币的不足。市场的选择要求充当货币的币材要具有体积小、价值大、易于分割、便于保存与携带等特征。随着交换的发展,人们发现金属的自然属性正好符合上述要求,因此金属货币便应运而生。这正印证了马克思的名言:"金银天然不是货币,但货币天然是金银。"

【阅读材料】

历史上充当货币的金属主要是金、银、铜,铁充当货币的现象比较少。这主要是因为随着人类社会冶炼技术的发展,铁的冶炼变得比较容易,和金、银、铜比较起来,铁的价值比较低,而且容易锈蚀,不利保存。在我国历史上,最早的金属货币是铜。秦始皇统一六国后,下令将秦国铜钱推行全国,它以半两为标准单位,圆形方孔,这种铜钱便于携带、不易磨损,成为以后中国古典货币的基本样式。黄金作为货币,起于先秦。白银在西汉的著述中已经出现,但直到宋代才逐渐成为货币材料。公元13世纪以来,金币在西欧逐渐增多,到20世纪,在世界主要的工业化国家中,币材已由黄金垄断。

3. 代用货币

金银充当货币固然具有许多优点,但其在数量上往往难以满足社会的需求,因而在货币史上出现了由政府或银行发行的代表一定成色和质量的金属货币的凭证,即代用货币。

和金属货币相比,代用货币的优点非常明显。除了便于携带和运输以外,印刷纸币的成本低于铸造金属货币的成本,能够节约交易费用。此外,纸币流通还可以避免金属货币流通时所产生的"劣币驱逐良币"的问题。在使用金属货币时,常常会有人为了牟取私利而铸造质量轻、成色差的铸币,这种货币因为不足值而被称为劣币,而足值的货币则被称为良币。当劣币出现在市场上时,由于按照重量、成色计算的良币实际价值较高,因此人们会收藏良币,使用劣币,最终导致良币退出流通,劣币占领市场,这种现象就被称为"劣币驱逐良币"。显然,使用纸币可以避免劣币驱逐良币现象的出现。

银行券最初的产生过程是这样的:人们为了保证货币的安全性,把自己所持有的金属货币存放于银行、钱庄之中,而银行、钱庄则开出一张书面凭证,证明存款人的权益,这张书面凭证就是银行券。存款人手中持有银行券就可以随时要求银行、钱庄兑现等额的金属货币。因为银行券能够随时兑换成等值的金属货币,因此在交易时就可以充当媒介,代替金属货币。

我国是世界上最早使用纸币的国家。早在宋朝初年,一种被称为"交子"(意为交换凭证)的纸币就在市场上流通,这是世界上最早出现的纸币。欧洲的纸币则发源于银行券。最初,一般商业银行都可以发行银行券,发行银行券的银行保证银行券可以随时按面额兑换成金币、银币。到了19世纪,西方工业化国家先后禁止商业银行发行银行券,银行券的发行权归中央银行所有。目前,世界各国流通的纸币大都是不兑现纸币。

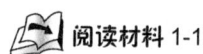
阅读材料1-1

银 行 券

银行券也是一种信用货币,是由银行自己印制并履行支付义务的债务凭证。当银行没有现款时,就用自己所发行的银行券来支付。很明显,信誉卓著的大银行发行的银行券在流通中排挤着中小银行发行的银行券,这存在一定的弊端,而且银行券是各个银行自己发行的,不能通用,银行一旦破产,那么银行券就形同废纸一张。因此,中央银行产生以后,国家遂以法令形式取消了一般银行的发行权,而把发行权集中于专司发行银行券的中央银行。金属货币制度崩溃后,银行券成为不兑现的纸质信用货币。

4. 信用货币

信用货币是以信用为保证,通过一定信用程序发行,充当流通手段与支付手段的货币形式,是货币的现代形态。信用货币可分为辅币、纸币和银行存款等几种主要形式。目前,世界上所有国家都采用信用货币形式。比如美国的美元、日本的日元、中国的人民币等都是信用货币。

信用货币是代用货币进一步发展的产物。尽管信用货币也可以代替金属货币充当流通手段和支付手段,但它是不兑现的纸币制度下的产物。信用货币的基本特征是:其本身的价值低于货币价值,不再代表任何贵金属,以国家和银行的信誉作为保证。

信用货币的出现满足了商品交换扩大的需要,进一步促进了商品经济的发展。但是由于信用货币完全依靠国家信用或银行信用流通,因此政府有可能不受约束地任意扩大货币发行,由此给经济运行带来潜在的风险。亚当·斯密认为:"以纸币代金银,说得过头一点,就好比驾空为轨,经济通过纸币的飞翼飘然空中,比起用金银铺成的脚踏实地的通衢大道,要危险得多。"可以说,当代经济和金融危机的交替频繁发生与信用货币制度带来的货币过量发行有着千丝万缕的联系。

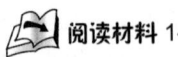

阅读材料1-2

防毁防水防盗版 英国塑料钞票下周投入流通

国际在线消息(记者 段雪莲):由英国央行发行的首版塑料钞票将于9月13日起正式投入流通。据了解,这款面值5英镑的钞票表层使用塑料薄膜覆盖,方便清洁,不易损毁,并且拥有强大的防伪功能。

当地时间9月6日,位于伦敦金融城的英格兰银行博物馆货币展览馆开幕,其明星展品之一便是即将投入流通的新版5英镑塑料钞票。策展人詹尼弗·亚当在介绍这款新钞时表示:"新钞票的材质为塑料聚合物,在制作过程中,我们使用了一种叫做'透明窗口'的新技术,它的防伪功能非常强大,包含了独特的图案设计,塑料覆膜和印刷技巧,想要伪造这款新钞票难度相当高。"

新版5镑钞票的尺寸比流通中的5镑纸币尺寸稍小,抗污、防水,不易损毁,使用寿命相当于纸币的2到3倍。据统计,塑料钞票的使用将为英格兰银行在未来十年内节省1亿英镑的支出。"它的功能与传统纸币一样,但材质和图案有了变化。它比较耐用持久,从银行的角度来说这是最重要特性之一,因为这意味着我们可以减少印刷货币的频率。"

此外,新款塑料钞票的主要印刷图案为英国前首相温斯顿·丘吉尔的头像。他也是首位出现在英国钞票上的政治家。"钞票图案还包含与丘吉尔首相有关的细节设计,例如他的诺贝尔文学奖奖牌,他的出生地布伦海姆宫,还有议会大厦的标志大本钟,用以呈现他作为政治家的成就,等等。"

下周二,英格兰银行将发行首批超过4亿张5英镑的塑料钞票,预计到2017年5月,传统纸质5英镑货币将退出流通。按计划,英格兰银行还将分别在2017年和2020年发行面值10英镑和20英镑的塑料钞票。

(资料来源:国际在线.2016年9月7日)

5. 电子货币

电子货币是指通过计算机系统储存和处理的电子存款和信用支付工具。随着现代电子技术的迅速发展,电子计算机和互联网在金融企业中得到普遍应用,电子货币所含范围极广,如信用卡、储蓄卡、借记卡、IC卡、消费卡、电话卡、煤气卡、电子支票、网络货币、智能卡等,几乎包括了所有与资金有关的电子化的支付工具和支付方式。

【阅读材料】

电子货币是一种新型的货币,也是看不见摸不着的现实货币,它除了具备货币一般属性外,还具有特殊属性:①发行主体非垄断化。传统的货币发行一般由一国的中央银行垄断发行,任何金融企业发行货币均为违法。而电子货币则不然,既可由中央银行发行,也可由一般金融机构或非金融机构来发行,且通常后者占据主导地位。②形态上的非物化。这是电子货币与以往任何一种货币都不同的地方,它不需要借助任何实体,而只需要一股承载着信息码的电子脉冲就可以完成支付。电子

第1章 货币与货币制度

货币表面上看属于观念货币,但是却有现实货币作其支付准备,只不过借助通信这种媒介手段完成收付,从这一点上说电子货币是商品流通中媒介的媒介。

1.2.3 货币的职能

马克思综合几千年来关于货币现象的各种研究,归纳了货币的五大功能:价值尺度、流通手段、贮藏手段、支付手段和世界货币。其中价值尺度、流通手段是基本职能,贮藏手段、支付手段和世界货币是基本职能的派生职能。

1. 价值尺度

当货币被用来衡量并计算商品和劳务的价值时,便执行着价值尺度的职能。用货币来计量商品和劳务的价值,如同我们用重量单位(如磅、千克等)称重,用长度单位(如公里、米等)测量距离一样。货币是一种尺度,所有商品和劳务的价值均可用它衡量、用它表示,从而可以方便地进行比较。比如,商品出售时,只需贴上表示商品价格的标签,并不需要用相同数量的真实货币来表示。这样,我们就把商品价值的货币表现称为价格。

现代经济系统交易很复杂,需要对纷繁复杂的商品的价值进行连续的比较。如果各种不同的商品的价格是用不同的物品来表示的,那么,人们要对各种不同的商品价值进行比较就非常困难。若一家超市将一支伊利冰激凌价格标为一瓶可口可乐,而另一家小店将伊利冰激凌的价格标为一盒绿箭口香糖,哪家的冰激凌便宜些呢?这样的标价无法直接比较。相反,如果用货币来表示伊利冰激凌的价格,超市标出的价格为每支 1.6 元,而小店为每支 2.5 元,谁更便宜就一目了然了。

货币作为价值尺度还极大地简化了簿记,从而便利了企业进行财务核算,也为企业提高管理效率提供了方便。一个大企业需要有很多的原料投入,就拿一包方便面来说,除了面粉、包装塑料纸,以及调味品中的油、盐、葱、香料等原材料外,还需要有劳动投入、机器设备、运输等成本投入。如果没有货币将这些不同的投入价值标准统一起来,就很难对这家生产方便面的企业财务状况进行核算,也很难从中看出企业到底是盈还是亏。

【阅读案例】

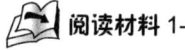

不同国家的同一货币和同一国家的不同货币

通常,每个国家都只使用一种货币作为价值尺度和交易媒介,并由中央银行发行和控制。不过也存在例外,即多个国家可以使用同一种货币。例如在欧元区国家通用的欧元,在西非国家经济共同体的法郎,以及 19 世纪的拉丁货币同盟中的货币,这些都是名称不同但能在联盟内部自由流通的等值货币。

一个国家可以选择别国的货币作为法定流通货币,比如,巴拿马选择美元作为法定货币。不同国家的货币还可能使用相同的名字,比如,在法国、卢森堡和比利时使用欧元之前与瑞士的货币都叫法郎。

有时因为特殊原因,同一个国家内的不同自治体可能也会发行不同版本的货币,例如在英国,

包括英格兰、苏格兰甚或偏远的泽西岛、根西岛都拥有各自发行的不同版本的英镑,并且互相可以在英国境内的其他地区交易,但唯有英格兰英镑才是国际承认的交易货币,其他版本的英镑在英国境外可能会被拒绝接受。

由于历史的原因,中华人民共和国有三种不同的法定货币,大陆地区使用人民币,港澳地区因为实行一国两制,香港法定货币是港元,澳门则是澳门元,两者都直接或间接与美元挂钩。中国的台澎金马地区使用新台币。

(资料来源:钱水土. 货币银行学[M]. 2版. 北京:机械工业出版社,2013.)

2. 流通手段

货币充当商品流通的媒介,就执行流通手段职能。作为价值尺度,货币可证明商品有没有价值,有多大价值;而作为流通手段,货币则用来实现这种价值。

在货币出现以前,商品交易采取的是以物易物的形式,即物物交易。但是,物物交易的效率非常低,当分工日益细化,物物交易就阻碍了社会生产的发展。这是因为物物交易需要"需求的双重偶合"。比如,王二拥有鸡蛋,他需要茶叶,而赵四拥有茶叶,正巧需要鸡蛋,这时,王二就可以以鸡蛋从赵四那里换回茶叶。但是,如果赵四需要的不是鸡蛋,而是茶杯,王二和赵四的需求就不是互补的,他们之间就不可能进行直接的物物交易。

直接的物物交易的低效率,使得间接交易成为可能。间接交易是指一些人并不直接用自己的物品去交易他们所需要的物品,而是用他们拥有的货物去交换别人普遍接受的物品。这种被人们普遍接受的物品用于间接交易的次数越多,他的用处就越大,人们接受他的愿望也就越强烈。这种物品就成了货币。货币作为交易媒介,可以极大地提高交易的效率或降低交易的成本。因为,作为交易媒介的货币,必然会为人们普遍接受,同时,货币也使买卖成为两个相互分离的环节。这样,货币的出现,就使物物交易中"需求的双重偶合"的限制条件不复存在。拥有鸡蛋但在半年后才需要茶叶的农民王二就可以现在就将鸡蛋卖出,等到半年后再用卖鸡蛋所得的货币换回他所需要的茶叶。

3. 贮藏手段

货币的另一个职能是充当财富贮藏手段,或者说一种财富持有形式,这是从货币的流通手段职能中延伸出来的。货币作为交易媒介,使得商品与劳务的"物-物"直接交换方式便成为"物-货币-物"的间接交换方式,在人们把手中的商品换成货币以后,或人们提供了劳务获得工资等货币收入后,由于还可以用这些货币继续去换取任何商品,因此所获得的货币自然就被贮藏起来,等到他需要其他商品的时候,再用这些货币去换取商品。在这段时间里,货币就起到了贮藏财富、贮藏购买力的作用。货币的这一职能是很有用的,因为大多数人都不想在取得收入的同时即刻把钱花光,而要等过一段时间后确实需要时才把钱拿出来去购买东西。

用货币贮藏价值,不是价值贮藏的唯一手段,也不一定是最好的手段。除货币外,股票、土地、房屋、艺术品、珠宝、金银首饰等,都具有价值贮藏的功能,而且作为价值贮藏,这些资产在许多方面比货币更好,他们常常会为其所有者带来较高的收益,而货币作为贮藏手段基本上没有什么收益,那么人们为什么还要持有一定量的货币在手中呢?要回答这一问题,涉及一个重要的经济概念,即流动性。流动性是指一种资产转化

为交易媒介并不招致损失的难易和快慢程度。流动性越高的资产,人们就越希望持有它,因为它能迅速、容易地转化为交易媒介,从而可用于购买人们所需的商品。在所有资产中,货币的流动性最高,因为它本身就是交易媒介,无须转化为其他任何东西便可以用于购买商品。其他资产在转化为交易媒介时都要产生摩擦,发生交易费用。比如,某人拥有一幢房屋,当他目前急需现金支付账单时,就得将房屋出售,这不仅要支付给经纪人佣金,而且如想急于脱手就不得不接受一个较低的售价,从而招致损失。如此看来,虽然货币未必是最具有吸引力的价值贮藏手段,但人们还是乐于持有货币,原因在于货币是一种最具流动性的资产。

当然,货币作为价值贮藏手段需要一定的条件,最主要的是货币的价值要稳定。在一个高通货膨胀——一般物价水平持续不断地上升——的环境里,人们辛辛苦苦积攒的钱在不断地贬值。如果一个月前还可以买100斤大米的钱,现在却只能买50斤大米了,这时,人们就会回归到用实物储蓄,货币也就丧失了价值贮藏的功能了。

4. 支付手段

当支付作为独立的价值形式进行价值的单方面转移时,如清偿债务、交纳赋税、支付房租、水费和工资等,起到了延期支付的作用,即执行货币的支付手段职能。货币的支付手段职能是由货币的交易媒介职能派生出来的,它起因于赊账形式的商品交易。当货币作为交易媒介时,双方一手交钱,一手交货,货币与商品同时换位,钱货两清;货币作为支付手段,则是价值单方面转移,如买者凭信用赊购商品成为债务人,卖者成为债权人,到双方约定的交割日期,买者用货币清偿他对卖者的债务。在这个过程中,等价的商品与货币,不再同时出现在交换的双方,而是买者先取得商品,然后支付货币。

货币作为支付手段,对经济起着两方面的推动作用:一是扩大商品流通。在商品交易中人们可以先购买商品,后支付货币,使商品生产和流通突破了现货交易的限制,促进商品经济的发展。二是节约现金流通。货币借用其支付手段功能使信用关系得以形成,债权债务可以在到期时相互抵销和清算,债务人只需要支付债务余额,大大减少了现金的需要量。

但是如果商品生产者不能如期出售商品,他就无法清偿所欠别人的债务,而他的债务人也可能会因此无法清偿债务,如此循环下去,就可能使社会中错综复杂的债权债务链条中断,进而还可能会引起支付危机和信用危机。

5. 世界货币

随着国际贸易交往的发展,货币超越国界,在世界市场上发挥一般等价物作用时,执行世界货币职能。作为世界货币,货币脱去自己的民族服装,它以贵金属原始条块的形态出现,并按实际重量、成色计价结算,这与货币在国内流通不一样。理论上信用货币由于没有内在价值或其价值可以忽略,是不能执行世界货币的职能的。但是,随着经济全球化和一体化进程的加快,许多国家的货币,如美元和欧元等成为世界上能够普遍接受的硬通货,在国际上发挥着世界货币的作用。这种情况一方面是因为发行这些硬通货的国家经济实力强大,在国际政治经济中的地位高,其货币也较坚挺,有保障;另一方面是因为近年来欧洲美元市场、离岸业务的发展,促进了信用货币的全球化。我国的人民币具有稳定

性,在一定范围内已被用作对外计价的工具。而黄金并没有完全退出历史舞台,仍然是国际上最后的支付手段、购买手段和社会财富的贮藏及转移形式。

1.3 货币的定义与计量

1.3.1 货币的定义

在一般人看来,所谓货币,无非就是可以拿去购买自己所需物品的人民币、美元或英镑等。这里所说的货币,其实是指"钱",即流通中的现金或通货。由于人们分析的角度和研究方法不同,货币有种种定义。如有人认为货币就是一般等价物;有人认为货币是社会计算的工具和"选票";有人认为货币就是财富等。马克思在分析了货币的起源和本质以后,从本质的角度下了一个定义:**货币**是从商品世界中分离出来的固定充当一般等价物的特殊商品。马克思的这一定义包含了三层含义:

(1) 货币是商品,具有商品的共性,即都是用于交换的劳动产品,都具有使用价值和价值。如果没有商品的共性,货币就失去了与其他商品交换的基础,也就不可能在交换过程中本分离出来充当一般等价物。

(2) 货币是与一般商品不同的特殊商品,表现在两个方面:第一,货币是表现一切商品价值的材料,一种商品只要能交换到货币,就能使生产它的私人劳动转化为社会劳动,商品的价值就得到了体现。第二,货币具有直接同所有商品交换的能力。因为货币是被人们普遍接受的一种商品,是财富的代表,拥有它就意味着能够换取各种使用价值,所以货币就成为每个商品生产者所追求的对象,也就具有了直接同一切商品交换的能力。

(3) 货币体现了一定的社会关系。商品生产者之间互相交换商品,实际上是在互相交换各自的劳动,只不过由于他们之间的劳动不能直接表现出来,所以才采取了商品交换的形式来交换。因此,货币作为一般等价物实现了生产者之间的社会联系,这种联系就是生产关系。

总之,关于货币的定义多种多样,随着社会经济的不断发展,货币的形式千变万化,货币对经济的影响也越来越深化,人们对货币的认识也将会不断发展。

1.3.2 货币的计量

1. 货币层次划分的目的与依据

世界各国的货币当局都必须通过对货币的控制实现对整个经济进程的干预和调节,这就需要对货币供应量进行比较精确的计量。在实际操作中,只有大而化之的货币理论定义是远远不够的,还需要根据统计的要求,对货币进行精确定义,从而可以确认哪些资产可以作为货币统计起来,哪些资产还不能纳入货币的口径。此外,还要对纳入货币统计范畴的资产进行进一步的划分,以便于货币政策的操作。比如,货币当局在讨论控制货币供应指标时,既要明确到底控制哪一层次的货币以及这个层次的货币与其他层次的界限何在,同时还要回答,实际可能控制到何种程度,否则就谈不上货币政策的制定,即使制定了也难以贯彻。

各国货币当局在划分货币层次时,一般都以流动性的大小,即以转变为现实交易媒介的方便程度作为标准。货币流动性程度越高,即在流通中周转较便利,相应地,形成购买力的能力也较强;流动性较低,即周转不方便,相应地,形成购买力的能力也较弱。显然,这个标准对于考察市场均衡、实施宏观调控有重要意义。

2. 国际货币基金组织和中国的货币层次划分

1) 国际货币基金组织的货币层次划分

国际货币基金组织的货币供应量采用三个层次:通货(currency)、货币(money)和准货币(quasi money)。"通货"即流通中的现金;"货币"是通货加私人部门的活期存款之和,相当于各国通常采用的 M_1;"准货币"相当于定期存款、储蓄存款与外币存款之和,即包括除 M_1 之外可以称为货币的各种形态。"准货币"加"货币",相当于各国通常采用的 M_2。

2) 中国的货币层次划分

在统计上,各个国家都对货币划分了不同的层次,不同层次的货币对经济的影响可能存在较大的差别。中国从 1984 年开始探讨对货币供给层次的划分,并于 1994 年第三季度开始正式按季公布货币供应量的统计监测指标。中国对货币层次的划分同样是以货币的流动性为标准的,现阶段主要划分为如下三个层次:

M_0=流通中的现金;

M_1=M_0+活期存款;

M_2=M_1+定期存款+储蓄存款+其他存款。

其中:①M_1 称为狭义货币量,M_2 称为广义货币量,M_2-M_1 称为准货币;②活期存款是指单位活期存款,定期存款也是指单位定期存款,"单位"就是企业、机关、部队和事业团体,居民个人的活期存款和定期存款都被统计在储蓄存款中,其他存款是指证券公司的客户保证金。

从持有者的角度来讲,构成各个层次的货币的内容都是资产,不管它们之间有多少差别,也不管它们是活期存款还是定期存款。但是,并不是所有的资产都可划入到货币之列,比如,房地产、车船、工厂设备等实物资产都没有列入货币范畴。股票、企业债券、基金等标准化的可以在公开市场上交易的金融资产也没有纳入到货币的统计范围内。

为什么同样是资产,有的资产被纳入了货币统计的范围,而其他则没有被纳入货币统计的范围之内呢?这是因为不同的资产具有不同的流动性。被纳入货币统计范围的资产都具有很高的流动性。所谓**资产的流动性**,就是指一种资产转化为交易媒介并不招致损失的难易和快慢程度。一项资产的流动性越高,货币性越强;反之,流动性越低,货币性也就越低。货币性就是指一项资产执行货币职能的能力的高低。

由于流通中的现金和活期存款的流动性最高,可以直接用现金和活期存款支票购买你所需要的商品和服务,所以在统计上它们是货币 M_1。M_1 作为现实的购买力,对社会经济生活有着最广泛而直接的影响,因此,许多国家都把控制货币供应量的主要措施放在这一层,使之成为政策调控的主要对象。而构成 M_2 的定期存款、储蓄存款和其他存款的流动性较低,它们不能直接用作交换的媒介,更多的是发挥着价值贮藏的功能,所以它们只是准货币(准货币：不能直接用作交换的媒介，但可当作价值贮藏手段的定期存款、储蓄存款等)。准货币本身虽非真正的货币，但由于它们在经过一定的手续后，能比较容易地转化为现实的货币，加大流通中的货币供应量，故又称为亚货币或近似货币。显而易见，广义货币相对于狭义货币来说范围扩大了，它包括了一切可能成为现实购买力的货币形式。M_2层次的确立，对研究货币流通整体状况具有重要意义，特别是对金融体系发达国家的货币供应的计量以及对货币流通未来趋势的预测均有独特的作用。

当然，世界各国在货币层次划分的具体实践上，并没有一个可供所有国家遵守的成例。从横向看，各国金融结构与金融发展水平参差不齐，各国对货币层次的划分并无统一的界定；从纵向上看，自20世纪70年代以来，广泛的金融创新创造了许多新型的资产，这些资产不仅具有较高的收益，而且还有很高的流动性。加之，随着交易技术和交易制度的发展，各种金融工具之间的流动性的差异也在逐步缩小，同一个国家对货币层次的划分也在随着金融创新而不断地加以修订和完善。但各国货币层次划分的具体内容基本上能够反映一国的金融结构的基本情况。可以肯定地说，随着中国资本市场、货币市场的快速发展，以及其他新型金融工具的不断涌现，中国货币各个层次的货币内容也将会逐步发生变化。

【阅读材料】

阅读材料1-4

为什么证券公司客户保证金计入货币供应量

中国人民银行货币政策委员会2001年第二季度例会认为，要把股民保证金存款计入货币供应量M_2。关于这个问题，理论界主要有两派观点：一种观点认为股民保证金原本来自储蓄存款，是银行资金的分流，主张把保证金存款计入货币供应量；另一种观点则认为保证金存款与正常的存款有本质区别，不参与货币信用再创造过程。从实践来看，把股民保证金存款计入货币供应量具有合理性。随着直接融资的发展，大量的储蓄存款转化为证券投资，与此同时，银证资金实现"一卡通"，使得股民保证金存款与居民储蓄存款之间能很便利地转换。因此，统计居民储蓄存款时，应关注股民保证金存款的变化。将股民保证金存款计入货币供应量之后，货币数量统计口径M_2包括的内容有所增加。

(资料来源：刘玉平.金融学[M].上海：复旦大学出版社，2007.)

阅读案例1-2

2010年8月广义货币同比增长19.2%略超预期

截至2010年7月底，狭义货币M_1(也就是流通中的现金加上企事业单位的活期存款)余额为24.43万亿元，同比增长21.9%，广义货币余额为68.75万亿元，同比增长19.2%，增幅比上月高1.6个百分点。贷款方面，2010年7月本外币贷款增加5 812亿元，同比多增397亿元，其中外币贷款增加32亿美元，人民币贷款增加5 452亿元，同比多增1 348亿元，环比也结束下滑态势，多增124亿元。存款方面，人民币存款8月增加1.08万亿元，同比多增7 206亿元，和7月相比增长近 6 倍，人民币存款余额达 68.65 万亿元。业内人士分析，广义货币 M_2 的增速过快，意味着全社会货币供应量的增速加大，那么，如果经济增速赶不上 M_2 的增速，就会带来流动性过剩、物价上涨，以及通货膨胀压力的加大。那么，从目前整体来看，M_2 的增速是比较均衡的，但是和年初所制定的 17%的宏观目标相比，2010 年 8 月 $M_2$19.2%的增速确实是处于一个相对较高的位置。因此，2010 年下半年的调控压力依然不容忽视。

(资料来源：CCTV2 经济信息联播，2010 年 9 月 11 日.)

1.4 货币制度

1.4.1 货币制度的内涵及其构成要素

1. 货币制度的内涵

从有文字的历史以来，可以发现，各个国家在货币问题方面都制定了种种法令。这些法令反映了国家在不同程度、从不同的角度对货币所进行的控制，其意图总是在于建立能够符合自己政策目标，并由自己操纵的货币制度。例如，中国古代秦国统一六国之后，在经济上实施的一个重要政策就是统一六国货币，把秦国的圆形方孔钱，作为统一的货币全国通行，这对促进各民族各地区的经济交流十分有利。

国家以法律形式规定的货币流通的结构、体系与组织形式，称为**货币制度**，简称币制。货币制度是货币运动的准则和规范。其宗旨是加强对货币发行和流通的管理，维持货币币值的稳定，管理国家的经济金融秩序，促进经济稳定健康地发展。

货币制度是随着资本主义经济制度的建立而逐步形成的。在前资本主义时期，货币的铸造与流通不统一，货币流通相当混乱。在处于割据状态的封建社会，各封建主各自铸造自己的货币，货币的流通很不方便，而且，铸造者为了搜刮财富，故意铸造不足值的货币，使得铸币的质量大大下降，所以资产阶级在取得国家政权后，就相继颁发了一系列货币发行、铸造与流通的法令，逐步建立起统一的、稳定的货币制度。这就是现代货币制度的开始。

2. 货币制度的构成要素

1) 货币材料和货币单位

(1) 货币材料简称币材，是指国家规定哪种或哪几种商品(可能是金属，也可能是非金属)来充当本位币的材料。从某种程度上讲，它是建立货币制度的基础，因为只有确定了币材之后，才可能对货币制度的其他要素做出相应的规定。选择哪一种材料作为本位币材料，这完全由当时的客观经济条件决定。哪种或哪几种商品一旦被规定为币材，即称该货币制度为该种或该几种商品的本位制，比如，确定白银为币材的货币制度，就成为银本位制；确定黄金为币材的货币制度，就称为金本位制；当政府确定金、银都是法定币材时的货币制度，就称为金银复本位制。19 世纪末 20 世纪初，世界主要工业化国家普遍实现了金本位制。然而好景不长，到 20 世纪 30 年代实际均转化为不兑现的货币制度，到 70 年代之后，各国的法令中都抹掉了以任何商品充当币材的规定。这就是说，在过去货币制度中最重要的一个构成要素——币材——消失了。

(2) 货币单位是指货币制度中规定的货币计量单位。货币单位的规定主要包括两个方面：货币单位的名称和货币单位的"值"。按照国际惯例，一国货币单位的名称往往就是该国货币的名称，比如，英国的货币单位名称为"英镑"，美国的货币单位名称为"美元"。中国有些特殊，货币的名称是"人民币"，货币单位的名称是"元"，两者不一致。货币单位的确定更重要的是确定币值。当铸币流通时，就是确定单位所包含的货币金属重量和成色。当流通中只有不兑现的货币而尚未与黄金脱离直接联系的情况下，则是确定本国货币单位的含金量，或确定本国货币与世界上占主导地位的货币如美元的固定比价。当黄金在世界范围内非货币化之后，则是如何维持符合自身利益的本国货币与外国货币的比价，即汇率。

2) 本位币和辅币的铸造、发行及流通

一国的货币一般由本位币和辅币两部分构成。本位币也叫主币，是根据国家规定的货币材料和货币单位铸造的货币，它是一国的基本通货，是一国计价、结算的唯一合法的货币。与本位币相对应的是辅币，是本位货币单位以下的小额货币，供日常零星交易和找零之用。

本位币和辅币的铸造、发行、流通程序各不相同。

第一，本位币是足值的货币，即其名义价值与实际价值相一致，是一国流通中的基本通货。而辅币多由贱金属铸造，是不足值的货币。之所以采用贱金属铸造辅币，是因为辅币流通频繁，容易被磨损消耗，如果使用贵金属，流通成本太大。辅币不足值的原因则在于，不足值的辅币有助于维持本位币与辅币之间固定的兑换关系。

第二，本位币可以自由铸造、自由熔化，即国家允许公民自由将贵金属送交国家铸币厂铸造货币，同时也允许公民自由地将铸币熔化退出流通。这是因为本位币是足值的货币，铸造者不会因为用货币材料铸造货币而获得收益。因为辅币是不足值的货币，因此辅币的铸造权不能归私人所有，必须由国家垄断。辅币面值大于实际价值的差额即形成铸币收入，归国家所有。

第三，本位币和辅币的法定偿付能力不同。本位币具有无限法偿能力，而辅币只具有有限法偿能力。所谓**无限法偿**，就是本位币具有无限的法定支付能力，其含义是：法律保护取得这种能力的货币，不论每次支付数额如何大，不论属于何种性质的支付，即不论是购买商品，还是结清债务、缴纳税款等，支付的对方均不得拒绝接受。而**有限法偿**主要是对辅币规定的，其含义是：在交易支付活动中，在一定的金额内可以用辅币来支付，如果超过一定限额，收款人有权拒收。如美国规定，10 美分以上的银辅币每次的支付限度为 10 美元；铜镍所铸造的辅币，每次的支付限度为 25 美分。

在商品经济发展速度大大超过贵金属产量增长速度的情况下，金属铸币不能满足商品流通对流通手段和支付手段日益增长的需要，于是就出现了银行券和纸币。

 阅读案例 1-3

男子怄气换 500 枚硬币缴罚款 3 分钟交警数完

前日，黄石一名男子为刁难工作人员，从银行兑换了 500 枚硬币前去缴交通违法罚款，不想对方搬出一个数硬币的"神器",3分钟就数完了钱。

前日下午 3 时许,黄石男子张某赶到该市交巡警铁山大队办公大厅,查询交通违法记录。张某发现自己的车有三条违法信息,需缴纳罚款 400 元,并扣 3 分,其中有一条违停的行为是在今年大年初一被拍的。张某认为十分晦气,可能会影响他一整年的财运,抱怨交管部门不通人情。

工作人员解释,交管部门不会因节假日而不采集违法信息,劝他今后遵守交通法规。"不就是要钱么,行,你等着!"张某气呼呼地走出了大厅。一个小时后,张某再次来到大厅违法处理窗口,将一个红色塑料袋扔到工作人员面前说:"这就是你们要的罚款。"工作人员打开一看,袋内全是 1 元和 5 角的硬币。

张某以为这些硬币会让工作人员数很久,没想到工作人员从容地从柜子里拿出了一个塑料模具,然后迅速将硬币分类装进模具里。3分钟后,工作人员清点完毕,1 元硬币一共 300 枚、5 角硬币一共 200 枚,合计 400 元整。

当工作人员将缴款发票交到张某手里时,张某小声说了句:"你们竟然还有这东西。"事后,张某表示"彻底服了",以后一定遵守交通法规。

铁山交警大队工作人员说,他们已不是第一次碰到这种事了,所以特地买了这个专数硬币的模具,以备不时之需。

(资料来源: 荆楚网-楚天都市报. 2015 年 3 月 13 日.)

3) 金准备制度

金准备制度是一国货币制度的重要内容,也是货币稳定的基础。任何一个国家的黄金储备,都是集中在中央银行或财政部管理,作为国家发行和稳定货币的金准备。在金属货币流通时代,金准备的作用主要是:作为国际支付的准备金,作为扩大或收缩国内金属货币流通的准备金,作为支付存款和兑换黄金的准备金。

在纸币流通时代,金准备的后两种作用已经消失,但是,黄金作为国际支付的准备金职能依然存在。各国不但规定了黄金准备制度,还规定了外汇准备制度,规定黄金和外汇必须集中在中央银行或国库。

【阅读材料】

1.4.2 中国现行的货币制度

中国现行的货币制度比较特殊。由于中国目前实行"一国两制"方针,1997 年、1999 年香港和澳门相继回归祖国后,继续维持原有的货币金融体制,从而形成了"一国三币"的特殊货币制度。将来,一旦台湾实行了一国两制,也不排除"一国四币"的可能性。这种特殊的货币制度规定三种货币各为不同地区的法定货币,其内容包括:人民币是中国大陆地区的法定货币;港元是香港特别行政区的法定货币;澳门币是澳门特别行政区的法定货币。三种货币各限于本地区流通,人民币与港元、澳门币之间按以市场供求为基础决定的汇价进行兑换,澳门币与港元直接挂钩。

1. 中国的人民币制度的主要内容

1948 年 12 月 1 日,由华北银行、北海银行和西北农业银行合并组成中国人民银行,发行统一的人民币,标志着新中国货币制度建立的开端。人民币制度是通过统一各解放区货币、禁止金银外币流通、收兑国民党政府发行的各种货币而确立下来的。

目前，中国的人民币制度的主要包括以下内容。

(1) 中国的法定货币是人民币。人民币是中国的法定货币，是由中国人民银行发行的信用货币，是中国的无限法偿货币，没有规定含金量，也不能自由兑换黄金。人民币的单位为"元"，元是本位币，辅币的名称为"角"和"分"，1元为10角，1角为10分。人民币以"￥"为符号。

(2) 人民币是中国唯一合法的通货。国家规定，金银不准计价流通，不准私下买卖，但准许个人持有；禁止外国货币流通和私下买卖；严禁伪造人民币和发行各种变相货币。凡违反上述规定的，均按国家有关法律条文加以处罚。

(3) 人民币的发行原则。人民币发行必须遵循两条基本原则：一是垄断发行原则。人民币的发行权掌握在国家手中，国务院授权中国人民银行具体掌握货币发行工作，中国人民银行总行是货币发行的唯一机关，并集中管理货币发行基金。二是经济发行原则。中国人民银行根据经济发展和商品流通的正常需要，通过信贷渠道进行货币发行。只有坚持经济发行，才能使投放出去的货币所形成的购买力能买到相应的物资，从而保证物价和币值的稳定。

(4) 人民币是实行有管理的货币制度。我国货币制度是在国家宏观调控下的货币制度。中央银行可根据国民经济动态变化情况，根据客观需要，通过调控货币发行、货币流通以及利率等手段对货币供应量进行伸缩调整，以达到消除通货膨胀和通货紧缩现象，保持经济稳定发展。同时对汇率进行管理，设立外汇储备基金，实行以市场供求为基础、参考一篮子货币进行调节、有管理的浮动汇率制度，以保证汇率的稳定，促使国际收支的平衡。

(5) 人民币逐步成为完全自由可兑换货币。可兑换性是指一国货币可以兑换成其他国家货币的可能性。中国在1996年底以前实现了人民币经常项目(包括对外贸易收支、非贸易往来和无偿转让三个项目)可兑换，但仍对资本项目(包括直接投资、各类贷款、证券投资等项目)实行一定的管制，人民币还不是完全可自由兑换货币。这是因为从中国现实情况出发，目前还不完全具有实现人民币完全可自由兑换的条件。在时机不成熟时实行完全自由兑换，将加大外部冲击对国民经济的影响，不利于中国经济的稳定发展。因此，我国应当在继续加强资本项目管理的同时，通过深化改革，积极采取措施，创造各方面条件，努力推进资本项目下人民币可兑换的进程，最终实现人民币的完全自由兑换，从而将中国经济融入国际经济体系，促进中国经济的增长。

2. 一国两制下的地区性货币制度

1) 香港货币制度简介

1997年7月1日，中国政府恢复了对香港行使主权，香港特别行政区成立。于是，中国在香港特别行政区实行独立的货币制度，在货币发行、流通和管理等方面分别自成体系，港币在内地以外币对待，同样，人民币在香港也以外币对待。

港币制度的内容有以下几点：

(1) 香港货币单位为"元"，简称港元(诞生于1866年)，用符号"HK$"表示。

(2) 《中华人民共和国香港特别行政区基本法》规定，港元为香港的法定货币，发行权属于香港特别行政区政府，中国银行、汇丰银行、渣打银行为港币发行的指定银行，港币发行必须有 100%的准备金。由商业银行代为行使货币发行银行的职能，是香港货币制度的一个突出特点。

(3) 香港特别行政区不实行外汇管制，港币可以自由兑换，外汇、黄金、期货、证券市场全面开放。

(4) 港元实行与美元联系的汇率制度，即 7.8 港元兑换 1 美元。20 世纪 70 年代，港币对外价值一直用英镑表示。发行准备金也是以英镑资产的形式存放于英国。直到 1972 年为摆脱英镑地位不断下降给香港经济带来的损失，港币转而与美元相联系。这一制度要求发钞银行按 1 美元兑 7.8 港元的固定汇率，向外汇基金提交 100%的美元作为发钞准备。而超过这个范围之外的港元汇率则由市场供求决定。

2) 澳门货币制度简介

1999 年 12 月 20 日，中国政府恢复了对澳门行使主权，澳门特别行政区成立。1993 年 3 月 31 日，全国人民代表大会颁布了《中华人民共和国澳门特别行政区基本法》，该法对于澳门元(简称澳元)的法律地位作了与港币相似的规定。该法第 108 条规定："澳门元为澳门特别行政区的法定货币，继续流通。澳门货币发行权属于澳门特别行政区政府。澳门货币的发行须有 100%的准备金。澳门货币的发行制度和准备金制度由法律规定。澳门特别行政区政府可授权指定银行行使或继续行使发行澳门货币的代理职能。"该法第 109 条还规定："澳门特别行政区不实行外汇管制政策。澳门元自由兑换。澳门特别行政区的外汇储备由澳门特别行政区依法管理和支配。澳门特别行政区政府保障资金的流动和进出自由。"

澳门的官方货币单位是澳门币(PATACA)，又称澳门元。澳门币目前的发钞机制类似港币的发钞机制。澳门没有法定的中央银行，货币的发行由政府委托商业银行。目前有两家发钞银行：大西洋银行和中国银行(中国银行澳门分行是在 1995 年 10 月 16 日开始参与澳门币的发行工作的)。

由于澳门没有外汇管制，各国货币都可以在澳门自由进出，也有多种货币在澳门流通。澳门币是澳门区内记账、标价的货币，在小笔交易和零星使用方面最为流通；但在大额交易和对外贸易支付中，一般都以港元结算，港币的使用量大大超过澳门币。澳门币与港币挂钩并间接与美元挂钩的政策，保证了澳门币的稳定，有利于澳门经济的发展。

【阅读材料】

1.5 国际货币体系

1.5.1 国际货币体系概述

1. 国际货币体系的含义

当货币制度问题超出国界时，就成为国际货币制度或者国际货币体系的问题。**国际货币体系**是指规范国与国之间金融关系的有关法则、规定及协议的全部框架，或者说，它是各国政府为适应国际贸易与国际支付的需要，对货币在国际范围内发挥世界货币的职能所确定的原则、采取的措施和建立的组织形式的总称。根据黄达教授在其《金融学》中的分类，第二次世界大战以来，国际货币体系大体可以分为布雷顿森林体系、以浮动汇率为特征的国际货币体系和有许多新发展的当前国际货币体系。

2. 国际货币体系的内容

国际货币体系一般包括三个方面的内容：国际交往中使用什么样的货币——金币还是不兑现的信用货币；各国货币间的汇率安排，是钉住某一货币，还是允许汇率随市场供求自由变动；各国外汇收支不平衡如何进行调节。在这三方面的内容中，国际本位货币的选择——黄金还是不兑现的信用货币是最根本的，它决定着国际货币制度的性质和运作特点。

1.5.2 国际货币体系的演变

1. 国际货币体系的演变过程

国际货币体系自形成以来，先后经历了金本位制度、布雷顿森林体系和现行的浮动汇率制度。在第一次世界大战之前，世界经济处于金本位制度之下，即大多数国家的货币可以直接兑换黄金。金本位制度下的固定汇率消除了由汇率波动引起的波动性，有利于促进世界贸易的发展，但是，坚持金本位制度也意味着一个国家不能控制他的货币政策。第一次世界大战后，各国不再将货币兑换成黄金，金本位制度由此崩溃。1944 年 7 月，美国、苏联、中国等 45 个国家的代表在美国新罕布什尔州布雷顿森林举行了联合国国际货币金融会议，由此建立起以美元为中心的布雷顿森林体系。这一体系中，美元和黄金直接挂钩，其他国家货币则与美元挂钩，实行可调整的固定汇率制。根据布雷顿森林协定，国际货币基金组织和世界银行宣布成立。然而，到了 20 世纪 60—70 年代，随着国际经济和金融局势的变化和发展，美国国内黄金储备大量流失，美元多次经历贬值危机，布雷顿森林体系越来越不适应形势的需要，1971 年布雷顿森林体系崩溃。布雷顿森林体系之后，世界进入浮动汇率时代，汇率随市场状况变化而波动，但是又不完全取决于市场状况，在这一体系下，依仗着雄厚的经济实力，美元的霸主地位得以保留。目前，美元仍然是主要的国际计价单位以及支付和储备手段，而国际货币基金组织和世界银行这两个布雷顿森林体系的产物还在运行。

【拓展视频】

2. 国际货币体系发展的新趋势

20 世纪 80 年代以来，为稳定汇率，规避风险，许多国家采取了一些新的货币制度。其中，影响最大的是区域性货币制度。区域性货币制度是指在一定区域国家经济联盟和货币联盟的基础上，由某个区域内的有关国家协商形成一个货币区，由联合组建的一家中央银行来发行与管理区域内的统一货币的制度。目前，区域性货币制度主要有西非货币联盟制度、中非货币联盟制度、东加勒比海货币制度和欧洲货币联盟制度等。

区域性货币制度的建立，是以货币一体化理论为依据的。20 世纪 60 年代初，美国经济学家罗伯特·蒙代尔率先提出了"最优货币区"理论，他认为，要使弹性汇率更好地发挥作用，必须放弃各国的国家货币制度而实行区域性统一货币制度。他所指的"区域"是有特定含义的最优货币区，这个区域是由一些彼此间商品、劳动力、资本等生产要素可以自由流动，经济发展水平和通货膨胀率比较接近，经济政策比较协调的国家组成的一个独立货币区，在货币区内通过协调的货币、财政和汇率政策来达到充分就业、物价稳定和国际收支平衡。蒙代尔的理论实际上是主张地区间的货币一体化。这种思想要求参加这个统一货币区的国家放弃本国货币的发行权转而使用一种共同的货币——一种超国家的货币。

蒙代尔在20世纪60年代提出这个主张时，许多人认为这不过是另一种"迂远而阔于事情"的书呆子主张罢了。但是，这一主张，在1999年1月1日竟然成为现实：德国、法国、爱尔兰、芬兰、比利时、荷兰、西班牙、葡萄牙、意大利、卢森堡、奥地利，一共11个欧洲国家，宣布一种超国家的崭新货币——欧元诞生了。两年后，希腊也加入了欧元区的行列。至2002年7月1日，各成员国货币完全退出流通，欧洲货币一体化计划完成，欧元正式启动。

欧元货币制度的建立是区域性货币一体化成功的首例。欧元的出现对传统的货币制度提出了挑战，直接刺激了世界其他地区对于建立区域货币合作和建立货币区的关注。诚然，欧元的启用可以结束欧盟内部货币动荡的局面，创造一个稳定的货币环境；可以降低投资风险，减少交易成本，扩大资本市场的融资能力；同时，也可带动各成员国的经济增长。但是，欧元作为人类历史上跨国货币制度的创新，在单一货币和新汇率制度运行、跨国中央银行的运作等方面，还存在不少困难和障碍，欧元的长远命运还需继续观察。欧元的思路，并非针对解决全球货币本位问题，但却在西欧发达工业化国家这个领域中，在超国界的货币本位问题上，进行了实验，取得了突破。无论如何，这对全球货币本位的讨论是一个很大的刺激。

【阅读案例】

诺贝尔经济学奖得主蒙代尔预测，在未来20年内，将形成美元区、欧元区和亚洲货币联盟(亚元区)三足鼎立的局面。但是，跨国的货币制度必须建立在各国经济、政治制度接近，生产力发展水平相近，各国货币政策、经济政策和价值观念趋同的基础之上，因此，需要一个较长的发展和磨合过程。可以预见的是：一个主权国家内部的货币制度发展成为跨国的货币制度，地区性的跨国货币制度发展成为全球性的跨国货币制度，将是货币制度发展的必然历史趋势。一旦在全球范围内建立了单一的货币制度(也许要几百年后)，人类的共产主义社会也就具备了实现的经济前提。

【阅读材料】

阅读材料1-5

"亚元"的前景

亚洲货币单位距离真正意义上的"亚元"还有一定的差距。欧元的诞生经历了50年的风雨历程，相比欧洲，东亚各国无论是在经济发展、历史背景、文化价值等方面来看，差异更大，冲突更多，统一货币之路步履维艰。我们应该看到，尽管东南亚各国都有建立亚元区的良好愿望，但建立一个货币共同体是非常复杂和艰难的，亚元区的设想能否成为现实，取决于各个方面及诸多因素。"亚元"的构想应该是亚洲经济合作发展到一定阶段的必然产物，符合当今世界货币体系格局变化的潮流。亚洲货币单位或者其他货币单位是否能够最终形成"亚元",命运执掌于亚洲各国手中。

(资料来源：南旭光,周孝华. 新编金融基础教程[M]. 2版. 北京：人民邮电出版社,2011:48-49.)

考察理财平台靠不靠谱,看这六点就够了

1. 看平台风控能力

每家平台规模不同,而风控的能力差距巨大。当你高息放贷的时候,就像超速驾驶,不出事还好,一出事什么样的安全措施都是没有用的。所以在高息下不要看那些所谓的安全风控措施,只看优质抵押物,也是唯一能够保障安全的信贷资产。

2. 看风险保证金

如果一家平台的风险保证金随时可供查询,这样的平台还算靠谱。如果这家平台账上随时都没钱就危险了,说明资金很紧张。

3. 看平台背景

现在"半路出家"的平台很多,这其中大多数都有自融之嫌。所以要看平台的运营公司,不论小贷还是投资公司,之前有没有业务基础,而且是否具有可持续性。如果之前的公司一直在良性从事小贷或者金融业务,这样的平台还是不错的。如果没有的话,就不要听那么多高大上的理由和创办平台的原因了,基本是缺钱自融。

4. 看注册资金

注册资金现在已经取消验资环节了,实行的是认缴制。就是说一个平台对外宣称注册一亿元,实缴可能是0。如果注册资金为5 000万元以下的,大家要考虑一下,因为P2P业内基本5 000万元注册资金起步。如果一个平台注册资金在5 000万元以上,并5 000万元都实缴了,而且平台注册时间比较久的,这种平台还算靠谱,说明是在认真做事的,至少不是立马开起来圈钱的。

5. 看平台规模

什么样的平台能够持续发展呢？要看这家平台的规模和级别,如果做到全国最大规模和级别的,已经脱离了我们泛指的P2P平台的概念了,这些平台已经成为行业的代表,这样的平台本身也会收到各方资源的支持。除此之外还有真实且持续借款需求来源的平台。

6. 看平台运营

一个平台花大价钱推广,即使是目的纯正的平台,在超高成本推广下,离"死"也不远了。所以一个平台如果能够尽量采取低成本推广,且保证力度的话,会为一个平台省了很多钱,这样的平台比靠砸有限的资金做推广的平台还是要好一点,至少运营成本会低很多。在宣传内容的重点在自身产品和业务上要比那些虚头巴脑的平台要靠谱得多。

(资料来源：银率网.)

本章小结

在日常生活中,货币的一个替代词是"钱"。但是,人们在日常生活中对货币的认识与经济学对货币的解释存在较大差异。对于经济学家来说,货币有一种特定的含义。

货币不是从来就有的,它起源于社会分工和商品交换。社会分工和私有制促成了商品生产和商品

交换的发展。在商品生产和交换的漫长发展过程中,从商品中自然分离出来的一般等价物就是货币。

大体说来,货币的历史发展经历了实物货币、金属货币、代用货币、信用货币四个阶段,并逐渐向电子货币的新阶段迈进。

马克思综合几千年来关于货币现象的各种研究,归纳了货币的五大功能:价值尺度、流通手段、贮藏手段、支付手段和世界货币。其中价值尺度、流通手段是基本职能,贮藏手段、支付手段和世界货币是基本职能的派生职能。

马克思在分析了货币的起源和本质以后,从本质的角度下了一个定义:货币是从商品世界中分离出来的固定充当一般等价物的特殊商品。

在统计上,各个国家都对货币划分了不同的层次,不同层次的货币对经济的影响可能存在较大的差别。中国从1984年开始探讨对货币供给层次的划分,并于1994年第三季度开始正式按季公布货币供应量的统计检监测指标。中国对货币层次的划分同样是以货币的流动性为标准的,现阶段主要划分为如下三个层次:M_0 = 流通中的现金;$M_1 = M_0$ + 活期存款;$M_2 = M_1$ + 定期存款 + 储蓄存款 + 其他存款。

国家以法律形式规定的货币流通的结构、体系与组织形式,称为货币制度,简称币制。货币制度的构成要素包括:货币材料和货币单位;本位币和辅币的铸造、发行及流通;金准备制度。

由于中国目前实行"一国两制"方针,1997年、1999年香港和澳门相继回归祖国后,继续维持原有的货币金融体制,从而形成了"一国三币"的特殊货币制度。这种特殊的货币制度规定三种货币各为不同地区的法定货币,其内容包括:人民币是中国大陆地区的法定货币;港元是香港特别行政区的法定货币;澳门币是澳门特别行政区的法定货币。三种货币各限于本地区流通,人民币与港元、澳门币之间按以市场供求为基础决定的汇价进行兑换,澳门币与港元直接挂钩。

国际货币体系是指规范国与国之间金融关系的有关法则、规定及协议的全部框架,或者说,它是各国政府为适应国际贸易与国际支付的需要,对货币在国际范围内发挥世界货币的职能所确定的原则、采取的措施和建立的组织形式的总称。国际货币体系一般包括三个方面的内容:国际交往中使用什么样的货币——金币还是不兑现的信用货币;各国货币间的汇率安排,是钉住某一货币,还是允许汇率随市场供求自由变动;各国外汇收支不平衡如何进行调节。在这三方面的内容中,国际本位货币的选择——黄金还是不兑现的信用货币是最根本的,它决定着国际货币制度的性质和运作特点。

 关键术语

通货　收入　财富　实物货币　金属货币　代用货币　信用货币　电子货币　价值尺度　流通手段　贮藏手段　支付手段　世界货币　货币　狭义货币量　广义货币量　货币制度　币材　货币单位　本位币　辅币　无限法偿　有限法偿　国际货币体系　布雷顿森林体系

练 习 题

1. 单项选择题

(1) 最初的货币所采取的形态是(　　)。

　　A. 金币、银币　　　　　　　　B. 牲畜、皮革、烟草

　　C. 纸币　　　　　　　　　　　D. 银行券

(2) 第一次世界大战前，主要的国际储备货币是（　　）。
　　A．美元　　　　　　　　　　　B．黄金
　　C．英镑　　　　　　　　　　　D．德国马克

2．不定项选择题

(1) 在我国货币层次中，狭义货币量包括（　　）。
　　A．银行活期存款　　　　　　　B．企业单位定期存款
　　C．居民储蓄存款　　　　　　　D．现金
(2) 信用货币包括（　　）。
　　A．实物货币　　　　　　　　　B．金属货币
　　C．纸币　　　　　　　　　　　D．电子货币

3．判断题

(1) 在市场经济条件下，支票和信用卡都是货币。　　　　　　　　　　（　　）
(2) 现金形态的货币发挥流通手段的职能，而存款形态的货币发挥支付手段的职能。
　　　　　　　　　　　　　　　　　　　　　　　　　　　　　　　　（　　）

4．名词解释

(1) 信用货币　　(2) 货币制度　　(3) 无限法偿
(4) 有限法偿　　(5) 国际货币体系

5．简答题

(1) 货币形态经历了哪几种演变形式？
(2) 什么是货币制度？货币制度的构成要素有哪些？
(3) 货币层次划分的依据是什么？中国的货币层次是如何划分的？
(4) 目前，中国的人民币制度的主要内容有哪些？

第 2 章 信用

教学目标

通过本章学习，了解信用的产生和发展，掌握信用的内涵、高利贷信用的特点，掌握主要信用形式的概念、特点及其作用，理解信用与金融二者之间的关系。

本章引言

由 2007 年 8 月开始席卷美国、欧盟和日本等世界主要金融市场的次贷危机是以金融部门为主导的经济萧条，但与 20 世纪 90 年代经济萧条源于信用危机不同，此次的金融危机是信用迷失的结果。可以说，信用是现代金融的基石，纵观一切实际经济活动，都是以信用为纽带而开展的。在我国，信用对经济发展的影响近年来也成为人们广泛关注的热点。特别是近二十多年来，废约、违约相当普遍，赖账、欺诈已成为社会公害，假冒伪劣产品泛滥，信用卡恶意透支，等等，这些违法违规事件的发生都严重破坏了正常的市场经济秩序。甚至一些学者认为，我国已形成了较为严重的社会信用危机。因此，构建有中国特色的社会征信体系有着极其现实的意义。本章概括介绍信用的内涵、产生和发展，着重对实际经济活动中常见的信用形式进行阐述，最后介绍建立社会征信体系的必要性以及中国社会征信体系建设的现状。

知识要点结构图

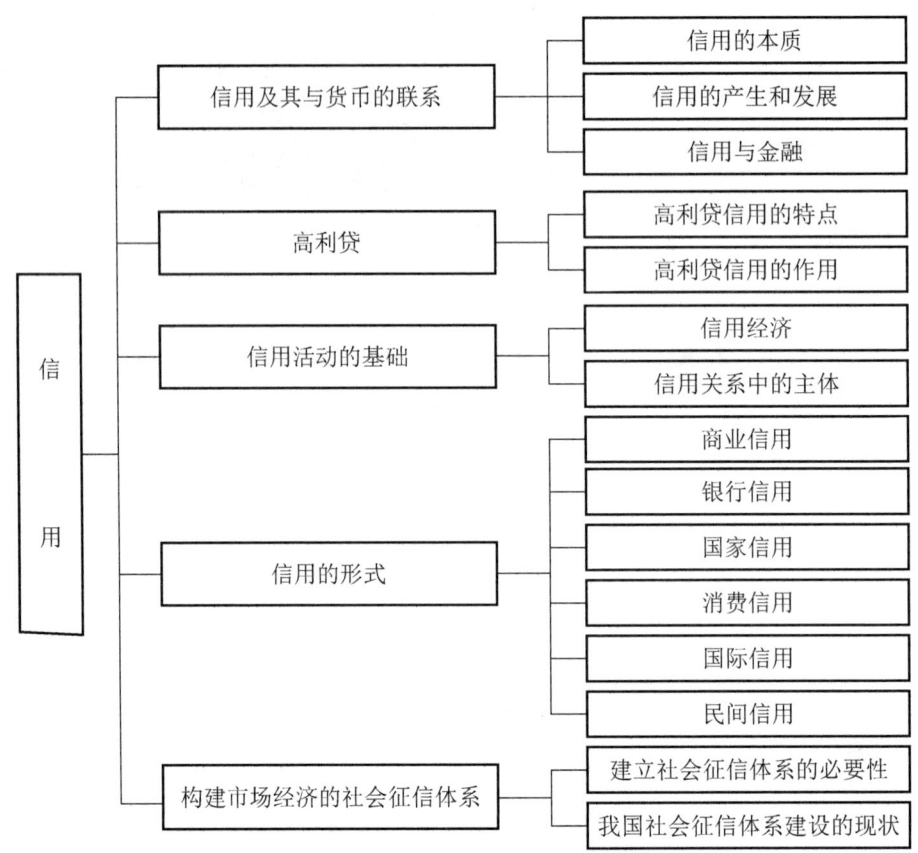

信用和货币一样，既是一个古老的经济范畴，又是金融学中一个十分重要的概念。普遍认为，现代经济是"信用经济"，信用活动已渗透到社会生活的各个领域，企业、家庭、政府等各经济单位无不参与信用活动，信用关系已经成为一种最普遍的经济关系。

2.1 信用及其与货币的联系

2.1.1 信用的本质

现实生活中会经常用到"信用"一词，比如说某人诚实守信或言而无信、企业信用度的高低等。《辞海》中对信用的解释为：信任使用，遵守诺言。"信用"一词，源于拉丁文"credo"，原意为信任、相信、声誉等；英语为"credit"，也有"相信、信任"之意。两者都具有诚实守信、信守诺言的含义，注重"信"的本意。"信用"一词也在伦理学、经济学等许多学科被使用。在伦理学上，它是指诚实守信、践行诺言，是善的体现，是一种美好的德行。正如马克斯·韦伯(Max Weber)在《新教伦理与资本主义精神》中引用本杰明·富兰克林(Benjamin Franklin)对美国人的教导所说："切记：善于付钱者是别人钱袋的主人……一次失信，你的朋友的钱袋则会永远向你关闭……一直把欠人的东西记在心上，会使你在

第 2 章 信 用

众人心目中成为一个认真可靠的人,这就又增加了你的信用。"

经济学上广泛地使用信用一词。《新帕尔格雷夫经济学大辞典》中对信用的定义是:"提供信贷意味着把对某物(如一笔钱)的财产权给以让渡,以交换在将来的某一特定时刻对另外的物品(如另外一笔钱)的所有权。"《牛津法律大辞典》的解释是:"信用,指在得到或提供货物或服务后并不立即而是允诺在将来付给报酬的做法。"根据这里的解释,信用是指在商品交换或者其他经济活动中授信人在充分信任受信人能够实现其承诺的基础上,用契约关系向受信人放贷,并保障自己的本金能够回流和增值的价值运动。站在经济和金融学的角度,**信用**这个范畴是指以还本付息为条件的借贷行为。具体而言,信用的本质可以从以下几方面分析和理解:

1. 信用是以偿还本金和支付利息为条件的借贷行为

信用这种借贷行为是以收回本金为条件的付出,或以偿还为义务的取得;而且贷者之所以贷出,是因为有权取得利息,借者之所以可能借入,是因为承担了支付利息的义务。"借贷"的历史在远古时期就有了相关的文字记载,如古代的贵族、王孙、公子用放债取息的方式来奉养门客(宾客)。现实生活中有时也有无利息的借贷,但这是由于某种政治目的或经济目的(如政治捐款或以换取某种政治利益)而采取的免除利息的优惠,是一般中的特殊。西方不少国家的银行对企业的活期存款也往往不支付利息,但存款者可以享受银行的有关服务(如转账、代付代交等)和取得贷款的某些权利,所以实际上还是隐含有利息的。

2. 信用是价值运动的特殊形式

在单纯的商品交换中,价值运动是通过一系列买卖过程实现的。在商品买卖中,价值进行对等转移和运动,一手交钱,一手交货:卖方售出商品,获得等值的货币;买方付出货币,得到商品。这里发生了所有权的转移,卖方放弃了商品的所有权,而取得了货币的所有权,买方则相反。同时,交换过程是一种等价交换,卖方虽然放弃了商品的所有权,但没有放弃商品的价值,只是改变了价值形态,即从商品形态变成了货币形态;而买方虽然放弃了货币,但取得了与货币等价的商品。但是在信用活动中,价值运动是通过一系列借贷、偿还、支付活动实现的。货币或实物被贷出,其所有权并没有发生转移,只是使用权发生了变化。贷出者只是暂时让渡商品或货币的使用权,而所有权并没有发生变化。在信用活动中,等价交换的对象是商品或货币的使用权。

3. 信用反映的是债权债务关系

任何信用活动均涉及两方面的当事人,即贷者和借者。从贷者的位置看,信用关系反映了他有要求付款的权利;从借者的位置看,他有付款的法定义务。也就是说,信用关系反映了债权债务关系。因此,债权总额等于债务总额,信用关系是债权债务关系的统一。

阅读案例 2-1

诚信比生命更重要

16 世纪末,有一个名叫巴伦支的荷兰人,他是一名商人也是一个船长。为了避开激烈的海上贸易竞争,他带领 17 名船员出航,试图从荷兰往北开辟一条新的到达亚洲的航海路线。

一天清晨,当轮船驶到位于北极圈内的三文雅——现在俄罗斯的一个岛屿时,他们突然发现自己的船航行在海面的浮冰里。这时,他们才意识到被冰封的危险。然而为时已晚,经过艰苦的努力之后,他们最终不得不放弃返航的努力,把船停泊在岛屿旁边。

北极圈是地球上最寒冷的区域之一,冬季漫长而残酷,冰冷刺骨的大风和常见的暴风雪不时席卷而来。没有人类生存的三文雅岛上常常覆盖着10至12英尺的雪,巴伦支船长和17名荷兰水手在这孤立无援的条件下度过了8个月的漫长苦寒的冬季。

他们拆掉了船上的甲板作燃料,靠打猎来取得勉强维持生存的衣服和食物。在恶劣的险境中,8个人死去了。但巴伦支船长和剩下的水手却做了一件令人难以想象的事情,他们丝毫未动别人委托他们的货物,而这些货物中就有可以挽救他们生命的衣物和药品。

冬去春来,幸存的巴伦支船长和9名水手终于把货物几乎完好无损地带回荷兰,送到委托人手中。他们的做法震动了欧洲,也给整个荷兰带来显而易见的好处,那就是赢得海运贸易的世界市场。巴伦支船长和他的17名水手用生命作代价,守望信念。这一传至后世的经商法则就是:诚信比生命更重要。

这个例子表明,荷兰人在商业活动中加进去了伦理道德层面的法则,这里的信用,主要是指参与社会和经济活动的当事人之间所建立起来的、以诚实守信为道德基础的"践约"行为。

其实,几百年来,我国就有了"晋商""徽商"和"钱王——王炽"这样重信守义、讲究"商德"的杰出商帮和商人。在早期的店铺常见到"童叟无欺""言不二价"的招牌。中国要发展,要走向世界,就必须要讲"诚信"。建立社会信用体系是全社会的期望,更是市场经济必须遵守的规则。

阅读案例2-2

淘宝刷钻的困局

中国最大的网上集市淘宝网一直在做一个很有争议的信用征集尝试,就是通过网络评价给网上商家颁发虚拟钻石的方式来给商家进行信用评级,结果制造了大量机会,让一些人和公司受雇于某些商家,专门发布虚假评价来为这些商家获得信用评级的钻石,以至于诞生了一个词汇——刷钻。我们再看另外一个故事。

19世纪的时候,美国社会的信用气氛也很薄弱,欺诈现象普遍。但随着信用经济的发展,对个人信用信息的需求终于催生了信用局。1860年第一家民营的信用局在美国纽约布鲁克林成立,美国个人信用市场从此发展起来。信用局所提供的个人信用报告中最重要的内容就是对个人信用的评估。信用评估根据信用资料中的五项基本内容进行打分,这五项内容是:付账记录、未偿还债务、开立账户的时间长短、贷款情况和使用过的信贷种类。如今,美国每年出售的个人信用报告达6亿多份,收入超过100亿美元。查个人信用报告要经本人同意,每份只要一两个美元,虽然只要一两个美元——钱不多,但意义非凡:这种征信体系让每个人都把这种信用约束内化到身体里,每个人都成为自己信用记录自觉的监督者。

(资料来源:金融的逻辑.宁夏电视台.)

2.1.2 信用的产生和发展

信用是商品货币经济发展到一定阶段的产物,是在私有制和商品交换的基础上产生的。从逻辑上推论,私有财产的出现是借贷关系存在的前提条件。没有私有权的观念,就无从谈起借贷:付出不必讨回;取得也无须顾虑将来能否归还;相应地,利息的问题更不可能提出。之所以出现这种行为,显然是为了满足在不同所有者之间以不改变所有权为条件的财富调剂的需要。考察历史,信用活动最早产生于原始社会的末期和奴隶社会初期。由于社会生产力的发展，劳动生产率有了明显的提高，劳动产品也有了剩余，从而使交换活动日益频繁。随着交换的扩大和发展，加速了原始公社公有制的瓦解和私有制的产生，使得原始公社内部发生了财富的分化，社会成员逐渐分化为富裕阶层和贫困阶层。富裕阶层手中集中了一定量的剩余产品、货币资金，而贫困阶层因缺少生活资料和生产资料，为了维持生活和继续生产，他们被迫向富裕阶层借贷，于是，信用随之产生。

信用产生之后，不断地由低级形态向高级形态发展。从借贷的客体形态发展来看，最早的是实物借贷。随着商品货币关系的发展，货币越来越成为借贷的主要对象。但在自然经济占主导地位的前资本主义社会里，货币借贷一直未能全然排除实物借贷。在一些落后的国度中，实物借贷依然相当广泛地存在着。只有当资本主义关系不断浸透城乡经济生活的各个角落，或者说商品货币关系在经济生活中无所不在的时候，实物借贷才丧失其大量存在的基础。在现代的一些信用关系中，往往也涉及商品，如赊销商品延期支付的信用形式，这像是实物借贷。但就其债权债务的内容来看，却总有一定的货币金额，而且最终要支付货币，所以宜归属货币借贷的范围。

从生产方式的发展与信用的联系角度来考察，最早的信用是高利贷信用，这是在自给自足的自然经济占主导地位下的信用，资本主义以前的信用，主要是高利贷信用。当生产方式从封建社会过渡到资本主义社会，自给自足的自然经济解体，商品货币关系占主导地位时，信用就由高利贷信用发展到了资本主义信用。当生产方式从资本主义过渡到社会主义时，信用也由资本主义信用过渡到社会主义信用。所谓社会主义信用，是指存在于社会主义经济所有制中借贷资金的运动形式，它体现着社会主义的生产关系，摒弃了资本剥削和寄生的性质。但就其基本特征来说，社会主义信用仍然是一种借贷关系，是以偿还为条件的价值运动形式。因此，其运动形式与资本主义借贷资本的运动形式是完全相同的。

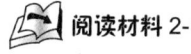阅读材料 2-1

社会主义信用

在社会主义社会，由于存在着商品交换和货币流通，信用仍然是一个客观的经济范畴。其形式以银行信用为主体，同时存在着商业信用、国家信用、集体信用、民间信用等形式。社会主义的银行信用是国家有计划地调节和管理经济的重要经济杠杆，是国家筹集和分配资金的重要方式。在中国，为适应经济体制改革后的经济横向联系和资金横向流动，商业信用、社会集资和民间个人信用也被积极运用于地区、部门和个人间的融通资金，以满足生产和流通扩大的需要。国家信用一般是在国家财政发生困难和解决经济建设的资金需要时加以运用。信用合作社等集体信用形式，主要用来解决农业生产和城乡个人生活的资金需要。此外，企业和银行也为个人消费者提供消费信贷。社会主义信用反映着社会主义生产关系，体现了各经济部门、单位和个人之间的联系。在中国有计划的商品经济中，国家可以自觉运用信用来筹集和合理分配资金，加速经济的发展，同时运用贷款、利息等经济杠杆作为调节国民经济的有效手段。

【拓展视频】

(资料来源：奚道同，张福双. 货币银行学[M]. 2版. 哈尔滨：哈尔滨工业大学出版社，2012.)

金融学基础与实务

2.1.3 信用与金融

金融的对象是货币，现代信用的主要对象也是货币。事实上，以信用货币为载体的信用关系就是金融，可见二者之间的内在联系是非常紧密的。

但是，信用较之金融历史更为悠久，二者的内涵与外延存在差异。如前所述，信用是借贷行为，表现为一种债权债务关系。在前资本主义社会，信用一直是以实物借贷和货币借贷两种形式并存。在信用发展的早期阶段，实物借贷是信用的主要形式，此时信用作为价值运动的特殊形式并不必然与货币相连。随着商品货币关系的发展，作为财富凝结的货币在借贷中日益占重要地位。在现代经济生活中，货币借贷是信用的重要形式。而金融是指资金的融通，其形成必定以货币为载体。同时，资金的融通既可以表现为源于借贷而形成的债权债务关系，也可以表现为发行股票而形成的所有权关系。可见，信用与金融二者内涵不同，外延也相互不能完全覆盖对方。

需要特别指出的是，在货币制度的演进过程中，信用的发展对于货币的流通确实起过强大的作用。如货币借贷，使不流动的贮藏货币变成流动的，加快了货币流通的速度；基于信用关系的汇兑业务，便利了货币在更广大地区的流动；北宋出现的"交子"是信用凭证，发挥了代替笨重铸币流通和补充铸币不足的作用，并引出了后来的国家强制行使的纸币，等等。这一切都说明货币、信用这两者的联系日益增强。随着资本主义经济关系的确立，金属货币退出流通领域，信用与货币的关系进一步发展。信用货币制度确立之后，现代信用活动更是与货币运动联为一体：货币本身就是一种信用工具；货币是通过信用程序发行和流通的；任何信用活动同时都是货币的运动：信用扩张意味着货币供给的增加，信用紧缩意味着货币供给的减少，信用资金的调剂则时时影响着货币流通速度和货币供给在部门之间、地区之间和微观经济行为主体之间的分布。

当货币的运动和信用的活动虽有多方面联系却始终保持着各自独立发展的过程时，这是两个范畴；而当两者密不可分地结合到一起，那么，在货币范畴和信用范畴存在的同时，又增加了一个由这两个范畴长期相互渗透所形成的新范畴。我们习惯使用的"金融"词义正好符合这一范畴的外延。至于在历史上，货币和信用相互渗透的种种形态则应视之为金融范畴的萌芽或早期形态。当然，金融范畴的形成并不意味货币和信用这两个范畴已不复存在。

2.2 高 利 贷

2.2.1 高利贷信用的特点

高利贷信用是历史上最早的信用形式，是最古老的生息资本形式，它是一种发放实物或货币以收取高额利息为特征的借贷活动。马克思说："我们可以把古老形式的生息资本叫做高利贷资本。"因此，极高的利率是高利贷最明显的特征。在过去的中国，借贷习惯按月计息。月息3分，即本金的3%，是最"公道"的水平。月息3%，不计复利，年息也达36%，比现在的银行利率水平高好多倍。在城市的贫民中间有一种"印子钱"，月息甚至可达近35%。所以出现这样高的利率，是由前资本主义社会中的经济条件所决定的。

高利贷信用最初出现于原始公社后期,在奴隶社会和封建社会得到广泛的发展,成为占统治地位的信用形式。那时的阶级构成是这样两级:一是农民及小手工业者,一是奴隶主和封建主。农民和其他小手工业者借钱,或是由于受伤患病、丧葬嫁娶,没有钱办不了事;或是天灾人祸,不借钱无以维持简单再生产和必需的生存资料。在这种情况下,他们明知高利贷如同水火,也要告贷。奴隶主、封建主借钱,或是为了支持其统治的政治经济需要,如豢养军队、进行战争等,这关系到他们自身的生死存亡,再高的利息也要借;或是为了满足其穷奢极欲的生活需要,如购买昂贵的装饰品、建造豪华的宫殿等,只要钱到手,不会顾及将来如何。同时,奴隶主和封建主通过征取苛捐杂税来转嫁巨额利息负担,其直接后果是大量农民和小手工业者贫困、破产,反过来又不得不向高利贷者乞贷。

在自然经济占统治地位的条件下,社会上流通的是金属货币,货币的数量有限度,取得货币很困难,这种货币紧缺状况迫使小生产者没有讨价还价的余地,高利贷者就可以用高利息来贷放实物和货币。

在高利贷的压榨下,不仅小生产者债务人会丧失自己的劳动条件乃至自身沦为债务奴隶,就是奴隶主和封建主也会因债台高筑而破产。马克思曾这样描述:"……高利贷不改变生产方式,而是像寄生虫那样紧紧地吸在他身上,使他虚弱不堪。高利贷吮吸着他的脂膏,使他精疲力竭,并迫使再生产在每况愈下的条件下进行。"

2.2.2 高利贷信用的作用

高利贷信用的历史作用具有双重性。在漫长的自然经济社会中,一方面,它是推动自然经济解体和促进商品货币经济发展的因素。由于高额的利息负担,使借高利贷的小生产者往往不堪重负,从而使小农经济受到极大的破坏,加速了自然经济的解体。同时,因为高利贷信用主要是以货币借贷形式进行,债务人常常会努力发展商品生产,并通过出售商品换取货币,进而偿还债务,这样就促进了商品货币经济发展。特别是高利贷信用的贷款者通过高利盘剥,积累了大量的货币财富,有可能从高利贷资本转入产业资本,成为资本原始积累的来源之一,同时它又使广大的农民和手工业者破产,沦为无产阶级,从而促进了雇佣劳动后备军的形成。因此,高利贷促进了社会化大生产方式前提条件的形成。另一方面,高利贷信用的主要作用仍然是破坏和阻碍生产力的发展,对原有的生产方式即小生产和自耕农起着相当的保守作用。这种保守作用,必然阻碍高利贷资本向生产资本转化,而且它的高额利息使生产者无利可图,成为现代社会化大生产发展的巨大障碍,于是产业资本家采取各种斗争方式反对高利贷资本的高利率,结果,最终建立和发展起适合现代社会化大生产发展所需要的信用制度,即现代信用制度。

【阅读案例】

2.3 信用活动的基础

2.3.1 信用经济

如果我们观察一个发达的市场经济,可以看到商品货币关系覆盖整个社会;如

果我们观察一个计划经济国度,虽说对商品货币关系有诸多限制,但整个社会也并未摆脱商品货币关系的覆盖。只要处于商品货币关系的覆盖之下,那么经济生活中的经济行为主体,不管是公司企业,从事不同职业的个人,还是行使国家职能的各级政府,他们的经济活动都不能不伴随着货币的收与支。任一经济行为主体在日常的频繁货币收支过程中,收支两相比较,可能收支相抵不多不少,但更多的情况是收支不能相抵:或收大于支,或支大于收。如果把任何经济行为主体,不管是企业,是个人,还是政府,都称为单位,那么货币收入大于支出的是盈余单位,货币支出大于收入的是赤字单位,当然还有一些均衡单位。当经济生活中广泛存在着盈余单位和赤字单位时,通过信用进行调剂的必要性是显而易见的。任何货币的盈余或货币的赤字,都同时意味着相应金额的债权、债务关系的存在。

信用经济是指债权债务关系普遍存在于社会各部门之间的经济发展阶段,信用经济以货币的存在为基础,以金融业的发达为条件。现代社会是一个信用社会,现代经济是高度发达的信用经济,这已成为当今人们的普遍认识。不论是发达国家,还是发展中国家,在经济活动中都普遍存在着债权债务关系,经济越发达,信用越发达,反之,信用越发达,经济也越发达。美国作为经济强国,其债务规模之大与其财富之多一样出名,截至2016年,美国政府债务余额达19.7万亿美元,占GDP(Gross Domestic Product,GDP)的105%。

简而言之,在日常的经济生活中,任何经济行为主体的经济活动都不能不伴随着货币的收支。参与信用活动的主体已包括社会经济的各个部门——个人、企业单位、政府及其所属机构、金融机构等,由于这些主体在社会经济活动中扮演的角色不同,这些主体在信用关系中所处的地位也是不同的。

2.3.2 信用关系中的主体

1. 信用与个人

个人是指有货币收入的人,而不论其从事任何职业。一般而言,个人的货币支出以其货币收入为度。然而,出于谨慎和预防动机,个人为了防老、防病、防止意外,为了子女教育,为了购买住房以及其他耐用消费品等,通常还要保有一定的节余。不过同时也总会有人入不敷出、有赤字,如意外的疾病、天灾人祸、失业、收入下降却不能相应地改变消费习惯等。随着经济发展和信用制度的发展,人们的生活观念和消费观念也在变化,不同的观念就会产生不同的选择。个人参与信用活动,既有将收大于支的盈余存入银行或购买证券获得收益的需要,又有入不敷出向银行贷款的需要。如果把居民作为一个整体来考察,几乎在任何国家中,他们是金融市场上货币资金的主要供给者。

就中国现在的情况来说,居民的货币盈余主要表现在手持现金、银行储蓄存款和购买国家债券与股票等几个方面。

2. 信用与企业

企业作为一个整体,既是巨大的货币资金需求者,又是巨大的资金供给者。

利润最大化是企业的经营目标,为实现利润目标而创业或维持正常的再生产或扩大经营规模都需要资金的支持,如果企业没有足够的资金,就需要借入,因此,企业部门首先是一个广泛需求资金的部门。

同时,企业也是资金的供给者。企业的折旧基金、大修基金、技术改造基金,以及集

中进货前的累计销售货款和其出于预防性动机而持有的资金,使得企业的资金流在时空上分布不均衡,存在暂时的闲置资金可供贷出。

既有贷出的可能,又有借入的需要,所以企业之间存在着广泛的资金调剂。有直接的调剂,但更多的是通过金融媒介所进行的调剂。不过把所有的企业作为一个整体来考察,企业在信用活动中通常是资金的净需求者。

3. 信用与政府部门

政府的货币收支主要是从中央到地方的各级财政收支。或是收大于支,形成财政结余;或是支大于收,形成财政赤字。在发展中国家,特别是在其经济发展的起步阶段,大量建设资金的需求对应着有限的财政收入,赤字往往是难以避免的。在西方主要资本主义国家,大半个世纪以来,财政赤字也是很普遍的现象。赤字的形成,有些年份是政府主动实行赤字财政政策的结果,有时是被动出现的财政赤字所致。

因此,政府一般是资金的主要需求者,弥补财政赤字所形成的国债成为各国财政政策与货币政策操作的重要工具。

4. 信用与金融机构

金融机构主要的功能在于为资金的余缺双方充当信用媒介。金融机构作为信用中介,一方面他们通过吸收存款、对外借款等负债业务吸收各种渠道的资金来源,形成债务;另一方面他们通过贷款、投资等资产业务将资金运用出去,形成债权。可见,金融中介资产负债业务本身就是形成债权债务关系的信用活动。

因此,金融机构在金融市场上既是资金的需求者又是资金的供给者,作为间接融资的媒介体,其帮助个人、企业、政府等非金融部门之间建立广泛的信用联系。

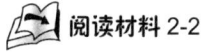阅读材料 2-2

美国政府的钱花在哪儿了

向全世界举债过日子这样的现实情况今天也引发了很多人的一个疑问:那就是美国政府借了这么多的钱,钱究竟花在了哪里了呢?我们对美国政府的开支情况也是进行了一次梳理,一起来了解。

自 1960 年至今,美国国会已经 78 次提高债务上限,美国政府的债务在这一过程中越积越多,尤其是小布什成为总统以后,政府用举债来减少富人和大企业的税收负担,再加上美国在阿富汗和伊拉克发动的两场战争造成大量持续的国防支出,政府财政赤字迅速积累。在奥巴马上任后,政府财政政策的核心转向社保与医保计划开支,这也需要大量的资金来实现。据统计,在 2010 年 9 月结束的上一财年,美国联邦政府总收入为 2.2 万亿美元,而总支出却高达 3.5 万亿美元,亏空达到了 1.3 万亿美元。在支出总额中,福利保障占了大头,其中,社会福利 7 070 亿美元占 20%,医保支出 7 240 亿美元占 22%,失业保险和其他福利 5 530 亿美元占 16%,三者相加已经接近两万亿美元;同时,受阿富汗和伊拉克两个战场的拖累,美国军费也高达 6 940 亿美元,占总支出 20%;另外,不断增长的国债利息也占到了政府支出的 6%,达到 1 960 亿美元之巨。一系列花钱的政策,加上近年来的金融危机,导致美国政府的财政赤字不断刷新纪录,累积的政府债务总额不断上升。

(资料来源: 经济信息联播.CCTV2,2011 年 8 月 1 日.)

2.4 信用的形式

信用作为一种借贷行为,通过一定的形式对经济活动产生影响。在信用经济发展的推动下,信用形式也逐渐由低级向高级、由简单向复杂不断向前演进,信用活动日趋频繁与深化。信用按照不同的标准可以划分为不同形式。如按照期限划分,信用可分为短期信用和长期信用;按照信用发生的地域来划分,可分为国内信用和国际信用;按照主体来划分,可以分为商业信用、银行信用、国家信用、消费信用、国际信用和民间信用。下面就按照最后一种划分方法来对现代信用形式逐一介绍。

2.4.1 商业信用

1. 商业信用的概念

典型的**商业信用**(commercial credit)是工商企业以赊销的方式对购买商品的工商企业所提供的信用。其具体形式包括企业间的商品赊销、分期付款、预付货款、委托代销等。由于这种信用与商品流通紧密结合在一起,故称之为商业信用。商业信用是现代信用制度的基础。

比如,纺织厂所生产的产品(衣料)需要卖给服装厂,当服装厂缺乏购买衣料的货币资本时,就可以采取赊销的方式,即约定经过一定的期限,如三个月、半年等,由服装厂归还赊销的货款。这种方式对双方都有好处。缺乏购买原材料资本的服装厂利用这种信用方式,可以购入原材料组织生产,通过销售成品(服装)取得商业利润。对于纺织厂来说,虽然销售衣料的当时没有收入货款,但产品毕竟销售出去了,只是推迟到约定的期限才能收款。对于工厂来说,产品能否销售具有关键的意义。不能销售,工厂必须考虑是否继续再生产;销售出去虽不能立即收到货款,但这展现该产品有销售的前景,那就可以设法筹集资本继续生产。而产品有销售前景的工厂也易于取得贷款者的信任,因为他们有归还贷款的能力。

2. 商业票据

1) 商业票据的种类

商业票据(commercial paper,commercial bill)是一种最古老的金融工具。在商业信用中,赊销商品的企业为了保护自己的权益,需要掌握一种能够受法律保护的债权债务文书,在这种文书上说明债务人有按照规定的金额、期限等约定条件偿还债务的义务。这类文书称为"**票据**"。我国《票据法》规定的票据,与多数国家立法一致,包括汇票、本票和支票。

汇票(bill of exchange,draft)是出票人签发的,委托付款人在见票时或者在指定日期或者在将来可以确定的日期,向收款人或持票人无条件支付确定金额的票据(即汇票是一种委付证券,是支付命令书);**本票**(promissory note)是出票人签发的,承诺自己在见票时或在制定的日期或在可以确定的将来日期，无条件向收款人或持票人支付确定金额的票据(即本票是一种自付证券，是支付承诺书)；**支票**(cheque，check)是存款客户签发的，委托银行或其他金融机构在见票时无条件支付确定金额给收款人或持票人的票据(即支票限于见票即付)。

2) 商业票据的比较

(1) 共同点。三者都以支付一定金额为目的，一旦票据金额全部支付完毕，票据关系即归于消灭；三者的支付都是无条件的，票据上不得记载附条件的事项；三者都兼有设立和证明票据权利的作用，属于完全的有价证券；三者都可以背书(背书是指在票据背面记载有关事项并签章的票据行为)转让，具有高度的流通性。

(2) 不同点。从当事人方面来看：汇票在出票时，其基本当事人有三方即出票人、付款人和收款人；本票的基本当事人只有出票人和收款人；支票的基本当事人虽然也有三方，但其付款人仅限于办理支票存款业务的银行或其他金融机构，而汇票的付款人则没有这一限制。从付款关系来看：汇票、支票均属委托付款，而本票则由出票人自己承担付款责任。承兑不同：汇票须经承兑，承兑是汇票独有的法律行为，汇票一经承兑，付款人就取代出票人而成为票据的主债务人，而本票和支票均不需承兑。付款日不同：汇票除有见票即付的情况外，还有定日付款、出票后定期付款和见票后定期付款等情况，而本票和支票在付款期限的规定上一般只有见票即付的情况。

3) 各种票据中的票据关系

商业汇票当事人之间的票据关系如图2.1所示，本票当事人之间的票据关系如图2.2所示，支票当事人之间的票据关系如图2.3所示。

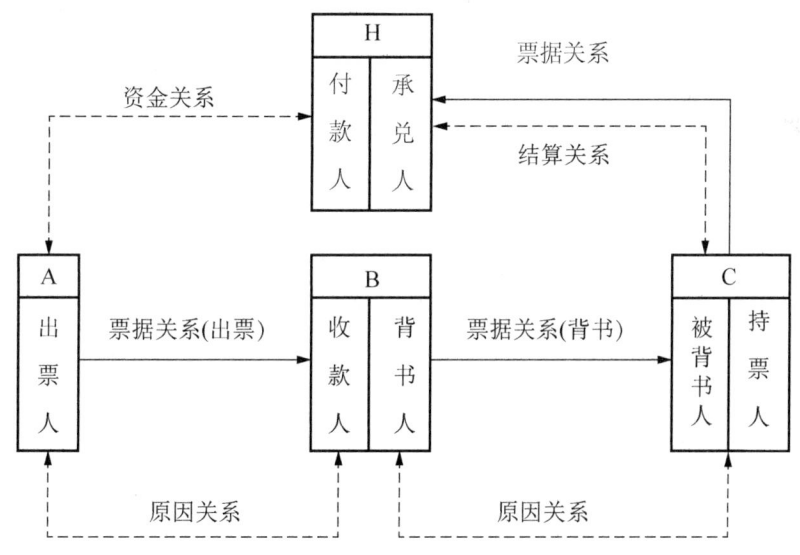

图2.1 商业汇票当事人之间的票据关系

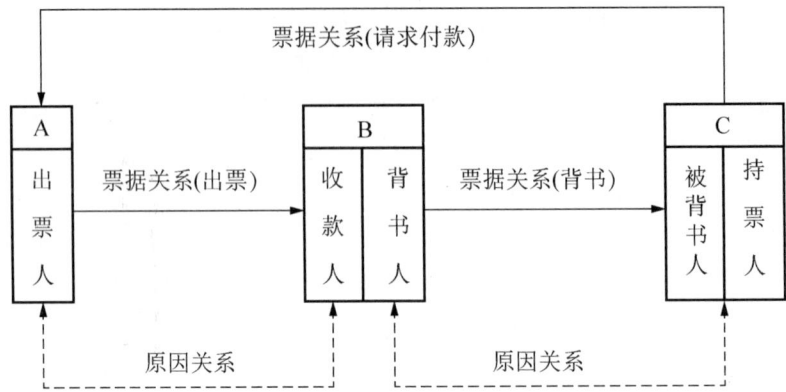

图 2.2 本票当事人之间的票据关系

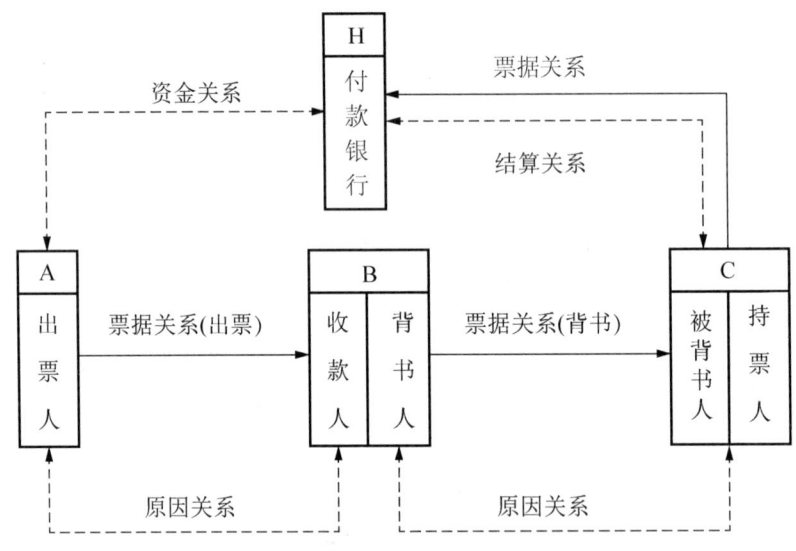

图 2.3 支票当事人之间的票据关系

3. 商业信用的特点

(1) 商业信用的客体是商品资本。商业信用所提供的是处于再生产过程中的商品资本，其活动实际上同时包含着两种性质不同的经济行为，即买卖行为与借贷行为。企业之间的交易过程常常会出现这样的情况：上游企业拥有商品等待出售，下游企业急于购买却无力支付现款，这种情况下，上游企业可以采用赊销向下游企业提供商业信用实现销售。当上游企业把一批商品赊销给下游企业时，商品的买卖行为完成了；但由于商品的货款并未立即支付，从而使卖者变成了债权人而买者变成了债务人，买卖双方形成了信用关系，买方到期必须以货币形式偿还债务。

(2) 商业信用的主体是工商企业。赊购与赊销可以发生在不同的经济行为主体之间，诸如政府与企业之间、企业与企业之间、企业与个人以及个人与个人之间等。只有发生在企业之间的才是商业信用，其他经济主体之间的赊购与赊销不是商业信用。

(3) 商业信用的运动和经济周期的波动基本一致。在经济繁荣时期，由于生产扩大，商品增加，商业信用的供应和需求也随之增加；而在经济衰退时期，生产下降，商品滞销，商业信用的供给和需求也随之减少。

4. 商业信用的优点

商业信用的优点在于方便和及时。商业信用的提供，既解决了资金融通的困难，也解决了商品买卖的矛盾，从而缩短了融资时间和交易时间，而且商业票据一般都可以到商业银行贴现或经背书后转让给第三者。当有必要时，持票人可以通过这种方式及时获得部分资金或抵偿部分债务。比如，甲企业生产 A 商品，乙企业以 A 商品为原料。如果乙企业资金周转暂时困难以至于没有现款去购买原料即 A 商品时，在商业信用的情况下，甲企业可以把商品 A 赊销给乙企业，换取乙企业延期付款的凭证即商业票据，乙企业的生产则可顺利进行。而当甲企业在票据未到期即需要资金时，他可以到商业银行贴现，即扣除贴现日至到期日的利息，按票面金额得到现款，也可以背书后转让给第三者，以缓解资金短缺的矛盾或抵偿部分债务。

5. 商业信用的局限性

(1) 商业信用具有规模局限性。由于单个企业所拥有的资本量的限制，企业所能提供的商业信用，只能在本企业自身所能支配的资本数量范围内进行，而且还只能限于企业当时不立即投入再生产过程的那一部分资本。超出单个企业所拥有资本量的大额需求不可能通过商业信用来解决。一般来说，企业资本的规模越大，商业信用的规模也就越大；反之，也就越小。

(2) 商业信用具有方向局限性。因为商业信用的需求者也就是商品的购买者，这就决定了企业只能对有业务联系的企业提供信用。一般情况下，商业信用适用于有上下游供销关系的企业双方，主要是上游产品企业向下游产品企业提供信用、工业企业向商业企业提供信用。比如说，纺织厂可向服装厂提供商业信用，而服装厂就无法向纺织厂大量提供商业信用，因为纺织厂不是以服装为生产资料的。

(3) 商业信用具有对象局限性。由于商业信用形成于商品买卖过程中，所以，它只适用于有商品交易关系的企业，并且，一般都是在信用能力较强、来往较多、相互信任的企业之间进行。

(4) 商业信用具有期限局限性。商业信用提供的主体是工商企业，工商企业的生产和经营要循环往复地进行下去，其资金就不能长期被他人占用，否则，就有可能使生产中断，所以，商业信用只能解决短期资金融通的需要。

(5) 商业信用具有信用链条不稳定性。商业信用是由工商企业相互提供的，可以说，一个经济社会有多少工商企业就可能有多少个信用关系环节。如果某一环节因债务人经营不善或到期不履行契约而中断，就有可能导致整个债务链条的中断，引起债务危机的发生，冲击整个信用体系。

【阅读材料】

2.4.2 银行信用

1. 银行信用的概念

广义的银行信用(bank credit)是指银行或其他金融机构以货币形态向社会和个人提供的信用，**狭义的银行信用**是指银行提供的信用。

银行信用活动主要包括两个方面：一是以吸收存款等形式动员和集中社会上一切闲置的货币资本；二是通过贷款、贴现等形式把这些货币资本贷放给使用者。

2. 银行信用的特点

(1) 银行信用的主体与商业信用不同。银行信用不是一般企业之间相互提供的信用。银行信用的债务人是企业、政府、个人和其他机构，而债权人则是银行及其他金融机构。

(2) 银行信用的客体是单一形态的货币资本。银行信用所提供的借贷资本是从产业循环中独立出来的货币，它可以聚集小额的可贷资金满足大额资金借贷的需求；同时可把短期的借贷资本转换成长期的借贷资本，满足对较长时期的货币需求，不再受资金流转方向的约束，从而在规模、范围、期限和资金使用方向上都大大优越于商业信用。

(3) 银行信用是一种中介信用。一方面，银行向商品生产者提供的货币资本绝大部分并非银行所有，而是通过吸收存款、储蓄或借贷方式从社会其他各部门、各阶层取得的；另一方面，银行作为闲置资本的集中者又并非最终使用者，必须通过贷款或投资运用到社会再生产的需要方面。这样，银行实际上是信用中介机构，使借贷资本得以作为相对独立的货币资本进行运动，它体现的不是货币资本所有者与企业生产经营者的信用关系，而是银行与企业生产经营者的信用关系。

(4) 银行信用与产业资本的动态不完全一致。银行信用是一种独立的借贷资本的运动，它有可能和产业资本的动态不一致。比如说，当经济衰退时，会有大批产业资本不能用于生产而转化为借贷资本，造成借贷资本大量增加。

3. 银行信用与商业信用的关系

(1) 银行信用区别于商业信用。虽然银行信用克服了商业信用的局限性，但是银行信用并不能取代商业信用，商业信用仍然是现代信用制度的基础。这是因为商业信用直接服务于商品的生产与流通过程，能够满足工商企业复杂多样、分散化的信用需求。因此，凡是在商业信用能够解决问题的范围内，工商企业往往首先借助于商业信用融通资金，银行信用是商业信用的必要补充和延伸。

(2) 银行信用与商业信用有密切的联系。银行信用是在商业信用的基础上产生和发展起来的，而银行信用的出现又使商业信用进一步得到完善。因为商业信用工具、商业票据都具有一定的期限，当商业票据未到期而持票人又急需现金时，持票人可到银行办理票据贴现，及时取得急需的现金，商业信用就转化为银行信用，如商业票据贴现、票据抵押贷款等。可见，银行信用和商业信用的发展不是相互排斥的，而是相互补充、互为条件的，是现代经济生活中服务于工商企业的两种基本的信用形式。

2.4.3 国家信用

1. 国家信用的概念

国家信用(government credit)是指以国家政府为主体的借贷行为,它包括两种不同形式的信用:一种是国家政府以债务人的身份通过发行债务凭证来吸收社会资金以满足其实现职能的需要,即国家政府的筹资信用行为;另一种是国家政府以债权人身份向社会提供信用,即国家政府的投资信用行为。在现代经济生活中,国家信用主要是指国家的负债。

国家信用是一种古老的信用形式,或许伴随着国家机器的形成,它就产生了。传说,东周的周赧王还不起债,逃到一个高台上去躲避,因此后人把这个台叫"债台","债台高筑"的成语就是从这里来的。在中国史书上,明确记载不少朝廷借债的事。如《史记》记载,汉初吴楚七国之乱,因缺乏经费,长安将领出征时向有钱人家借款,因战局成败未定无人肯借,有一毋盐氏冒险贷款千金,以 10 倍的高利放出去,3 个月后吴楚平定,毋盐氏称为长安巨富。资本主义关系发展起来后,国家信用的最早典型事例是,伦敦城的一群商人为了向当时的英国国王威廉三世贷款成立了英格兰银行。由于向政府提供贷款支持,使得 1694 年成立的这家私人银行日后变成了英国的中央银行。1844 年,在它日益明确为中央银行地位之际,根据 1 400 万英镑的国家债务发行无黄金保证的银行券,成为这家银行的特权。

2. 国家信用的特点

1) 国家信用包括国内信用和国外信用两种

国内信用是国家以债务人身份向国内居民、企业和团体取得的信用,它形成一国的内债;国外信用是国家以债务人向国外居民、企业和团体取得的信用,它形成一国的外债。

2) 国家信用的主要形式

(1) 国家信用就内债而言,其形式主要有发行政府债券和向中央银行借款。政府债券根据期限的长短可分为公债和国库券两种。在西方国家,公债是以政府名义发行的中长期债券,期限一般在一年以上,公债发行的目的是弥补财政赤字和支持国家重点项目建设;国库券的期限一般是在一年期以内,国库券的发行一般是为了解决财政年度内先支后收的时间间隔矛盾。我国政府发行的债券都是以国库券为名,期限有短期也有中长期。国家政府发行的债券,由于以政府的稳定的税收收入作为还款来源,更有国家信誉作为担保,安全性高、流动性强、收益稳定、风险较小,所以常常被人们称为"金边债券"。政府债券是金融市场上普遍受到欢迎的投资工具。此外,资本主义国家的中央银行只向本国政府提供短期借款,并且规定了政府在一定时期内能从中央银行获得短期贷款的最高限额。

(2) 国家信用就外债而言,其形式主要有发行国际债券和政府借款。通过发行国际债券来筹集资金是国际金融市场上所普遍采用的一种融资方式,发行国际债券的目的是弥补国际收支逆差或者为大型工程项目筹措资金,发行的方式包括委托国外金融机构发行和直接发行两种;政府借款主要包括向国外政府借款、国际金融机构借款以及国外银行借款等形式。

3) 国家信用的目的主要是弥补财政赤字和调节经济运行

由于种种原因,很多国家政府预算经常出现赤字。一般来说,弥补财政赤字有以下三种基本方法，即增加税收、向银行借款或透支、发行政府债券。然而增加税收会受到限制，因为税收过多会影响企业的生产积极性，会受到纳税人的反对。向银行借款和透支，如果是在银行资金来源不足的情况下进行，只能造成扩大货币供给以满足财政需要，结果必然导致通货膨胀、物价上涨。所以，从目前看，弥补财政赤字的最好方法是发行政府债券，但应注意债券的规模、期限等。此外，许多国家中央银行调控货币供给的主要手段是在公开市场上出售国债，而公开市场操作的有效性是以一定规模的国债及其不同期限的国债合理搭配为前提条件，因此，国家信用成为中央银行调节货币供给的前提。

3. 利用国家信用的注意事项

(1) 防止造成收入再分配的不公平。在国家信用中，能够大量购买国债的投资者便可获得较多的国债利息收入，他们可得到收入再分配，而未能购买国债的纳税人则得不到这部分收入再分配。有些资本主义国家发行的国债面额很大，这也会剥夺广大中小投资者获得收入再分配的机会，从而造成收入再分配的不公平。

(2) 防止出现赤字货币化。所谓"赤字货币化"，是指政府发行国债弥补赤字，如果向中央银行推销国债，而中央银行又没有足够的资金承购，此时，中央银行就有可能通过发行货币来承购国债，从而导致货币投放过度，便有可能引发通货膨胀。

(3) 防止陷入循环发债的不利局面。防止国债收入使用不当，造成财政更加困难，陷入循环发债的不利局面。

阅读材料2-3

汉密尔顿的旋转门

百老汇大街是美国的文化娱乐中心，但在两百年前，这条大街并不属于艺术家，而属于政客。政客们经常在这里聚餐，其中有一顿晚餐决定了这个新生国家的命运。这顿晚餐的主人是独立宣言的起草人 47 岁的杰斐逊——时任美国首任国务卿，而应邀赴约的是年仅 33 岁的汉密尔顿——美国首任财政部长(后来被称为华尔街之父)，这两个人都是美国的开国元勋。他们今天的饭局是要解决一个核心问题：如何偿还美国在独立战争期间欠下的巨额债务？

独立战争后，参加大陆会议的十三个州组成了一个新兴的国家——美国。1789 年 4 月 30 日乔治·华盛顿宣誓就职成为美国第一任总统。华盛顿上任后才发现，独立战争使美国背负了 5 400 多万美元的巨额债务。怎么办呢？这时华盛顿想起了年轻的汉密尔顿。他任命汉密尔顿为财政部长解决债务危机。汉密尔顿在独立战争时期曾担任华盛顿的副官，他积极倡导工业立国，主张扩大联邦政府的权利。在他看来，化解美国财政危机的关键是统一货币、统一财政、强化国家信用。在联邦政府成立之前，美国有十三个独立的殖民地州。殖民地政府不仅有独立的行政权，而且有独立的发债权和货币发行权，就连货币的名称和计量单位都不一致，有的州用美元，有的州依然在用英国的镑和便士。汉密尔顿的想法是由联邦政府承担各州所欠的全部债务，但前提是各州政府将接受统一货币、上交财政权。汉密尔顿的想法立刻遭到一个人的强烈反对，他就是托马斯·杰斐逊——独立宣言的起草人。杰斐逊出身于南方农场主，他主张农业立国。杰斐逊认为，美国不应该有一个中央集权的联邦政府，应该让各州政府在经济上和政治上保持充分的自由和独立，他甚至对于联邦政府将纽约定为临时首都耿耿于怀。作为财政部长，年轻的汉密尔顿临危受命，这时摆在他面前的一边是各州政府发行的正在贬值的货币，而另一边是陆续到期的巨额战争负债。汉密尔顿向国会提交了一份报告，这就是著名的《公共信用报告》。根据这份报告，国会将授权财政部发行新币、回笼所有旧币，同时发行新债、清偿所有旧债，旧币旧债将陆续退出市场、新币新债将垄断市场，联邦政府的信用将取代各州政府的信用，一举实现统一货币、统一财政的目标，这个方案被后人称为旋转门。这是一个天才的方案，但是由于杰斐逊的反对，国会连续四次否决了这个方案。无奈之中，汉密尔顿决定直接向华盛顿总统报告。美国总统华盛顿的临时住所当时也在这条街上。

1792年4月的一天，汉密尔顿来到华盛顿的家，向总统报告了他的想法和遇到的阻力。时隔不久，汉密尔顿接到了杰斐逊的晚宴邀请。在餐桌上，汉密尔顿继续向杰斐逊兜售他的方案，晚餐变成了激烈的争论。杰斐逊坚决反对扩大联邦政府的权力，但是在这个时候，他更关心的是如何抵制建都纽约的计划。最后他对汉密尔顿说："你还是先去说服那些主张建都纽约的人吧。"汉密尔顿答应了。几天之后，国会批准了旋转门计划。时隔不久，美国的临时首都迁往费城。

汉密尔顿的旋转门计划构建了美国的信用货币和国债体制，这是现代美国金融体系的两大支柱。旋转门计划实施后的第一年，美国就还清了大部分欠款。到1793年，美国的国债在欧洲债券市场上已经成为信用等级最高的债券，从此，债券市场让资金源源不断流向美国。

当国债不仅仅是债务，而且是一种可自由流通的商品，它就能通过债券市场将国家信用直接转化为社会财富，从而成为经济增长的源动力之一。

(资料来源：资本的故事. CCTV2.)

阅读案例2-3

无信难立的北洋金融

在金融领域，没有信用寸步难行。就比如说，北洋政府时期的金融体系。当时袁世凯登上权力宝座，但其他地方的都督和军队既不靠中央政府发饷，更不会向中央政府缴税。表面风光的北洋政府根本没有任何正常的财政来源，要养公务员，要养军队，袁世凯还想试试当皇帝的感觉，这些都需要钱。1912年底，组成仅大半年的袁世凯政府就已经欠下高达1.7亿元的债务。于是，从1912年到1927年，一年年，北洋政府始终重复着一个动作——发行货币。16年里，发行额增加了150多倍，担忧的情绪在市场上蔓延。1916年3月广东率先发生挤兑事件，当年4月浙江发生挤兑事件。随后，国务院总理段祺瑞颁布号令：暂停当时代表国家信用的中行、交行纸币兑换银元业务。消息一出，全国哗然。中行、交行两行纸币市面的价格跌到了六折。停兑令之前，在社会上很有影响的商界本来在政治上倾向于中立，后来也越来越倾向于"非去袁不可"。停兑令之后不到一个月，袁世凯死去。

这又让我想起德国著名社会学家韦伯说过一句话"切记：信用就是金钱。善付钱者是别人钱袋的主人；一次失信，你的朋友的钱袋则会永远向你关闭。"

(资料来源：金融的逻辑. 宁夏电视台.)

2.4.4 消费信用

1. 消费信用的概念

消费信用(consumer credit)是工商企业、银行和其他金融机构向消费者个人提供的，用以满足其消费方面所需货币的信用。现代经济生活中的消费信用，是与商品和劳务，特别是住房和耐用消费品的销售紧密联系在一起的。其实质是，通过赊销

【阅读材料】

或消费贷款等方式，为消费者提供提前消费的条件，促进商品的销售和刺激人们的消费。消费信用主要有赊销、分期付款和消费贷款三种形式。

(1) **赊销**。是指工商企业直接以延期付款的销售方式向消费者提供的信用。与商业信用的赊销类似，是向消费者提供的一种短期消费信用。银行和其他金融机构对个人提供信用卡，消费者以信用卡透支，实际上是一种典型的赊销方式。

(2) **分期付款**。是工商企业向消费者提供的一种信用，多用于购买耐用消费品，如汽车、家电、房屋等。分期付款属于中长期信用，其操作程序可概括为：买者先支付一部分货款(首付款)，并与卖方签订分期支付剩余货款和利息的书面合同；然后由卖方交付货物，但在货款付清之前，商品的所有权仍属于卖方，消费者仅有使用权；最后买方按合同规定分期付清本息后，商品所有权遂由卖方转移到买方。若不能按期还本付息，卖方有权没收其商品，已付款项也归卖方所有。

(3) **消费贷款**。是银行或其他金融机构以信用放款或抵押放款的方式，对消费者发放的贷款。消费贷款主要用于购买耐用消费品、住房以及支付旅游费用等，期限以中长期为主。消费贷款按照直接接受贷款的对象不同，可以分为买方信贷和卖方信贷。买方信贷是指银行直接对消费品的购买者所发放的贷款；卖方信贷是以分期付款单证作为抵押，对销售消费品的企业发放的贷款。

2. 消费信用的作用

消费信用在一定程度上缓和了消费者购买力水平与生活需求水平的矛盾，促进消费品的生产和销售，从而促进经济增长。据估计，若不采取分期付款这一消费信用的典型支付方式，西方汽车的销售数量将会减少1/3。此外，消费信用对于促进新技术的采用、新产品的推销以及产品的更新换代，也具有不可低估的作用。但是，若消费需求过高，生产扩张能力有限，消费信用则会加剧市场供求紧张状态，促使物价上涨，促成虚假繁荣等消极影响，结果会导致通货膨胀或债务危机。据统计，美国平均每人每月工资收入的1/4要用来偿还各种消费信贷和住房抵押贷款。因此，消费信贷应控制在适度范围内，对消费信用发放的对象、额度及用途都应加以严密控制，以保证对经济发展的积极作用。

【阅读材料】

2.4.5 国际信用

1. 国际信用的概念

国际信用(international credit)是国与国之间的政府、企业、经济组织、金融机构等相互提供的信用形式。国际贸易与国际经济交流日益频繁，使国际信用成为进行国际结算、扩大进出口贸易的主要手段之一。

2. 国际信用的主要形式

(1) 国外商业性借贷。国外商业性借贷(foreign commercial loan)的基本特征是资金输出者与资金使用者之间构成借贷双方，它包括出口信贷、银行信贷、国际租赁、补偿贸易和国际金融机构贷款等多种具体形式。

(2) 国外直接投资。国外直接投资(foreign direct investment，FDI)是一国资本直接投资于另一国企业，成为企业的所有者或享有部分所有权的一种资本流动形式。它一般包括一国的投资者到另一国进行股权式的投资，一国的投资者到另一国进行契约式合营，以及一国的投资者到另一国进行独资经营等几种情况。

3. 中国对国际信用的利用

改革开放之前，在高度集中的计划经济的政策下，中国取消了除银行信用以外的所有信用形式，坚持"既无外债，又无内债"的方针，禁绝国际资本以任何方式流出入。改革开放以后，我国对待国际信用，从全盘否定、排斥转向适度地发展和利用。对于不同形式的国际信用区别对待、分类管理：对外国直接投资实行鼓励政策，对外债规模严格控制，谨慎开放证券投资市场，防范国际资本流动冲击。实践证明，合理利用国际信用有利于推动中国经济的持续快速增长。

2.4.6 民间信用

1. 民间信用的概念

民间信用(individual credit)，又称个人信用或民间借贷，是民间个人之间主要用于居民的生产、生活之需而相互提供的信用形式。

2. 民间信用的主要形式

民间信用的形式主要有以下几种：①私人之间直接的借贷。大多发生在亲友、邻里之间，具有偶发性和还本不付息的特征。②私人之间通过中介人进行的间接的借贷。它具有经常性、融资性和还本付息的特征。③通过"合会"等组织进行的借贷。"会首"(发起人)和"会脚"(成员)互为借贷主客体，具有组织性、差别性的特征。④以实物作为抵押的"典当"形式的借贷。"典当"是以典当物价值为基础，以赎回或不赎回为条件的借贷活动，它具有典当面广、额度可大可小的特征。

3. 民间信用的作用

随着商品经济的发展和多种经济成分的出现，其他信用形式不能完全满足经济发展对信用的需要。民间信用因具有面广、点多、能够广泛吸纳资金的优点，因而能弥补融资不足的缺陷，进而促进商品经济的发展。当然，民间信用具有自发性和盲目性，加大了国家控制资金的难度。同时，民间信用中的金融投机和高利盘剥破坏了国家金融秩序和社会秩序，损害了群众的利益。

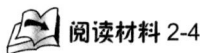
阅读材料2-4

民间借贷注意事项

现实生活中，民间借贷大量存在，由此而导致的纠纷也不少。有的民间借贷，没有签订任何合同；有的虽然签订了合同，但规定不够详细，甚至因为合同无效而被人利用……

金融学基础与实务

那么，民间借贷究竟应该注意什么？这里，向你介绍一些民间借贷方面的法律知识：

(1) 最好签订书面合同。民间借贷大多以"借据"的形式代表合同，一般来说这也是可以的。但由于借据过于简单，如果发生纠纷很难凭此处理。因此笔者建议借贷双方最好签订正式的借贷合同，详细确定当事人的权利义务，以免留下后患。当然，如果当事人之间确实没有书面借据或合同的，但双方都承认借贷一事的，可以确认双方借贷关系存在。

(2) 有关利息的约定要合法。在民间借贷中，借贷双方最易产生矛盾的是利息。法律对此有明确规定：①借贷双方对有无约定利率发生争议，又不能证明的，可以参照银行同类贷款利率计息。②当事人约定了利率标准发生争议，可以在最高不超过银行同类贷款利率的4倍的标准内确定其利率标准。③在有息借贷中，利率可适当高于银行利率，但不得超过银行同类贷款利率的4倍，即不得搞高利贷。④出借人不得将利息计入本金计算复利，否则不受法律保护。⑤当事人因借贷外币、新台币等发生纠纷的，出借人要求以同类货币偿还的，可以准许。借款人确无同类货币的，可以参照偿还时的外汇牌价折合人民币偿还。出借人要求支付利息的，可以参照中国银行的外币储蓄利率计息。

(3) 要特别注意诉讼时效。民间借贷由于大部分发生在亲朋好友之间，很多人并没有对它给予应有的重视。孰料，一些无赖之徒正好钻了这个空子，采取赖账、久拖、回避的方式，以逃避债务。在此提醒大家：还款最后期限后的两年，是法律规定的诉讼时效。在此期间，你必须向借款人索要借款；否则，两年过后，法律对你的债权不予保护。

(4) 处理纠纷方式灵活。处理民间借贷纠纷的方式包括协商、调解、仲裁和诉讼等种类。这里特别需要推介的是第四种方式："诉讼"，它特指法定的一种简易程序，也即督促程序。1991年修改的民事诉讼法增设了该程序。依照法律规定，对于事实比较清楚，数额不大的债权债务关系，债权人可以向法院申请支付令，直接要求债务人偿还债务。而在规定的时间内，债务人如无异议，支付令则发生法律效力。债务人如若不履行还款义务，法院可以施行强制执行。

(资料来源：民间借贷注意些什么. 农家之友，2010(2):61.)

2.5 构建市场经济的社会征信体系

2.5.1 建立社会征信体系的必要性

信用是市场经济的基石，市场经济的发展离不开以诚信为基础的信用。然而，我国目前的信用观念以及信用关系的发展还基本上停留于社会道德的范畴，信用基础仍十分薄弱，信用制度发育程度低，信用缺失渗透了生产、流通、分配与消费、投资等各个领域。在生产领域里，假冒伪劣商品泛滥，许多名牌商品和紧俏商品都有假冒货在市场上流行，并且假冒伪劣涉及一、二、三产业，如农业有假种子、工业有"豆腐渣"工程、服务业有假中介等，其种类之全、数量之大、范围之广已组成一个完整的假冒经济体系；在流通领域里，各种经济组织之间拖欠贷款和债务，甚至故意逃废债务；在分配领域里，偷税、漏税、骗税和行政垄断现象严重；在消费领域里，欺诈哄骗现象普遍；在投资领域里，财务会计信息严重失真，上市公司虚假、欺诈、内幕交易案件屡见不鲜。如此严重的信用缺失问题给我国经济发展带来了很大的负面影响。

面对"信用缺失"，屡见"重建诚信"的呼声。中国作为文明礼仪之邦，诚实守信一直是中华传统文化的主流。在中国古代的历史文献中，"信"的思想源远流长。《论语》记载："子以四教：文、行、忠、信。"对于"信"，孔子反复加以强调，他说："人而无信，

不知其可也。"意思是，要是不讲信誉，那就不知道他怎样为人处世。至于自先秦诸子以来，历代思想家关于"信"的论述，更是不胜枚举。古代贤哲强调诚信作为行为规范，把道德约束视为保持社会正常运行的基本力量，也唯有此才能使国家强盛。

当一个国家信用体系比较健全，信用管理行业服务普及以及企业普遍设立信用管理功能时，这样的国家被称为征信国家。目前，世界上除了欧、美、日等发达国家和地区之外，以色列、西班牙、韩国以及中国香港地区和台湾地区也从20世纪80年代逐渐步入征信国家(地区)的行列。征信国家(地区)内部具有较好的信用体系，对外拥有良好的商业信誉，这对其国内或地区内的经济发展和对外经济交往而言很有助益。在经济全球化趋势以及入世的背景之下，我国经济运行的规则要注意遵循国际惯例，因此不断完善社会信用体系，争取成为征信国家对于国内经济发展以及提升国际竞争力而言意义重大。

2.5.2 我国社会征信体系建设的现状

目前，我国部分地区已经开始探索建设信用体系。1999年7月，经中国人民银行批准，上海资信有限公司成立，成为新中国成立以来首家开展个人信用联合征信的专业资信机构，上海资信有限公司的成立被看做上海征信建设的起航，也是我国探索个人征信模式的开始。2002年，根据国务院指示，中国人民银行牵头成立了"建立企业和个人征信体系专题工作小组"。2003年中国人民银行征信局成立，其职责就是"推动社会信用制度及体系建设，规范和促进信贷征信业的健康发展"。2005年7月1日起，全国个人征信系统在北京、浙江、广东、重庆、陕西、广西、四川和湖南8个省市联网。2006年1月，我国个人征信系统正式开通。2008年5月中国人民银行征信中心在上海成立，统一负责企业和个人征信系统的建设、运行和管理，制定征信业务技术标准和规范，采集企业和个人信用信息，开发征信增值产品，提供征信服务。中国人民银行征信中心又在2008年选取了工商银行、农业银行、中国银行、建设银行、交通银行、兴业银行、招商银行共7家试点行建立了征信系统应用成效上报制度。到2015年末，征信系统收录自然人8.8亿多，收录企业及其他组织近2120万户。征信系统全面收集企业和个人的信息。其中，以银行信贷信息为核心，还包括社保、公积金、环保、欠税、民事裁决与执行等公共信息。形成了以企业和个人信用报告为核心的征信产品体系，征信中心出具的信用报告已经成为国内企业和个人的"经济身份证"。

目前，我国个人和企业征信系统处于不断地扩充和完善之中，系统运作良好，但仍面临很多难点和问题，如个人和企业征信的相关法律法规不完善，信用数据征集困难，征信工作宣传不到位，专业人才缺乏，失信惩罚机制不健全等。

总体来说，我国在征信体系建设方面还处于起步阶段，需要借鉴先进国家的经验，并根据我国的国情制定征信行业的发展战略，充分利用现有的网络和电子技术，建立起运转良好的，具有民族化、本土化、适合我国国情的社会征信体系，使我国早日跨入征信国家的行列。

【阅读案例】

阅读材料 2-5

工商总局：国家企业信用信息公示系统今年全部建成

根据日前国务院印发的《"十三五"市场监管规划》，国家工商总局提出，到 2020 年，将基本建立权威高效的市场监管体制机制，到 2017 年底，覆盖全国的国家企业信用信息公示系统将全部建成。

袁喜禄 国家工商总局综合司司长：用新的监管机制，用新的监管手段，来提高监管的效率，监管的效能，特别是强调宏观环境、宏观秩序，作为市场监管的重点。

据介绍，截至 2016 年底，全国累计有 774.7 万户企业通过企业信用信息公示系统公示了 1 751.5 万条即时信息，公示企业占全国企业总数 29.8%。值得注意的是，2016 年，这一尚在建设中的系统，日均查询量 3 128.4 万人次，是 2015 年的 3.06 倍；两年多的时间，累计查询量 157.7 亿人次。这充分显示了，知晓企业信用，正在成为市场经济的一种刚需。正因如此，这项始建于 2014 年 10 月 1 日的系统，将在今年迎来加速建设阶段。

相关部门表示，公示系统查询不设门槛，旨在让守信企业在经济活动中获得更多便利，而失信企业将重重受限。2016 底，全国被列入经营异常名录的 515.1 万户市场主体，除了在银行信贷、参与招投标等方面受限，还有超过 330 万名"老赖"，被限制担任法定代表人、董事、监事等职务。

（资料来源：央视财经.2017 年 2 月 18 日）

阅读案例 2-4

贵州安顺创建全国首个"农村金融信用市"

由于缺乏抵押物，农民贷款一直是个难题。贵州省安顺市在这个方面有了新的探索，当地坚持十年为农户建立信息档案，作为对农户进行评级授信的依据，帮助急需贷款的贫困农民获得金融支持。

在贵州安顺市，随处可见"信用农户""信用村""信用镇"这样的标志。这可不光是用来看的，一旦农民获得了这样的称号，就可以在涉农贷款上享受很多的优惠。因为缺少启动资金，需要金融机构扶贫支持的农户普遍缺乏抵押物和担保条件——不符合小额农贷管理办法规定的贷款条件，想拿钱的没条件、有条件的不要钱，这一度成为涉农金融机构和贫困农户之间的一道鸿沟。从 2006 年开始，安顺市开始在农村启动评定农村信用工程。目前，已经为 46 万多户农户建立了经济信息档案，建档面达到 100%。根据信用等级的不同，在发放扶贫贷款时的授信额度、贷款利率和还贷期限等都会有不同的差异。一旦在年审中发现不良贷款率、不良贷款面超标，已经通过信用评审的个人、村组、乡镇和区县都会被摘牌处理。安顺市已经正式被评为全国第一个"农村金融信用市"。

本章小结

站在经济和金融学的角度，信用这个范畴是指以还本付息为条件的借贷行为。具体而言，信用的本质可以从以下几方面分析和理解：信用是以偿还本金和支付利息为条件的借贷行为；信用是价值运动的特殊形式；信用反映的是债权债务关系。

信用是在商品货币经济发展到一定阶段的产物，是在私有制和商品交换的基础上产生的。信用产生之后，不断地由低级形态向高级形态发展。从借贷的客体形态发展来看，最早的是实物借贷。随着商品货币关系的发展，货币越来越成为借贷的主要对象。

信用与金融是既有联系又有区别的两个经济范畴。信用是借贷行为，表现为一种债权债务关系。金融是指资金的融通，其形成必定以货币为载体。信用与金融二者内涵不同，外延也相互不能完全覆盖对方。

高利贷信用是历史上最早的信用形式，是最古老的生息资本形式，它是一种发放实物或货币以收取高额利息为特征的借贷活动。

信用经济是指债权债务关系普遍存在于社会各部门之间的经济发展阶段，信用经济以货币的存在为基础，以金融业的发达为条件。现代社会是一个信用社会，现代经济是高度发达的信用经济，这已成为当今人们的普遍认识。

参与信用活动的主体已包括社会经济的各个部门——个人、企业单位、政府及其所属机构、金融机构等，由于这些主体在社会经济活动中扮演的角色不同，其在信用关系中所处的地位也是不同的。

信用作为一种借贷行为，通过一定的形式对经济活动产生影响。信用按照不同的标准可以划分为不同形式。按照主体来划分，信用可以分为商业信用、银行信用、国家信用、消费信用、国际信用和民间信用。不同的信用形式，具有各自的特点与作用，各种信用形式在实际经济生活中彼此之间相辅相成共同发挥着重要的作用。

当一个国家信用体系比较健全，信用管理行业服务普及以及企业普遍设立信用管理功能时，这样的国家被称为征信国家。我国在征信体系建设方面还处于起步阶段，需要借鉴先进国家的经验，并根据我国的国情制定征信行业的发展战略，充分利用现有的网络和电子技术，建立起运转良好的，具有民族化、本土化、适合我国国情的社会征信体系，使我国早日跨入征信国家的行列。

 关键术语

信用　社会主义信用　信用经济　商业信用　汇票　本票　支票　银行信用　国家信用　消费信用　国际信用　民间信用　征信国家

练 习 题

1. 单项选择题

(1) 一直在我国占主导地位的信用形式是( )。
　　A．银行信用　　　　　　　　　　B．国家信用
　　C．消费信用　　　　　　　　　　D．民间信用

(2) 工商企业之间以赊销方式提供的信用是( )。
　　A．商业信用　　　　　　　　　　B．银行信用
　　C．消费信用　　　　　　　　　　D．国家信用

2. 不定项选择题

(1) 下列属于消费信用范畴的有( )。
　　A．企业将商品赊卖给个人　　　　B．个人获得住房贷款
　　C．个人持信用卡到指定商店购物　D．企业将商品赊卖给另一家企业

(2) 与公司、企业的经营活动直接联系的信用形式有(　　)。
　　A．消费信用　　　　　　　　B．商业信用
　　C．国家信用　　　　　　　　D．银行信用
3. 判断题

(1) 现代社会中，银行信用逐步取代商业信用，并使后者规模日益缩小。　(　)
(2) 信用是在私有制的基础上产生的。　(　)

4. 名词解释

(1) 信用　　　(2) 商业信用　　(3) 银行信用
(4) 国家信用　(5) 消费信用　　(6) 民间信用

5. 简答题

(1) 如何理解信用的内涵？
(2) 如何理解信用与金融二者之间的关系？
(3) 商业信用的特点是什么？它有哪些局限性？
(4) 消费信用的作用是什么？

第 3 章

利息和利率

教学目标

通过本章学习，了解利率的分类、利率的决定理论，掌握各种利率、现值和到期收益率的计算方法，掌握利率的风险结构与期限结构理论，理解利息的本质。

本章引言

在中世纪的欧洲，放债获取利息被认为是邪恶的，甚至是一种犯罪，因此教会坚决反对利息。受此影响，有时政府也明令禁止收取利息。但犹太人却要冒天下之大不韪，充当放债人。莎士比亚的名著《威尼斯商人》里有过这样的描述："在英国，犹太人所受的压迫不亚于欧洲大陆任何国家。从1290年起，犹太人就被驱逐了，直到共和国成立，这禁令才取消。犹太人因受迫害才不敢置产，以防被没收；因不敢置产所以只得收集巨量现金；因有巨量现金，故往往以放债为业；因以放债为业，故不得不取重利，因此才有夏洛克这样令人厌恶的英国角色。"那么，为什么人们会憎恨放贷者？为什么借用货币要支付利息？利息从何而来？借用货币支付利息的高低又是由什么决定的呢？本章将全面介绍利息和利率的相关概念、利率理论以及各种利率、现值和到期收益率的计算方法。

知识要点结构图

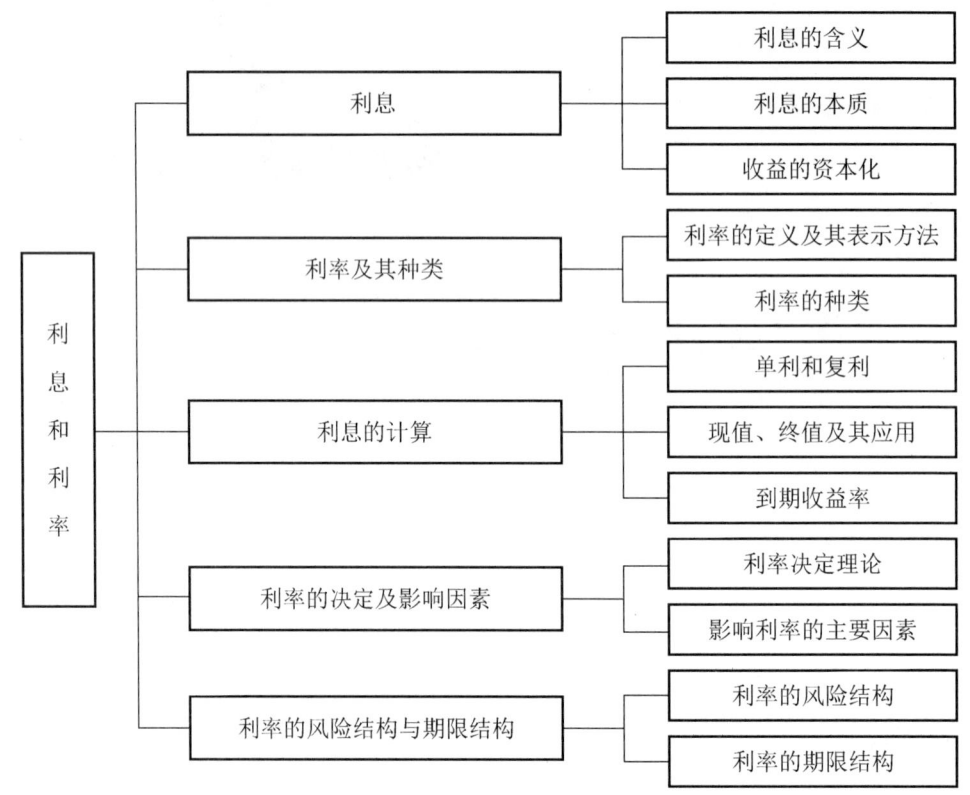

现代社会中，人们对利息并不陌生，比如，在银行存款可获得利息，银行发放贷款同样需要利息。利率是衡量利息水平高低的指标，是经济生活中最受关注的一个经济变量，利率的高低及变动，不但与居民个人生活关系密切，也影响工商企业的经济决策及国民经济的健康发展。要理解利率对经济的影响，必须了解利息的本质，了解利率是由哪些因素决定的。

3.1 利　　息

3.1.1 利息的含义

1. 利息的含义

站在经济学和金融学的角度，"信用"有其特定的含义，是指一种借贷行为，表示的是债权人和债务人之间发生的债权债务关系。这种借贷行为是以偿还为条件的付出，且这种付出只是使用权的转移，而所有权并没有发生变化，还本付息是它的基本特征。

举例来说，如果你的朋友向你借了一笔钱，说好了三个月以后还给你，那么你是不是为了他而放弃了这三个月之中对它进行支配的权利呢？或者说，你是不是为了他而节制了这三个月内用它来消费的欲望呢？要是考虑到这一点，你的这位朋友是不是应该为此给予你一些补偿呢？这笔补偿就是利息。**利息**(interest)是与信用相伴随的一个古老的经济范畴，它是指贷款人贷出货币或货币资本而从借款人手中获取的超过本金部分的报酬——用于补偿贷款人由于不能在一定期限内使用这笔货币或货币资本而蒙受的某种损失，是贷款人让渡货币或货币资本使用权所获得的回报，也是借款人获得货币或货币资本使用权所支付的代价。由于利息是借款人运用借入货币支付的代价，于是利息又被称为借贷资金的"价格"，相应地，"借贷"也可用"买卖"的说法来表达。

2．人类对利息的认识

在现代社会，贷出款项收取利息已经成为很自然的事情。货币因贷放而会增值，或者说，货币贷出会有回报。但是，历史上对于利息确曾有过否定的看法。比如，古希腊哲学家亚里士多德认为利息是违反自然的，因为货币是作为便于商品交换、降低交易成本的交易媒介而产生的，其本身不应该是盈利的源泉，出借货币收取利息却使货币生出更多的货币，这是违反自然的；13 世纪意大利神学家托马斯·阿奎对放债取息持否定态度，他认为，债务人把借入的钱花掉了，什么也不能取得，所以他们应该归还的只能是他们所花掉的，如果要求他们支付利息，就等于要求他们归还所没有得到的东西，这是违反正义的。然而，随着社会由自然经济向商品货币经济的全面发展过渡，人们日益正视利息的存在。比如，17 世纪英国古典政治经济学创始人威廉·配第指出，利息是同地租一样公道、合理，符合自然要求的东西。他说："假如一个人在不论自己如何需要，在到期之前却不得要求偿还的条件下，出借自己的货币，则他对自己所受到的不方便可以索取补偿，这是不成问题的。这种补偿，我们通常叫作利息。"杜尔阁也认为，索取利息是正确的。他的论证是："对贷款人来说，只要货币是他自己的，他就有权要求利息；而这种权利是与财产所有权分不开的。"

现代西方经济学对于利息的看法就是沿袭着这样的思路。比如，基本的观点就是把利息理解为资金出借者(即贷款人)让渡资本使用权而索要的**补偿**。这种补偿由两部分组成：对机会成本的补偿和对风险的补偿。**机会成本**是指由于贷款人将货币或货币资本的使用权让渡给借款人而失去的潜在最大收入。比如，某农民只能在养猪、养鸡和养牛中做一选择，若三者的收益关系为养牛的收益大于养猪的收益，养牛的收益大于养鸡的收益，养猪的收益大于养鸡的收益，则养猪和养鸡的机会成本皆为养牛，而养牛的机会成本仅为养猪。**风险**则是指将货币或货币资本使用权让渡给借款人后，贷款人的将来收益不能落实的可能性。

【拓展视频】

3.1.2 利息的本质

利息的存在，使人们对货币产生了一种神秘的感觉：似乎货币可以自行增值。这是涉及利息来源或者说利息实质的问题。

1．西方学者关于利息本质的观点

什么是利息？关于这个问题，西方经济学家们有多种说法。第一种观点认为，

利息是资本所有者"节约"或"节欲",抑制当前消费欲望而推迟消费的报酬。这种观点被称为"节欲论"。第二种观点认为,人们对现有财货的评价要大于对未来财货的评价,同样价值的财货,现在使用的效用要高于未来使用的效用。若现在放弃使用财货,推迟到未来使用,就会有时差损失,而利息就是对这种价值时差损失的贴水。这种观点被称为"时差利息论"。第三种观点认为,人们都偏爱流动性高的货币,若要人们暂时放弃这种高流动性的货币,而等待将来使用,则必须给放弃流动性偏好者支付报酬,即利息。这种观点被称为"流动性偏好论"。上述这些观点实际上都是从 17 世纪英国古典政治经济学创始人威廉·配第关于利息的解释中引申出来的。配第认为,货币持有者贷出货币,就会减少用这笔货币购置土地而能获得的地租,为此,他必须获得相应的补偿,才会出借货币,这种补偿即利息。在西方经济学家们看来,利息是对放弃货币的机会成本的补偿。

2. 马克思关于利息本质的观点

马克思科学地考察了货币借贷过程及其结果后,深刻地揭示了利息的来源和本质,他的主要观点如下:

(1) 利息直接来源于利润,利息是利润的一部分而不是全部。马克思针对资本主义经济中的利息指出:"贷出者和借入者双方都是把同一货币额作为资本支出的。但它只有在后者手中才执行资本的职能。同一货币额作为资本对两个人来说取得了双重的存在,这并不会使利润增加一倍。他所以能对双方都作为资本执行职能,只是由于利润的分割。其中归贷出者的部分叫做利息。"这样的分析论证了利息实质上是利润的一部分,是利润在贷放货币资本的资本家与从事产业经营的资本家之间的分割。

(2) 利息是对剩余价值的分割。马克思认为,利润的本质是剩余价值,利息是对利润的分割,因此也就是对剩余价值的分割,体现了贷放货币资本的资本家与从事产业经营的资本家共同占有剩余价值以及瓜分剩余价值的关系。

3. 不同社会制度下利息的本质

不同社会制度下,由于存在着不同的信用关系,决定了不同的利息来源,因此利息的本质完全不同。高利贷利息来源于奴隶、农民等小生产者的全部剩余劳动和一部分必要劳动,体现了高利贷者同奴隶主或封建主共同对劳动者的剥削关系。高利贷利息颇高,具有残酷剥削的性质。资本主义借贷资本利息是工人创造的剩余价值的一部分,是剩余价值的转化形式,体现着贷放货币资本的资本家与从事产业经营的资本家共同占有雇佣工人创造的剩余价值的剥削关系。社会主义的商品经济决定了社会主义仍然存在着信用关系,这是社会主义利息产生的客观基础。在社会主义经济中,利息来源于劳动人民为社会创造的新价值。也就是说,不论是银行、非银行金融机构对国有企业、集体企业、社会各团体及个体经济单位等经济法人贷款所收取的利息,还是银行对企业、个人存款所支付的利息,都是社会纯收入的一部分。社会主义条件下的利息,是国民收入的一部分在社会经济内部的再分配。

3.1.3 收益的资本化

所谓的"**收益的资本化**"是指任何能够为其所有者带来收益的事物,从无形的金融资产,到有形的各种资产,包括房地产,甚至人力资产,都可以通过将其收益与利率的对比而倒过来算出它相当于多大的资本金额。收益的资本化是从本金、收益和利息率的关系中套算出来的。

一般来说,存入银行或贷与他人以带来利息的原始货币金额称为本金(principal),其与收益和利息率的关系如下:

$$C = P \cdot R$$

式中 C——收益;

P——本金;

R——利息率。

当我们知道 P 和 R 时,很容易计算出 C;同理,当我们知道 C 和 R 时,也不难求得 P,即

$$P = C/R$$

例如,我们知道一笔贷款年收益为 100 元,而贷款的年利率为 5%时,则可根据上式得出本金为 2 000 元(100/0.05)。

正是按照这样的带有规律性的关系,有些本身并不存在一种内在规律可以决定其相当于多大资本的事物,也可以取得具有一定金额的资本价格;甚至有些本来不是资本品的东西也因之可以视为资本品而取得资本价格,从而进行买卖交易。

以土地为例,土地本身不是劳动产品,无价值,从而本身也无决定其价格大小的内在根据。但土地可以因地理位置不同、收益不同,而在价格上有很大的差异。在一个偏远的地区,一亩土地的收益为 500 元,如果利息率为 5%,那么该地区的土地就会以 10 000 元(500/0.05)的价格买卖成交;相反,在城区由于交通便利,土地潜在收益可预期,其级差地租甚高,如果一亩地的收益为 5 000 元,利息率为 5%,那么该土地就会以 100 000 元(5 000/0.05)的价格买卖成交。如果土地收益的预期不变,而市场平均利率比变了,比如变成 10%,那么很容易理解,地价将下跌一半;反之,如果市场平均市场利率下降,地价则会相应地上升。这就是在市场竞争过程中土地价格形成的规律,它表明资本化使本身并无价值的事物有了价格。

关于并非资本的事物可以看作资本,可以年收入的资本化为例。比如,一个人的年收入为 10 万元,年利率为 5%,按照资本化的思路,则这个人的人力资本的价格为 200 万元(10 万/0.05)。在西方经济学中,"人力资本"被视为一个经济范畴;工资之类的货币收入被视为这个资本的取得;"人力资本"则是由为了增进一个人的生产能力而进行的投资所形成的。

收益的资本化是进行投资的非常重要的评估方法。比如,一家企业,从静态的角度,用折旧等方法来评估其资产的价格可能非常不准确,关键的因素在于这家企业的盈利能力。尽管这家企业的净资产很大,但是它的盈利能力非常低,甚至出现负值,那么,从动态的收益资本化的角度看,这个企业的资产价格就非常低。

【阅读材料】

金融学基础与实务

3.2 利率及其种类

3.2.1 利率的定义及其表示方法

1. 利率的含义

利息率，简称利率，是指在借贷期内所获得的利息额与所贷出的本金额的比率，它是衡量利息高低的指标，即利率＝利息/本金×100%。例如，一年期定期存款利率为2.25%，则意味着如果将100元钱在银行存一年期定期存款，一年后可以获得2.25元利息。利率是一个重要的金融变量，实际生活中利率的变动会对人们的行为产生很大影响。例如，在1996—1999年期间，中国人民银行七次下调利率，这对企业的借贷行为、居民的储蓄行为产生了很大影响；而最近几年，中国人民银行对住房按揭贷款利率的上调，也对抑制中国房产价格的过快上涨发挥了积极作用。

现实生活中的利率都是以某种具体形式存在的，如1年期的储蓄存款利率、6个月期的短期公债利率、隔夜拆借的债券回购利率等。随着金融活动的日益发展，利率的种类也日益繁多。而经济学家在著述中谈及的利率及利率理论，通常是就形形色色、种类繁多的利率综合而言的。有时用"市场平均利率"这类的概念，也是一个理论概念而不是指哪一种具体的统计意义上的数量概念。还有一个"基准利率"的概念人们也经常可以见到。基准利率是指在多种利率并存的条件下起决定作用的利率(所谓起决定作用的意思是：这种利率发生变动，其他利率也会相应变动，因而，了解这种关键性利率水平的变化趋势，也就可以了解全部利率体系的变化趋势)。

2. 利率的表示方法

利率通常用年利率(annual interest rate)、月利率(monthly interest rate)和日利率(daily interest rate)来表示。在中国，无论是年利率、月利率还是日利率，都习惯用"厘"或"分"作单位，"分"是"厘"的十倍(表3-1)。

表3-1 中国对利率的具体表示方式和习惯称法

项 目	具体表示方式	习 惯 称 法	举 例
年利率	用本金的百分比表示	通常称为年息几厘	年息3厘，就是指本金100元，每年利息3元
月利率	用本金的千分比表示	通常称为月息几厘	月息3厘，就是指本金1 000元，每月利息3元
日利率	用本金的万分比表示	通常称为日息几厘	日息3厘，就是指本金10 000元，每日利息3元

中国金融部门习惯用月利率来计息，特别是贷款方面尤其如此，西方国家则以年利率为主。当然，年利率、月利率、日利率可互相换算，公式如下：

$$年利率＝月利率×12＝日利率×360$$

$$日利率＝月利率/30＝年利率/360$$

3.2.2 利率的种类

1. 市场利率、官定利率与公定利率

(1) **市场利率**,是指由资金供求关系和风险收益等因素决定的利率。一般来说,当资金供给大于需求时,市场利率就会下降;当资金供给小于需求时,市场利率就会上升。当市场上的不确定性因素增加,即资金运用的风险增加时,市场利率也会上升;反之则会下降。因此,市场利率能够真实地反映市场资金供求关系以及资金运用的风险状况。

(2) **官定利率**,也称法定利率,是指由政府金融管理部门或者中央银行确定的利率。它在一定程度上反映了非市场的强制力量对利率形成的干预,是国家实现宏观经济调控目的政策手段。官定利率一般由货币当局根据宏观经济运行的情况以及国际收支状况等其他因素来决定,往往在利率体系中发挥指导作用。例如,中央银行对商业银行及其他金融机构的再贴现利率和再贷款利率。

(3) **公定利率**,是一种介于市场利率和官定利率之间的利率,它是由非政府的民间金融组织(如银行公会等)所确定的利率。这种利率对会员具有一定的约束作用,而对其他金融机构则没有约束作用,但公定利率一般会对整个市场利率有重要影响。例如,香港的银行公会就会定期调整并公布各种存贷款利率,各会员银行必须执行。

【阅读材料】

2. 固定利率与浮动利率

(1) **固定利率**,是指在整个借贷期内,利率不随借贷资金供求状况而改变的利率。固定利率适用于借贷期限较短或市场利率变化不大的情况,这样做简单明了,便于借贷双方进行成本收益核算。但当借贷期限较长、市场利率波动较大时,则不宜采用固定利率,因为在此期间通货膨胀的作用和市场上借贷资金供求状况的变化,会使借贷双方都有可能承担利率波动的风险。因此,对于中长期贷款,借贷双方更乐于选用浮动利率。

(2) **浮动利率**,是指在借贷期内,随市场利率的变化而定期调整的利率。浮动利率水平变动的依据和变动的时间长短都由借贷双方在建立借贷关系时议定。在实行浮动利率的条件下,借贷双方计算成本、收益的难度都要大一些,并且对借贷双方利率管理技术的要求也比较高。但是,实行浮动利率的借贷双方所承担的利率风险比较小。例如,欧洲货币市场上的浮动利率,调整期限一般为3~6个月,调整时作为基础的市场利率大多采用伦敦市场银行间同业拆借市场的同期利率。

【阅读材料】

3. 基准利率、差别利率与优惠利率

(1) **基准利率**(benchmark interest rate),是指在多种利率并存的条件下起决定作用的利率,即这种利率发生变动,其他利率也会相应变动。一般来说,利息包含对机会成本的补偿和对风险的补偿。利率中用于补偿机会成本的部分往往是由无风险利率(risk free interest rate)表示。相对于千差万别的风险溢价,无风险利率也就成为"基准利率"。在现实生活中,并不存在真正无风险的投资。目前,在市场经济国家,可以称为无风险利率的,只有政府发行的债券利率,即国债利率。

基准利率的概念在实际生活也有另一种用法。如中国人民银行对商业银行等金融机构的存、贷利率叫基准利率。西方国家,传统上曾是以中央银行的再贴现利率作为利率水平高低的标志。现在已有变化,各国不尽相同。美国主要是联邦储备系统确定"联邦基金利率"。该系统也同时发布贴现率,不过象征意义大于实际意义。欧洲中央银行则发布三个指导利率:有价证券回购利率、央行对商业银行的隔夜贷款利率和商业银行在央行的隔夜存款利率。

基准利率的提高或降低会影响贷款人对未来市场利率的预期,影响他们提供信贷的愿望,从而使市场利率随之发生变化。比如,为防止和缓解通货膨胀,抑制国内的投机活动,阻止本国资本外流,吸引外国资本流入,中央银行往往会提高基准利率;反之,则会降低基准利率。

(2) **差别利率**,是指针对不同的贷款种类和借款对象实行的不同利率,一般包括可按期限、行业、项目、地区差别设置的利率。对于国家支持发展的行业、地区和贷款项目实行低利率贷款,对于国民经济发展中的长线和经济效益不好、经营管理水平差的企业实行高利率贷款,这样有利于支持产业结构的调整和经济协调发展。因此,实行差别利率是运用利率杠杆调节经济的一个重要方面。

(3) **优惠利率**,是指银行等金融机构发放贷款时对某些客户所采用的比一般贷款利率低的利率。实行优惠利率主要是为了鼓励和扶持某些地区、某些行业尽快发展起来而采用的措施。

【阅读材料】

4. 实际利率与名义利率

在借贷过程中,从债权人方面说,不仅要承担债务人到期无法归还本金的信用风险,而且要承担货币贬值的通货膨胀风险;而就债务人方面说,如果货币升值,则会遭遇通货紧缩的风险。实际利率与名义利率的划分,主要是考虑了通货膨胀或通货紧缩的因素。

实际利率(real interest rate),是指物价水平不变,从而货币购买力不变条件下的利率,是剔除通货膨胀因素后的真实利率,而**名义利率**(nominal interest rate)则是指没有剔除通货膨胀因素的利率,即某一时刻金融市场上实际通行的利率。

实际利率与名义利率的计算公式如下:

$$r = i + p$$

式中　r——名义利率;
　　　i——实际利率;
　　　p——借贷期内物价水平的变动率。

例如,如果银行一年期存款利率为2%,而同期通货膨胀率为3%,则储户存入的资金的实际购买力在贬值。因此,扣除通货膨胀成分后的实际利率才更具有实际意义。仍以上例,实际利率为－1%(2%－3%),也就是说,存在银行里是亏钱的。在中国经济快速增长及通货膨胀压力难以消化的长期格局下,很容易出现实际利率为负的情况,即便中央银行不断加息,可能也难以消除。所以,只有实际利率为正时,资金才会从消费和投资逐步回流到储蓄。

由于通货膨胀对于利息部分也有使其贬值的影响。考虑到这一点,名义利率还应调整。名义利率的计算公式如下:

$$r=(1+i)(1+p)-1$$

式中　r——名义利率;

　　　i——实际利率;

　　　p——借贷期内物价水平的变动率。

在存在通货膨胀的情况下,市场上的各种利率都是名义利率,但决定人们经济行为的是实际利率。根据名义利率与实际利率的比较,实际利率呈现三种情况:①当名义利率高于通货膨胀率时,实际利率为正利率;②当名义利率等于通货膨胀率时,实际利率为零;③当名义利率低于通货膨胀率时,实际利率为负利率。在不同的实际利率状况下,人们会相应采取不同的经济行为。

 阅读案例 3-1

名义利率与实际利率

当通货膨胀率很高时,实际利率将远远低于名义利率。由于人们往往关心的是实际利率,因此若名义利率不能随通货膨胀率进行相应的调整,人们储蓄的积极性就会受到很大的打击。比如在 1988 年,我国的通货膨胀率高达 18.5%,而当时银行存款的利率远远低于物价上涨率,所以在 1988 年的前三个季度,居民在银行的储蓄不仅没给存款者带来收入,就连本金的实际购买力也在日益下降。老百姓的反应就是到银行排队取款,然后抢购,以保护自己的财产,因此就发生了 1988 年夏天银行挤兑和抢购之风,银行存款急剧减少。

针对这一现象,我国的银行系统于 1988 年第 4 季度推出了保值储蓄存款。这是在通货膨胀条件下的一个十分典型的实例。在保值储蓄中,银行根据国家统计局公布的零售物价指数对储蓄存款利率进行调整,以使名义利率不低于或略高于物价上涨率,从而保证实际利率不为负数。实际利率的上升使存款者的利益得到了保护,老百姓又开始把钱存入银行,于是,存款下滑的局面很快得到了扭转。随着治理通货膨胀取得成效,我国于 1996 年 4 月取消了对储蓄的保值贴补。

5. 长期利率与短期利率

1 年期以下的信用行为,通常叫做短期信用,相应的利率就是**短期利率**;1 年期以上的信用行为,通常叫做中长期信用,相应的利率就是**中长期利率**。短期利率与长期利率之中又各有长短不同期限之分。一般来说,资金的借贷期限越长,影响资金偿还的不确定因素就越多,风险也越大,因此,贷出者所获得的回报也应越大,借入者所支付的利息也应越多;反之,借入者所支付的利息也应越少。但在不同种类的信用行为之间,由于有种种不同的信用条件,也不能简单对比。至于同一类之间,较长期的利率一般高于较短期的利率。

6. 年利率、月利率与日利率

年利率是按年计算的利率,通常用百分数表示;**月利率**是按月计算的利率,通常用千分数表示;**日利率**是按天计算的利率,通常用万分数表示。

【阅读材料】

金融学基础与实务

3.3 利息的计算

3.3.1 单利和复利

利息计算中有两种基本方法:单利法与复利法。

1. 单利

1) 单利的概念

单利(simple interest)是指在计算利息额时,不论期限长短,仅以本金为基数计算利息,所生利息不再加入本金重复计算利息。比如,我国政府发行的国库券多采用单利法计息;我国银行现行的存款利率也按照单利法计息。

2) 单利的计算公式

$$s = p \times (1 + r \times n)$$

式中　s——本金和利息之和(简称本利和);

　　　p——本金;

　　　r——利率;

　　　n——借贷期限。

例如,一笔为期 5 年、年利率为 6%的 10 万元贷款,利息总和为:

$$100\,000 \times 6\% \times 5 = 30\,000(元)$$

本利和为:

$$100\,000 \times (1 + 6\% \times 5) = 130\,000(元)$$

2. 复利

1) 复利的概念

复利(compound interest)是指在计算利息时,要按一定期限(如 1 年),将所生利息加入本金再计算利息,逐期滚算,俗称"利滚利"或"驴打滚"。如按年计息,第一年按本金计息;第一年末所得的利息并入本金,第二年则按第一年末的本利和计息;第二年末的利息并入本金,第三年则按第二年末的本利和计息;以此类推,直至信用契约期满。

2) 复利的计算公式

$$s = p \times (1 + r)^n$$

式中　s——本金和利息之和(简称本利和);

　　　p——本金;

　　　r——利率;

　　　n——借贷期限。

若将前文实例按复利计算本利和与利息,则本利和为:

$$100\,000 \times (1 + 6\%)^5 = 133\,822.56(元)$$

利息总和为:

$$133\,822.56 - 100\,000 = 33\,822.56(元)$$

即按复利计息,可多得利息 3 822.56 元(33 822.56－30 000)。

3) 连续复利

假定你今天在银行存入 1 万元钱,在 10%的利率水平下,5 年后的本利和为:

$$10\,000\times(1+10\%)^5=16\,105.1(元)$$

上述复利计息采用每年计息一次的方法,如果每年计息多次时,复利又如何计算呢?我们假定你存入的那 1 万元每半年复利计息一次(年利率不变),这样,在第一年年中时,本利和为:

$$10\,000+10\,000\times10\%/2=10\,000(1+10\%/2)=10\,500(元)$$

第一年结束时的本利和为:

$$10\,000\times(1+10\%/2)\times(1+10\%/2)=10\,000\times(1+10\%/2)^2=11\,025(元)$$

在第二年年中时的本利和为:

$$10\,000\times(1+10\%/2)^2\times(1+10\%/2)=10\,000\times(1+10\%/2)^3=11\,576.3(元)$$

第二年年末的本利和为:

$$10\,000\times(1+10\%/2)^3\times(1+10\%/2)=10\,000\times(1+10\%/2)^4=12\,155.1(元)$$

依此类推,到第五年结束时的本利和为:

$$10\,000\times(1+10\%/2)^{10}=16\,288.9(元)$$

与每年只计息一次的结果比较一下,就会发现,每年复利两次时,你的存款增值得更多,到第五年结束时,每年计息两次比每年只计息一次时的利息多出了 183.8 元。简而言之,在确定的借贷期内,按复利计息的次数越多,投资人的利息收入就越高。当然,筹资人的利息成本也就越大。

实际计算利息时,有时也采用每半年一次或每月一次甚至每日一次的复利计息方式,这样的复利称为**连续复利**。一般地,假设每年计息 m 次,这样,在第 n 年结束时的本利和为:

$$s=p\times(1+r/m)^{m\times n}$$

根据上面的公式,每年计息 4 次和 5 次时,到第五年结束时 1 万元存款的本利和分别为:

$$10\,000\times(1+10\%/4)^{4\times5}=16\,386.2(元)$$
$$10\,000\times(1+10\%/5)^{5\times5}=16\,406.1(元)$$

阅读案例 3-2

玫瑰花悬案

1984 年,法国与卢森堡两国之间发生了一件轰动全球的债务案。让人意想不到的是这起纠纷竟然是由一束玫瑰花引起的。原来 1797 年,拿破仑携夫人访问卢森堡,在参观卢森堡第一国立小学时,向女校长赠送了一束玫瑰花,价值 3 个金路易,他还说:"只要我们法兰西存在一天,每年的今天我将亲自派人送给贵校一束价值相等的玫瑰花,作为法兰西与卢森堡友谊的象征。"时过境迁,拿破仑穷于应付连绵的战争和此起彼伏的政治事件,最终惨败而流放到圣赫勒拿岛,把卢森堡的诺言忘得一干二净。

可卢森堡这个小国对这位"欧洲巨人"与卢森堡孩子亲切、和谐相处的一刻念念不忘,并载入他们的史册。

时隔 187 年后的 1984 年,卢森堡旧事重提,郑重地向法国提出了"玫瑰花悬案",要求法国政府从以下两个条件中作出选择:要么从拿破仑承诺那年算起,用 3 个金路易作为一束玫瑰花的本金,以 5 厘复利(即利滚利)计息,全部清偿这笔玫瑰花案;要么法国政府在法国各大报刊上公开承认拿破仑是个言而无信的小人。法国政府官员开始很不以为然,以为不过是区区小数,对于法兰西这样的大国来说是微不足道的。可是当电子计算机将结果打印出来时,法国官员们看后都惊得目瞪口呆:原本 3 个金路易的许诺,本息竟高达 1 375 596 法郎!这一历史公案使法国陷入极为难堪的局面,因为只要法兰西共和国存在,这个债务案就永无了结的一天。为了拿破仑的声誉,法国政府尽管非常不情愿,还是准备支付这笔巨款。不过,这时有个聪明人指出:法国政府支付了这笔外债,不同样等于承认伟大的拿破仑没有履行自己的承诺吗?

经过一番冥思苦想,法国人终于想出了变通的办法,让卢森堡不再讨要这笔债务:"今后,法国将始终不渝地对卢森堡大公国的中小学教育事业予以支持和赞助,来兑现我们的拿破仑将军那一诺千金的'玫瑰花'诺言。"这才终于使这桩"玫瑰花悬案"落下帷幕。

3. 单利与复利的比较

用单利法计算利息,手续简便,容易计算借款成本,有利于减轻借款者的利息负担,但缺点在于没有充分考虑货币的时间价值,即利息不算利息;用复利计算利息,有利于提高货币的时间价值观念,有利于发挥利率杠杆的调节作用和提高借贷资金的使用效益。

日常生活中,人们经常会遇到这类问题:是花 50 万元买一幢现房,还是花 45 万元买一年以后才能住进的期房?若想买一辆汽车,是花 20 万元现金一次性购买值呢,还是每月支付 6 000 元,共付 4 年更合算呢?你觉得问题复杂的话,那么来个简单的问题:假设你现在有 10 万元人民币,10 年后这笔钱能值多少呢?要回答这个问题,你得针对不同的情况来分析。

如果你将这笔钱压在床板下,此后的 10 年间,平均每年的通货膨胀率为 5%,相对于目前的购买力水平,你在 10 年后只能够买到相当于目前价值 60 000 元的物品,相当于平白损失了 40 000 元。

如果你将这笔钱放在银行,假定每年的利率为 3.25%,则 10 年后总值为 132 500 元;如果存 5 年定期,年利率为 5.25%,5 年后本利再存 5 年,年利率不变,则总值为 159 390 元。如果这笔钱投资某类资基金,如股票类价值成长型基金,年平均回报率为 8%(在过去 20 年,美国基金的年平均回报率为 12%,以中国 GDP 最近几年增长一般在 10%左右计,该类基金年平均回报率有望达到 10%),则 10 年后你的 10 万元总价值达 259 374 元。

这是怎么回事呢?同样的 10 万元人民币,10 年后怎么还不一样了呢?这就是货币的时间价值,也就是说,当前所持有的一定量货币比未来持有的等量的货币具有更高的价值,这也是我们进行金融投资的基础。

货币的时间价值就是指货币经历一定时间的投资和再投资所增加的价值,也称为资金时间价值。比如,现在的 1 元钱就比一年以后的 1 元钱价值更高,而一年以后的 1 元钱又比两年以后的 1 元钱的价值更高,依此类推。也就是说,货币的价值会随着时间的推移而增长。货币之所以具有时间价值,主要有三方面的原因:①现

【阅读材料】

在持有的货币可以用于投资,获取相应的投资收益;②物价水平的变化会影响货币的购买力,因而货币的价值会因物价水平的变化而变化;③一般来说,未来的预期收入具有不确定性。

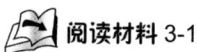阅读材料 3-1

24 美元买下曼哈顿岛

24 美元买下曼哈顿!这并不是一个荒唐的痴人说梦,而是一个流传已久的故事,也是一个可以实现的愿望,更是一个老生常谈的投资方式,但是做得到的人不多。

故事是这样的:1626 年,荷属美洲新尼德兰省总督 PeterMinuit 花了大约 24 美元从印第安人手中买下了曼哈顿岛。而到 2000 年 1 月 1 日,曼哈顿岛的价值已经达到了约 2.5 万亿美元。以 24 美元买下曼哈顿,PeterMinuit 无疑占了一个天大的便宜。

但是,如果转换一下思路,PeterMinuit 也许并没有占到便宜。如果当时的印第安人拿着这 24 美元去投资,按照 11%(美国近 70 年股市的平均投资收益率)的投资收益计算,到 2000 年,这 24 美元将变成 2 380 000 亿美元,远远高于曼哈顿岛的价值 2.5 万亿美元,几乎是其现在价值的十万倍。如此看来,PeterMinuit 是吃了一个大亏。是什么神奇的力量让资产实现了如此巨大的倍增?

是复利。长期投资的复利效应将实现资产的翻倍增值。爱因斯坦就说过,"宇宙间最大的能量是复利,世界的第八大奇迹是复利。"一个不大的基数,以一个即使很微小的量增长,假以时日,都将膨胀为一个庞大的天文数字。那么,即使以像 24 美元这样的起点,经过一定的时间之后,你也一样可以买得起曼哈顿这样的超级岛屿。

也许 2.5 万亿美元的金额对我们来说太大,370 多年的时间对我们来说太长,但是对于那些善于利用复利的递增效应赚钱的投资者来说,在一个人的一个时间段内,也一样可以积累可观的财富。以基金投资为例来说,如果我们从 20 岁开始,我们每个月拿出 100 元去投资基金,以后每个月都不间断地投入 100 元,也就是我们常说的定期定投,按照每年 10%的投资收益计算,到 60 岁的时候,我们就会有 63.78 万元。100 元的起点,相信对很多投资者来说应该都不是一个问题,但是却能累积成 60 多万元的数量,复利的威力可见一斑。

3.3.2 现值、终值及其应用

1. 现值与终值的概念

由于利息成为收益的一般形态,所以任何一笔货币金额,不论将做怎样的运用,甚至还没有考虑将做怎样的运用,都可根据利率计算出在未来的某一时点上,将会是一个怎样的金额。这个金额就是前面说的本利和,也通称为"**终值**"(future value),但是习惯上,终值都是由复利计算出来的。如果年利率为 6%,现有 100 000 元,在 5 年后的终值可按复利计算式 $s=p\times(1+r)^n$ 计算,即 $100\ 000\times(1+6\%)^5=133\ 822.56$(元)。

把这个过程倒转过来,如果我们知道在未来某一时点上有一定金额的货币,只要把它看作那时的本利和,就可按现行利率计算出要能取得这样金额的本利和在现在所必须具有的本金,即

$$p=\frac{s}{(1+r)^n}$$

式中　　p——现值；

　　　　s——终值；

　　　　r——利率；

　　　　n——借贷期限。

设 5 年后期望一笔 100 000 元的货币，假如利率不变，现在应有的本金为：

$$100\ 000 \div (1+6\%)^5 = 74\ 725.82(元)$$

这个逆算出来的本金称为"**现值**"(present value)。

货币具有时间价值，一年后的 1 元钱与现在的 1 元钱在价值上是不同的。一般而言，一年后的 1 元钱价值低，现在的 1 元钱价值高，现值概念就是基于这个认识得到的。所谓现值就是未来一定数额的钱的现在价值，也就是按一定的折现率和折现方式，将未来某特定时刻取得的一定数额的现金或现金流折合成现在的钱时的价值。计算将来一定金额货币的现值的过程称为贴现计算。

2. 现值与终值的应用

现值的概念在经济生活中有广泛的应用。例如，现代银行有一项重要的业务，即收买票据的业务，这项业务中，银行收买一定期限后到期的商业票据，并向票据出售方支付相当于票据到期价值的贴现值的货币，其收买的价格就是根据票据金额和利率倒算出来的现值。这项业务叫"**贴现**"，现值也称贴现值(present discounted value)。

例如，某企业于 2016 年 3 月 1 日向银行申请商业票据贴现汇票金额为 10 万元，汇票到期日为 7 月 15 日。经银行审查后同意即日起办理贴现，贴现率按月 9‰，则

$$贴现利息 = 100\ 000 \times 9‰ \times (134 \div 30) = 4\ 020(元)$$

$$贴现金额 = 100\ 000 - 4\ 020 = 95\ 980(元)$$

再如，某企业将一张票面为 100 万元的 60 天后到期的商业承兑汇票到银行贴现，银行月贴现率为 3.75‰。请计算：银行应扣除的贴现利息为：

$$100 \times 3.75‰ \times 2 = 0.75(万元)$$

银行应支付给企业的贴现金额为：

$$贴现金额 = 100 - 0.75 = 99.25(万元)$$

阅读案例 3-3

现值与终值的应用

现值与终值在投资方案选择时是非常有用的工具。例如，某一建设项目建设期为三年，有两种投资方案：方案一，第一年年初投资 500 万元，第二年与第三年年初各投资 200 万元；方案二，第一年年初投资 100 万元，第二年年初投资 300 万元，第三年年初投资 600 万元。从静态的角度看，第一方案投资共 900 万元，第二方案为 1 000 万元。表面看上去应该采用第一个方案，但是按现值或终值法会得出与前面不同的结论。如果市场投资收益率为 15%，则

第一种方案的投资现值为：

$$500 + \frac{200}{1+15\%} + \frac{200}{(1+15\%)^2} = 825(万元)$$

第二种方案的投资现值为:

$$100 + \frac{300}{1+15\%} + \frac{600}{(1+15\%)^2} = 815(万元)$$

结果是方案二优于方案一。值得一提的是,在投资决策中,应以现值法为决策依据。

3.3.3 到期收益率

在金融市场上存在各种债券,其期限、票面利率及出售价格各不相同,因而就产生了一个很现实的问题,有无一个统一的衡量标准来评估这些债券的收益率呢?在投资实践中,人们选择了一个统一的衡量指标,这个指标就是到期收益率。**到期收益率**(yield to maturity,YTM)是使得承诺的未来现金流量的总现值等于证券当前市场价格的贴现率。它相当于投资者按照当前市场价格购买并且一直持有到满期时可以获得的年平均收益率。计算到期收益率需要确定这些因素:一是债券购买价,需要指出的是,由于债券市场的价格经常波动,债券购买价并不一定等于债券面值;二是购买债券后能得到的未来现金流是什么。确定好这两个因素后,根据前面讨论的现值概念,到期收益率的计算还是容易的。下面本节介绍几种常用的到期收益率。

1. 普通贷款的到期收益率

普通贷款是最常见的融资方式,资金由贷方贷给借方,双方讲好还款的日期和利息,到期后连本带息一次性偿还。基本公式如下:

$$p = s/(1+r)$$

式中 p——本金;

s——本利和;

r——到期收益率。

显然,上式是一年期的普通贷款的现值计算公式,公式中的到期收益率就是贷款利率。

2. 分期偿付贷款的到期收益率

分期偿付贷款是由贷方一次性向借方提供一定数额的资金,借贷双方约定还款期限、每次的还款额度,借方根据合约定期偿还一个固定的数额给贷方,直到合约结束。在银行向消费者发放大额中长期贷款如住房按揭贷款时,通常采用这种方式。比如,小王向银行借了 10 万元的分期偿还贷款,分 25 年还清,每年偿还 12 600 元。银行发放这笔贷款的到期收益率 r 可由下式解出:

$$100\,000 = \frac{12\,600}{(1+r)} + \frac{12\,600}{(1+r)^2} + \frac{12\,600}{(1+r)^3} + \cdots + \frac{12\,600}{(1+r)^{25}}$$

解此方程 $r=0.12$,因此,12%是小王为借这笔钱每年支付的利率,也是银行的到期收益率。在实际生活中,许多分期偿还贷款的每次还款间隔不是一年,而是一个月,如住房按揭贷款通常要求按月偿还,这样在计算到期收益率时,需要采用连续复利的折现方法。

3. 息票债券的到期收益率

息票债券是发行人按债券本金和票面利率定期向债券持有者支付利息,到期后再将本金连同最后一期利息一起支付给债券持有者的一种债券。其计算公式如下:

金融学基础与实务

$$p = \frac{C}{1+r} + \frac{C}{(1+r)^2} + \cdots + \frac{C}{(1+r)^n} + \frac{F}{(1+r)^n}$$

式中　p——息票债券的发行价格；

C——每年支付的利息；

r——到期收益率；

F——息票债券的面值；

n——息票债券的年限。

显然，上式可看成债券的未来现金流、债券价格及到期收益率之间的相互关系式，知道债券的未来现金流和购买价，就可求得到期收益率；反之，知道债券的未来现金流和到期收益率，就可求得债券购买价。不难看出，在债券未来现金流给定的条件下，到期收益率越高，债券的价格越低；到期收益率越低，债券的价格越高。这样，当市场利率发生变动导致投资者对债券到期收益率的要求发生变动时，债券价格就会发生变动：市场利率上升、投资者要求的到期收益率提高，债券价格下降；市场利率下降、投资者要求的到期收益率降低，债券价格上升。

4. 永久债券的到期收益率

永久债券是定期支付固定利息，而永远没有到期日的一种债券。其计算公式如下：

$$p = \frac{C}{(1+r)} + \frac{C}{(1+r)^2} + \frac{C}{(1+r)^3} + \cdots$$

式中　p——债券的价格；

C——每年支付的利息；

r——到期收益率。

根据无穷递减等比数列的求和公式，上式的右边等于 C/r，因此，永久债券的到期收益率等于其固定利息与价格之比。如果一张永久债券每年支付利率 10 元，债券价格 100 元，则该永久债券的到期收益率为 10%。

5. 贴水债券的到期收益率

贴水债券又称贴现债券，这种债券发行后不支付利息，到期限后债券发行人按面值向债券持有人支付金额，债券发行时按面值的一定折扣销售。其计算公式如下：

$$p = \frac{F}{(1+r)^n}$$

式中　p——债券的价格；

F——债券面值；

r——到期收益率；

n——债券的期限。

例如，某公司发行的贴水债券面值是 100 元，期限为 4 年，如果这种债券的销售价格为 75 元，那么根据上述公式计算得：

$$75 = \frac{100}{(1+r)^4}$$

$r = 0.074\,6$

贴水债券的到期收益率为 7.46%。

3.4 利率的决定及影响因素

3.4.1 利率决定理论

1. 马克思的利率决定论

根据马克思论证，利息是利润的一部分，因此，利息量的多少取决于利润总额，利息率取决于平均利润率。"因为利息只是利润的一部分……，所以，利润本身就成为利息的最高界限。"同时利息也不可以为零，否则借贷资本家就不会把资本贷出。因此，利率的变化范围在零与平均利润率之间，至于具体定位何处，马克思认为这取决于借贷双方的竞争，也取决于传统习惯、法律规定等因素。当然，并不排除利率超出平均利润率或事实上成为负数的特殊情况。

2. 古典利率决定理论

在凯恩斯主义出现前，传统经济学中的利率理论称为古典利率决定理论，该理论的主要倡导者为奥地利经济学家庞巴维克、英国经济学家马歇尔和美国经济学家费雪。

古典利率决定理论强调非货币的实物因素在利率决定中的作用，实物因素主要是储蓄和投资。投资量随利率的提高而减少，储蓄量随利率的提高而增加，投资量是利率的递减函数，储蓄量是利率的递增函数，利率的变化取决于投资量与储蓄量的均衡。

按照这一理论，只要利率是灵活变动的，它就和商品的价格一样，具有自动的调节功能，使储蓄量和投资量趋于一致。当储蓄量大于投资量时，利率将下降，较低的利率会自动刺激人们减少储蓄，扩大投资；反之，当储蓄量小于投资量时，利率将上升，而较高的利率又促使人们增加储蓄，减少投资。因此经济不会出现长期的供求均衡，它将自动趋于充分就业水平。

3. 流动性偏好理论

与传统的利率理论相反，凯恩斯认为利率的高低不是取决于储蓄和投资的相互作用，而是取决于货币的供求数量。

凯恩斯认为根据古典利率理论中的储蓄曲线和投资曲线并不能得出均衡的利率水平，因为它们都是和实际收入水平相关的，因而不能独立地变动，因此，20 世纪 30 年代资本主义经济大危机后，凯恩斯针对古典经济理论的缺陷，提出了一套宏观经济理论。

凯恩斯认为，在一定时期内，一个国家的货币供给是外生变量，基本上由货币当局所掌握和控制；货币需求是一个内生变量，基本取决于人们的流动性偏好，而人们流动性偏好的动机有三个，即交易动机、预防动机和投机动机。其中，出于前两种动机的货币需求与收入成正比，与利率无直接联系；投机动机与利率成反比，因为当市场利率较高时，债券价格相对便宜，人们愿意更多地购买债券、更少地持有货币量，以降低作为投机动机的货币持有成本。如果人们对流动性的偏好强，愿意持有的货币量就增加，当货币的需求量大于货币的供给量时,利率上升;当货币的需求量小于货币供给量时,利率下降。而当货币需求不变时,利率的高低就取决于货币供给量,如果货币供给增加,利率会下降;货币供给减少,利率则上升。因此,利率的高低是由流动性偏好曲线与货币供给曲线共同决定的。

但是,当利率降低到一定限度时,货币需求曲线呈水平状,表明此时的货币需求弹性无限大,即使货币供给不断增加,利率也不会再降低,这是因为人们预期利率一定会上升,于是纷纷抛出有价证券而持有货币,使得流动性偏好无限大,这就是凯恩斯理论中著名的"流动性陷阱"假说。

【阅读材料】

4. 可贷资金利率理论

英国的罗伯逊和瑞典的俄林等经济学家提出利率决定的"可贷资金理论"。可贷资金理论一方面反对古典利率决定理论对货币因素的忽视,认为仅以储蓄、投资分析利率的决定过于片面,同时也批评凯恩斯完全否定非货币因素在利率决定中的作用的观点。

可贷资金理论认为,借贷资金的需求有投资、货币窖藏(即储蓄者可能把另一部分储蓄以货币的形式放在手中,形成货币的窖藏,它构成了对可贷资金的一种需求)和消费信贷等,可贷资金的供给有储蓄、央行货币供给的增加额和反窖藏(即人们将上一期窖藏的货币用于贷放或购买债券)等。

该理论认为,利率高低取决于可贷资金供给与需求的相互作用。在其他条件不变时,储蓄或货币供给增加,利率便会下跌;投资需求及货币窖藏增加时,利率便会上升。

可贷资金理论从流量的角度分析借贷资金的供求和利率的决定,可以直接用于金融市场的利率分析。在资金流量分析方法和资金流量统计建立之后,用可贷资金理论对利率决定做实证研究和预测分析,有一定的实用价值。虽然可贷资金理论克服了古典学派和凯恩斯学派的缺点,但如果不同时兼顾商品市场和货币市场,该理论仍是不完善的。

5. IS-LM 模型的利率决定理论

IS-LM 模型认为,只有在储蓄与投资、货币供给与货币需求同时相等,即在商品市场和货币市场同时达到均衡的条件下,收入与利率同时被决定时,才能得到完整的、能使利率得以明确决定的利率理论。这种理论的特点是一般均衡分析,故该理论具有一定程度的确定性和稳定性。IS-LM 模型已成为宏观经济学中一个极为重要和基本的模型。

3.4.2 影响利率的主要因素

1. 社会平均利润率

由于利息是利润的一部分,因此,利润率是决定利率的首要因素,但决定利率高低的利润率不是单个企业的利润率,而是一定时期内一国的社会平均利润率。利率不能超过平均利润率,否则,利息高到足以取走企业的全部利润,借款人的利润不足以支付利息，企业将不会借款，借贷行为就不会发生。因此，在一般情况下，利率的最高界限是社会平均利润率。至于利率的最低界限，则是波动而不确定的，但不会是零。因为利率如果为零，就意味着贷款人无利可图，他就不会出借货币，借贷行为亦无法发生。所以，利率通常在社会平均利润率与零之间上下波动。

根据我国经济发展现状与改革实践，我国的利率总水平要适应大多数企业的负担能力。也就是说，利率总水平不能太高，太高了大多数企业承受不了；相反，利率总水平也不能太低，太低了不能发挥利率的杠杆作用。

2. 借贷资金的供求状况

无论是马克思的利息理论还是西方的经济学说都不否认借贷资金的供求状况决定利率的总水平。例如，根据马克思利息决定理论，在平均利润率既定时，利息率的变动则取决于平均利润分割为利息与企业利润的比例。而这个比例是由借贷资本的供求双方通过竞争确定的。一般地，当借贷资本供不应求时，借贷双方的竞争结果将促进利率上升；相反，当借贷资本供过于求时，竞争的结果必然导致利率下降。

在市场经济条件下，由于作为金融市场上的商品的"价格"——利率，与其他商品的价格一样受供求规律的制约，因而资金的供求状况对利率水平的高低仍然有决定性作用。

3. 物价水平

由于价格具有刚性，变动的趋势一般是上涨，因而怎样使自己持有的货币不贬值，或遭受贬值后如何取得补偿，是人们普遍关心的问题。这种关心使得从事经营货币资金的银行必须使吸收存款的名义利率适应物价上涨的幅度，否则难以吸收存款；同时也必须使贷款的名义利率适应物价上涨的幅度，否则难以获得投资收益。所以，名义利率水平与物价水平具有同步发展的趋势，物价变动的幅度制约着名义利率水平的高低。

4. 国家经济政策

由于利率变动对经济有很大的影响，各国政府都通过法律、法规、政策的形式，对利率实施不同程度的管理。国家往往根据其经济政策来干预利率水平，同时又通过调节利率来影响经济。中央银行实行紧缩性货币政策时，往往会提高再贴现率或其他由中央银行所控制的基准利率；而当中央银行实行扩张性货币政策时，又会降低再贴现率或其他基准利率，从而引起借贷资金市场利率跟着做相应调整，并进而影响整个市场的利率水平。

自1949年新中国成立以来，我国的利率基本上属于管制利率类型，利率由国务院统一制定，由中国人民银行统一管理，在利率水平的制定与执行中，要受到政策性因素的影响。例如，新中国成立初期，我国实行低利率政策，以稳定物价、稳定市场。1978年以来，对一些部门、企业实行差别利率，体现出政策性的引导或政策性的限制。可见，我国社会主义市场经济中，利率不是完全随着信贷资金的供求状况自由波动，它还取决于国家调节经济的需要，并受国家的控制和调节。

作为中国金融改革的重要组成部分，利率市场化势在必行。2015年10月24日，中国人民银行决定，对商业银行和农村合作金融机构等不再设置存款利率浮动上限。这是中国经济改革的历史性突破，标志着历时多年的利率市场化改革迈出了最重要也最艰巨的一步，中国利率管制时代终结。

5. 国际利率水平

在开放的经济条件下，世界各国的经济联系越来越密切，国际利率水平对一国国内利率水平的影响也越来越大，这种影响是通过资金在国际间的流动来实现的。当国内利率水平高于国际利率水平时，外国资本就会流入国内，使市场上资金供给增加，进而使利率下降；当国内利率水平低于国际利率水平时，国内资金流向国外，市场上资金供给减少，进而使利率上升。例如，当外汇汇率上升、本币贬值时，国内居民对外汇的需求就会下降，从而使本币相对充裕，国内利率便趋于稳定，并在稳定中下降；反之，当外汇汇率下跌、本币升值时，国内居民对外汇的需求就会增加，本币供应处于紧张状态，从而使国内市场的利率上扬。

6. 国际经济的环境

在世界经济日趋一体化的今天，一国与其他国家的经济联系日益密切。在这种情况下，利率也不可避免地受国际经济因素的影响，表现在以下几个方面：①国际资金的流动，通过改变一国的资金供给量影响该国的利率水平；②一国的利率水平还要受国际商品竞争的影响；③一国的利率水平，还受国家的外汇储备量的多少和利用外资政策的影响。

7. 政府财政赤字

一般来说，当财政支出大于财政收入时，政府会在公开市场上借贷，以此来弥补财政收入的不足，这将导致利率上升。

8. 国际收支状况

如一国长期存在巨额贸易顺差，导致外汇占款方面的货币投放过多，导致流动性过剩，中央银行如实施宏观调控控制货币供应，采取的措施之一是提高利率，减少资金投放。

除以上因素外，借贷期限、风险程度、担保品、借款人的信用等级、放款方式、社会经济主体的预期行为、习惯以及法律传统等都会对一国国内利率产生重要影响。因此，在讨论利率的影响因素时，应当注意，我们不能简单地套用哪一种理论，而应该充分考虑该国所处的综合社会经济环境，从实际出发来研究问题，才能找出利率水平变动的主要原因。

3.5 利率的风险结构与期限结构

3.5.1 利率的风险结构

1. 利率的风险结构的概念

在金融市场上，期限相同的不同债券的利率一般不同，而且相互之间的利差也不稳定。比如，10年期国债的利率要低于10年期企业债券的利率，不同企业发行的10年期债券的利率也各不相同。期限相同的金融资产因风险差异而导致的不同利率称为**利率的风险结构**(risk structure of interest rates)。一般而言，期限相同的金融资产的利率和风险成正比例关系，也即风险越大，利率越高。这一概念中的风险主要包括违约风险、流动性风险和税收风险。

2. 影响利率的风险类型

(1) 违约风险。违约风险是债券的发行人可能无法按期还本付息而给债券购买者造成损失的可能性。违约风险直接影响债券的利率，显然，债券的违约风险越大，对投资者的吸引力就越小，为使债券能够发行，债券所应支付的利率就越高。一般来说，政府比任何一家私营企业的资信度都要高，所以，政府发行的债券利率比一般企业发行的债券利率要低。

 阅读案例 3-4

峭壁边缘的华尔街

美国国家记者俱乐部位于美国首都华盛顿，有一百多年的历史。众多政府高官、商业领袖和文化精英在这里发表过演讲。2008 年 3 月 13 日，这里坐满了记者，他们在等待(前财政部长)亨利·保尔森的到来。此时由美国次级房屋贷款引发的金融风暴越演越烈，记者们都想知道，政府将如何应对这场金融风暴。保尔森后来在《峭壁边缘》的这本书中回忆说：他原想取消那次演讲，因为在那个时候，危机还远未结束，但由于担心市场会过度反应，他如约前往。上午 10 点整，保尔森出现在国家记者俱乐部的讲坛上，向媒体解释次贷危机的起因。

美国政府为了扩大消费、刺激经济，在过去数年间，推行了居者有其屋的政策，鼓励居民买房。即使是没有固定收入的群体，也能够获得住房抵押贷款，而这些贷款被称为次贷。由于买房者增加，美国楼市空前繁荣，房价不断上涨；又由于房价上涨，银行并不担心贷款人的还贷能力。不过，为了分散风险，银行把这些贷款集合在一起，形成一种新的证券打包卖出，这就是资产证券化。证券化资产的承销商是投资银行，他们把这些资产推销给合格的机构和个人。有些投资银行还在买入这些次级贷款之后，进一步加工成各种类型的理财产品，这一类理财产品由于收益率较高，所以很受机构投资者的欢迎。如果房价持续上涨、楼市购销两旺，所有参与者都将各得其所。但是好景不长，从 2006 年下半年起，购房者开始减少，房价从上升转为下降，许多贷款购房者违约不还贷款，金融业的资金链开始断裂。所以，商业银行、投资银行和保险公司相继受到了冲击。保尔森告诉记者，金融风暴的根源是：多年来经济的繁荣和充裕的流动性让投资人盲目追求高收益，而金融业及其监管者视若无睹，丧失了对风险的有效控制。保尔森向记者讲述了次贷危机的原理，不再多言，然后，匆匆离开会场。此时，他的头脑高度紧张。因为他知道，危机四伏的金融市场随时都可能再度引爆新的危机。

时间进入到 2008 年 8 月，保尔森担心的事情终于发生了。美国联邦住房金融局提交的报告显示，两房的资本金严重不足。两房指的是房地美和房利美，它们是美国政策性的住房抵押贷款融资公司，是美国房贷市场的主要资金提供者，它们持有和担保的住房抵押贷款额高达 5 万亿美元。房地美和房利美并不直接给购房者提供贷款，而是通过为商业银行的住房抵押贷款业务提供资金来间接支持房贷市场。两房是非常特殊的金融机构，由于有联邦政府的授权，两房可以在证券市场上直接发行 3A 级的债券，为商业银行的抵押贷款业务提供资金。在次贷危机爆发之前，两房的债务合计高达 1.7 万亿美元。保尔森知道，一旦两房破产，整个美国金融市场将陷入混乱，而且还将波及海外的主权国家，所以，必须注资救两房。2008 年 9 月 7 日，保尔森宣布联邦政府直接接管两房，并撤换管理层，分别向两房注入 1 000 亿美元。事态日趋严重，正如保尔森预料的，危机远没有结束。2008 年 9 月 15 日，雷曼兄弟的倒闭将这场次贷危机推向高潮。随后，美国国际集团、美林证券，乃至花旗银行相继爆发危机，金融市场风声鹤唳。到 2008 年底，这场由次级贷款引发的危机已经使数以千计的商业银行等金融机构倒闭。2009 年 1 月 16 日，是保尔森在财政部的最后一个工作日。筋疲力尽的保尔森虽然让全球金融躲过了整体崩溃的危险，但是他知道，危机的根源依然存在。

在资本的世界里，善良的愿望和善意的政策未必产生美好的结果。资本市场需要更理性的思维，更严格的监管，因为金融危机如影随形，时刻准备卷土重来。

(2) 流动性风险。流动性的差异也是造成相同期限的不同债券之间利率不同的一个重要原因。流动性较差的债券利率水平一般较高。不同债券的交易活跃程度是不一样的，对于那些交易频繁的债券(如国库券)来说，由于市场上随时都有很多的买入者和卖出者，买卖差价一般很小，流动性很强，债券的利率自然就可低些；对于那些交易不很活跃的债券(如信用等级低的公司债券)，买卖差价就要大一些，流动性很弱，债券利率自然应该高一些。

(3) 税收因素。一般而言，投资者在进行债券投资时，真正关心的是税后的预期回报，而不是税前的预期回报，这必然会反映到债券的税前利率上。利息税越高的债券，其税前利率越高；反之，税前利率就越低。比如，中央政府发行的债券通常可以免交利息税，而公司债券往往不享受这种待遇，为吸引债券投资者，公司债券的税前利率通常高于中央政府债券的利率。

3.5.2 利率的期限结构

1. 利率的期限结构的概念

任何一种利率大多对应着不同期限。如存款利率，期限长短不同的存款类型，其对应的存款利率高低也不同，这是存款利率的期限结构；又如国债利率，期限长短不同的国债，其对应的国债利率高低也不同，这是国债利率的期限结构，等等。不同期限债券的利率间的相互关系称为**利率的期限结构**。期限相同的债券之间的利率差异主要由债券的违约风险、流动性风险以及税收等因素决定，若这些条件相同，而期限不同的债券之间的利率差异又由哪些因素决定，这正是利率的期限结构所要回答的。

2. 收益率曲线

利率的期限结构可以形象地以收益率曲线表示出来。如果以横轴表示距离到期日的时间，以纵轴表示收益率，将不同期限的利率连接起来，就会形成一条收益率曲线。

收益率曲线的形状一般分为向右上倾斜、水平和向右下倾斜三种情况。如果收益率曲线向右上倾斜，表明长期债券利率高于短期债券利率；如果收益率曲线为水平的，则表明债券的利率不随期限变化，各种期限的债券利率相同；如果收益率曲线向右下倾斜，表明长期债券利率低于短期债券利率。当然，收益率曲线也可以有更复杂的先升后降或先降后升的形状。

3. 即期利率与远期利率

即期利率(spot rate of interest)是指对不同期限的债权债务所标示的利率。**远期利率**(forward rate of interest)是指隐含在给定的即期利率中从未来的某一时点到另一时点的利率。

【阅读案例】

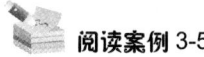

阅读案例 3-5

即期利率与远期利率

以 2 年期 2.40%的利率为例进行分解：
以 1 000 000 元储蓄，两年到期的本利和是：

$$1\,000\,000 \times (1 + 0.024)^2 = 1\,048\,576(元)$$

两年储蓄中的第一年，其行为与储蓄一年定期没有差别，所以，从道理分析，应按一年定期储蓄利率计息；在一年末，其本利和应是：

$$1\,000\,000 \times (1 + 0.022\,5) = 1\,022\,500(元)$$

如果是存一年定期，这时就可自由处理其本利和。假如无其他适当选择，再存一年定期，到第二年末得本利和：

$$1\,022\,500 \times (1 + 0.022\,5) = 1\,045\,506.25(元)$$

较之 1 048 576 少 3 069.75 元。

存两年定期储蓄，其所以可多得 3 069.75 元，那就是因为放弃了在第二年期间对第一年本利和 1 022 500 元的自由处置权。这就是说，较大的效益是产生于第二年。如果说，第一年应取 2.25%的利率，那么第二年的利率则是：

$$(1\,048\,576 \div 1\,022\,500 - 1) \times 100\% = 2.55\%$$

这个 2.55%就是第二年的远期利率。第三年、第四年、⋯、第 n 年的远期利率可用同样的方法推算。

(资料来源：黄达. 金融学. 2 版. 北京：中国人民大学出版社，2009:61-62.)

如以 f_n 代表第 n 年的远期利率，以 r 代表即期利率，其一般计算式为：

$$f_n = \frac{(1+r_n)^n}{(1+r_{n-1})^{n-1}} - 1$$

式中　r_n——第 n 年的即期利率；

r_{n-1}——第 $n-1$ 年的即期利率；

n——期限。

由于是推算出来的，所以也常常称之为隐含的远期利率。

8 个理财技巧

对于上班族来说，每天都是忙碌的工作，每月的工资可能不到月底就所剩无几了。而且很多上班族都有拖延症，明明认识到理财的重要性，可是总是想着以后再开始计划，再开始学，反正这点工资还能凑合的过日子，这样的想法当然很正常。但是，提早理财，钱才能越积越多，不要等到钱越花越少，变成了月光族那就后悔来不及了。

理财师整理 8 个理财技巧，坚持 2 个就摆脱了"月光族"。

1. 人生不能没有目标

首先你需要设定自己每一个成长阶段的理财目标，这里说的理财目标，并不是指只有理财时才有个目标。每个人生阶段，都有一个目标要达成，不同年龄，上班族如何理财要根据自己的理财目标去一步一步实现。比如近期要买房、买车，或者要准备出国等，但是目标制定要尽可能具体化，详细步骤，有确切的期限，理财目标最好不要放长线。

2. 坚持每天记账

上班族如何理财少不了学会记账，但是不是说每天都要记。因为记账的目的是了解金钱去向，对物价的敏感，以后在买东西时能有个参照对比。另外，记账一方面是为了能明白以后哪方面不管赚多赚少，都要养成记账的好习惯，除了能清楚地掌握金钱的花费流向，还可以借此了解各项生活费的价格，培养对数字的敏感度，未来购物也能货比三家不吃亏。

3. 学习理财知识

理财是一种熟练技能，完全可以通过学习得到更大的收获。学习理论的目的不是一定要成为高手，而是具备基本的理财判断力。

4. 改掉消费恶习

量入为出、适当消费、理性"剁手"、精打细算，永远是上班族如何理财最经典的理财规则；改掉消费恶习、开源节流双向努力，这样你才有"财"可理。

5. 学会投资自己

年轻人要懂得并且舍得投资自己，上班族如何理财除了要学会给钱投资，还要给自己投资，因为投资自己，就是全方位地提升自己的学识、能力、内外兼修。投资自己是一笔稳赚不赔的买卖。通过自我投资，不断增加自己的价值，是一个回报率最高的理财方法。

6. 短期活期理财

对于上班族如何理财，考虑到有些上班族已经成家，这里举个例子，假如一个家 2 个人，月收入加起来 6 000 元，除去平常的吃、穿、住、行等方面的开支 3 000 元，那就还剩余 3 000 元。可以将这些剩余的钱拿来投资，但是不能真的就硬生生地存储在银行里，可以选择一些收益不错、安全性高的理财产品，如各种短期的互联网理财产品等。

7. 稳定理财保险

对于一个普通的家庭来说，购买一些家庭医疗保险、意外保险等备用的基金是非常有必要的。但是一般家庭都只是把一些暂时闲置不用的钱储存起来了。其实他们可以选择办理具有理财功能的银行卡，将每个月剩余的钱存入这个账户中，这样每个月强制的储蓄一点，累积一段时间下来，收入也是非常不错的。

8. 理钱、生钱、护钱

最后，要说的还是保险。可能很多人会觉得上班族理财，无非是打理钱、管钱、生钱，但是，"护钱"也很重要。对于比较年轻的上班族家庭，风险的承受能力较强，就可以尝试一下具有理财功能的保险，这样既起到了一定的保障作用，同时也满足了小家庭的理财需求。小额＋定投对于时间不是很充足，但是有固定工资，打算长期投资的投资者来说，可以选择基金定额定投，就是说在每个月固定的时间，投放固定的资金到指定的账户中。

(资料来源：新华网.)

本章小结

利息是与信用相伴随的一个古老的经济范畴，它是指贷款人贷出货币或货币资本而从借款人手中获取的超过本金部分的报酬——用于补偿贷款人由于不能在一定期限内使用这笔货币或货币资本而蒙受的某种损失，是贷款人让渡货币或货币资本使用权所获得的回报，也是借款人获得货币或货币资本使用权所支付的代价。

现代西方经济学对于利息的基本的观点就是把利息理解为资金出借者(即贷款人)让渡资本使用权

而索要的补偿。这种补偿由两部分组成：对机会成本的补偿和对风险的补偿。

马克思科学地考察货币借贷过程及其结果后，深刻地揭示了利息的来源和本质，他的主要观点是：利息直接来源于利润，利息是利润的一部分而不是全部；利息是对剩余价值的分割。

所谓的"收益的资本化"是指任何能够为其所有者带来收益的事物，都可以通过将其收益与利率的对比而倒过来算出它相当于多大的资本金额，收益的资本化是从本金、收益和利息率的关系中套算出来的。

利息率，简称利率，是指在借贷期内所获得的利息额与所贷出的本金额的比率，它是衡量利息高低的指标。利率通常用年利率、月利率和日利率来表示。在中国，习惯用"厘"或"分"作单位，"分"是"厘"的十倍。

利息计算中有两种基本方法：单利与复利。单利是指在计算利息额时，不论期限长短，仅以本金为基数计算利息，所生利息不再加入本金重复计算利息。复利是指在计算利息时，要按一定期限(如一年)，将所生利息加入本金再计算利息，逐期滚动，俗称"利滚利"或"驴打滚"。

任何一笔货币金额，都可根据利率计算出在未来的某一时点上，将会是一个怎样的金额。这个金额就是前面说的本利和，也通称为"终值"，但是习惯上，终值都是由复利计算出来的。把这个过程倒转过来，如果我们知道在未来某一时点上有一定金额的货币，只要把它看作那时的本利和，就可按现行利率计算出要能取得这样金额的本利和在现在所必须具有的本金，这个逆算出来的本金称为"现值"。

到期收益率是使得承诺的未来现金流量的总现值等于证券当前市场价格的贴现率。利用到期收益率，我们能够对市场上各种不同债务工具的利率水平进行比较。

利率决定理论可大致分为：马克思的利率决定论、古典利率决定理论、流动性偏好理论、可贷资金利率理论、IS-LM 模型的利率决定理论。影响利率的主要因素包括社会平均利润率、借贷资金的供求状况、物价水平、国家经济政策、国际利率水平、国际经济的环境、政府财政赤字、国际收支状况等。

期限相同的金融资产因风险差异而导致的不同利率称为利率的风险结构。影响利率的风险结构的主要因素包括：违约风险、流动性风险、税收因素。

不同期限债券的利率间的相互关系称为利率的期限结构。即期利率是指对不同期限的债权债务所标示的利率。远期利率是指隐含在给定的即期利率中从未来的某一时点到另一时点的利率。

关键术语

利息　利率　市场利率　官定利率　公定利率　基准利率　差别利率　优惠利率　实际利率　名义利率　长期利率　短期利率　单利　复利　现值　终值　到期收益率　利率的风险结构　利率的期限结构　即期利率　远期利率

练　习　题

1. 单项选择题

(1) 期限相同的各种信用工具利率之间的关系是(　　)。

　　A．利率的风险结构　　　　　　B．利率的期限结构
　　C．利率的信用结构　　　　　　D．利率的补偿结构

(2) 某公司债券面值100元，票面利率4%，若每季度计息一次，年终付息，按照复利计算，其每年利息为(　　)元。

A．4　　　　　　　　　　　　B．4.06

C．16.98　　　　　　　　　　D．4.04

2．不定项选择题

(1) 中国工商银行某储蓄所挂牌的一年期储蓄存款利率属于(　　)。

A．市场利率　　　　　　　　B．官定利率

C．名义利率　　　　　　　　D．实际利率

(2) 利率的风险结构受(　　)影响。

A．违约风险　　　　　　　　B．流动性风险

C．时间的长短　　　　　　　D．税收因素

3．判断题

(1) 到期收益率是指从证券上获得的报酬。　　　　　　　　　　　　(　　)

(2) 因为银行定期存款采取单利计息，因此，存款期限越长的存款越吃亏。(　　)

4．名词解释

(1) 收益的资本化　　　(2) 利率　　　　　　(3) 基准利率

(4) 实际利率　　　　　(5) 名义利率　　　　(6) 单利

(7) 复利　　　　　　　(8) 现值　　　　　　(9) 到期收益率

(10) 利率的风险结构　　(11) 利率的期限结构　(12) 即期利率

(13) 远期利率

5．简答题

(1) 马克思是如何论述利息本质的？

(2) 什么是基准利率？它起什么作用？

(3) 怎样区分名义利率和实际利率？

(4) 简述可贷资金利率理论的主要内容。

(5) 什么是利率的风险结构？导致利率风险结构的主要原因有哪些？

6．计算题

(1) 一张20年期的息票债券，息票利率为10%，面值1 000美元，售价2 000美元，请写出它的到期收益率的计算公式。

(2) 银行发放一笔金额为30 000元，期限为3年，年利率为10%的贷款，规定每半年复利一次，试计算3年后本利和。

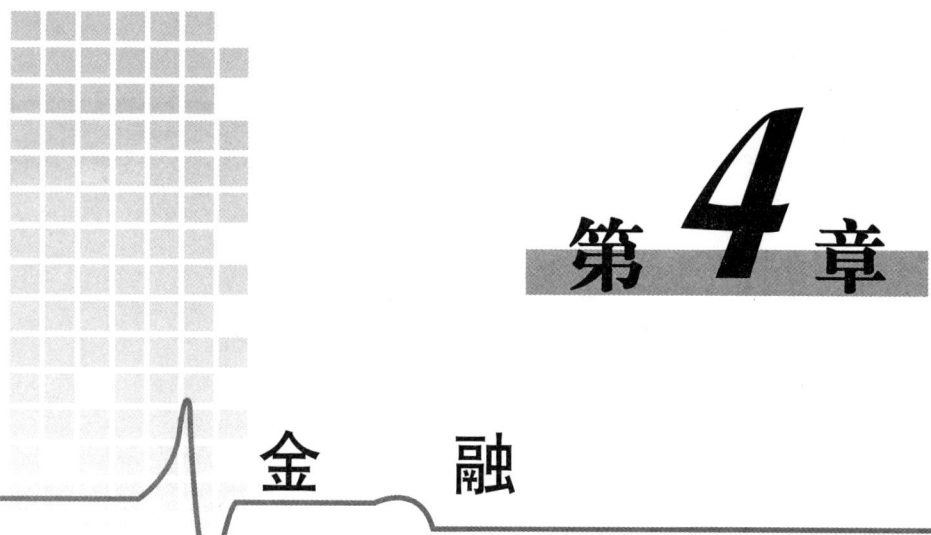

第4章 金融

教学目标

通过本章学习,了解金融范畴的形成与发展,理解金融的含义及金融学科的基本框架。

本章引言

你已经开始为日后之需存款了,而且所有的存款在一个银行账户上。你是否应该投资共同基金呢?该选哪家基金?在大学时期你曾做过服务员,你现在正在考虑毕业后开一家自己的餐馆。是否值得一做呢?需要多少钱来开业呢?从哪里可以得到这些资金呢?你已经决定要一辆汽车,是购买还是租借呢?以上都是金融决策的例子。可见,认识金融,了解金融,把握金融运行规律已成为我们生活中不可缺少的一部分。那么,什么是金融?金融所涵盖的范围又有哪些?在这一章,我们将给出金融的含义及其特征,并思考为什么金融值得学习;然后我们介绍金融范畴的形成与发展、金融学科的基本框架以及金融在现代经济中的地位和作用。

知识要点结构图

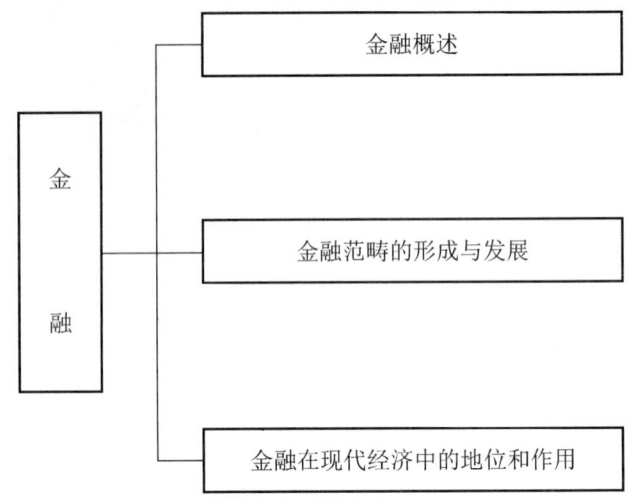

金融这一术语,已经成为一个重要的日常词汇,如货币、银行、储蓄、利率、汇率、股票、债券、信用卡、期货,等等。每天的新闻报道也充斥着各种各样的金融事件,比如,通货膨胀、股票价格波动、利率调整、银行倒闭、金融危机。那么,什么是金融?它所涵盖的领域又有哪些呢?

4.1 金融概述

4.1.1 金融的含义

"金融"虽是由中国字的"金"与"融"组成的词汇,但在中国并非古已有之。古代文字中有"金",有"融",但未见"金融"连在一起的词。《康熙字典》以及在它之前的工具书均无"金"与"融"连用的词。"金"与"融"连起来组成的"金融"始于何时,无确切考证。最早列入"金融"条目的工具书是 1915 年初版的《辞源》和 1937 年刊行的《辞海》。

什么是"金融"?如果要求的是约略指出它所涵盖的范围,在中国的日常生活中,大体包括:与物价有紧密联系的货币流通,银行与非银行金融机构体系,货币市场(如票据贴现市场、银行同业间拆借市场),资本市场(如股票市场和长期债券市场),保险系统,信托(如社会公益事业的慈善信托),以及国际金融等领域。如用经济学的术语来概括,通常所理解的"金融",就是指由这诸多部分所构成的大系统。显然,这个大系统既包括宏观运行机制(如货币政策与财政政策),也包括微观运行机制(如金融市场)。

近年来有一种理解,即认为"金融"就是指资本市场,而且仅指资本市场的微观运行机制。比如,彼得·纽曼等编著的《新帕尔格雷夫货币金融大词典》指出:"金融以其不同的中心点和方法论而成为经济学的一个分支。其基本的中心点是资本市场的运营、资本资产的供给和定价。其方法论是使用相近的替代物给金融契约和工具定价。"显然,这种定义扬弃了货币和信用,舍掉了金融宏观管理与政策,它意味着金融是独立于货币和信用之外的范畴，其涵盖的不是政府行为活动，而是储蓄者与投资者的行为活动。

在中国，"金融"一词是由 finance 翻译而来的。金融通常被粗浅地解释为货币资金的融通。其中，"金"指货币资金，"融"指交易、调剂、流通。在这里，金融的基础是信用，融通的条件是市场，融通的中介是银行及其他金融机构。具体一点，可以把金融理解为：通过中介以借贷形式所进行的货币资金融通。显然，这个定义已经很难涵盖日益变化着的金融业和人们的金融行为。事实上，在近代，中国票号钱庄常有金融融通之说，其意义与金融相近，但正式用"金融"一词来表达事物的是在近代银行业兴起之后。1912 年，当时政府财政部文件中曾有"自去秋以来，金融机关一切停滞"之语，那时，"金融"这个词的含义仍不明确，也没有在社会上被广泛使用。1915 年编写的《辞源》中收有"金融"词条，解释为："今谓金钱之通融曰金融，旧称银根。各种银行、票号、钱庄曰金融机关。"1920 年，北洋政府发行"整理金融公债"用于解决中国银行、交通银行停止兑换的风潮。以后，金融一词就与银行业务活动结合在一起，形成了一个与"财政"相区别的概念，被广泛地使用。

目前，国内对金融含义最权威注释的是《中国金融百科全书》中的"金融"词条，该词条的注释如下："金融是货币流通和信用活动以及与之相关的经济活动的总称。"

4.1.2 金融的特征

金融具有以下三个特征：

(1) 金融是信用交易。信用是金融的基础，金融最能体现信用的原则与特性。在发达的商品经济中，信用已与货币流通融为一体。信用交易的特点如下：一方以对方偿还为条件，向对方先行转移商品(包括货币)的所有权，或者部分权能；一方对商品所有权或其权能的先行转移与另一方的相对偿还之间，存在一定的时间差；先行交付的一方承担一定的信用风险，信用交易的发生是基于给予对方信任。

(2) 金融原则上必须以货币为对象。

(3) 金融交易可以发生在各种经济成分之间。

【阅读材料】

4.2 金融范畴的形成与发展

金融学发端于经济学，但如今已经从经济学中相对独立出来，有了比较系统的研究方法和研究内容。从研究属性上看，金融有微观层面的金融(如金融市场、金融工具、金融中介等)，有宏观层面的金融(如货币均衡、货币政策、金融危机等)。从研究的方法上看，有理论金融(如利息和利率理论、汇率理论、金融中介理论等)，有实证金融(如计量金融、金融工程、金融分析等)。时至今日，这些分类已经逐渐模糊，在这种逐渐综合的"你中有我、我中有你"的趋势中，只是让人们看到，金融学有以下——还在不断发展变化中的——主要学科分类或主要研究分支：货币银行学(Money and Banking)、投资学(Investment)、金融市场学(Financial Market)、国际金融学(International Finance)、财政学(Public Finance)、保险学(Insurance)、公司金融

(Corporate Finance)、金融工程学(Financial Engineering)、金融经济学(Financial Economics)、数理金融学(Mathematical Finance)、金融计量经济学(Financial Econometrics)等。

以上分枝虽然不能预见性地反映金融学科的未来发展变化,但是能从中看到,伴随着货币与信用的长期相互渗透,逐步形成了一个崭新的金融范畴,同时覆盖了货币、投资、银行、保险、信托等任何与金融活动有联系的领域。

本书将该教程题目界定为"金融学",一方面着眼于传统的"货币银行学"的范畴,另一方面兼顾了金融领域的新近研究进展,力争全面地反映金融基本理论和实践在当代的新发展、出现的新问题和新情况。

4.3 金融在现代经济中的地位和作用

金融是现代经济的核心,在一国经济中居于举足轻重的地位。金融的经济核心地位表现在以下三个方面:

(1) 金融是社会再生产的核心。在商品经济条件下,经济运行过程也就是整个社会的商品生产、分配、交换和消费的过程,在这一过程的任何环节,都是以货币和货币资金为中介和载体的。不仅如此,货币资金在生产过程和经济运行中具有第一推动力和持续推动力的作用。而在现代市场经济条件下,流通中的货币都是银行信用货币,都是通过信贷渠道投入流通的,从而金融具有启动生产和经济运行的功能。

(2) 金融是宏观经济调控的核心手段。在传统的货币经济中,货币作为交换的媒介只是消极地推动着生产的发展,而在金融经济中,信贷、利率等经济杠杆引导着货币在经济活动中流转,从而使货币充分发挥第一推动力和持续推动力的作用,并引导着生产要素的转移。正因为有了这一变化,以实行货币政策为主要方式的金融调控也就比传统的市场调节显得更有效。利率水平变化能够更准确地反映经济活动的状况,利率杠杆成为调节国民经济活动的主要手段,货币政策调控也因此而成为现代经济中主要的宏观调控方式。

(3) 金融是国民经济综合反映的核心。金融是现代经济的神经系统,金融活动是经济活动的集中体现,经济运行的状态、矛盾、发展趋势都首先从金融运行状态上反映出来,金融运行数据是国家监测国民经济运行情况的主要指标和依据。因此,金融运行具有反映、监督功能。

【阅读案例】

📖 阅读材料

中国古代的金融社会

一个社会财富的聚散,决定着历代王朝的命数。在作者眼里,金融研究的是社会中各种经济关系,演绎的是普通人的一颦一笑。

长期以来,学者们在研究中国历史时,总是喜欢从政治和军事的角度入手。以至于很多人谈到中国历史时,习惯性地认为中国历史就是一部相互博弈的斗争史。政治和军事当然影响着历史,但是真正的历史推手是经济。社会财富的聚散,决定着历代王朝的命数。上至天子,下至庶民,在经济运行中分别扮演着不同的角色。由著名学者、中国人民大学校长陈雨露和金融学博士杨忠恕合著的《中国是部金融史》,在书名中直截了当阐明其历史观。

在很多人眼里,金融是一门通过计量工具检验经济数据、因果关系的学问,复杂的数学公式、数理模型和令人生厌的各种图标让人眼花缭乱。真正的金融是这样的吗?在陈雨露的眼里,金融研究的是社会中各种经济关系,演绎的是普通人的一颦一笑,生活中处处有金融活动发生。即便是在中国古代,金融也发挥着资源调配的作用。他从这样的认识视角出发,发挥自身的专业优势,以通俗诙谐的语言撰写本书。本书通过中国历史上的重要人物和事件,以金融活动为中心,分析了社会贫富的逻辑,探究了钱权交易的本质,解读了朝代盛衰的密码,道出了人间的沧桑疾苦。

金融活动中,货币发挥着不可替代的作用。早在春秋时期,货币在经济运行中发挥着奇特的魔力。本书中,通过管仲的故事,详尽地叙述了金融与国家的关系。齐国曾经是一个弱国,但是齐桓公的得力干将管仲,通过经济资源的有效调配,使得齐桓公成为"春秋五霸"之首。管仲在辅佐国君时,为了使经济复苏,采用了一种名为"造邦刀"的货币。这种货币的外形如小刀,是世界上最为奇特的一种货币。发行货币是在向世人昭示:官方货币代表着国家信誉,精美的足值货币,是国家蒸蒸日上的象征,也是百姓生活的基本保障,故曰"造邦"。当时管仲为了使国家聚集更多的财富,抓大放小,征收海盐和铁矿税收。在当时,铁矿和海盐是稀缺资源,控制这两项税收,也就控制了国家财政命脉。

如果说管仲推行的货币政策、盐铁税使齐国金融形势大为好转,那么他策划的"衡山之谋",则是中国金融史上的精彩之笔。当时衡山国与齐国接壤,以制造兵器出名。管仲以高出 20 倍的价格购买衡山国兵器,这一下子让很多农民放弃农业转而打铁。秋收之际,衡山国粮食匮乏,兵器全部卖出,国家处于危险的边缘。此时,齐国借机大举向衡山国开战,使得衡山国覆灭。"衡山之谋"告诉今天的人们:以高价诱使他国放弃本业,追求某种产业的畸形利润,最终可以造成他国经济瘫痪。当国家在一个行业中全面追求暴利时,金融泡沫就会无可避免地出现。

商鞅是秦国著名的改革派人物,他的理想是实现"耕者有其田",这在农业社会里,只是一种不切实际的幻想。此外,商鞅在经济建设方面是一个白痴。作者用四个字说明变法的实质——重农抑商。所谓抑商,主要表现为三个方面:首先就是秦国不准从事粮食贸易。粮食是当时最重要的物质,禁绝了粮食贸易也就基本禁绝了金融活动。其次是加重商税,重到任何贸易都无利可图的程度。最后是降低商人的地位。商人在秦国是最低等的人,一旦战争来临,商人是最先被征发的对象。秦军规也明文规定:不必怜惜商人及其子孙的生命,脏活、累活、危险活都派商人去做。以上三点,使得商业贸易在秦国无法立足。没有商业活动的国家,经济就是一潭死水。而重农,商鞅不是重视发展农业,而是重视对农人的管理。商鞅将土地分配给农民耕种,也只有那些在战场上杀敌有功的人才能获得土地。当时的土地,主要被王公贵族、官僚富人阶层所掌控,商鞅要把他们的土地拿出来重新分配,这无疑触动了他们的利益。商鞅暴风骤雨般的变法,完全脱离了现实,使得保守势力反弹,最后他落了一个车裂而死的下场。

作者在书中指出:在中国古代社会里,如果封建官僚势力偏弱,就无法压制自由竞争产生的贫富分化,更无法有效集中资源。如果国家无法实现有效的统治,一旦面临强大的外来入侵,国家就会生灵涂炭。通过阅读本书不难发现,市场有好市场和坏市场之别。在坏的市场中,必然存在一个强势群体,这个群体掌握多数社会资源,也有调动社会资源的潜能。正因为如此,强势群体可以忽略一切必要的规则,也可以在交易中不遵守任何规则。既然其他社会成员无法避免与强势群体交易,就一定会在交易中被剥夺,从而整个市场缺乏效率。从中国历史中不难发现:古代社会中封建统治集团占据绝对优势地位,他们主导金融活动,而处于金融末端的百姓,改变不了被剥削的命运。

(资料来源:陈华文. 中国古代的金融社会. 深圳特区报,2013-04-19.)

 理财小窍门

投资中的6个注意事项

1. 浮动收益宣传成承诺保本收益有"陷阱"

对于投资，很多机构都会以高额的投资回报来吸引消费者，而其中，保本的概念宣传最为明显。比如说承诺给年收益率20%、年化收益率25%以上等。其实，大家可以不必去信这些投资，或者可以无视它们。就目前的投资市场，能公开承诺稳定获得此高达15%以上回报的，几乎是不存在的。很多商家是把浮动的收益，宣传成了承诺的保本收益。在投资中，投资者勿认为过去的收益能代表未来的收益，这点需要切记。

2. 投资没有解释清相关的费用

此外在投资过程中，或者合同中，你要了解清楚相关的费用问题。比如发生合作变更、买卖、赎回等，相关的费用怎么计算。或者是合同出现意外，投资的本金、利息应该如何计算等。如果商家没有规范地列明这些事项，则一旦发生事情，可能会对投资者不利，因为商家很容易给出理由，你的"变更"的成本需要多少，恐怕到头来，你会被扣除很多的费用才能退出，等等。因此，在投资之前要了解好相关的费用问题，且要以书面合同载明的形式为准。

3. 投资的信息披露

对你的投资，你有权了解资金的详细去向。比如私募投资，有阳光私募以及非阳光私募，其投资的信息公开程度也是有所不同。对于投资者，要理性看待投资的过程，以及享有的权利。

4. 关注道德风险

还有一点不得不提的是，也需要关注道德风险。比如你的资金，你最好要接触正规机构和渠道，而不是只相信某个人，把资金全权交给其掌管。

5. 获得的信息要全面

对于你的投资，建议最好要获得更多的信息。单一方的信息可能不够，最好是通过多渠道获得信息，以及货比三家等，还可以通过专业机构进行。比如涉及一些比较专业的资产配置时，例如保险之类，且不说保险如何去组合和搭配好，就是保险的条款，都有很强的法律专业性，因此在配置保险时，最好要有懂行的人给予指点会较好。

6. 正规的公司比什么都重要

一个符合规范的公司很重要。符合规范，它必须有合法、合规的资质，健全的风控体系，符合相关标准的从业人员等。从经验来看，通常出事情的大多都是只注重发展速度，且宣传过猛，而不注重风险管控的小公司或新公司。虽然，这不是评判的标准，但确实可以成为一个重要的参考。

（资料来源：嘉丰瑞德.投资中的"3·15"你需要明白6个重要事项.金融界，2016-3-16.）

 本章小结

目前，国内对金融含义最权威注释的是《中国金融百科全书》中的"金融"词条，该词条的注释是："金融是货币流通和信用活动以及与之相关的经济活动的总称。"

金融的特征包括：金融是信用交易；金融原则上必须以货币为对象；金融交易可以发生在各种经济成分之间。

伴随着货币与信用的长期相互渗透，逐步形成了一个崭新的金融范畴，同时覆盖了货币、投资、银行、保险、信托等任何与金融活动有联系的领域。

金融的经济核心地位表现在以下3个方面：金融是社会再生产的核心；金融是宏观经济调控的核心手段；金融是国民经济综合反映的核心。

金融　金融范畴

练　习　题

1. 单项选择题

(1) (　　)属于微观层面的金融。
 A．货币均衡　　　　　　　　B．货币政策
 C．金融危机　　　　　　　　D．金融工具

(2) 一笔贷款1年的利息收益是50元，而市场平均利率为5%时，那么，本金应为(　　)元。
 A．1 005　　　　　　　　　　B．1 050
 C．1 000　　　　　　　　　　D．900

2. 不定项选择题

(1) 20世纪90年代我国政府曾推出存款保值贴补率，这是对(　　)的补偿。
 A．违约风险　　　　　　　　B．通货膨胀风险
 C．流动性风险　　　　　　　D．偿还期限风险

(2) 实际利率为负值时，下列说法正确的是(　　)。
 A．存款人会遭受损失　　　　B．借款人会获得额外的收益
 C．对贷款人不利　　　　　　D．对贷款人有利
 E．对存款人、贷款人与借款人均无影响

3. 判断题

(1) 利率对投资有重要的影响，利率越低越能够激发投资热情。　　　　　(　　)
(2) 利率市场化就是指中央银行完全放弃对利率的调控，利率完全由市场决定。
　　　　　　　　　　　　　　　　　　　　　　　　　　　　　　　　(　　)

4. 简答题

(1) 金融的含义是什么？
(2) 如何理解金融这个范畴？

第 2 篇

金融市场与金融中介

第 5 章 金融市场

教学目标

通过本章学习,了解金融市场的不同分类、外汇与黄金市场,掌握金融市场的概念、构成要素、功能,理解货币市场和资本市场的概念及其组成部分,理解证券投资基金的概念、特征及其分类,理解不同种类的金融衍生工具市场。

本章引言

一位发明家发明了一种价格低廉的机器人,它能清扫房屋和汽车,还能割草。可惜的是发明家没有足够的资金把他的发明投入生产。一位独居老人有大笔的存款。如果我们能让发明家和这位老人合作,把老人的资金提供给发明家,那么发明家的机器人就会有光明的前景,而经济社会的福利也会得到改善:我们会有更干净的房子、更亮的车子和更漂亮的草坪。

如果说金融是现代经济的核心,那么,金融市场就是金融这个"核心"的灵魂。金融市场是经济生活中与商品市场、劳务市场等并列的一种市场,是进行资金融通的场所,它的最基本的功能就是使这样的资金短缺者和资金盈余者相互合作,将资金从盈余者手中转移到短缺者手中。中国的金融市场经历了一个从无到有、逐步深化的过程,它对国民经济和人民生活的影响也越来越显著。通过本章的学习,我们会对金融市场及各个子市场有一个总体的认识和了解。

知识要点结构图

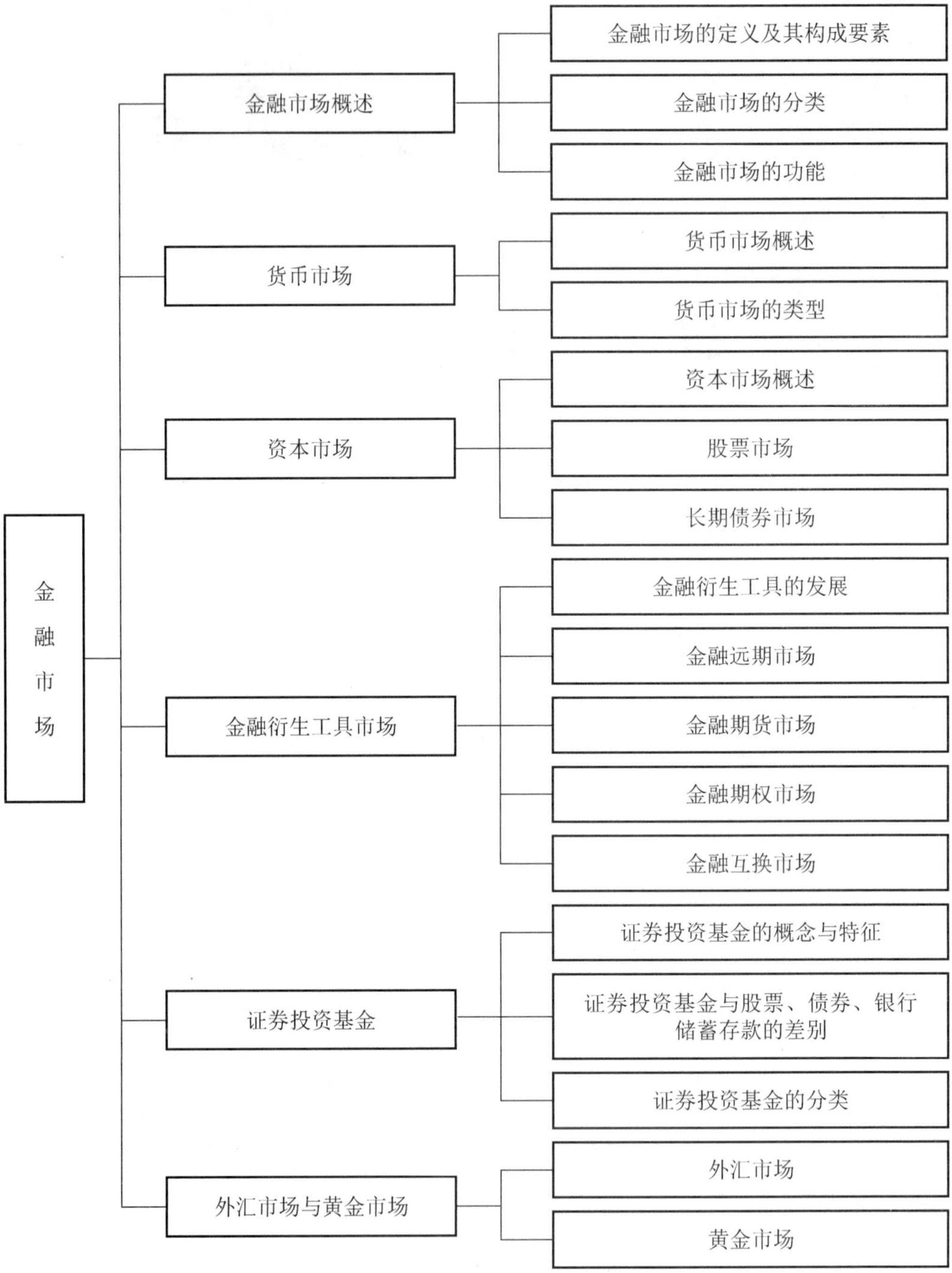

```
金融市场
├── 金融市场概述
│   ├── 金融市场的定义及其构成要素
│   ├── 金融市场的分类
│   └── 金融市场的功能
├── 货币市场
│   ├── 货币市场概述
│   └── 货币市场的类型
├── 资本市场
│   ├── 资本市场概述
│   ├── 股票市场
│   └── 长期债券市场
├── 金融衍生工具市场
│   ├── 金融衍生工具的发展
│   ├── 金融远期市场
│   ├── 金融期货市场
│   ├── 金融期权市场
│   └── 金融互换市场
├── 证券投资基金
│   ├── 证券投资基金的概念与特征
│   ├── 证券投资基金与股票、债券、银行储蓄存款的差别
│   └── 证券投资基金的分类
└── 外汇市场与黄金市场
    ├── 外汇市场
    └── 黄金市场
```

在现代经济中，市场是提供资源流动和资源配置的场所。在市场中，价格引领着资源在不同部门之间流动并实现资源配置。一个好的市场可以帮助社会资源实现最佳配置。按照交易的产品类别划分，市场分为两大类：一类是提供产品的市场，进行商品和服务的交

易；另一类是提供生产要素的市场，进行劳动力和资本的交易。金融市场属要素类市场，专门提供资本。在这个市场上进行资金融通，实现借贷资金的集中和分配，完成金融资源的配置过程。随着经济的发展，金融市场在经济中所起的作用日益重要，金融市场的活动对于个人财富、工商企业行为以及经济资源配置效率都有着直接的影响。金融市场的发展刺激了经济增长并增加了经济体的富有程度。本章首先从金融市场的概念及其构成要素出发，介绍金融市场的一般知识，随后分别介绍几种主要的金融市场。

5.1 金融市场概述

5.1.1 金融市场的定义及其构成要素

1. 金融市场的定义

金融市场(financial market)通常是指以金融资产为交易对象而形成的供求关系及其机制的总和。具体包括三个层次的含义：一是金融市场是进行金融资产交易的场所，其可以是有形的固定场所(如银行、证券交易所、期货交易所)，也可以是无形的网络和空间(如各种场外交易市场)；二是金融市场反映了金融资产的供应者和需求者之间所形成的供求关系；三是金融市场包含着金融资产交易过程中的运行机制，其中最重要的是价格机制。

现代经济需要大量的投资来生产商品和服务以满足消费者的需要，进而提高整个社会的生活水平。投资所需要的资金往往超过了单个企业或政府等支付能力的范围，需要通过借贷的方式来筹措资金，这时，金融市场的存在为投资者开辟了新的资金来源：投资者通过在金融市场上出售金融工具，可以迅速从购买金融工具的人或机构手中筹集到巨额资金。正是由于金融市场的存在，使得资金从盈余者手中的储蓄过渡到资金需求者手中的投资，从而使整个社会的经济活动得以延续和扩张。

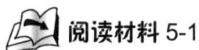
阅读材料 5-1

金融市场与商品市场的联系和区别

金融市场是在商品市场基础上产生的，二者必然具有天然的联系：一是金融市场为商品市场提供了交易媒介，使商品交换得以顺利进行；二是金融市场可以有力地推动商品市场的发展，在外延的广度上促进商品市场的发展；三是通过金融市场的带动和调节，使商品市场进行流动和组合，从而引起对资源的重新配置。

但二者也有一定的区别，主要表现在以下方面。一是交易场所的区别。一般商品交易有其固定的场所，以有形市场为主；而金融市场既有有形市场，在更大的范围内也有通过电话、电报、电传、电脑等通信工具进行交易的无形市场，这种公开广泛的市场体系，可以将供求双方最大限度地结合起来。二是交易对象的特殊性。一般商品的交易是普通商品或劳务，其本身含有一定的价值和使用价值，一经交易就进入消费。金融市场的交易对象是金融商品，其价值和使用价值有着不同的决定方式：使用价值，为其所有者带来收益的功能；价值，具有多重的决定方式。三是交易方式的特殊性。一般商品的交易遵循等价交换的原则，通过议价、成交付款、交货而使交易结束，双方不再发生任何关系；金融市场的交易是信用、投资关系的建立和转移过程，交易完成之后，信用双方、投融资双方的关系并未结束，还存在本息的偿付和收益分配等行为。可见，金融市场上的交易，作为金融商品的买卖关系虽然已经结束，但作为信用或者投资关系却没有结束。四是交易动机的不同。一般商品交易的卖者为实现价值取得货币，买者则为取得使用价值满足消费的需求；金融市场上交易的目的则不同，卖者为取得筹资运用的权利，买者则取得投融资利息、控股等权利，此外，还派生出保值、投机等种种动机。

(资料来源：南旭光，周孝华. 新编金融基础教程. 北京：人民邮电出版社，2000:55-56.)

2. 金融市场的构成要素

1) 金融市场主体

金融市场主体，即金融市场的交易者。参与金融市场交易的机构或个人，或者是资金的供给者，或者是资金的需求者，或者是以双重身份出现。如果从参与交易的动机来看，则可以更进一步细分为投资者(投机者)、筹资者、套期保值者、套利者、金融中介、调控和监管者等。一般来说，金融市场上的交易者必须是能够独立作出决策并承担利益和风险的经济主体，主要包括政府部门、工商企业、居民个人与家庭、金融机构等。

【阅读材料】

2) 金融市场客体

金融市场客体是指金融市场的交易对象，亦即通常所说的金融工具、金融资产。**金融工具**是以货币资金为标的物，表明所有权或债权债务关系的各种合法金融凭证(如股票、债券和商业票据)。金融工具具有流动性、偿还期限、风险性和收益性的特点。

(1) 金融工具的**流动性**(liquidity)是指迅速变为货币——习称"变现"(encashment)——而不致遭受损失的能力。变现的期限短、交易成本低的金融工具意味着流动性强；反之，则意味着流动性差。发行者资信程度的高低，对金融工具的流动性有重要意义，如国家发行的债券以及信誉卓著的公司所签发的商业票据等，流动性就较强。

衡量金融工具流动性的指标主要是交易的买卖差价(bid-ask spread)。买卖差价是指做市商(market，一种专门从事金融产品的买卖，拥有维护市场活跃程度责任的证券交易商)愿意买入和卖出该种资产的价格之差。差价越大，标志着该金融产品的流动性越低。这是因为在市场价格波动的背景下，流动性低会加大资本损失的可能性。为了补偿风险，做市商就必须提高买卖差价。除买卖差价以外，还有其他一些指标用来反映市场中金融工具的流动性，如换手率等。

(2) 金融工具的**偿还期限**是指在进行最终支付前的时间长度。对当事人来说，更有现实意义的是从持有金融工具日起到该金融工具到期日(due date)止所经历的时间。

(3) 金融工具的**风险性**是指购买金融工具的本金有否遭受损失的风险。本金受损的风险主要有信用风险和市场风险两种。**信用风险**(credit risk)也称违约风险，指债务人不履行合约，不按期归还本金的风险。这类风险与债务人的信誉、经营状况以及金融资产的种类有关。**市场风险**(market risk)是指由于金融资产市场价格下跌所带来的风险。某些金融资产，如股票、债券，它们的市价是经常变化的。市价下跌，就意味着投资者金融资产的贬值。

(4) 金融工具的**收益性**是指持有金融工具能够带来一定的收益。收益性由收益率表示。收益率是指持有金融资产所取得的收益与本金的比率。

3) 金融市场价格

金融市场上借贷资金的集中和分配,会帮助形成一定的资金供给与资金需求的对比,并形成该市场的"价格"——利率。经济主体在不同金融市场的理性选择影响着各种金融工具的供求关系,从而产生金融市场的多种交易价格,如贴现市场利率,国库券市场利率,银行同业拆借市场利率,银行存、贷款市场利率,股票投资收益率,债券投资收益率,等等。但不同的利率之间有着密切的联系。在完善的市场利率体系下,再贴现率作为一种基准利率在整个资金价格体系中起着决定性的作用。一般情况下,各种利率通过市场机制作用,与再贴现率呈同方向变化。

4) 交易组织方式

交易组织方式是指将金融市场主体同客体建立联系并得以进行资金供求交易的方式。交易组织方式一般可分为三种类型:一是集中交易方式,即在固定场所有组织、有制度地进行集中交易,如证券交易所交易;二是分散交易方式,即在金融机构的柜台上买卖双方面议的、分散进行的交易方式,如柜台交易;三是无形交易方式,即没有固定场所,买卖双方也不直接接触,而主要是借助于电脑终端和网络技术来进行交易,如美国的第三市场和第四市场。

5.1.2 金融市场的分类

根据不同的分类标准,金融市场可分成不同的子市场。常见的分类标准主要有以下几种。

1. 按照所交易金融资产的期限划分

(1) **货币市场**(money market)是指交易资产期限在 1 年以内的短期金融交易市场,其功能在于满足交易者的资金流动性需求,如短期国库券市场、商业票据市场、银行间同业拆借市场和可转让存单市场等,这些金融资产具有比较强的"货币性",因此,把这些市场称为货币市场。

(2) **资本市场**(capital market)是指交易资产期限在 1 年以上的长期金融交易市场,其功能主要满足工商企业的中长期投资需求和政府弥补财政赤字的资金需要,如股票市场、中长期国债市场、中长期银行贷款市场等。

2. 按照融资方式划分

(1) **直接金融市场**(direct financial markets)指的是资金需求者直接从资金所有者那里融通资金的市场。在直接金融市场上,投资者通过购买股票、债券、票据等金融工具向资金需求方提供资金,从而双方形成了直接的所有权或债权关系。

(2) **间接金融市场**(indirect financial markets)指的是银行等信用中介机构作为媒介来进行资金融通的市场。在间接金融市场上,资金所有者将手中的资金贷给银行等信用中介机构,然后再由银行等信用中介机构转贷给资金需求者。在此过程中,不管这笔资金最终是谁使用,资金所有者只拥有对银行等信用中介机构的债权而不能对资金的最终使用者有任何要求。

3. 按照金融交易的交割期限划分

(1) **现货市场**(spot market)是双方成交后的 1~3 日内立即付款交割的市场。

(2) **期货市场**(futures market)是典型的合约交易市场,交易双方达成协议后,不立即交割,而是在成交日之后合约所规定的日期如几周、几个月之后进行。采用期货交易方式的,主要是证券、外汇、黄金等市场。20 世纪 70 年代以来,金融期货交易的形式越来越多样,越来越发展,其交易量已大大超过现货交易的数量。

4. 按照金融交易的政治地理区域划分

(1) 国内金融市场。国内金融市场的活动范围限于本国领土之内,双方当事人为本国的自然人与法人,以及依法享受国民待遇的外国自然人与法人。

(2) 国际金融市场。国际金融市场的活动范围则超越国界,其范围可以是整个世界,也可以是某一个地区,如中东地区、加勒比地区、东南亚地区,等等。双方当事人是不同国家和地区的自然人与法人。

此外,按照金融交易的对象不同,可以将金融市场细分为外汇市场、保险市场、黄金市场等;按照组织方式,可以将金融市场细分为有组织的市场(或场内交易市场、交易所)和无组织的市场(或场外交易市场、柜台交易);按金融交易的程序不同,可以将金融市场细分为一级市场(发行市场)和二级市场(流通市场);按照金融创新程度,可以将金融市场细分为传统金融市场和衍生品市场。

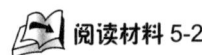 阅读材料 5-2

说说直接融资与间接融资

直接融资,就是资金供需双方通过股票、债券的发行和认购等方式进行的融资交易。与其对应的间接融资,是指供需双方借助银行等金融中介来达成融资交易,其主要方式是银行贷款。一般认为,经济体的市场化程度较高,直接融资在金融体系中占的比重也就更高。如美国,其企业债发行规模一直保持全球第一。直接融资比例还与不同国家的经济管理体制密切相关,据国际清算银行统计,2012 年美国、英国和日本的非金融企业不通过银行获得的融资占比分别为 68.7%、44.6%和 35.6%,差异明显。

直接融资因为省去了金融中介的服务成本,可以有效降低融资利率,带来资源配置效率的提高。同时,也有助于分散系统性金融风险,直接融资是企业直接面对投资者,风险只会在相关投资者中扩散;而间接融资高度依赖银行,一旦银行破产将造成巨大的信用危机,甚至整个金融体系都会瘫痪,对实体经济的影响更是无法估量。日本经济曾长期依赖间接融资,20 世纪 90 年代"泡沫经济"破灭后,银行大量破产,金融体系遭到重创,企业融资的主渠道阻塞,实体经济元气大伤,这也是其"消失 10 年"的重要原因。

我国早在 1996 年朱镕基兼任央行行长时就提出要提高直接融资比重。在 20 世纪 90 年代,商业银行转制不久,风险控制机制不健全,不良资产率处于较高水平,即使在 1999 年到 2000 年期间剥离出 1.4 万亿元的不良资产,4 家国有银行 2002 年的不良贷款余额仍高达 1.8 万亿元,不良贷款率为 26.62%。在此背景下,为了防止风险过多集中于银行,提高直接融资比重就成为必然之举。到今天,我国股票总市值已名列全球前茅,债券发行规模也保持了高速增长,2012 年广义的直接融资占比达到 40%,扣除影子银行业务融资额,直接(股债)融资也占到了 18.8%,比起当初的 10%左右有了较大发展。

但从股票市场来看,近两年我国股市持续低迷,股权融资规模不断萎缩,2012 年非金融企业融资规模只有 2 500 亿。这主要是缘于股票发行体制改革的滞后。党的十八届三中全会明确要求,健全多层次资本市场体系，推进股票发行注册制改革，多渠道推动股权融资，发展并规范债券市场，提高直接融资比重。这不仅为提高股权融资比重提供了有效途径，而且为发展债券市场开拓了空间。我们简单地把金融资产分为股票总市值、债券存量和银行总资产三类，美国银行总资产只有 22.5%，债券存量则占到 52.4%，而中国的银行总资产占了 73.1%，债券存量只有 14.4%。当前我国债券市场存在的主要问题是，不同信用等级的债券收益率差距在不断缩小，企业债与国债已相差不多，也几乎没有违约风险。这其中就存在定价错误的问题。可以想象，假如债券、信托产品等直接融资手段都是将政府的信用无限扩大，必然会演变为庞氏骗局，最终触发金融危机。我们要做大债券市场和财富管理业务，必须划清政府与企业的边界，该破产的企业就要破产，政府不应承担无限责任。

有效提高直接融资比重，除了大力发展股票、债券市场，还需要在金融体系上打破国有银行独大的格局，降低银行业务的进入门槛，在控制风险的前提下推进改革、打破垄断。特别是要加强对"影子银行"的监管，近年来有的银行借信托、券商的通道为地方融资平台和房地产企业融资，导致表外业务迅速膨胀，这些名义上属于直接融资，而实际上很多都是类贷款业务，如不加约束，将会导致系统性风险的积累。

(资料来源：李迅雷. 说说直接融资与间接融资. 求是，2014(4).)

5.1.3 金融市场的功能

1. 金融市场帮助实现资金在资金盈余单位和资金短缺单位之间的融通

在金融市场上，资金盈余单位提供的资金通过两种途径转移给资金短缺单位：直接融资和间接融资。在直接融资市场上，资金短缺单位可以通过发行股票、债券、票据等直接金融工具，通过证券经纪人和交易商出售给资金盈余单位，实现资金从盈余单位向短缺单位的流动，当然也可以由资金盈余单位直接贷款给资金短缺单位。在间接融资市场上，资金盈余单位向资金短缺单位转移借贷资金是通过金融中介组织进行的。商业银行、人寿保险公司、储贷协会、信托公司等是主要的金融中介组织。资金盈余单位通过储蓄存款、购买人寿保险单或信托存款等方式向金融中介组织提供资金，再由这些金融中介组织向资金短缺单位以发放贷款的方式转移资金。间接金融市场通过金融中介以存贷款的方式转移资金。金融市场上的资金在资金盈余单位和资金赤字单位之间的转移过程如图 5.1 所示。

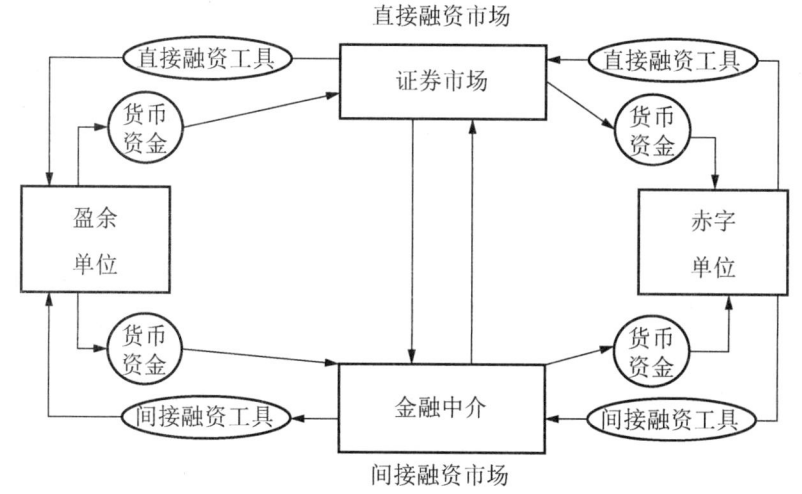

图 5.1 资金融通过程

2. 金融市场帮助实现风险分散和风险转移

风险的存在,既可能使未来收益低于预期收益,也可能使未来收益高于预期收益。通过金融资产的交易,金融市场的参考者可以分散和转移风险。例如,市场上农产品的价格总是起伏不定,很可能会在收获时大幅下降,农民为了规避农产品价格变化带来的风险,就可以选择期货或期权等套期保值的方法,在金融市场上把风险分散和转移出去。此外,投资者也可以采用多种证券组合的方式来分散风险,从而提高投资的安全性和盈利性。

3. 金融市场具有确定价格的功能

虽然股票、债券等金融市场上交易的金融资产往往都标有票面金额,但这一票面金额并不能代表该种金融工具的内在价值。只有通过金融市场上买卖双方的相互交易才能发现这些金融资产的内在价值,从而确定其价格。在真实有效的价格信号引导下,金融市场就可以实现资源的最佳配置了。例如,没有微软公司股票的公开发行和交易,人们就不会发现微软公司的巨大价值。

4. 金融市场具有提供流动性的功能

金融市场的存在可以帮助金融资产的持有者将资产售出、变现,从而发挥提供流动性的功能。如果没有金融市场,人们将不愿意持有金融资产;企业可能因为金融产品发行困难无法筹集到足够的资金,进而影响正常的生产和经营。尽管金融市场中所有产品的交易市场都具有流动性功能,但不同的金融产品市场的流动性是不同的,这取决于产品的期限、品质等。

5. 金融市场可以减少交易的搜寻成本和信息成本

金融市场的重要功能是减少了交易成本,主要包括搜寻成本和信息成本。搜寻成本(search costs)又分为外在成本或明晰成本(如为买卖金融资产而发生的广告费用和其他费用),以及内在成本或隐含成本(如在寻找交易对手过程中花费的时间、精力)。信息成本是在评价金融资产价值的过程中所发生的成本(如预期现金流的估计和投资价值分析)。可以设想,假如没有专门从事证券承销业务的中介机构和专业提供信息的中介机构,单纯依靠发行证券的企业和需要信息的企业自己去寻找社会投资人和搜集信息,搜寻成本和信息成本会非常大。同时,众多的金融中介的存在以及他们之间的业务竞争,还可以使搜寻成本和信息成本不断降低。

6. 金融市场可以反映和调节经济状况

金融市场的存在和发展,为政府实施对宏观经济活动的间接调控创造了条件。中央银行货币政策的实施都以金融市场的存在为前提。中央银行在实施货币政策时,运用一般性货币政策工具和选择性货币政策工具可以改变货币供应总量和结构,从而通过调节货币供给和需求来调节社会总需求和总供给,最终影响到各经济主体的经济活动,达到调节整个宏观经济运行的目的。

第 5 章 金融市场

阅读案例 5-1

香港金融保卫战

1997 年 7 月 1 日,香港回归了,这是一个大喜的日子。可是转过天来 7 月 2 日,当泰国的百姓们一觉醒来的时候,忽然发现手里的钱泰铢贬值了 20%,紧接着是菲律宾、马来西亚、印度尼西亚货币纷纷贬值,各国的央行是手忙脚乱,震惊世界的亚洲金融危机从此拉开了序幕。

说起亚洲金融危机,不可能不说到索罗斯这个人。在《索罗斯传》这本书里,索罗斯被称作对冲基金之王。索罗斯 1930 年出生在匈牙利的布达佩斯,小时候逃过了纳粹的抓捕去了英国,然后去了美国,做了一名股票经纪人。这个人学过经济,也学过哲学,到后来,他成立了量子基金——这是一只对冲基金。1992 年的时候,索罗斯凭着自己的量子基金单枪匹马打败了英镑,使得英镑在大幅贬值之后,退出了欧洲货币联盟,这让索罗斯名声大震。

1997 年的时候,泰铢暴跌让索罗斯又大赚了一笔。此后他把目光转向了亚洲最繁荣的地区——香港。到 1998 年 8 月的时候,香港股市暴跌。索罗斯和他所率领的外资银行已经是胜利在望。到 8 月 14 日的时候,股市已经跌的惨不忍睹。这一天香港政府财政司司长曾荫权出来发表谈话说"香港准备动用外汇基金来对抗投机炒家的冲击"。到 8 月 28 日,香港恒生指数期货 8 月合约这一天结算,双方赌的就是当天股市的收盘点位。一天之间香港政府砸进了 710 个亿港元来买进股票,而投资大鳄们则是卖出股票。到收盘的时候,指数上升了 1 000 点——收在了 7 800 点,正好让投资大鳄们亏掉了 1 000 点——8 亿美元。8 月 28 日决战日这天,索罗斯这些大鳄虽然亏了钱,但是并没有准备撤退,他们准备坚守、耗尽香港政府的资金。但是到了 9 月 1 日,情况又变了:中国外交部发言人发布声明说,中央人民政府一贯支持香港特区政府维护金融市场和联系汇率制的努力,这一下,投资大鳄们终于意识到大势已去了。到了 1998 年 10 月 30 日,恒生指数强烈反弹到了 10 000 点,亚洲金融危机第一场白刃相搏的阵地战以炒家们的失败宣告结束。

(资料来源:中国股市记忆.)

5.2 货币市场

5.2.1 货币市场概述

1. 货币市场的主要功能

货币市场是短期融资市场,融资期限一般在 1 年以内,其主要功能是调剂临时性的资金短缺和流动性管理。通过货币市场,一方面可以满足资金赤字单位的短期资金需求,另一方面也为资金盈余单位暂时闲置的资金找到了获取盈利机会的出路。在这个市场上交易的工具有短期国库券、商业票据、可转让存单、回购协议等,这些工具因为偿还期限短、价格相对平稳、风险较小、具有高度的流动性,并且随时可以在市场上兑换成现金而被当作货币的代用品,可视之为"准货币",所以交易这些工具的市场也被称为货币市场。

2. 货币市场的特点

(1) 期限短。货币市场上融通资金的期限都比较短,最长不超过 1 年,短的一般是一

金融学基础与实务

两天，最短的时候只有几个小时或隔夜，大多为 3~6 个月，所以该市场的一个显著特点就是融资期限短。

(2) 交易量大。货币市场的参与者一般均为大型金融机构或资金供求量巨大而资质尚佳的非金融机构，它们几乎每天都进行巨额资金的调度与交易，具有资金批发交易的性质。

(3) 服务于短期资金周转。货币市场上对资金的需求主要是为了应付短期、急需、临时性的需要，而提供资金的目的也是为了获得流动性，收益性并不是投资的主要目的。

(4) 流动性强。由于融资期限较短，所以货币市场上的交易工具变现速度都比较快，从而使该市场具有较强的流动性。

(5) 风险性小。正是由于期限短、流动性强，所以货币市场工具的价格波动不会过于剧烈，风险性较小。此外，货币市场工具的发行主体大多为政府、商业银行及资信较高的大公司，所以其信用风险也较小。

(6) 无确定的交易场所。货币市场一般没有确定的交易场所，现金货币市场的交易主要通过计算机网络进行。

5.2.2 货币市场的类型

1. 同业拆借市场

1) 同业拆借的产生

同业拆借市场(inter-bank market)就是金融机构之间为调剂临时性的头寸以及满足流动性需要而进行的短期资金信用借贷市场。我国《同业拆借管理办法》对同业拆借作了如下定义：同业拆借是指经中国人民银行批准进入全国银行间同业拆借市场的金融机构之间通过全国统一的同业拆借网络进行的无担保资金融通行为。

同业拆借市场起源于中央银行对商业银行的法定准备金要求。现在世界上很多国家都实行了部分法定存款准备金制度。在这些国家，所有商业银行都必须按照法定准备金比率的要求，向中央银行缴纳法定存款准备金。在每一个营业日终了时，商业银行在准备金账户中的余额必须达到法定要求的准备金比率。如果法定准备金比率是 8%，那么，对拥有 1 亿元存款的商业银行来说，它就必须在准备金账户中有 800 万元的准备余额。但由于清算业务和日常收付数额的变化，有的商业银行会出现多余的准备金，而有的商业银行却缺乏足够的存款准备金。例如，在一个营业日中，有的商业银行当天流出的资金多于当天存入的资金，它就出现了头寸的短缺；相反，另一家商业银行当天吸收的存款多于流出的资金，它就出现了多余的头寸。有多余准备金的银行和准备金不足的商业银行之间就可相互调剂。流动性和头寸不足的商业银行从有多余的流动性和头寸的商业银行拆入资金，弥补了头寸的缺口和流动性的不足；有多余流动性和头寸的银行则通过拆出资金，减少了闲置的头寸，还可获取相应的利息收入。

有了高流动性的同业拆借市场，银行就能恰如其分地缩减其流动性头寸，将其资金投放于有利可图的贷款，并通过银行同业拆借市场弥补其资金缺口。同时，商业银行也可以通过银行同业拆借市场将短期贷款有效地转变为长期贷款，提高资金的使用效率。

2) 同业拆借市场的特点

同业拆借市场具有如下特点：第一，同业拆借市场的资金交易期限都很短，一般是 1

天、2天、1个星期不等,甚至头一个营业日结束时拆入,第二个营业日开始时就归还了,这种拆借叫隔夜拆借;第二,参与拆借的金融机构,基本上都在中央银行开立了存款账户,资金的划拨主要通过中央银行的票据结算系统或是电子转账系统完成;第三,头寸不足的商业银行向有多余头寸的商业银行借入资金时,一般不需要提供抵押品,也无须第三方担保,这与商业银行对工商企业或消费者个人发放贷款时的严格筛选程序和抵押担保等有很大的区别;第四,利率由交易双方协商议定,一般低于中央银行的再贴现利率。

3) 同业拆借的种类

同业拆借市场的交易可分为两种类型:头寸拆借和同业借贷。

(1) 头寸拆借。头寸拆借是指金融机构之间为了轧平头寸、补足存款准备金和票据清算资金而在拆借市场上融通短期资金的活动。当头寸拆借用于补足存款准备金时,一般为隔夜拆借,即当天拆入,第二个营业日归还。

(2) 同业借贷。同业借贷以调剂临时性、季节性的资金融通为目的,其作用不在于弥补准备金或者头寸的不足,而在于获得更多的短期负债。对于拆入的金融机构来说,同业拆借可使其及时获得足额的短期资金,以利于业务经营。对拆出的金融机构来说,同业拆借盘活了短期闲置资金,可以增加经营收益。由于这种拆借方式融通的资金在用途上与头寸拆借存在差别,所以它比头寸拆借的期限要长。

【阅读材料】

2. 票据市场

1) 真实票据和融通票据

票据是在商品或资金流通过程中,反映债权债务关系的设立、转让和清偿的一种信用工具。票据按照其发生的基础,分为真实票据和融通票据。

真实票据(real paper)是指为结清贸易价款而使用的票据,它是伴随商品流通而发生的。汇票和本票就属于真实票据。融通票据(financial paper)是指不以真实商品交易为基础,而是专为融通资金发行的票据,融通票据又称为商业票据。例如,某信誉卓著的大企业为了融通短期资金的需要,发行 5 000 万元的商业票据。从本质上说,商业票据也是一种债权债务的凭证,与债券不同的是,债券是标准化的,商业票据是非标准化的,而且每张的面值特别大,所以个人或闲置资金有限的企业是无法购买商业票据的;但债券不同,只要它是公开发行和公开交易的,个人一般都可以购买。一般而言,商业票据是没有担保的,即使在到期时出票人不能偿付,一般也没有资产为抵押赎回本金。这表明,投资者仅以发行人的信誉做出投资决策。实际上,并不是所有的企业都能发行商业票据,通常只有那些信誉卓著的大企业才能发行商业票据。例如,美国有 2 万多家公司,但仅有 1 500 多家公司发行过商业票据。相反,任何一个企业,不论大小,只要它有真实的商品或服务交易,都可以取得真实票据。

2) 票据市场的定义

票据市场指的是在商品交易和资金往来过程中产生的以票据的承兑[①]、贴现、转

---

① 所谓承兑,就是承诺付款的行为,经承兑后的商业票据就叫承兑汇票;按承兑人的不同,商业汇票又可分为商业承兑票据和银行承兑票据

贴现和再贴现等活动来实现短期资金融通的市场。最常见的流通票据是汇票、本票和支票。

3) 票据贴现、转贴现与再贴现

票据贴现就是票据的持有人在需要资金时,将其持有的未到期的票据转让给银行,银行扣除利息后将余额支付给持票人的票据行为。以康瑞公司要求其开户行中信银行开出一张 5 000 万元的银行承兑汇票为例。若健强公司收到康瑞公司给它的中信银行承兑汇票后,又急需资金,它将怎么办呢?一个解决办法就是健强公司将这张承兑汇票拿到另一家商业银行,如招商银行去贴现。当招商银行为健强公司贴现这张承兑汇票时,扣除相应的利息后,就将剩余的资金划转给健强公司,而健强公司则将承兑汇票转让给招商银行,招商银行就成为了收款人。可见,在票据贴现之前,票据所体现的是出票人和持票人之间的债权债务关系。票据贴现之后,体现的是出票人与贴现银行之间的债权债务关系。

按照贴现的环节,票据贴现分为贴现、转贴现和再贴现。一般的工商企业将持有的未到期的票据拿到银行去变现的这一过程就是**贴现**(discount)。所谓**转贴现**,则是指贴现银行在需要资金时,将已贴现的未到期票据转卖给同业其他银行时的票据转让行为。例如,在上面的例子中,如果招商银行为健强公司办理贴现后,又因流动性管理的要求而需要资金时,它就可以将该承兑汇票拿到另一家商业银行,比如说交通银行去贴现,这就是转贴现。**再贴现**则是贴现商业银行在需要资金时,将已贴现的未到期的票据卖给中央银行时的票据转让行为。在上面的例子中,如果招商银行不是将该票据拿到交通银行去贴现,而是拿到作为中央银行的中国人民银行去贴现,从而融通资金,那么,这就是再贴现。

在票据贴现时,贴现银行要根据当时的贴现利率扣除相应的利息,贴现利率一般被称为**贴现率**(discount rate)。商业银行将其持有的票据拿到中央银行进行再贴现时,中央银行收取的再贴现利率就叫**再贴现率**。票据贴现市场上的贴现率高低取决于票据的质量。评级越高的票据,贴现率就越低。一般说来,在同一时期,同一种票据的再贴现率会低于贴现率。

4) 票据评估

假如一个人持有 1 000 万元面值的商业票据,还有三个月才到期,他到商业银行去贴现为现金时,通常并不能得到 1 000 万元的资金,而会低于这一数额。当商业银行将这 1 000 万元的票据拿到中央银行去要求再贴现时,也同样得不到 1 000 万元的金额。其原因就在于货币具有时间价值。由于票据在未来是按面值偿付的,因此,三个月后的 1 000 万元就不及现在的 1 000 万元值钱。那么,到商业银行去贴现这 1 000 万元的票据时,你能得到多少现金呢?这要取决于贴现率和剩余期限。

在票据贴现业务中,贴现申请人获得的金额按照下式计算:

实付贴现金额=贴现票据面额-贴现利息

其中:

贴现利息=贴现票据面额×年贴现率×(贴现天数/360 天)

需要注意的是,在计算贴现期时,每年按 360 天计,每月按 30 天计,零星天数按实际贴现天数计算;同时,贴现率要与时间单位一致,如贴现时间单位为月,则贴现率应使用月贴现率。

假设上面这张票据的年贴现率为 6%,剩余期限为 90 天,则贴现这张票据所能得到的金额为:

$$1\,000 \times (1 - 6\% \times 90/360) = 985(万元)$$

再如，有人欲将 3 个月后到期，面额 50 000 元的商业票据出售给银行，银行按照 6% 的年贴现率计算，贴现利息为 750(50 000×6%×3/12)元；银行支付给对方的金额则是 49 250(50 000－750)元。

3. 国库券市场

1) 国库券的特点

国库券(treasury bill)是政府为满足短期融资需要而发行的可流通有价证券，其期限一般低于一年。国库券是由中央政府发行的，信用风险低，流动性强，因此，它的利率可以起到基准利率的作用。虽然有很多债券都是由政府发行的，但它们的期限都较长，期限超过一年的政府债券叫政府公债。公债是资本市场工具，只有国库券才是货币市场工具。例如，在英国和美国，国库券的期限一般为 91 天和 182 天。

与其他债券不同，国库券不附带利息，以贴现的方式发行(即以低于票面金额的价格发行)，到期按票面金额偿还，投资者的收益就是购买价格与票面金额的差额。例如，投资人以 950 元的价格购买一张还有 90 天到期，面值为 1 000 元的国库券，50 元就是政府支付给投资人的利息；贴现率是 20%(50/1 000×360/90)。但是这个贴现率与投资人的实际收益率是不一样的，因为投资人的实际投资额是 950 元而不是 1 000 元，因此，实际收益率应该是 21.05%(50/960×360/90)。

2) 国库券的功能

(1) 可以满足政府短期融资的需求。国库券是政府部门发行的短期债券，主要用于弥补财政入不敷出和为到期的政府债券提供融资。

(2) 为中央银行实施间接的货币调控机制提供了便利。中央银行在金融市场上通过购买或出售财政部和政府机构的证券，特别是短期国库券，可以增加或减少流通中现金或银行的准备金，使基础货币或增或减，基础货币增加，货币供给量可随之增加；基础货币减少，货币供给量亦随之减少。

(3) 商业银行经常将国库券当作二级储备来持有。当商业银行的流动性或准备金不足时，就可在二级市场上出售国库券，满足其流动性和准备金的要求。当有足够的流动性和准备金时，持有国库券又可以获得一定的利息收入，显然，这比纯粹持有现金资产更好一些。

(4) 为市场提供无风险收益标准。国库券的期限短，有政府信誉做支持，因而可以当作无风险的投资工具。

4. 可转让大额定期存单市场

可转让大额定期存单(certificates of deposit, CDs)是由商业银行发行的一种金融产品，是存款人在银行的存款证明，它实质上是银行的定期存款，有固定的利率和到期期限，但和传统的银行定期存款不同，它可以在市场上流通和转让。

可转让大额定期存单的特征是：①面额大，如在美国，向机构投资者发行的 CDs 面额最少为 10 万美元，向个人投资者发行的 CDs 面额最少为 100 美元，而在中国香港最少面额为 10 万港元；②不记名；③不能提前支取，但可以流通转让；④利率固定或浮动，比同期限的定期存款利率高。

可转让大额定期存单最早产生于美国。美国Q条例规定商业银行对活期存款不能支付利息，定期存款利率不能突破一定限额。20世纪50年代末，美国市场利率上升，而定期存款利率由于受到Q条例的限制，低于一般市场水平，导致定期存款大量缩减，银行可贷资金下降。为了吸引客户，花旗银行于1961年推出了可转让大额定期存单。可转让大额定期存单有很多优点，它的出现受到了普遍欢迎。首先，对投资人来说，银行信用比较安全，投资存单还可以获得较高的市场利率，需要流动性时又可以在二级市场出售，集安全性、收益性和流动性于一身；对银行来说，存单到期之前，不会发生提前提取存款的问题。

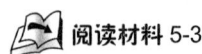
阅读材料5-3

大额存单来了

大额存单其实就是一种由银行发行记账式的大额存款凭证，利息比一般存款要高，但是比理财产品要低。

从2015年6月15日起，中国工商银行、中国农业银行、中国银行、中国建设银行、交通银行、招商银行、浦发银行、中信银行和兴业银行正式发行了首批大额存单。根据央行的规定：大额存单面向个人发行，是30万元起；面向企业等机构投资者则是1 000万元起。首批九家银行发行的大额存单期限都不高于一年，利率基本上在同期基准利率的基础上上浮30%～40%。比如，一年期的大额存款，央行的基准利率是2.25%，几家银行的大额存单的利率则是3.15%——比基准利率上浮了40%。以30万元为例，一年定期存款利息是6 750元，而大额存单是9 450元——多出2 700元。此外，与普通存款一样，大额存单是受存款保险制度保障的，也就是说，它的本金和利息都是受到保障的。

5. 回购市场

回购市场(counter purchase)是指对回购协议(repurchase agreement)进行交易的短期资金融通的市场。**回购协议**是证券出售时卖方向买方承诺在未来的某个时间按照约定价格将证券买回来的协议。以回购方式进行的证券交易实质上是以证券作为抵押品的短期贷款：证券的购买，实际是买方将资金出借给卖方；约定卖方在规定的时间赎回，实际是通过赎回证券归还借款。

回购协议按操作方向分为正回购和逆回购：对卖出证券取得资金的一方来说是正回购，对买入证券出让资金的一方则是逆回购。由于回购交易相当于有抵押品的借贷，充当抵押的一般是信用等级较高的证券，如国债、银行承兑汇票等，因此，回购利率一般低于同业拆借利率。

回购协议分为股票回购和债券回购两种，债券回购目前有开放式回购和封闭式回购。**开放式回购**，又叫买断式回购，是指正回购方在将一笔债券卖给逆回购方的同时，双方约定在未来某一日期再由卖方以约定的价格从买方购回相等数量同种债券的交易行为；**封闭式回购**，又叫质押式回购，如果回购交易到期后，资金融入方无法按期还本付息，则资金融出方可以通过出售质押债券得到补偿，但是，在质押式回购交易到期之前，资金融出方仅拥有该债券的质押权，而无权随意处置被质押的债券，被质押债券处于冻结状态，不能流通和再次融资。

回购交易的期限很短，一般是1天，也称"隔夜(overnight)"，以及7天、14天等，最长不过 1 年。

阅读案例 5-2

正 回 购

某一证券公司刚刚用手头可以动用的全部资金购买了面值 5 000 万元人民币的国债,却面临一家收益前景十分看好的公司将于次日上市,而证券公司也打算以不多于 5 000 万元资金购入这种股票。虽然两天后证券公司将有现款收入足以支付购买这种股票的款项,但次日在手头上却无现钱。这时,证券公司则可到回购市场上,将手中持有的 5 000 万元国债以回购协议的方式售出,并承诺在第三天如数购回,利率 4%。如果市场上有愿意做这笔交易的商业银行,那么,这家证券公司即可取得为期 2 天、利率为 4% 的借款(假设一年为 365 天)。在这笔交易中,证券公司以 5 000 万元的总额出售国债,2 天后,向该商业银行支付 50 010 958 元再把国债购回,其中 10 958 元(50 000 000 × 4% × 2/365)为借款利息。

5.3 资 本 市 场

5.3.1 资本市场概述

1. 资本市场的主要功能

资本市场是政府、企业、个人筹措长期资金的市场,主要包括长期借贷市场和长期证券市场。在长期借贷中,一般是银行对资金需求者提供的消费信贷;在长期证券市场中,主要是股票市场和长期债券市场。本节主要讲述长期证券市场。

长期证券市场可分为初级市场和二级市场。初级市场(primary market)与二级市场(secondary market)是针对金融市场功能划分的两个类型。无论是股票市场还是债券市场均存在这样的划分。

初级市场是组织证券发行的市场。凡新公司成立发行股票,老公司增资补充发行股票,政府及工商企业发行债券等,都构成初级市场活动的内容。初级市场最基本的功能是将社会剩余资本从盈余者手中转移到短缺者手中,促进储蓄向投资的转化。在初级市场上,需要筹资的企业或政府,或者自己直接,或者借助中介机构的帮助发行证券。由于中介机构有丰富的经验和大量信息,绝大多数发行均通过他们完成。中介机构包括投资银行、证券公司、律师事务所、会计师事务所。其中投资银行或证券公司的作用尤为重要。他们的作用体现在证券发行的全过程之中:帮助筹资人设计筹资方案,包括确定发行价格、发行数量、发行时间;帮助寻找律师及会计师;帮助编制有关文件;帮助推销证券。

二级市场也称次级市场,是对已经发行的证券进行流通和转让的市场。当股东想转让股票或债券持有人想将未到期债券提前变现时,均需在二级市场上寻找买主;当希望将资金投资于股票或者债券等长期金融工具的人想进行此类投资时,可以进入二级市场,从希望提前变现的投资者手中购买尚未到期的证券,实现投资。因此,二级市场最重要的功能在于实现金融资产的流动性。正是二级市场提高了金融工具的流动性,才极大地增强了人们持有这些资产的意愿。如果没有高流动性的二级市场,一级市场的发行也会很困难。在

20世纪80年代,中国发行的政府债券就因没有二级市场,要变现很困难,在这种情况下,人们购买政府债券的积极性就很低。为了完成政府债券的发行计划,政府不得不采取行政摊派这种低效率的发行方式。

初级市场与二级市场有着紧密的相互依存关系。初级市场是二级市场的基础,如果没有初级市场发行的金融工具,二级市场也就成了无源之水,无本之木;有了发行市场,还必须有二级市场,否则,新发行的证券就会由于缺乏流动性而难以摊销,从而导致初级市场萎缩以致无法存在。另外,二级市场的行情也会反过来影响初级市场的发行定价。例如,在股票市场行情好(牛市)的时候,初级市场新股的发行定价就会高些,反之,企业就只好以较低的价格发行新股。

阅读材料5-4

公募与私募

初级市场上新证券发行有公募(public offering,public placement)与私募(private offering,private placement)两种方式。私募方式,又称证券直接发行,指发行人直接对特定的投资人销售证券。私募的发行范围小,一般以少数与发行人或经办人有密切关系的投资人为发行对象。通常,股份公司对本公司股东发行股票多采取私募的办法。私募的手续简单,费用低廉,但不能公开上市。公募,指发行人公开向投资人推销证券。在公募发行中,发行人必须遵守有关事实全部公开的原则,向有关管理部门和市场公布各种财务报表及资料,以供投资人决策时参考。公募发行须得到投资银行或其他金融机构的协助。这些金融机构作为证券发行的代销商或包销商,从中取得佣金或差价收入。

2. 资本市场的特点

(1) 融资期限长。资本市场上交易的金融工具的期限至少在1年以上,也可以长达几十年,甚至无到期日(如股票)。

(2) 流动性相对较差。在资本市场上筹集到的资金多用于解决扩大再生产、固定资产投资等中长期融资需求,因此,资本市场上的金融工具的流动性和变现性相对较差。

(3) 风险性大而收益较高。由于融资期限较长,长期金融工具的流动性相对较差,市场价格波动幅度大,因此,投资者需承受较大的风险。同时,作为对风险的报酬,其收益也较高。

5.3.2 股票市场

1. 股票的定义、种类及其特点

1) 股票的定义

股票是一种有价证券,是股份公司在筹集资本时向出资人发行的股份凭证,代表着其持有者(即股东)对股份公司的所有权。这种所有权是一种综合权利,如参加股东大会、投票表决、参与公司的重大决策、收取股息或分享红利等。同一类别的每一份股票所代表的公司所有权是相等的(即"同股同权"),每个股东所拥有的公司所有权份额的大小取决于其持有的股票数量占公司总股本的比重。股票一般可以通过买卖方式有偿转让,股东能通过股票转让收回其投资,但不能要求公司返还其出资。股东与公司之间的关系不是债权债务关系，股东是公司的所有者，以其出资额为限对公司负有限责任、承担风险、分享收益。

2) 股票的种类

(1) 按照投资主体的不同，分为国有股、法人股、社会公众股和外资股。**国有股**是指有权代表国家投资的部门或机构以国有资产向公司投资形成的股份，包括公司现有国有资产折算成的股份。**法人股**是指企业法人或具有法人资格的事业单位和社会团体以其依法可经营的资产向公司非上市流通股权部分投资所形成的股份。**社会公众股**是指我国境内个人和机构，以其合法财产向公司可上市流通股权部分投资所形成的股份。**外资股**是指股份公司向外国和我国香港、澳门、台湾地区投资者发行的股票。

(2) 按照股东权益和风险大小，分为普通股和优先股。**普通股**是指在公司的经营管理和盈利及财产的分配上享有普通权利的股份，代表满足所有债权偿付要求及优先股东的收益权与求偿权要求后对企业盈利和剩余财产的索取权。普通股构成了公司资本的基础，是股票的一种基本形式，也是发行量最大，最为重要的股票。目前在我国上海和深圳证券交易所二级市场流通和交易的股票，都是普通股。**优先股**是相对于普通股而言的，其在利润分红及剩余财产分配的权利方面，优先于普通股。

(3) 按照上市地点和所面对的投资者不同，分为A股、B股票和H股。**A股**的正式名称是人民币普通股票，由中国境内的公司发行，以人民币认购和交易。**B股**是指那些在中国大陆注册，在中国大陆上市的特种股票，以人民币注明面值，只能以外币认购和交易。**H股**是指注册地在内地，上市地在香港的上市股票。

优先股和普通股的区别

1. 公司经营管理的权利不同

普通股股东可以全面参与公司的经营管理，享有资产收益、参与重大决策和选择管理者等权利。优先股股东一般不参与公司的日常经营管理，一般情况下不参与股东大会投票，但在某些特殊情况下，例如，公司决定发行新的优先股，优先股股东才有投票权。同时，为了保护优先股股东利益，如果公司在约定的时间内未按规定支付股息，优先股股东按约定恢复表决权；如果公司支付了所欠股息，已恢复的优先股表决权终止。

2. 利润和剩余财产分配顺序不同

相对于普通股股东，优先股股东在公司利润和剩余财产的分配上享有优先权。例如，当股份公司因解散或破产进行清算时，优先股股东对公司剩余资产的权利优先于普通股股东，但在债权人之后。

3. 股息收益不同

普通股股东的股息收益并不固定，既取决于公司当年盈利状况，还要看当年具体的分配政策，很有可能公司决定当年不分配。而优先股的股息收益一般是固定的，尤其对于具有强制分红条款的优先股而言，只要公司有利润可以分配，就应当按照约定的数额向优先股股东支付。

4. 收益来源不同

普通股股东除了获取股息收益外，收益来源二级市场价格上涨也是重要的；而优先股的二级市场股价波动相对较小，依靠买卖价差获利的空间也较小。

5. 退股表现不同

普通股股东不能要求退股，只能在二级市场上变现退出；如有约定，优先股股东可依约将股票回售给公司。

3) 股票的特点

(1) 不可偿还性。股票是一种无偿还期限的有价证券，投资者认购了股票后，就不能再要求退股，只能到二级市场卖给第三者。股票的转让只意味着公司股东的改变，并不减少公司资本。从期限上看，只要公司存在，它所发行的股票就存在，股票的期限等于公司存续的期限。

(2) 参与性。股东有权出席股东大会，选举公司董事会，参与公司重大决策。股票持有者的投资意志和享有的经济利益，通常是通过行使股东参与权来实现的。股东参与公司决策的权利大小，取决于其所持有的股份的多少。从实践中看，只要股东持有的股票数量达到左右决策结果所需的实际多数时，就能掌握公司的决策控制权。

(3) 收益性。股东凭其持有的股票，有权从公司领取股息或红利，获取投资的收益。股息或红利的大小，主要取决于公司的盈利水平和公司的盈利分配政策。股票的收益性，还表现在股票投资者可以获得价差收入或实现资产保值增值。通过低价买入和高价卖出股票，投资者可以赚取价差利润。以美国可口可乐公司股票为例，如果在1984年底投资1 000美元买入该公司股票，到1994年7月便能以11 654美元的市场价格卖出，赚取10倍多的利润。在通货膨胀时，股票价格会随着公司原有资产重置价格上升而上涨，从而避免了资产贬值。股票通常被视为在高通货膨胀期间可优先选择的投资对象。

(4) 流通性。股票的流通性是指股票在不同投资者之间的可交易性。流通性通常以可流通的股票数量、股票成交量以及股价对交易量的敏感程度来衡量。可流通股数越多，成交量越大，价格对成交量越不敏感(价格不会随着成交量一同变化)，股票的流通性就越好，反之就越差。股票的流通，使投资者可以在市场上卖出所持有的股票，取得现金。通过股票的流通和股价的变动，可以看出人们对于相关行业和上市公司的发展前景和盈利潜力的判断。那些在流通市场上吸引大量投资者、股价不断上涨的行业和公司，可以通过增发股票，不断吸收大量资本进入生产经营活动，收到了优化资源配置的效果。

(5) 价格波动性和风险性。股票在交易市场上作为交易对象，同商品一样，有自己的市场行情和市场价格。由于股票价格要受到诸如公司经营状况、供求关系、银行利率、大众心理等多种因素的影响，其波动有很大的不确定性。正是这种不确定性，有可能使股票投资者遭受损失。价格波动的不确定性越大，投资风险也越大。因此，股票是一种高风险的金融产品。例如，曾称雄于世界计算机产业的IBM公司，当其业绩不凡时，每股价格曾高达170美元，但在其地位遭到挑战，出现经营失策而招致亏损时，股价又下跌到40美元。如果不合时机地在高价位买进该股，就会导致严重损失。

【阅读案例】

2. 股票流通市场的组织形式

1) 证券交易所

当投资者需要将手持的股票变为现金，或需要购买别的股票时，就需要通过股票交易市场来完成。与货币市场不同,大部分股票市场有固定的交易场所——证券交易所(exchange,stock exchange),如我国的上海证券交易所和深圳证券交易所。

证券交易所是依据国家有关法律,经政府证券主管机关批准设立的集中进行证券交易的有形场所,它本身并不参与证券的买卖,而是作为一个服务机构和自律机构存在的。

证券交易所的基本功能如下:

(1) 提供证券交易的场所。证券交易所只是为交易双方提供一个公开交易的场所,其本身并不参加交易。由于这一市场的存在,证券买卖双方有集中的交易场所,可以随时把所持有的证券流通转让或变现,以保证证券流通的持续不断进行。

(2) 形成与公告价格。在交易所内完成的证券交易形成了各种证券的价格,由于证券的买卖是集中、公开进行的。采用双边竞价的方式达成交易,其价格在理论水平上是近似公平与合理的,这种价格及时向社会公告,并被作为各种相关经济活动的重要依据。

(3) 引导投资的合理流向。交易所为资金的自由流动提供了方便,并通过每天公布的行情和上市公司信息,反映证券发行公司的获利能力与发展情况,使社会资金向最需要和最有利的方向流动。

(4) 制定交易规则。有规矩才能成方圆,公平的交易规则才能达成公平的交易结果。交易规则主要包括上市退市规则、报价竞价规则、信息披露规则以及交割结算规则等。不同交易所的主要区别关键在于交易规则的差异,同一交易所也可能采用多种交易规则,从而形成细分市场,如纳斯达克按照不同的上市条件细分为全球精选市场、全球市场和资本市场。

(5) 维护交易秩序。任何交易规则都不可能十分完善,并且交易规则也不一定能得到有效执行,因此,交易所的一大核心功能便是监管各种违反公平原则及交易规则的行为,使交易公平有序地进行。

(6) 提供交易信息。证券交易依靠的是信息,包括上市公司的信息和证券交易信息。交易所对上市公司信息的提供负有督促和适当审查的责任,对交易行情负即时公布的义务。

(7) 降低交易成本。如果不存在有组织的证券集中交易市场,投资者之间就必须相互接触以确定交易价格和交易数量,以完成证券交易。这样的交易方式由于需要寻找交易对象,并且存在信息不对称、交易违约等因素会增加交易的成本,降低交易的速度。因此,集中交易市场的存在可以增加交易机会、提高交易速度、降低信息不对称、增强交易信用,从而可以有效地降低交易成本。

(8) 仲裁交易过程中发生的各种纠纷。

证券交易所作为高度组织化的有形市场,具有以下特征:

(1) 证券交易所有固定的交易场所和交易时间。

(2) 证券交易所的组织形式有会员制和公司制两种。根据《中华人民共和国证券法》的规定,我国的证券交易所采用会员制。会员制的证券交易所不以营利为目的,其会员是各证券商。会员须向证券交易所交纳会费。在会员制证券交易所中,只有会员才能进入证券交易所大厅参与交易活动。会员通常派出一名或若干名场内交易员代表证券商参加场内交易。公司制交易所则是由股东出资组成的股份有限公司,它以营利为目的,并由股东选举董事会进行管理。

(3) 证券交易所通过公开竞价的方式决定交易价格。所谓公开竞价,是指在对同一种证券有不止一个买方或卖方时,买方交易员和卖方交易员分别从当时成交价逐步向上或向下报价;当任一买方交易员与任一卖方交易员的报价相等时,这笔买卖即拍板成交。竞价成交后,还须办理交割(delivery)和过户(transfer owner-ship)的手续。交割,是指买方付款取货与卖方交货收款的手续。过户手续仅对股票购买人而言,如为记名股票,买者须到发行股票的公司或其委托部门办理过户手续,方可以成为该公司股东。

一般客户是不能直接进入证券交易所进行场内交易的,而要委托证券商或经纪人代为进行。客户的委托买卖是证券交易所交易的基本方式,是指投资者委托证券商或经纪人代理客户(投资者)在场内进行证券买卖交易的活动。证券的交易程序一般包括开户、委托交易、竞价与成交、清算交割、过户等过程。

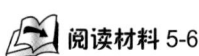阅读材料 5-6

上海证券交易所开业

1990年的4月18号,上海浦东开发办公室正式成立,这是整个改革开放进程当中一个很重要的事。两个月之后,时任上海市市长的朱镕基在海外访问的时候宣布"1990年年内就要成立上海证券交易所",他的这一宣布,不但令海外舆论界大感惊奇,同时也让国内那些筹办交易所的人感到措手不及。由于原来没有计划说在1990年就成立这个交易所,所以这样一来,大家一下忙乱起来。1990年12月19号,离年底只差十几天的时候,上海证券交易所终于开业。从当时开业当天的照片上能够看出来,当时上海市的主要领导和中央主管部门的领导悉数到场。可以说,那一天是中国证券史上大放光彩的一天。上海证券交易所开市交易的第一天,并不是像现在这样从九点半开始交易,为了举行仪式,当天的交易是从11点整开始的。从仪式举行之后,开始敲响了开市的第一锤。由于时间仓促,上交所成立的时候,自己的新大楼还没建好,它是租用了上海浦江饭店的孔雀厅来做交易大厅。说起上海证券交易所刚成立的时候,它的英文名字(Shanghai Securities Exchange)直译过来,就叫上海证券交易所,但是现在,上海证券交易所的英文名字(Shanghai Stock Exchange)直译过来,是"上海股票交易所",悄然之间,它发生了转变。为什么会有这种区别呢?因为当初如果把交易所叫做"股票交易所",那么很难审批;如果叫做"证券交易所",就更容易通过审批。

(资料来源:中国股市记忆.cctv2.)

2) 场外交易市场

一家股份制的公司,如果不是上市公司的话,能不能进行股权交易呢?答案是可以的,不过,要在国家批准的专门交易市场里进行所谓非上市公众公司股权交易市场也就是柜台交易市场、**场外交易**(over the counter,OTC)市场,即在证券交易所之外进行证券交易的市场。和交易所市场完全不同,OTC没有固定的场所,没有规定的成员资格,没有严格可控的规则制度,没有规定的交易产品和限制,主要是交易对手通过私下协商进行的一对一交易。在OTC市场交易的证券包括:不符合证券交易所上市标准的股票,以及符合交易所上市标准但不愿意在交易所挂牌的股票和债券等。从国际上来看,OTC市场的公司规模、公司治理水平等要求都会低于主板市场(传统意义上的证券市场),因此,OTC市场的风险也要比主板市场的大。

在上海和深圳证券交易所建立以前,我国一些企业发行的股票的交易都是场外交易。在证券市场发展初期,许多有价证券的买卖都是在证券公司或银行开设的柜台上进行的,

第5章 金融市场

因此,场外交易市场也有柜台交易市场或店头市场的称谓。随着电子计算机的迅速发展以及通信技术的进步,许多场外交易市场并不直接在证券经营机构的柜台上进行,而是由客户与证券经营机构通过电话、电传、计算机网络进行交易。

一般而言,场外交易市场具有以下特征:

(1) 场外交易市场是一个分散的无形市场,没有固定的、集中的交易场所。在场外交易市场上,各证券经营机构主要依靠电话、电报、电传、计算机网络进行联系,分别进行交易。

(2) 场外交易市场的组织形式采取做市商制。在场外交易市场,投资者直接和证券商进行交易,不需要中介人,证券商先行垫付资金购入证券作为库存,然后对外进行交易,从中赚取差价作为交易利润。

(3) 场外交易市场上交易的证券种类非常多,通常以未能在证券交易所批准上市的股票和债券为主。由于证券种类繁多,因此,每家证券商只固定经营若干种证券。

(4) 场外交易市场是一个以议价方式进行证券交易的市场。由于场外交易市场上证券买卖采取一对一的交易方式,对同一种证券的买卖不可能同时出现众多的买方和卖方,因此,其价格由买卖双方协商议定。

(5) 场外交易市场的管理比证券交易所宽松。场外交易市场比较分散,缺乏统一的组织和章程,不易管理和监督,其交易效率也不及证券交易所。

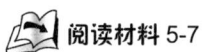
阅读材料 5-7

场外交易市场的结构组成

场外交易市场,简称 OTC 市场,通常是指在证券交易所之外进行证券交易的市场,但如今的 OTC 市场已不仅仅是传统意义上的柜台交易市场,有些国家在柜台交易市场之外又形成了其他形式的场外交易市场。

1. 柜台交易市场

柜台交易市场是通过证券公司、证券经纪人的柜台进行证券交易的市场。该市场在证券产生之时就已存在,在交易所产生并迅速发展后,柜台市场之所以能够存在并得到发展,其原因有:①交易所的容量有限,且有严格的上市条件,客观上需要柜台市场的存在;②柜台交易比较简便、灵活,满足了投资者的需要;③随着计算机和网络技术的发展,柜台交易也在不断地改进,其效率已和场内交易不相上下。

2. 第三市场

第三市场是指已上市证券的场外交易市场。第三市场产生于 1960 年的美国,原属于柜台交易市场的组成部分,但其发展迅速,市场地位提高,被作为一个独立的市场类型对待。第三市场的交易主体多为实力雄厚的机构投资者。第三市场的产生与美国的交易所采用固定佣金制密切相关,它使机构投资者的交易成本变得非常昂贵,场外市场不受交易所的固定佣金制约束,因而导致大量上市证券在场外进行交易,遂形成第三市场。第三市场,成为交易所的有力竞争者,最终美国证券交易委员会于 1975 年取消固定佣金制,同时也促使交易所改善交易条件,使第三市场的吸引力有所降低。

3. 第四市场

第四市场是投资者绕过传统经纪服务,彼此之间利用计算机网络直接进行大宗证券交易所形成的市场。第四市场的吸引力在于:

(1)交易成本低。因为买卖双方直接交易,无经纪服务,其佣金比其他市场少得多。

(2) 可以保守秘密。因无须通过经纪人，有利于匿名进行交易，保持交易的秘密性。

(3) 不冲击证券市场。大宗交易如在交易所内进行，可能给证券市场的价格造成较大影响。

(4) 信息灵敏，成交迅速。计算机网络技术的运用，可以广泛收集和存储大量信息，通过自动报价系统，可以把分散的场外交易行情迅速集中并反映出来，有利于投资者决策。第四市场的发展一方面对证交所和其他形式的场外交易市场产生了巨大的压力，从而促使这些市场降低佣金、改进服务；另一方面也对证券市场的监管提出了挑战。

(资料来源：http://baike.baidu.com/.)

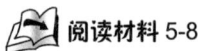 阅读材料 5-8

新 三 板

新三板是继上交所、深交所后的第三个全国性股权交易市场，主要为创新型、创业型、成长型中小微企业发展提供服务。新三板的前身"老三板"成立于 2001 年 7 月，也叫"代办股份转让系统"，最初专为承接 A 股退市公司所设，在将中关村科技园区纳入其版图后，为方便区分，特将这些新兴企业称为新三板。新三板不设涨跌停限制，且采用协议转让与"做市商"并行的制度。

 阅读案例 5-3

沈阳交易市场

1986 年 8 月 5 日，沈阳在全国率先开办了证券转让业务。当时有关领导担心交易冷清，特意派了两辆大卡车拉上沈阳黎明机械厂和沈阳工业品贸易中心的上百位职工准备来为开业造势。但是，当两辆大卡车赶到这个只有 40 平方米的营业部的时候，他们发现成百上千的投资者已经挤在了营业部的门口。拉来准备造势的这些假的投资者根本就没派上用场。当天，上市交易的只有两只债券——沈阳黎明机械公司和沈阳工业品贸易中心有奖有息债券。同样为了避免交易冷清，他们甚至想过自买自卖的办法。就在开业的当天，人民日报海外版对这个交易市场的开业进行了报道。这篇报道的题目很有意思，叫"首家证券交易市场开业"，这里边有两个关键词——一个叫首家，一个叫证券交易市场。"首家"，当然没有问题，但是，为什么要叫"证券交易市场"，而不直接叫"证券交易所"呢？稳妥起见嘛！叫"交易所"，好像与资本主义区别就不大了，太敏感了。在今天的人看来，这不过是玩一些文字游戏而已，但是在当时，这是一种必要的妥协。

开业的第二天，有一个外国客人来到了这里——美国驻沈阳领事馆的商务领事斯洛因女士。她精通汉语，她来到这里之后，曾经试探性地问："按照中国以往的做法，每逢大的改革都要有中央领导来坐镇，那么，你们开业有没有北京来的中央领导在这蹲点坐镇呢？"答案当然是没有。于是，一个日本记者打赌说"这个市场超不过两个星期就得关门。"但沈阳证券交易所持续了 12 年，到 1997 年才完成它的使命，当时，上海和深圳证券交易所已经成立了 7 年。不知道当年的那个日本记者听到这个消息会作何感想！

(资料来源：中国股市记忆.cctv2)

3. 风险投资与创业板市场

1) 风险投资的定义及其特点

根据全美风险资本协会(the National Association of Venture Capital)的定义，风险投资是

由职业金融家投入到新兴的、迅速发展的、有巨大增长潜力的企业中的一种权益资本(equity capital);而欧洲风险投资协会将风险投资定义为投向极具发展潜力的新建企业或中小企业的股权融资,这种投资促进了中小企业的形成和创立;前全国人大副委员长成思危在"风险投资进入中国98研讨会"上也对风险投资下了定义,指出风险投资是把资金投向失败风险较大的高端技术及产品的研究开发领域,以加速新技术成果向商品转化的速度,从而取得高资本收益的一种投资行为。

尽管国际和国内对于风险投资的定义林林总总,但归纳起来,人们对风险投资的概念有几下几点共识:①风险投资是一种特殊的融资机制,风险投资的来源较为广泛,个人、企业、金融机构的资本均可能构成风险投资资本;②风险投资的对象是具有高成长性的中小企业;③风险投资的投资方式是进行股权投资,在投资进入目标企业时,风险投资家往往要求持有大部分股权,以达到对目标企业有较强的控制能力;④风险投资为了持续进行其投资方式,通常需要寻找退出企业的途径,退出的途径可以是多种多样的,但创业板市场通常是最主要的退出途径。

风险投资作为一种全新的投资理念,在很多方面都与传统的投融资不同,具有自身的特点,主要表现在以下几方面:①风险投资具有高风险性,因而投资者要求高收益;②风险投资的投资对象多为高成长性、高预期回报的中小型企业;③风险投资注重的是企业发展潜力和良好的成长性;④风险投资的投资周期长,一般为3~5年,流动性差;⑤风险投资因为是权益投资,风险投资家通常要参与被投资企业的经营管理。

2) 创业板市场的定义及其运作模式

风险资本所培育的企业在上市之初一般具有经营历史短、资产规模小的特点。加之它们是在一些新的领域内发展,失败的风险较大。同时,风险投资家无不具有力求较早地把企业推向市场以撤出资金的倾向,也使股票市场承受的风险增大。鉴于这些原因,需要建立有别于成熟企业股票发行和交易的市场,专门对小型企业以及创业企业的股票进行交易,以保护投资人的利益。这种市场一般称为创业板市场。**创业板市场**是指对应于交易所主板市场以外的证券市场,是专门协助高成长的新型创新公司,特别是高科技公司筹资并进行资本运作的市场。在有些国家,创业板市场也被称作二板市场(secondary board market)、小盘股市场、另类股票市场等。在创业板上市的公司多数都是高科技的公司,成长性比较高,但是,成立时间往往比较短,规模比较小,业绩也不突出。

【拓展视频】

全球的创业板市场大致有两种模式:一种是独立型的,完全独立于主板,世界上最成功的美国纳斯达克就是这一类型;另一种是附属型的,附属于主板市场,主要是为主板培育上市公司的,充当主板市场的第二梯队,新加坡的 Sasdaq 市场就属于这一类型。美国的纳斯达克是创业板市场的典型,人们把它称为高科技企业的摇篮。在纳斯达克巨大的示范作用下,世界各大资本市场也开始设立自己的创业板市场:1995年6月,伦敦交易所设立了创业板市场;1996年2月,法国设立了巴黎交易所创业板;1999年11月,香港创业板正式成立。从国外的情况看,创业板与主板的主要区别是:不规定最低盈利,以免高成长公司因为盈利不高而不能挂牌;提高了公众最低持股量的要求,为的是保证公司有充裕的资金周转;对主要股东的最低持股量和出售股份都进行了限制,比如说,两年内不能出售股份等。

阅读案例 5-4

创新的温床

它没有纽交所光辉的历史,但是它有对创新永无止境的追求,它赋予资本发掘风险财富的动力,让苹果、微软、英特尔成长为伟大的企业,它就是纳斯达克。

1968 年,一个名叫英特尔的公司在硅谷成立了,这是一家半导体芯片公司,它的两位创始人一个名叫诺伊斯,另一个就是摩尔定律的发明人——戈登·摩尔。两个人共同出资 49 万美元,还有另外一个人凑了 1 万美元,区区 50 万美元就是英特尔公司的全部启动资金。也在这一年,远在千里之外的美国东海岸,一个名为全美证券交易商协会的组织通过了一项计划——要建立一个统一的自动报价系统,以规范当时混乱不堪的场外股票交易市场。

1971 年,世界上第一款微处理器芯片在英特尔公司诞生,它将打开一个全新的数字智能时代,而就在此时,英特尔公司遇到了创业者最大的苦恼,他们迫切需要的——第一是资金,第二是资金,第三还是资金!企业融资最直接的路径就是上市,但是当时,在纽约股票交易所上市的门槛对英特尔来说高不可攀——最刚性的条件之一是持续三年盈利且每年盈利不得低于 500 万美元。正在英特尔公司一筹莫展的时候,同年 2 月 8 日,一个新的企业融资市场出现了,它为不符合纽约股票交易所上市条件的公司打开了一扇门,这就是世界上第一个股票自动报价交易系统,简称纳斯达克。和纽约股票交易所相比,纳斯达克的上市门槛很低,甚至没有任何盈利的公司也能够在纳斯达克上市,这对于急需资金的英特尔公司来说犹如及时雨!1971 年 10 月 13 日,英特尔成功登陆纳斯达克,首次融资 820 万美元,一举扫清了英特尔腾飞的障碍。一代又一代处理器让英特尔生产的芯片占据了全球 80%以上的市场份额。伴随着股票价格的上涨,英特尔公司的市值向达 1 100 多亿美元。然而,英特尔并不是纳斯达克造就的唯一奇迹,甚至算不上一个最成功的故事。

1980 年 12 月 12 日,苹果公司股票在纳斯达克上市,挂牌不到一个小时,460 万股被抢购一空,当日收盘每股 29 美元。包括创始人乔布斯在内,一天之间,纳斯达克为苹果生产了 4 名亿万富翁,还有 40 多名员工身价超过了百万美元。

纳斯达克市场的一个俗称是亿万富豪的温床,而成就纳斯达克伟业的是以互联网为代表的新技术革命。20 世纪 90 年代初,互联网走进人们的生活,迅速扩展到各行各业。一时间,成千上万家互联网公司成立,其中,许多公司成功登陆了纳斯达克,这印证了纳斯达克市场当年的一句口号"任何公司都能在这里上市,时间会证明一切"。宽松的上市条件、松散的监管制度,使纳斯达克成为互联网概念鱼目混珠的天堂,巨大的泡沫迅速堆积起来。2000 年 3 月 10 日,纳斯达克冲上了 5 048 点的巅峰,然而,这一历史高点也成为互联网泡沫破灭的起点。2000 年 3 月 13 日星期一,纳斯达克市场晴空霹雳,突然掀起了抛售科技股的狂潮。苹果、雅虎、微软等明星公司无一幸免,纳斯达克市场的世纪大崩盘从此拉开序幕。2000 年年底,纳斯达克上市的公司中,有 500 多家公司破产,近 40%的公司退市,80%的股票跌幅超过 80%,蒸发市值超过了 3 万多亿美元。这一天,纳斯达克指数回落到 1 108 点。这一场世纪大崩盘让纳斯达克大伤元气,几乎一蹶不振,直接导致了纳斯达克转制升级为交易所。但是,当这些浑水摸鱼的垃圾公司灰飞烟灭,伟大的公司如沙里淘金,像穿透疾风暴雨的海燕一样,搏击长空,展翅飞翔!2011 年 8 月 10 日,苹果公司以 3 000 多亿美元的市值超越埃克森美孚石油公司,成为全球市值最高的企业。纳斯达克市场凤凰涅槃,再次成为资本市场中的翘楚。

纳斯达克打破了纽约股票交易所对企业融资市场的垄断，为创新的高科技企业打开了一扇市场融资之门，而纳斯达克成功的基石正是资本对超额利润的渴望驱动着企业对创新成长的追逐。

(资料来源：资本的故事. cctv2.)

3) 风险投资与创业板市场

传统的银行贷款往往为保障其安全性而出现资金"逆向选择"的问题，即拥有资金高回报率、最需要资金支持的新兴产业常常因为高风险而得不到贷款。风险资本则为了得到高回报而更多地关注于未来将有高增长率的产业，从而倾向于投资高科技含量、高成长性的企业。这种资本运营模式一般是风险投资公司募集退休基金、捐赠基金、富有家庭和个人的资金、保险公司资金等资本，交由具备丰富专业知识和业务经验的风险投资者投入到他所看中的拥有某一新技术、新思路、新概念的中小企业。风险投资将伴随企业的发展，并作为权益资本参与到公司的营运与管理当中，以期在公司壮大后通过合适的退出途径获得高收益，有着高风险、低流动、高收益的投资特征。

风险投资的成功与否最后取决于退出的成功与否，主要有三个退出途径：首次公开发行(IPO)，售出和股票回购，清算或破产。其中 IPO 是最成功的退出方式，而清算或破产是最无奈的降低损失的方式，现实中售出和回购方式占据风险投资退出的主体地位。主板市场上对上市公司的规模、运营情况有严格而且较高的标准，所以对于处于发展时期的新兴企业而言，在主板市场实现 IPO 困难重重。因此亟须一个为中小企业尤其是高新技术企业提供融资平台，同时也为风险投资者提供套现或集资机会的"创业板市场"。他与主板市场并没有主次之分，只是功能上各有侧重的市场，且在上市规则上远远低于主板市场的标准。

创业板市场较低的上市条件为风险投资的退出提供渠道，使风险投资公司可以收回资金投资于新的风险项目，为新兴企业的发展提供巨额资金。而风险投资则通过培育和扶植新兴企业成长并推动其上市，来为创业板市场提供源源不断的优良上市品种。两者的互动使资本市场与产品市场有机地结合起来，促进了科技的转化与生产力的大力发展。

【阅读案例】

5.3.3 长期债券市场

1. 债券的定义及特点

1) 债券的定义

债券是代表债权债务关系的一种凭证，债券的持有者称为债权人，债券的发行者称为债务人。具体而言，债券是依据法定程序发行的、约定在一定期限内还本付息的有价证券，其中包括债务的面额、偿还期限、票面利率、付息方式、发行价格、偿还方式等内容。

(1) 面额。面额多大并无一定之规，有 100 元的，也有 1 000 元甚至上万元的。对于投资人来讲，债券面额意味着未来可以收回的确定金额。

(2) 偿还期限。偿还期限根据发行人对资金需求的时间长短、利率的升降趋势及

证券市场的发达程度等确定。债券的偿还期限有长有短,1年以上的债券称为长期债券。

(3) 票面利率。根据债券的性质、信用级别及市场利率确定,他会直接影响发行人的筹资成本。债券的票面利率或采用固定利率,或采用浮动利率。

(4) 付息方式。分为一次性付息与分期付息两大类。一次性付息有 3 种形式:单利计息、复利计息、贴现计息。分期付息一般采取按年计息、半年计息和按季计息 3 种方式。

(5) 发行价格。发行价格主要取决于债券期限、票面利率和市场利率水平。发行价格高于面额的为溢价发行,等于面额的为平价发行,低于面额的为折价发行。

(6) 偿还方式。分为期满后偿还和期中偿还两种。主要方式有:选择性购回,即在有效期内按约定价格将债券回售给发行人;定期偿还,即债券发行一段时间后,每隔半年或一年定期偿还一定金额,期满时还清剩余部分。

同股票一样,债券也是发行者(如政府、金融机构、工商企业等)的筹资手段和投资者的投资工具。但债券与股票有明显的区别:股票持有者是公司的股东和所有者,而债券持有者是公司的债权人,股东和债权人的权利和义务是不同的;股票股息是不固定的,是否分红取决于公司有无盈利,不具有分配的强制性,而债券要求到期还本付息,风险相对较小。

2) 债券的特点

(1) 偿还性。债券一般都规定有偿还期限,债券发行人在债券到期时应对投资者进行还本付息。

(2) 安全性。债券的安全性表现在债券的发行人一般是政府、金融机构和信用较好的企业等,加之债券的还本付息有法律保障,它不受银行利率变动和企业经营状况影响,所以投资人的资金有较高的安全性。

(3) 流动性。债券通常可以在金融市场上流通,变现能力较强。

(4) 收益性。债券的收益性主要表现在两个方面:一是债券有相对固定的利息收益,一般比银行存款的利息要高;二是可以在证券市场上进行流通、转让,获取买卖的差价收入。

2. 债券的分类

1) 政府债券、金融债券与公司债券

按照发行主体的不同,债券可以分为政府债券、金融债券和公司债券。

(1) 政府债券。**政府债券**的发行主体是政府,是国家为了筹集资金而向投资者发行的、承诺在一定时期支付利息和到期还本的债务凭证。政府债券按照发行主体又分为中央政府债券和地方政府债券。

① 中央政府债券又称为国债,是政府为弥补国家财政赤字,或者为一些耗资巨大的建设项目以及某些特殊经济政策乃至为战争筹措资金而委托财政部发行的债券。由于国债的发行主体是国家,所以具有最高的信誉度,被公认为是最安全的投资工具,历来有"金边债券"之称。

② 地方政府债券(local treasury bonds)又称为市政债券(municipal securities),是指由地方政府发行的债券。地方政府债券一般用于交通、通信、住宅、教育、医院和污水处理系统等地方性公共设施的建设。地方政府债券一般是以当地政府的税收能力作为还本付息的

担保,历来有"银边债券"之称。地方发债有两种模式,第一种为地方政府直接发债;第二种是中央发行国债,再转贷给地方,也就是中央发国债之后给地方用。

(2) 金融债券。**金融债券**是银行和非银行金融机构作为筹资主体为筹措资金而发行的一种有价证券,是表明债权债务关系的一种凭证。

(3) 公司债券。**公司债券**又称企业债券,是指公司依照法定程序发行的,约定在一定期限还本付息的有价证券。公司债是企业融资的重要手段,期限一般都较长,安全性和流动性都比不上政府债券,所以利率较高。公司债的发行人资信状况千差万别,公司债的风险也远远高于政府债券,因此,公司债券的发行与交易一般需要先通过权威的、绝对中立的信用评级机构进行评级,然后再进入市场交易。信用评级的作用在于告诉投资人各种债券发行人的盈利能力、偿债能力。信用级别越高,债券发行人的偿债能力越好,债券的发行成本就可以越低,这包括较高的发行价格和较低的息票利率。

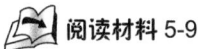

聚焦地方债变革

国务院 2014 年 5 月 21 日批准:2014 年,上海、浙江、广东、深圳、江苏、山东、北京、江西、宁夏和青岛试点地方政府债券自发自还。而此前的地方债都是由财政部代发代还的。审计署的数据显示,我国地方政府债务资金有 86.7%投向了市政建设、土地收储、交通运输、保障性住房等基础性、公益性的领域,而原来融资的渠道有债券,也有各种类型的地方融资平台贷款。国家审计署的数据显示,截至 2013 年年底,全国各级政府负有偿还责任的债务为 206 988.65 亿元,全国各级政府负有担保责任的债务为 29 256.49 亿元,可能承担一定救助责任的债务是 66 504.56 亿元,这两类债务均应该有债务人以自身的收入来偿还,正常情况下无须政府承担偿债的责任,属于政府或有债务。2014 年 5 月 20 日,国务院刚批转了国家发改委《关于 2014 年深化经济体制改革重点任务的意见》,其中就提出 2014 年对地方政府债务实行限额控制、分类纳入预算管理。最重要的是指出规范政府举债融资制度。开明渠、堵暗道,建立以政府债券为主体的地方政府举债融资机制,剥离融资平台公司政府融资职能。最后一句话至关重要,它意味着五花八门的地方融资平台公司将逐步退出历史舞台,而规范化的地方债将成为地方融资的主渠道。

(资料来源:经济信息联播.cctv2,2014 年 5 月 22 日.)

2) 零息债券、定息债券与浮息债券

按照付息方式的不同,债券可以分为零息债券、定息债券与浮息债券。

(1) 零息债券。零息债券,也叫贴现债券,是指债券券面上不附有息票,在票面上不规定利率,发行时按规定的折扣率,以低于债券面值的价格发行,到期按面值支付本息的债券。从利息支付方式来看,贴现国债以低于面额的价格发行,可以看作利息预付,因而又可称为利息预付债券、贴水债券,是期限比较短的折现债券。

(2) 定息债券。固定利率债券是将利率印在票面上并按其向债券持有人支付利息的债券。该利率不随市场利率的变化而调整,因而固定利率债券可以较好地抵制通货紧缩风险。

(3) 浮息债券。浮动利率债券的息票率是随市场利率变动而调整的。因为浮动利率债券的利率同当前市场利率挂钩,而当前市场利率又考虑到了通货膨胀率的影响,所以浮动利率债券可以较好地抵制通货膨胀风险,其利率通常根据市场基准利率加上一定的利差来确定。浮动利率债券往往是中长期债券。

3) 单利债券、复利债券与累进利率债券

按照计息方式的不同，债券可以分为单利债券、复利债券与累进利率债券。

(1) 单利债券。单利债券是指在计算利息时，不论期限长短，仅按本金计息，所生利息不再加入本金计算下期利息的债券。

(2) 复利债券。复利债券与单利债券相对应，它是指计算利息时，按一定期限将所生利息加入本金再计算利息，逐期滚算的债券。

(3) 累进利率债券。累进利率债券是指年利率以利率逐年累进方法计息的债券。累进利率债券的利率随着时间的推移，后期利率比前期利率更高，呈累进状态。

4) 可赎回债券与不可赎回债券

按照是否能够提前偿还，债券可以分为可赎回债券与不可赎回债券。

(1) 可赎回债券。可赎回债券是指在债券到期前，发行人可以以事先约定的赎回价格收回的债券。公司发行可赎回债券主要是考虑到公司未来的投资机会和回避利率风险等问题，以增加公司资本结构调整的灵活性。发行可赎回债券最关键的问题是赎回期限和赎回价格的制定。

(2) 不可赎回债券。不可赎回债券是指不能在债券到期前收回的债券。

5) 可转换债券与不可转换债券

按照债券是否能转换为公司股票，债券可以分为可转换债券与不可转换债券。

(1) 可转换债券(convertible bond)。**可转换债券**，简称可转债，属于债券的一种，债券持有人可以在特定时间按特定条件转换为普通股票的公司债券。可转换债券的优点为普通股所不具备的固定收益和一般债券不具备的升值潜力，因此，它兼有债券和股票的混合特征。例如，一张票面价值 1 000 元的可转债，在两年之后，按照 50 元的转换价转换成 20 股的上市公司股票。通常，转换价都高于上市公司现实的股价。如果在两年之后，公司股价达到 55 元(高过换股价)，投资人可以选择换股，相当于以低于市值的成本购得股票，并可即刻在股市出售，赚取比债券更丰厚的资本增值收益；如果到时公司的股价只有 45 元(不及换股价)，投资人可以放弃换股，接受普通债券一样的还本付息。因此，可换股债券是一种进可攻、退可守的投资项目。对于上市公司来说，发行可转债也有好处：发债集资的成本较股票为低；另外，如果到时公司股价高于可转债的转换价，可促使可转债持有人换股，不但使公司免于偿还本金，还增加了公司的股本，而如果到时股价未如理想，公司就顺势还债。可转债自动变性的功能将股票和债券的优点合二为一，不过由于发债集资可能摊薄公司盈利，也可能对现实的股价造成冲击。

(2) 不可转换债券。**不可转换债券**是指不能转换为股票的债券。由于其没有赋予债券持有人将来成为公司股东的权利，所以其利率一般高于可转换债券。

3. 债券的信用评级

信用评级(credit rating)，又称资信评级，是一种社会中介服务为社会提供资信信息，或为单位自身提供决策参考。债券的信用评级最初产生于 20 世纪初期的美国。1902 年，穆迪公司的创始人约翰·穆迪开始对当时发行的铁路债券进行评级，后来延伸到各种金融产品及各种评估对象。由于信用评级的对象和要求有所不同，因而信用评级的内容和方法也有较大区别。需要指出的是，信用评级不同于股票推荐。前者是基于资本市场中债务人违约风险做出的，评价债务人能否及时偿付利息和本金，但不对股价本身做出评论；后者是根据每股盈利及市盈率(即股票的市场价格与当期的每股收益之间的比率)做出的，往往对股价本身的走向做出判断；前者针对债权人，后者针对股份持有人。

在债券的公开发行中，发行人要做的一项重要工作就是请专门的债券评级机构对所发行债券的信用等级进行评定。信用等级越高，债券的质量越好，说明债券的风险小，安全性强。对广大投资者尤其是中小投资者来说，由于受时间、知识和信息的限制，无法对众多债券进行分析和选择，因此需要专业机构对债券进行信用评级，以方便投资者决策。债券信用评级的另一个重要原因是减少信誉好的发行人的筹资成本。一般来说，资信等级高的债券能够以较低的利率发行；资信等级低的债券，因为风险较大，只能以较高的利率发行。

【拓展视频】

【阅读材料】

阅读案例 5-5

华尔街的 3A 游戏

资本魔法师给高风险戴上了高信用的光环，次贷由此成为抢手的金融产品，华尔街迷醉在自己的游戏中，直到建在沙滩上的巨塔轰然坍塌。

在华尔街不远的自由街 33 号，矗立着一座用巨石垒起的建筑，这就是纽约联邦储备银行，是美国联邦储备系统中最具影响力的银行。2008 年 9 月 13 日上午 9 点，在纽约联邦储备银行大楼的会议厅里，华尔街金融巨头聚会：五大投资银行的 CEO 来了三个——高盛、美林、摩根士丹利，此外，还有花旗集团和美国银行的 CEO。会议的召集人是美国原财政部长保尔森，会议的核心话题是他们共同的竞争对手——濒临破产的雷曼兄弟。这家有 150 多年历史的投资银行命悬一线，而他们的 CEO 富尔德却没有在被邀请参会的名单中。雷曼兄弟的命运已经不在自己的手中了。雷曼兄弟是美国五大投资银行之一，被称为华尔街的债券之王，这家百年老店为什么会走到今天这步田地呢？让雷曼陷入灭顶之灾的竟然是它自己一手导演的游戏。

2007 年之前，美国奉行低利率政策。为了刺激经济，美国政府还鼓励民众贷款买房，甚至很多没有固定工作的低收入家庭也都贷款买上了房子。这类信用等级较低的贷款被称为"次级贷款"。由于次级贷款违约风险较高，贷款利率自然较高，雷曼兄弟从中看到了机会。在债券市场，人们用 3A、2A、3B、2B 来评价不同资产的信用等级。雷曼兄弟发现，当穷人和富人购买同类房产时，资产都是 3A 级资产，但贷款利率却有两种：银行发给穷人的贷款利率远高于给富人的贷款利率，由此，雷曼兄弟设计了一个精巧的游戏：以两种贷款利率之差为基础，雷曼兄弟推出各种不同类型的固定收益产品——收益率高的高达 30%以上，收益率低的却只有 3%～4%，却都贴着 3A 级的金字招牌。可想而知，以次级贷款为基础，具有较高收益率的 3A 级产品更受市场追捧，成为固定收益产品市场的畅销货，甚至远销国外进入其他国家的外汇储备资产。如此一来，原本违约率较高的次级贷款竟然摇身一变，成为挂着 3A 级品牌的高收益理财产品。华尔街把美国穷人贷款买房的高风险转嫁到全球化的理财产品市场中，这就是固定收益产品的 3A 级游戏。在这个游戏中，雷曼兄弟居于垄断地位，异军突起，不到十年就挤入了美国五大投行之列。不过，成也萧何，败也萧何，所有这些号称 3A 级的理财产品源头都是借款人的信用，也就是借款人持续还本付息的能力。在错综复杂的游戏背后，只有一个简单的逻辑——一旦美国穷人违约、不还贷款，整个市场就会像建在沙滩上的宝塔一样顷刻倒塌。2007年下半年，美国房地产市场降温，房价开始大幅度下跌。越来越多的借款人违约，从而切断了一些3A级理财产品的现金流，优质资产瞬间变成有毒资产，进而引发了席卷全球的次贷危机，雷曼经营的3A理财产品迅速进入冰封期。由于流动性枯竭、资产质量迅速恶化，2008年6月雷曼公司被迫融资60亿美元，为它自己经营的理财产品市场提供流动性。这笔融资虽然让雷曼公司有了暂时的喘息机会，却大大降低了雷曼公司本身的信用，从而触发了雷曼公司股价暴跌。

巨头们齐聚纽约美联储大楼，商讨如何拯救雷曼，然而，这次会议却成了压垮雷曼的最后一根稻草。巨头们不仅未能达成协议拯救雷曼，反而把雷曼推给政府，而在此时，美国政府更不可能给雷曼输血。于是，等待雷曼的就只有一条路。2008年9月15日星期一，有着158年历史的雷曼兄弟公司宣告破产。18天之后，在2008年10月3日，美国国会通过了总额高达7 000亿美元的金融市场救助计划，雷曼公司消失在黎明之前，留下了一个无言的结局。

【阅读案例】

在现代市场经济，资本有化腐朽为神奇的魔力，但是，再神奇的资本魔术也要以实体经济为支点。没有实体经济支撑的资本游戏如同沙上建塔，无论宝塔的结构如何精美也无济于事，这就是雷曼破产给我们的启示。

(资料来源：资本的故事.cctv2.)

5.4 金融衍生工具市场

5.4.1 金融衍生工具的发展

金融衍生工具市场是基础性(或原生性)金融市场派生出来的，是以金融衍生工具为交易对象的市场。**金融衍生工具**，顾名思义，是指在原生性金融工具(如股票、债券、存单、货币等)基础上派生出来的金融产品，包括远期、期货、期权、互换等。金融衍生工具以合约的形式出现(合约载明交易品种、价格、数量、交割时间及地点等)，它们的价值取决于相关的原生性金融工具的价格，其主要功能不在于调剂资金的余缺和直接促进储蓄向投资的转化，而是管理与原生性金融工具相关的风险暴露。

20世纪70年代，伴随着维系国际货币金融秩序数十年的布雷顿森林体系的崩溃，以美元为中心的固定汇率制被浮动汇率制取而代之，国际金融市场上的汇率波动既频繁又剧烈，外汇风险日益增加。此外，由于石油危机的爆发，西方国家通货膨胀加剧，不得不运用利率工具对付通货膨胀，又使金融市场的利率大幅波动。因此，规避通货膨胀风险、利率风险和汇率风险成为金融交易的一项重要需求。与此同时，各国政府逐渐放松金融管制以及金融业的竞争日益加剧。这多方面的因素，促使金融衍生工具得以迅速繁衍、发展。

在金融衍生工具的迅速拓展中，还有一个极其重要的因素，那就是期权定价公式的问世。对期权如何定价，曾是一个多年研究而难以解决的题目。1997年诺贝尔经济学奖金获得者斯科尔斯和默顿在20世纪70年代初提出了他们据以获奖的期权定价公式，解决了这一难题。许多相关领域的定价问题也连带获得解决。如仅就衍生工具这个领域来估计他们的研究成就，人们有这样的形容：他们的期权定价公式创造了一个巨大的衍生工具市场。

5.4.2 金融远期市场

1. 金融远期合约的定义

金融远期合约(forward contract)是相对最简单的一种金融衍生工具。合约交易双方约定在未来某一日期按约定的价格买卖约定数量的相关资产,该合约规定双方交易的资产、交换日期、交换价格等,其具体条款可由交易双方协商确定。金融远期合约的交易一般不在规范的交易所内进行。目前,金融远期合约主要有货币远期和利率远期两种。

例如,你计划 1 年后从中国沈阳到中国香港旅游。订飞机票时,航空公司订票人员告诉你,你可以现在以 1 200 元购票,也可以出发时再以那时的价格购票。在两种情况下都是在出发当天支付票价。如果你决定以 1 200 元订票,则你已经和航空公司签订了一个远期合约。签订这个远期合约后,你消除了乘机费用超过 1 200 元的风险。如果 1 年后票价为 1 500 元,你将为自己明智地锁定 1 200 元的远期价格而庆幸;相反,如果出发时票价是 1 000 元,而你仍然要依照协议按 1 200 元的远期价格支付机票,这时你就会遗憾于自己的选择了。

2. 金融远期合约的原理

在远期合约的有效期以内,合约的价值随相关资产市场价格的波动而变化。若合约到期时以现金结清的话,当市场价格高于合约约定的执行价格时,应由卖方向买方支付价差金额;当市场价格低于合约约定的执行价格时,则由买方向卖方支付价差金额。按照这样一种交易方式,金融远期合约的买卖双方可能形成的收益或损失都是"无限大"的。

3. 金融远期合约的优、缺点

(1) 金融远期合约的优点。在签署金融远期合约之前,双方可以就交割地点、交割时间、交割价格、合约规模、标的物的品质等细节进行谈判,以便尽量满足双方的需要,因此,作为场外交易的非标准化合约,金融远期的灵活性较大。

(2) 金融远期合约的缺点。首先,由于金融远期合约没有固定、集中地交易场所,不利于信息交流和传递,不利于形成和发现统一的市场价格,因此,金融远期合约的市场效率较低;其次,由于每份金融远期合约千差万别,这就给金融远期合约的流通造成较大不便,因此,金融远期合约的流动性较差;最后,金融远期合约的履约没有保证,当价格变动对一方有利时,对方有可能无力或无诚意履行合约,因此,金融远期合约的违约风险较高。

【阅读案例】

5.4.3 金融期货市场

1. 金融期货合约的定义

金融期货合约(futures contract)是指交易双方在固定场所(期货交易所)以公开竞价的方式成交后,约定在未来某一日期按约定的价格买卖标准数量的某种金融商品的标准化合约，其收益曲线与金融远期合约一致。

2. 金融期货合约的组成要素

【阅读材料】

期货合约由发行合约的交易所(如中国金融期货交易所、上海期货交易所、大连商品交易所、郑州商品交易所)设计，是一种标准化的协议。标准的期货合约由以下要素构成：交易品种；交易数量和单位；最小变动价位(报价须是最小变动价位的整数倍)；每日价格最大波动限制，即涨跌停板限制(价格涨到最大涨幅时，称"涨停板"，反之，称"跌停板")；合约月份；交易时间；最后交易日(即某一合约在合约交割月份中进行交易的最后一个交易日)；交割时间(即合约规定进行实物交割的时间)；交割标准和等级；交割地点；保证金(即期货交易者按照规定标准交纳的用于结算和保证履约的资金)；交易手续费等。唯一需要交易双方决定的是价格，价格是在交易所的交易大厅里通过公开竞价方式产生的，国外大多采用公开叫价方式，而我国采用电脑交易。

3. 金融期货交易的特点

(1) 间接清算制。期货合约均在交易所进行，交易双方不直接接触，而是各自跟交易所的清算部或专设的清算公司结算。对期货交易的买方而言，卖方是期货交易所的结算公司；对期货交易的卖方而言，买方也是期货交易所的结算公司，因此交易双方无须担心对方违约。期货交易的所有买者和卖者都集中在交易所交易，因此克服了远期交易信息不对称和违约风险高的缺陷。

(2) 合约标准化。期货合约的合约规模、交割日期、交割地点等都是由交易所设计为标准化的，即在合约上有明确的规定，无须双方再商定。交易双方所要做的唯一工作是选择适合自己的期货合约，并通过交易所竞价确定成交价格。价格是期货合约的唯一变量。

(3) 场所固定化。期货交易是在依法建立的期货交易所进行的，一般不允许进行场外交易。期货交易所是买卖双方汇聚并进行期货交易的场所，是非营利性组织，旨在提供期货交易的场所与交易设施、制定交易规则、充当交易的组织者，本身并不介入期货交易活动，也不干预期货价格的形成。

(4) 灵活性。期货合约的买者或卖者可在交割日之前采取对冲交易结束其期货头寸(即平仓)，而无须进行最后的实物交割。这相当于买者可把原来买进的期货卖掉，卖者可把原来卖出的期货买回，这就克服了远期交易流动性差的问题。由于通过平仓结束期货头寸比起实物交割既省事又灵活，因此目前大多数期货交易都是通过平仓来结清头寸的。

(5) 逐日盯市制。期货交易不是到期一次性结算，而是每日进行结算。每天交易结束时，清算公司都要根据期货价格的涨跌对每个交易者的保证金账户进行调整，以反映投资者的浮动盈亏，这就是所谓的盯市(marking to market)。浮动盈亏是根据结算价格计算的，而结算价格的确定方法由交易所规定，它有可能是当天的加权平均价，也可能是收盘价，还可能是最后几秒钟或几分钟的平均价。当天结算价格高于昨天的结算价格(或当天的开仓价)时，高出部分就是多头的浮动盈利和空头的浮动亏损。这些浮动盈利和亏损就在当天晚上分别加入多头的保证金账户和从空头的保证金账户中扣除。当保证金账户的余额超过初始保证金水平时,交易者可随时提取或用于开新仓。而当保证金账户的余额低于交易所规定的维持保证金水平时,经纪公司就会通知交易者限期把保证金水平补足到初始保证金水平,否则就会被强制平仓。

(6) 杠杆投资。投资者在进行期货交易时,只需交纳少量的保证金和佣金即可。用少量的资本做成大量的交易,是期货交易的一大特点。一般情况下,保证金金额约占合约价格的5%~18%,大多数期货交易的保证金甚至达不到15%。所以,期货交易是一种"以小博大"的交易。

【阅读材料】

阅读材料 5-11

远期合约与期货合约的区别

区　　别	远 期 合 约	期 货 合 约
标准化程度不同	遵循"契约自由"原则,具有很大的灵活性;但流动性较差,二级市场不发达	标准化合约,流动性强
交易场所不同	没有固定的场所,是一个效率较低的无组织分散市场	在交易所内交易,一般不允许场外交易。期货市场是一个有组织的、有秩序的、统一的市场
违约风险不同	合约的履行仅以签约双方的信誉为担保,违约风险很高	合约的履行由交易所或清算公司提供担保,违约风险几乎为零
价格确定方式不同	交易双方直接谈判并私下确定,存在信息不对称,定价效率很低	在交易所内通过公开竞价确定,信息较为充分、对称,定价效率较高
履约方式不同	绝大多数只能通过到期实物交割来履行	绝大多数都是通过平仓来了结
合约双方关系不同	必须对对方的信誉和实力等方面做充分的了解	可以对对方完全不了解
结算方式不同	到期才进行交割清算,期间均不进行结算	每天结算,浮动盈利或浮动亏损通过保证金账户体现(期货交易有特定的保证金制度,按照成交合约价值的一定比例向买卖双方收取保证金)

阅读案例 5-6

利用期货市场的避险操作

张先生年初 1 月份持有了一份国债 10 万元,票面利率 5%,每百元的国债价格为 101 元。由于经济在当时表现为过热,张先生预计利率有上涨的可能,为了避免未来利率上升、国债价格下降的风险,张先生同时在期货市场委托交易商在期货市场放空卖出 10 万元,9 月份的国债期货合约价格是 103 元。到了 9 月份,市场利率上涨,国债价格下跌为 99 元,张先生执行期货合约,结果:

现货市场有损失 = (101 − 99) × 1 000 = 2 000(元)

期货市场有收益 = (103 - 99) × 1 000 = 4 000(元)

经过规避风险的操作，张先生不仅没有在市场变化中受到损害，反而还获得额外收入 2 000 元。

(资料来源：潘淑娟. 货币银行学. 北京：中国财政经济出版社，2008.)

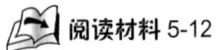

惊 天 赌 局

1995 年 2 月 27 号，英格兰银行宣布，英国最老牌的商业银行——巴林银行倒闭，这个消息一出，立刻引发了全球金融市场的震动。伦敦股市出现暴跌，东京股市外汇市场——英镑对马克的汇率跌至近两年最低点，而日经 225 指数则暴跌了 664 个点。一时间，人们无法想象，一个地位显赫、就连英国伊丽莎白女王都是其长期客户的、有着 200 多年历史的巴林银行竟然在一夜之间关门倒闭了。更令人震惊的是，导致巴林银行一夜灭亡的，竟是一个年仅 28 岁的年轻人——尼克·里森。

尼克·里森 1989 年加盟巴林银行，三年后，由于业绩出色，里森升任巴林银行新加坡分行的期货公司总经理。1993 年，里森为巴林银行带来了 1 000 万英镑的利润——占巴林银行全年利润的 10%，里森立刻成为了巴林银行的明星交易员，但光环的背后，却隐藏着一个惊天的谎言。1993 年 1 月，里森的好友——交易员乔治错误地买进了 100 份本应卖出的期货合约，总价 800 万英镑，结果造成了高达 600 万英镑的亏损，如果错误暴露，里森将彻底告别自己的交易员生涯。为了保护饭碗和名声，里森决定把损失计入到一个名为"88888"的账户。"88888"的账号原本是一个专门用来记录错误交易的账户，但这个账户早已在半年前被总部告知不再使用了，而正是这个被认为废弃的账号日后成为了里森造假的工具。由于伦敦总行的信任，里森不仅负责前台交易，还负责后台清算，这给里森的造假打开了便利之门。借助职务便利，里森做了一系列复杂的交易，但无论里森做什么，他都基于一个判断——日经指数上涨。的确，里森的判断是正确的！很快，日经指数一路上涨。到了 7 月，里森已经填平了"88888"账户的全部损失，不仅如此，里森还因此赚了钱。不久，里森的一个大客户——来自欧洲信托金融公司的菲利普·波尼弗伊提出了一笔 6 500 份的日经指数套利交易。如果交易成功，里森将会赚到一大笔的佣金，因此，里森开始积极地为菲利普联络买家。但是，菲利普提出的成交价风险太大，被很多人拒绝了。于是，里森私自决定先把订单应承下来，然后再慢慢地寻找买家。由于市场的不断波动，里森费了九牛二虎之力，才把合约卖出，但是，成交价格不理想——产生了 125 000 美元的损失，里森再次启用了"88888"的账户，他想故伎重施，把这些亏损弥补上。但是，1993 年 7 月开始，日经指数暴跌，雪上加霜的是，交易所计算机系统频频出现故障。等到故障解除时，里森已经亏损了 100 多万英镑，里森只好加大交易的规模，希望尽快弥补自己的损失，但是，日经指数还在不停地下跌，到 1994 年年底，"88888"账户的损失已经达到了 5 000 万英镑。这时候，银行的年终审计马上就要开始了，为了能够尽快弥补损失，里森决定放手一搏。他坚信，只要交易量够大，就能让日经指数上扬到 19 000 点，他就可以弥补所有的亏损。现在的里森，可以说是完全地孤注一掷了，事后，里森在自传中这样地描述："我豁出去了，我已经失去了分析市场走向的自由，只能指望市场朝一个特定的方向去发展。如果市场下跌，一切将不堪设想。只有市场上扬，才能够解救我。"但人算不如天算，市场未令里森如愿。1995 年 1 月 16 号，日本发生 7.2 级神户大地震，日经指数在一周内下跌了 7%，在这场暴跌中，里森又损失了 5 000 万英镑。但是，里森还不肯收手，为了反败为胜，里森极尽疯狂，开始了一场更大的赌博。就在 1995 年 1 月 25 号，里森再次买进了 1 万多份期货合同，交易完成后，里森持有的日经指数期货看涨合约已经多达 6 万多份，他成了日经 225 指数的最大多头。尼克·里森后来说："我一心想挽回'88888'账户中的损失，所以，我总做非套期交易，可是这种交易，就是一种风险最大的赌博。" 2 月 23 号，一切的风险集中爆发了，日经指数骤降到 17 830 点，里森的损失激增到 86 000 万英镑，而巴林银行的总资本才有 47 000 万英镑。这一天收盘后，他意识到自己再也无力回天了。

东窗事发后,里森畏罪潜逃,此时,市场仍旧在下跌,到 3 月 2 号,巴林银行的亏损已经高达 9.16 亿英镑。无奈之下,英格兰银行决定对巴林银行进行倒闭清算。

1995 年 3 月 9 号,荷兰国际集团正式接管了巴林银行,这个令英国人骄傲了两个多世纪的银行就此毁灭,而始作俑者的里森也因财务欺诈罪被判处有期徒刑 6 年 6 个月。实际上,包括里森在内的每一个人都知道风险的存在,但资本市场中,巨额利润的诱惑总是能蒙蔽人们的双眼。

(资料来源:资本的故事.cctv2.)

5.4.4 金融期权市场

1. 期权的定义

期权(options)又称选择权,是指期权的持有者(期权的买方)在约定的时间或约定的时期内按照事先约定的价格买进或卖出一定数量的相关资产的权利(而非义务),也可以根据需要放弃行使这一权利。期权的买方要向期权的卖方支付一笔费用即期权费(option premium)作为获得这一权利的代价。期权合约不同于远期合约,后者是将来以一定的价格买进或卖出的义务。

期权是一种权利,对期权的买方来说,可以在对自己有利的时机行使期权,也可以不行使,即期权买方可以根据价格变动决定是否进行交易,当价格变化对他有利时,就可以要求对方进行交易;否则就可以放弃期权,而按市场价格买进或卖出,此时他损失的只是期权费。而期权的卖方只有应期权买方的要求进行交易的义务,而没有要求期权买方进行交易的权利。显然,期权交易合约双方的权利和义务是不对称的。

任何一个赋予合约一方以预定的价格买进或卖出的权利的合同就是期权。有多少东西可以进行买卖,就有多少种不同的期权合同:商品期权合同、股票期权合同、利率期权合同、外汇期权合同等。

2. 期权的构成要素

(1) 期权合约。交易双方进行期权交易的合约,一般包括交易单位、最小变动单位、每日价格最大波动限制、合约月份、交易时间等方面的内容。

(2) 执行价格。期权的买方行使权利时,合约中事先约定的标的物买卖价格,也叫履约价格或敲定价格。

(3) 期权费。期权买方为获得期权而支付给期权卖方的代价,也叫权利金或保险金。

(4) 期权期限。由买卖双方通过合同确定或由交易所规定,也叫履约日。

3. 期权的种类

1) 按照行权方式不同分为看涨期权和看跌期权

看涨期权(call option)也叫买入期权,是指期权的购买者预期某种产品的价格将会上涨时,就以一定的权利金购买在未来约定的时期内以约定的价格购买该种产品的权利。

例如,假设益智公司股票当前的价格为 15 元,你预计他在六个月后会上涨到 22 元,但你又不敢肯定。于是,你以每股 1 元的价格从王小二手里购买了这样一份买入期权,约定在六个月后你有权利从王小二手里以每股 17 元的价格购买 1 万股益智股票的权利。如果六个月后股票的价格真的上涨到了 22 元,那么,你就执行以每股 17 元的价格从王小二手里买入1万股益智股票的权利,然后以每股22元的价格将其在现货市场上卖掉。因此,在你执行期权后,你就可以赚回4万元的毛利润(1万股×22元－1万股×17元－1万股×1元＝4万元)。

六个月后,只要益智公司股票的市场价格高于你和王小二事先约定的价格,你执行买入期权都是有利的。当益智股票的市场价格高于18元(执行价格＋期权费),你执行买入期权就能赚取一定的利润。

如果六个月后益智公司股票的市场价格出乎你所料,低于17元,如跌到了15元,你就不必执行买入期权了,这时,你所损失的也就只是购买期权时的1万元的支出。

看跌期权(put option)也叫卖出期权,是指期权的购买者预期某种产品的价格将会下跌时,就以一定的权利金购买在未来约定的时期内以约定的价格卖出这种产品的权利。

在上面的例子中,如果你认为益智公司的股票价格在六个月后不是上涨到22元,而是会下跌到11元,那么,你就可以购买卖出期权。假设你和王小二的这份期权合约的主要条款为:你购买每股股票的权利金为1元,约定的履约价格为15元,期限为六个月。如果在这六个月中,正如你所预料的那样,益智公司股票价格真的下跌到了13元,那么,你就可以执行卖出期权,以13元的价格在现货市场上买入1万股益智股票,同时以约定的每股15元的价格卖出1万股给王小二。

由于六个月后益智公司股票价格跌到了13元,你通过执行卖出期权,你就净赚了1万元(1万股×15元－1万股×13元－1万股×1元＝1万元)。实际上,只要益智股票的市场价格低于14元(执行价格－期权费),你执行卖出期权就是合算的。

2) 按照行权的时间不同分为美式期权和欧式期权

美式期权是指期权的购买者可以在期权到期日以及到期日之前的任何时间里执行权利的期权。与美式期权不同,**欧式期权**只能在期权的到期日执行期权。实际上,美式期权与欧式期权的差别与地理名称没有任何联系。在美国期权市场上交易的也有不少欧式期权,在欧洲期权市场上也有不少美式期权。

4. 期权交易平衡点

在期权交易中,什么时候不赚不赔呢?这就需要计算平衡点。

看涨期权的平衡点计算公式如下:

$$平衡点＝执行价格＋期权费$$

当买入期权的原生产品未来的市场价格高于平衡点时,期权的购买者就有利可图;反之,如果未来原生产品的价格低于平衡点,那么,期权购买者执行看涨期权就会亏损,所亏不过限于期权费,因此他会放弃执行期权。在上面益智股票的看涨期权中,平衡点为18元,因此,当未来益智公司股票的价格高于18元时,期权购买者就可以执行期权,不但可以收回期权费成本,而且还可以获得一定的利润。

看跌期权的平衡点计算公式如下:

$$平衡点＝执行价格－期权费$$

当卖出期权的原生产品未来市场价格低于平衡点时,期权的购买者就有利可图;反之,如果未来原生产品的价格高于平衡点,那么,期权购买者执行看跌期权就会亏损,所亏也仅限于期权费,因此,他会放弃执行期权。前文例子中,益智公司股票看跌期权的平衡点为14元,只要益智股票的市场价格低于14元,看跌期权的购买者执行期权就不仅可以收回期权费成本,而且还可以赚取一定的利润。

从以上分析可知,和远期、期货不同,期权赋予买方将风险锁定在一定范围之内的权利,可以实现有限的损失(即期权费)和无限的收益;对于期权的卖方则恰好相反,损失无限而收益有限。

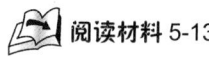

金融期权与金融期货的区别

1. 标的物不同

金融期权与金融期货的标的物不尽相同。一般地说,凡可作期货交易的金融商品都可作期权交易。然而,可作期权交易的金融商品却未必可作期货交易。在实践中,只有金融期货期权,而没有金融期权期货,即只有以金融期货合约为标的物的金融期权交易,而没有以金融期权合约为标的物的金融期货交易。一般而言,金融期权的标的物多于金融期货的标的物。

随着金融期权的日益发展,其标的物还有日益增多的趋势,不少金融期货无法交易的东西均可作为金融期权的标的物,甚至连金融期权合约本身也成了金融期权的标的物,即所谓复合期权。

2. 投资者权利与义务的对称性不同

金融期货交易的双方权利与义务对称,即对任何一方而言,都既有要求对方履约的权利,又有自己对对方履约的义务。而金融期权交易双方的权利与义务存在明显的不对称性,期权的买方只有权利而没有义务,而期权的卖方只有义务而没有权利。

3. 履约保证不同

金融期货交易双方均需开立保证金账户,并按规定缴纳履约保证金。而在金融期权交易中,只有期权出售者,尤其是无担保期权的出售者才需开立保证金账户,并按规定缴纳保证金,以保证其履约的义务。至于期权购买者,因期权合约未规定其义务,其无须开立保证金账户,也就无须缴纳任何保证金。

4. 现金流转不同

金融期货交易双方在成交时不发生现金收付关系,但在成交后,由于实行逐日结算制度,交易双方将因价格的变动而发生现金流转,即盈利一方的保证金账户余额将增加,而亏损一方的保证金账户余额将减少。当亏损方保证金账户余额低于规定的维持保证金时,亏损方必须按规定及时缴纳追加保证金。因此,金融期货交易双方都必须保有一定的流动性较高的资产,以备不时之需。

而在金融期权交易中,在成交时,期权购买者为取得期权合约所赋予的权利,必须向期权出售者支付一定的期权费;但在成交后,除了到期履约外,交易双方不发生任何现金流转。

5. 盈亏的特点不同

金融期货交易双方都无权违约也无权要求提前交割或推迟交割,而只能在到期前的任一时间通过反向交易实现对冲或到期进行实物交割。而在对冲或到期交割前,价格的变动必然使其中一方盈利而另一方亏损,其盈利或亏损的程度决定于价格变动的幅度。因此,从理论上说,金融期货交易中双方潜在的盈利和亏损都是无限的。

相反,在金融期权交易中,由于期权购买者与出售者在权利和义务上的不对称性,他们在交易中的盈利和亏损也具有不对称性。从理论上说,期权购买者在交易中的潜在亏损是有限的,仅限于所支付的期权费,而可能取得的盈利却是无限的;相反,期权出售者在交易中所取得的盈利是有限的,仅限于所收取的期权费,而可能遭受的损失却是无限的。当然,在现实的期权交易中,由于成交的期权合约事实上很少被执行,因此,期权出售者未必总是处于不利地位。

6. 套期保值的作用与效果不同

金融期权与金融期货都是人们常用的套期保值的工具，但它们的作用与效果是不同的。

人们利用金融期货进行套期保值，在避免价格不利变动造成的损失的同时也必须放弃若价格有利变动可能获得的利益。人们利用金融期权进行套期保值，若价格发生不利变动，套期保值者可通过执行期权来避免损失；若价格发生有利变动，套期保值者又可通过放弃期权来保护利益。这样，通过金融期权交易，既可避免价格不利变动造成的损失，又可在相当程度上保住价格有利变动而带来的利益。

但是，这并不是说金融期权比金融期货更为有利。这是由于如从保值角度来说，金融期货通常比金融期权更为有效，也更为便宜，而且要在金融期权交易中真正做到既保值又获利，事实上也并非易事。

所以，金融期权与金融期货可谓各有所长，各有所短，在现实的交易活动中，人们往往将两者结合起来，通过一定的组合或搭配来实现某一特定目标。

【阅读材料】

5.4.5 金融互换市场

互换(swaps)，也称"掉期""调期"，是双方签订的、在未来某段特定时间、按照事先约定的方式相互交换现金流的合约。互换有商品互换和金融互换，后者的基本类型又可分为利率互换和货币互换。金融互换是降低长期资金筹措成本和资产负债管理中防范利率和汇率风险的最有效的金融工具之一。

以最常见的利率互换为例：假设甲公司能够以 5%的固定利率或 4%的浮动利率取得美元贷款，乙公司能够获得 7%的固定利率或 4.5%的浮动利率贷款。且甲公司取得了固定利率贷款，利率为 5%，乙公司则取得了浮动利率贷款，利率为 4.5%。甲乙两公司商定，由乙公司向甲公司承担 1%的利率后，然后双方交换利息支付的义务，甲公司替乙公司支付浮动利率，乙公司则替甲公司支付固定利息。这样，乙公司支付的利率总水平为 1%＋5%＝6%；甲公司替乙公司支付的浮动利率为 4.5%，但由于乙公司事先向甲公司支付了 1%的利率，因此，甲公司实际支付的利率总水平为 3.5%。通过这一利率互换的交易，甲公司实际上是以 3.5%的利率获得了浮动利率贷款，而乙公司则获得了 6%的固定利率贷款。可见，甲乙两公司通过利率互换就有效地降低了利息成本。

【阅读材料】

5.5 证券投资基金

5.5.1 证券投资基金的概念与特征

1. 证券投资基金的概念

基金，是指为特定的目的和用途，实行分工和专业化管理的组合资产，如慈善基金、保险基金、退休基金等。特定目的和用途，既可以是公益目的(非营利性)，也可以是非公益性(营利性)目的。投资基金即指非公益性的基金，通过汇聚具有相同投资目标的众多投资者的资金，由专业化的投资管理机构管理运营，投资者按出资比例分享收益、分担风险的基金。例如，证券投资基金、房地产投资基金、创业投资基金等。

证券投资基金(securities investment funds)是将分散的小额资金集中起来，组成规模较大的资金，然后投资于各类有价证券。其最大的特点就是收益共享，风险共担。所谓收益共享，是指证券投资基金赚得的利润要由所有的基金持有人一起分享；风险共担是指证券投资基金投资遭受损失时也要由所有基金持有人一起承担。

【拓展视频】

我国《证券投资基金法》第 2 条规定："在中华人民共和国境内，通过公开发行基金份额募集证券投资基金，由基金管理人管理，基金托管人托管，为基金份额持有人的利益，以资产组合的方式进行证券投资活动，适用本法；本法未规定的，适用《中华人民共和国信托法》《中华人民共和国证券法》和其他有关法律、行政法规的规定。"在我国，基金管理人称为基金管理公司，可以采取有限责任公司也可以采取股份有限公司的组织形式；基金托管人由依法设立并取得基金托管资格的商业银行担任；基金份额持有人，也称基金持有人，是指通过向基金投资而持有受益凭证，并有权领取基于信托财产的运用所获收益的人。

2. 证券投资基金的特征

(1) 在证券投资基金关系中存在投资人、保管人和经理人等三方当事人。投资人是基金的实际所有人，也是基金运用收益的主体，但投资人不参与对基金的实际管理和具体运用。保管人又称为基金受托人，他受基金发起人或基金经理人的委托对基金的各项财产进行保管和控制，尽管保管人既不是基金的所有人，也不是基金的实际经营者，但是，他对基金的运用承担有效监督的职责。经理人又称为委托人，他是投资基金的实际管理人和运用人，同时受保管人的制约和监督。

(2) 规模经营。基金的一个重要特点就是把众多的投资者手中的闲置资金汇集起来投资到最能使资本增值的地方。许多高效益的项目需要大量资金，个人投资者资金十分有限，不可能直接投资这种项目，而积少成多就能解决问题。而且基金运行的规模越大，其管理费用所占的比例越小，经济效益也就越好。

(3) 组合投资，分散风险。因为投资基金大，资金雄厚，有能力把资金分散投资到不同的证券品种上，例如投资到股票、国债券、公司债券、期货等不同领域，或是在投资某种证券时选择不同的行业、不同地区公司或不同的市场，从而分散投资风险。

(4) 具有多种投资选择方式，满足投资者的不同要求。成熟的证券市场，投资基金品种多种多样，各具特色，给投资者提供了多种的选择机会。投资者投资基金有以长期升值为目的的，也有以短期获利为目的的；基金有收益增长快但风险也高的，也有获利稳定而风险小的；同时，不同的基金在运作中也有不同的特点，这样投资者就可以根据自己的认识和需要，选择适合的基金进行投资。

5.5.2 证券投资基金与股票、债券、银行储蓄存款的差别

1. 证券投资基金与股票、债券的差别

(1) 影响价格的主要因素不同。在宏观经济、政治环境大致相同的情况下，股票的价格主要受市场供求关系、上市公司经营状况等因素的影响；债券的价格主要受市场存款利率的影响。证券投资基金的价格主要受市场供求关系或基金资产净值的

影响。其中,封闭式基金的价格主要受市场供求关系的影响;开放式基金的价格则主要取决于基金单位净值的大小。

(2) 投资收益与风险大小不同。通常情况下,股票的收益是不确定的;债券的收益是确定的;证券投资基金的虽然也不确定,但其特点决定了其收益要高于债券。另外,在风险程度上,按照理论推测和以往的投资实践,股票投资的风险大于基金,基金投资的风险又大于债券。

(3) 投资回收期和方式不同。股票投资是无期限的,如果回收,只能在证券交易市场上按市场价格变现;债券投资有一定的期限,期满后可收回本息;投资基金中的封闭式基金,可以在市场上变现,存续期满后,投资人可按持有的基金份额分享相应的剩余资产;开放式基金没有存续期限,投资人可以随时向基金管理人要求赎回。

2. 证券投资基金与银行储蓄存款的差别

(1) 性质不同。存款属于债权类合同或契约,银行对存款者负有完全的法定偿债责任;证券投资基金属于股权合同或契约,基金管理人只是代替投资者管理资金,并不保证资金的收益率,投资人也要承担一定的风险和费用。

(2) 收益和风险程度不同。一般情况下,银行存款利率都是相对固定的,几乎没有风险;基金的收益与风险程度都高于银行存款。

(3) 投资方向与获利内容不同。银行将储蓄存款的资金通过企业贷款或个人信贷投放到生产或消费领域,以获取利差收入;证券投资基金将投资者的资金投资于证券市场,通过股票分红或债券利息来获得收益,同时通过证券市场差价来获利。

(4) 信息披露程度不同。银行吸收存款之后,没有义务向存款人披露资金的运行情况;证券投资基金管理人则必须定期向投资者公布基金投资情况和基金净值情况,如净值公告、定期报告等。

5.5.3 证券投资基金的分类

1. 契约型基金和公司型基金

根据基金组织形式的不同,证券投资基金可以分为契约型基金和公司型基金。

(1) **契约型基金**(contractual type investment fund),又称单位信托基金,是指把投资者、管理人、托管人三者作为基金的当事人,通过签订基金契约的形式,发行受益凭证而设立的一种基金。契约型基金是基于契约原理而组织起来的代理投资行为,没有基金章程,也没有董事会,而是通过基金契约来规范三方当事人的行为。

(2) **公司型基金**(corporate type investment fund),是按照公司法以公司形态组成的,该基金公司以发行股份的方式募集资金,一般投资者则为认购基金而购买该公司的股份,也就成为该公司的股东,凭其持有的股份依法享有投资收益。这种基金要设立董事会,重大事项由董事会讨论决定。

2. 开放式基金和封闭式基金

根据基金运作方式的不同,证券投资基金可以分为开放式基金和封闭式基金。

(1) **开放式基金**(open-end fund),是指基金份额总额不固定,基金份额可以在基金合同约定的时间和场所申购或者赎回的基金。假如你购买了南方成长开放式基金,你现在就可以到他的托管银行去要求赎回。如果你赎回了 10 万份,那么,基金份额也减少了 10 万份。相反,如果你原来没有购买该基金,你也可以到他的托管银行去购买。如果你购买了 10 万份,基金份额也就增加了 10 万份。与封闭式基金不同的是,绝大部分开放式基金不能在证券交易所交易,需要变现时,只能到托管银行的柜台上或基金管理公司去按照当天的净值赎回。

(2) **封闭式基金**(close-end fund),是指经核准的基金份额总额在基金合同期限内固定不变,基金份额可以在依法设立的证券交易所交易,但基金份额持有人不得申请赎回的基金。例如,华夏基金管理公司发行了 30 亿份的封闭式开元基金,存续期为 15 年。在这 15 年内,基金持有人只能在证券交易所交易的时间内转让开元基金,但开元基金的总份额是不变的,在这 15 年内总是 30 亿份。由于在存续期内,基金持有人不能赎回基金份额,基金管理公司面临的流动性压力就大大减少了。

3. 私募基金和公募基金

根据基金募集方式的不同,证券投资基金可以分为私募基金和公募基金。

(1) **私募基金**,是指以非公开方式向特定投资者募集资金并以证券为主要投资对象的证券投资基金。对冲基金(hedge fund)是私募基金的一种,又称套利基金或避险基金,其最大特点是进行贷款投机交易,就是人们常说的买空卖空。对冲基金采用的做空形式有很多种,大家比较熟悉的是股票做空。当预期某企业股票会下跌时,对冲基金会先从金融机构手上借入股票,在市场上卖出;在股票下跌到心理价位后,再从股票市场买回被做空股票还给借贷方,中间所获差价就是做空收益。现在业内普遍认为,对冲基金实际就是充分利用各种金融衍生产品的杠杆效用,承担高风险、追求高收益的投资模式,而这种投资模式在为对冲基金带来高收益的同时也为投资者带来了不可预估的损失。对冲基金中最著名的莫过于乔治·索罗斯的量子基金以及朱利安·罗伯逊的老虎基金,它们都曾在金融危机中获得过很高的收益率。

(2) **公募基金**,是指以公开发行方式向社会公众投资者募集资金并以证券为投资对象的投资基金。

4. 成长型基金、收入型基金和平衡型基金

根据基金投资风险与收益的不同,证券投资基金可以分为成长型基金、收入型基金和平衡型基金。

(1) **成长型基金**(growth fund)以追求基金资产长期增值为目的,为了达到这一目标,基金管理人通常将基金资产投资于资信良好的、长期有盈余或者发展前景良好的公司的普通股股票。

(2) **收入型基金**(income fund)是注重获取高额的当期收益的基金,其主要的投资对象是能够带来稳定收入的各种证券,如可转换公司债券或优先股等。

(3) **平衡型基金**(balance fund)将资产分别投资于两种不同特性的证券上,并在以取得收入为目的的债券及优先股和以资本增值为目的的普通股之间进行平衡。平衡型基金的主要目的是从其投资组合的债券中得到适当的利息收益,与此同时又可以获得普通股的升值收益。

5. 股票基金、债券基金、货币市场基金、期货基金、期权基金、指数基金和认股权证基金

根据基金投资对象的不同，证券投资基金可以分为以下类型：**股票基金**(stock fund)，是指以股票为投资对象的投资基金；**债券基金**(bond fund)，是指以债券为投资对象的投资基金；**货币市场基金**(money market fund)，是指以国库券、大额银行可转让存单、商业票据、公司债券等货币市场的短期有价证券为投资对象的投资基金；**期货基金**(futures fund)，是指以各类期货品种为主要投资对象的投资基金；**期权基金**(options fund)，是指以能分配股利的股票期权为投资对象的投资基金；**指数基金**(index fund)，是指以某种证券市场的价格指数为投资对象的投资基金；**认股权证基金**(warrant fund)，是指以认股权证为投资对象的投资基金。

5.6 外汇市场与黄金市场

5.6.1 外汇市场

1. 外汇与汇率

1) 外汇的定义及其条件

外汇(foreign exchange)，即国外汇兑，从完整的角度来看，它有动态和静态之分。外汇的动态含义是指把一国货币兑换成另一国货币的国际汇兑行为和过程，即借以清偿国际间债权债务关系的一种专门性经营活动。例如，你要去欧洲旅行，将你持有的一部分人民币换成欧元就是动态的外汇概念。外汇的静态含义则是指以外币表示的可用于对外支付的金融资产，静态上的外汇概念还进一步有广义和狭义之分。

狭义的静态外汇是指以外币表示的、可用于国际之间结算的支付手段。众所周知，随着国际信用制度的发展，大量的国际支付是通过银行运用各种金融工具来进行的。因为如果通过运送现金来完成结算的话，不但要付出较高的运费和经历一段运送时间，而且还可能遭受种种风险损失。所以在大多数情况下，人们是通过银行来完成跨国的货币结算和支付的。在这个过程中，凡是能够被普遍接受的各种金融工具都可视为外汇资产。就狭义的外汇概念而言，只有存放在银行的外币资金以及外币票据才是外汇。更具体地说，狭义的外汇只包括银行汇票、本票、支票和外币存款等。

日常生活中，人们所说的外汇更多的是广义的外汇。广义的静态外汇是泛指一切以外国货币表示的资产。在各国的外汇管理法令中所沿用的就是这种概念。例如，我国1996年1月29日颁布并于同年4月1日起开始实施的《中华人民共和国外汇管理条例》第三条对外汇的范围做了这样的规定："本条例所称外汇，是指下列以外币表示的可以用作国际清偿的支付手段和资产：①外国货币，包括纸币、铸币；②外币支付凭证，包括票据、银行存款凭证、邮政储蓄凭证等；③外币有价证券，包括政府债券、公司债券、股票等；④特别提款权、欧洲货币单位；⑤其他外汇资产。"

但是，并不是所有的外国货币都能成为外汇的。一种货币成为外汇必须具有3个前提条件：①自由兑换性，是指这种外币能自由地兑换成本币(如果一种货币不能自由兑换，就不可能将一国的购买力转换为另一国的购买力,也就无力偿还对外债务,不具备作为国际支付手段的条件,因此该种货币自然构不成外汇);②普遍接受性,是指这种外币在国际经济交往中被各国普遍地接受和使用;③可偿性,是指这种外币资产是可以保证得到偿付的。因此,只有满足这3个条件的外币及其所表示的资产才是外汇。

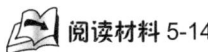阅读材料 5-14

特别提款权

特别提款权(special drawing right,SDR)是国际货币基金组织创设的一种储备资产和记账单位,也被称为"纸黄金(paper gold)"。它是基金组织分配给会员国的一种使用资金的权利。会员国在发生国际收支逆差等重大经济异常情况时,可以用它向基金组织指定的其他会员国换取外汇,以偿付国际收支逆差或偿还基金组织的贷款,还可与黄金、自由兑换货币一样充当国际储备。但由于其只是一种记账单位,不是真正货币,使用时必须先换成其他货币,不能直接用于贸易或非贸易的支付。因为它是国际货币基金组织原有的普通提款权以外的一种补充,所以称为特别提款权(SDR)。

北京时间 2015 年 11 月 30 日凌晨,国际货币基金组织(IMF)在美国华盛顿总部发表声明说"批准人民币加入特别提款权",也就是 SDR 货币篮子,新的货币篮子将于 2016 年 10 月 1 日正式生效,人民币在其中所占权重为 10.92%。国际货币基金组织的声明说,该机构执行董事会当天完成了五年一度的特别提款权货币篮子组成的审议工作,执行董事会的决定认为,人民币符合所有现行标准,自 2016 年 10 月 1 日起,被认定为可自由使用货币,并将作为第五种货币与美元、欧元、日元和英镑一道构成国际货币基金组织特别提款权货币篮子。根据国际货币基金组织的决定,在调整后的新货币篮子中,人民币所占的权重为 10.92%,在五种货币中,位居第三,美元、欧元、日元和英镑的权重分别为 41.73%、30.93%、8.33%和 8.09%。

国际货币基金组织认为,人民币的纳入将使特别提款权货币篮子多元化,并能更加全面的代表全球主要货币,从而有助于提高这一货币篮子作为储备资产的吸引力,与此同时,为确保国际货币基金组织、国际货币基金组织成员以及其他特别提款权使用方有充足时间进行调整、也适应新的变化,新的货币篮子于 2016 年 10 月 1 日正式生效。特别提款权货币篮子是国际货币基金组织在 1969 年创设的一种国际储备资产,用以弥补成员国官方储备不足。

中国人民银行 2015 年 11 月 30 日凌晨发布声明,欢迎国际货币基金组织(IMF)执董会关于将人民币纳入特别提款权(SDR)货币篮子的决定。人民银行声明说,这是对中国经济发展和改革开放成果的肯定。中方对国际货币基金组织管理层和工作人员在 SDR 审查过程中的辛勤工作以及广大成员国的支持表示赞赏。人民币加入 SDR 有助于增强 SDR 的代表性和吸引力,完善现行国际货币体系,对中国和世界是双赢的结果。声明还说,人民币加入 SDR 也意味着国际社会对中国在国际经济金融舞台上发挥积极作用有更多期许,中方将继续坚定不移地推进全面深化改革的战略部署,加快推动金融改革和对外开放,为促进全球经济增长、维护全球金融稳定和完善全球经济治理作出积极贡献。

2) 汇率的定义及其标价方法

(1) 汇率的定义。假如你想去美国,但在美国是不能使用人民币的,因此,你在出国之前必须将你持有的一部分人民币换成美元。如果你想将10万元人民币换成美元,那么,你可以换得多少美元呢?这就要取决于人民币与美元之间的汇率了。**汇率**(exchange rate)是用一个国家的货币折算成另一个国家的货币的比率、比价或价格,也可以说是以一国货币表示的另一国货币的"相对价格"。由于汇率为外汇买卖确定了标准,因而又称外汇牌价,简称汇价或外汇行市(foreign exchange quotation)。比如，假设现在美元兑换成人民币的汇率为1∶6.71，即表示1美元换成6.71元的人民币；欧元与美元之间的汇率为1∶1.30，即表示1欧元可以换成1.30美元。

(2) 汇率的标价方法。折算两种货币之间的比率，首先要确定以哪一国货币作为标准，这就涉及外汇价格的标价方法问题。一般来说，有两种不同的汇率标价方法：直接标价法和间接标价法。**直接标价法**(direct quotation)又称应付标价法或欧式标价法，是指以一定单位(如一、一百、一万等)的外国货币作为基准，折算成若干单位的本国货币来表示两种货币之间的汇率的标价法。在这一标价法下，外国货币好似"商品"，称为单位货币；本国货币好似"货币"，称为计价货币，两者对比后的直接标价法，则表示银行买卖一定单位的外币应付或应收多少本币。例如，假设美元与人民币之间的汇率为1∶6.71，就是用人民币来表示美元与人民币之间的汇率，因此，对人民币来说，这就是直接标价法。在直接标价法下，汇率越高，说明一定单位的外国货币所能换成的本国货币就越多，因此，外国货币就越昂贵，本国货币就越便宜；反之，汇率越低，则外国货币就贬值了，而本币则升值了。**间接标价法**(indirect quotation)又称应收标价法或美式标价法，是指以一定单位(如一、一百、一万等)的本国货币为标准，折算成若干单位的外国货币来表示两种货币之间的汇率的标价法。在这一标价法下，本币好似"商品"，作为单位货币，外币好似"货币"，作为计价货币，两者对比后的汇率，表示银行买卖一定单位的本币应收或应付多少外汇。例如，假设美元与人民币之间的汇率为1∶6.71，对美元来说，这就是间接标价法。与直接标价法相反，在间接标价法下，汇率越高，就表示单位本币所能换回的外国货币就越多；反之，汇率越低，说明本币所能换回的外币就越少。所以，在间接标价法下，汇率的上升说明本币升值了；反之，本币则贬值了。除英国、美国、澳大利亚和欧元区以外，世界上大多数国家都采用直接标价法来公布汇率，我国人民币也采用直接标价法。

3) 汇率变动对经济的影响

(1) 汇率变动对贸易收支的影响。汇率变动会引起进出口商品价格的变化，从而引起一国进出口贸易发生变化，也就引起了贸易收支的变化。在其他条件不变的情况下，如果一国货币的汇率下浮，即本币贬值、外币升值，则有利于该国增加出口，抑制进口。原因有三：①国外对该国商品需求增加。如果该国货币汇率下浮，以外币表示的出口商品价格就会下降，当出口商品具有较大价格需求弹性时，就会诱使国外居民增加对该国出口商品的需求，可能会使出口大幅度增加。②出口商品积极性提高。由于该国货币汇率的下浮，出口同样数量的商品，换回本国货币的数量更多，增加了出口商的利润，从而刺激出口的积极性。③进口受到抑制。如果该国货币汇率下浮，就会使以本币表示的进口商品的价格上涨，使该国商品与进口商品的性能价格比发生变化，购买进口商品变得不经济，从而使该国居民减少对进口商品的需求，达到抑制进口的效果。反之，如果一国货币汇率上浮，即本币升值、外币贬值，则有利于该国减少出口而扩大进口。在实际生活中，汇率对进出口的作用主要是通过国际市场上的竞争实现的，但这也要以竞争对手"不变"，即未采取或尚未来得及采取应对措施为条件。当竞争对手通过贬低本币汇率等措施加以反击时，竞争力的优势即不复存在。

(2) 汇率变动对非贸易收支的影响。一国货币汇率下浮或上浮，对该国国际收支经常项目中的旅游和其他劳务收支的状况也会产生一些影响。如果一国货币汇率下浮，外国货币的购买力相对提高，该国的劳务商品价格相对降低，这对外国游客或客户无疑增加了吸引力，扩大了非贸易收入的来源。如果一国货币汇率上浮，外国货币购买力相对下降，该国的劳务商品价格相对提高，就会减少非贸易收入的来源；同时，由于本国货币购买力的相对提高，使外国劳务商品价格相对降低，还会刺激非贸易支出的增加。

(3) 汇率变动对资本流动的影响。汇率的变动对长期资本流动的影响较小。由于长期资本的流动主要以利润和风险为转移，在利润有保证和风险较小的情况下，汇率变动不致直接引起巨大的波动。汇率变动对短期资本流动有很大影响。当存在本币对外贬值的趋势下，本国投资者和外国投资者就不愿持有以本币计值的各种金融资产，并会将其转兑成外汇，发生资本外逃现象。同时，由于投资者纷纷转兑外汇，加剧外汇供求紧张，会促使本币汇率进一步下跌。但是，本国货币贬值将有利于该国长期资本的输入，特别是有利于国外企业到该国进行直接投资。反之，当存在本币对外升值的趋势下，本国投资者和外国投资者就力求持有以本币计值的各种金融资产，并引发资本的内流。同时，由于外汇纷纷转兑本币，外汇供过于求，会促使本币汇率进一步上升。

(4) 汇率变动对物价的影响。在货币发行量一定情况下，本币汇率上升会引起国内物价水平下降。因为本币汇率上升、外汇汇率下降，就会使以本币表示的进口商品在国内售价相对便宜，刺激进口增加，并带动用进口原料生产的本国产品价格下降。另外，由于本币汇率上升，以外币表示的出口商品在国外市场价格升高，降低了出口商品的竞争力，促使一部分出口商品转内销，增加了国内市场供给量，也会引起国内物价水平的下降。在货币发行量一定的情况下，本币汇率下浮会引起国内物价水平上升。因为本币汇率下浮，一方面有利于本国商品出口，出口商品数量增加会使国内市场供应发生缺口，促使价格上涨。另一方面，进口商品用本币表示的价格因本币汇率下跌而上升，促使进口的生产资料价格提高，导致以此为原料的国产商品价格上涨，同时，进口的消费资料也因本币汇率的下浮而价格上涨，进口商品数量减少，国内市场商品供应相对减少，引起国内物价水平上涨。

(5) 汇率变动对利率水平的影响。在货币发行量一定条件下，本国货币汇率上升，使国内利率总水平上升。因为本币汇率上升，会对商品出口和资本流入产生不利的影响，而对商品进口和资本流出产生有利的影响，引起本国外汇收入减少、外汇支出增加，从而使国内资金总供给减少，引起国内利率总水平上升。反之，本国货币汇率下降，有利于增加本国外汇收入，国内资金供应增加，导致国内利率总水平下降。因此，凡是货币汇率高估而有逆差的国家，其国内利率水平必偏高；凡是货币汇率低估而有顺差的国家，其国内利率水平必偏低。

(6) 汇率变动对就业水平和国民收入的影响。在货币发行量一定条件下，本国货币汇率上升，使国内利率总水平上升。因为本币汇率上升，会对商品出口和资本流入产生不利的影响，而对商品进口和资本流出产生有利的影响，引起本国外汇收入减少、外汇支出增加，从而使国内资金总供给减少，引起国内利率总水平上升。反之，本国货币汇率下降，有利于增加本国外汇收入，国内资金供应增加，导致国内利率总水平下降。因此，凡是货币汇率高估而有逆差的国家，其国内利率水平必偏高；凡是货币汇率低估而有顺差的国家，其国内利率水平必偏低。

2. 外汇市场概述

1) 外汇市场的定义及其分类

(1) 外汇市场的定义。**外汇市场**(foreign exchange market，exchange market)就是进行外汇交易的场所。一提起交易场所，你可能马上就会想到商品批发市场、农贸市场这样的有组织的有形市场。在这些市场上，各种叫卖声、讨价还价声不绝于耳。你也可能会联想到证券公司营业厅中的投资者，他们正目不转睛地盯着电脑显示屏，关注股票价格的走势。在那里，行情好时，人声鼎沸，投资者脸上会绽放出灿烂的笑容；行情大跌时，投资者会神情沮丧。但是，你在外汇市场上是不一定能够看得到这种景象的，这是因为国际金融市场上的外汇业务活动并非一定有一个固定场所，外汇交易者是可以通过电话或计算机进行联系和交易的。

(2) 外汇市场的分类。

① **从组织形式看，国际上外汇市场的形式大体可分为两类：一类是有固定交易场所的有形外汇市场**，如法国的巴黎、德国的法兰克福、比利时的布鲁塞尔等市场。在这种市场上，外汇交易者均按规定时间到交易所进行交易。但许多交易也可在商业银行之间进行。**另一类是没有具体交易场所的无形外汇市场，外汇交易完全由交易者通过电话、电报、电传、计算机网络等通信工具进行**。世界上大多数外汇市场，如伦敦、纽约、东京、新加坡、中国香港等市场，都没有固定交易场所。即使在有固定场所的外汇市场中，许多交易也是通过各种通信工具进行，可以随时向世界各地通报市场行情，并随时承接来自世界各地的交易。目前，尽管世界上仍然存在着有形外汇市场，但是，绝大部分外汇交易是在无形外汇市场上进行的。由于通信技术的发展，现在的外汇市场是全球性的，全球各个地区的外汇市场能够按时区的差异相互衔接，在星期一至星期五每天 24 小时可以在全球实现不间断的交易。当亚洲的外汇交易中心闭市时，伦敦外汇交易中心又刚好开市；当伦敦闭市时，纽约外汇交易中心又刚好开市。

② **从外汇所受管制程度看，外汇市场可以分为自由外汇市场、外汇黑市和官方市场**。自由外汇市场是指政府、机构和个人可以买卖任何币种、任何数量外汇的市场。自由外汇市场的主要特点是：第一，买卖的外汇不受管制；第二，交易过程公开。例如，美国、英国、法国、瑞士的外汇市场皆属于自由外汇市场。外汇黑市上的需求，主要包括两部分：一部分是本身即属非法交易，如走私、洗钱、非法转移个人资产、违规对外投资等交易所形成的需求；另一部分是一些正当需求，如超限额的个人因私用汇、符合国家规定的对外投资等，但或因审核手续烦琐，或因对有关规定不清楚，或因国家对购汇有所限制等，进入非法渠道获得。黑市上的外汇供给则有的是黑钱，有的也是合法收入，但试图赚取黑市的汇价差。由于发展中国家大多执行外汇管制政策，不允许自由外汇市场存在，所以这些国家的外汇黑市比较普遍。官方市场是指按照政府的外汇管制法令来买卖外汇的市场。这种外汇市场对参与主体、汇价和交易过程都有具体的规定。在发展中国家，官方市场较为普遍。

2) 外汇市场的功能

(1) 实现购买力的国际转移。国际贸易和国际资金融通至少涉及两种货币，而不同的货币对不同的国家形成购买力，这就要求将本国货币兑换成外币来清理债权债务关系，使

第5章 金融市场

购买行为得以实现。而这种兑换就是在外汇市场上进行的。外汇市场所提供的就是这种购买力转移交易得以顺利进行的经济机制，它的存在使得各种潜在的外汇出售者和外汇购买者的意愿能联系起来，使得各类国际商业往来的经济合作以及各国在政治、军事、文化、体育、科技等各个领域里的交流成为可能。例如，一个日本出口商将一批丰田汽车卖给中国进口商，这项交易的计价货币可以有 3 种选择：日元、人民币或第三国货币(如美元)。一旦双方确定了交易的计价货币，就可以在国际间转移购买力了。如果以日元计价，则中国进口商就得将购买力转换成日元，以便向日本出口商支付货款；如果以人民币计价，则日本出口商将购买力向其本国货币转移；如果以美元计价，则中国进口商就得将购买力从人民币转换成美元，而日本出口商在收到美元货款后，再将购买力从美元转换成其本国货币日元。

(2) 为国际间的经济交易提供资金融通。外汇市场为国际经济交易者提供了资金融通的便利，从而使国际借贷和国际投资活动能够顺利进行。比如，日本某跨国公司想在中国设立一家子公司，其可以先在外汇市场用日元兑换一定数额的人民币，然后用其在中国购买土地、兴建厂房、添置设备并雇用当地的工人。另外，由于外汇市场的存在，使得人们能够在一个国家借款筹资，而在另一个国家进行投资，从而使得各种形式的套利活动得以进行，各国的利率水平也因此出现趋同现象。

(3) 利用外汇市场进行保值和投机活动。在以外汇计价成交的国际经济交易中，交易双方都面临着外汇风险。由于市场参与者对外汇风险的判断和偏好的不同，有的参与者宁可花费一定的成本来转移风险，而有的参与者则愿意承担风险以实现预期利润。由此产生了外汇保值和外汇投机两种不同的行为。在金本位和固定汇率制下，外汇汇率基本上是平稳的，因而就不会形成外汇保值和投机的需要及可能。而在浮动汇率下，外汇市场的功能得到了进一步的发展，外汇市场的存在既为套期保值者提供了规避外汇风险的场所，又为投机者提供了承担风险、获取利润的机会。

3) 外汇市场的参与者和交易方式

(1) 外汇市场的参与者。外汇市场的参与者有外汇银行、外汇经纪人、中央银行，以及众多的进出口商、非贸易外汇供求者和外汇投机者。**外汇银行**又称外汇指定银行，是指经过本国中央银行批准，可以经营外汇业务的商业银行或其他金融机构。外汇银行主要包括专营或兼营外汇业务的本国银行以及在本国的外国银行分行等金融机构。外汇银行是外汇市场的交易主体，它不仅充当外汇供给者和外汇需求者的主要中介人，也自行买卖外汇，参与外汇市场投机活动。**外汇经纪人**是专门从事介绍外汇买卖成交的人。他们自己一般不从事外汇买卖，而是依靠同外汇银行的密切联系和掌握的外汇供求信息，促成双方交易，从中赚取手续费。**中央银行**也是外汇市场的重要参与者。为了防止国际短期资金大量流动的冲击，中央银行负有干预外汇市场的职责：外汇短缺时大量抛售，外汇过多时大量收购，以便能把本国货币的汇率稳定在一个所希望的水平上或幅度内，从而促进本国经济的健康发展。**进出口商**实际上是外汇市场上最初的外汇供应者和最后需求者。出口商出口商品换取外汇后，多在市场上出售；而进口商为支付商品进口所需价款，会在市场上买进外汇。此外，外债本息偿还者、国际旅游者、出国留学者等**非贸易外汇供求者**，也会成为外汇市场参与者。**外汇投机者**也会在外汇市场上，利用不同市场、不同时间的货币汇率变动，买空卖空，套汇套利，投机牟利。

(2) 外汇市场的交易方式。①**即期外汇交易**(spot exchange transaction)又称现货交易,是指交易双方以当时外汇市场的价格成交,并在成交后两个营业日内办理有关货币收付交割的外汇交易方式。②**远期外汇交易**(forward exchange transaction)又称期汇交易,是指在外汇买卖成交后,按照所签订的远期合约,以约定的远期汇率在未来约定的日期办理交割手续的外汇交易方式。双方在签订合同时,除交纳一定比例(如 10%)的保证金外,不发生任何资金的转移。进行远期交易有不同的目的:如进出口商为了避免汇率风险,预先买进或卖出远期外汇、资金借贷者为防止国外投资或所欠国外债务到期时汇率变动蒙受损失而进行远期交易等。③**掉期外汇交易**(swap transaction)又称时间套汇,是指同时买进和卖出相同金额的某种外汇,而买与卖的交割期限不同的一种外汇交易。进行掉期交易的目的在于防止汇率风险,掉期交易的实质是将交割日期不同而币种相同、数额相同或相当的两笔交易结合起来进行,但是,两者的买卖方向相反。例如,A 银行以 1 英镑兑 2.15 美元的即期汇率卖出 100 万英镑,买进 215 万美元,同时,以 1 英镑兑 2.10 美元的远期汇率买进 3 个月期的 100 万英镑,就是掉期交易。交易的结果是交易者所持有的货币期限发生变化,故称"掉期"。在掉期交易中,重要的不是即期汇率水平而是掉期率,即买进和卖出两种不同期限的外汇所使用的汇率和差价。④**套汇交易**(arbitrage transaction)是指利用两个或两个以上外汇市场上某些货币的汇率在同一时间存在的差异,贱买贵卖,获取地区间外汇差价收益的外汇交易。⑤**套利交易**(interest arbitrage transaction)是指由于两个不同国家金融市场上短期利率高低不同,投资者将资金从低利率国家转移到高利率国家,以便赚取利差收益的外汇交易。为了避免在套利的同时发生汇率变动而蒙受损失,套利通常与掉期交易同时进行,这称为抵补套利。只进行套利而没有做掉期交易,称为非抵补套利。⑥**在外汇领域的衍生工具的交易**,如外汇期货交易、外汇期权交易等。

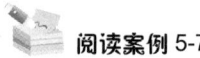
阅读案例 5-7

远期外汇交易的功能

我国某外贸公司从美国进口一批机械设备,合同金额是 500 万美元,以美元结算,支付期限是 3 个月。当时签订合同的即期汇率为 1 美元 = 8.600 0 人民币元,3 个月后的即期汇率为 1 美元 = 8.700 0 人民币元。若 3 个月前支付,中方贸易公司只需付出 4 300 万元人民币(500 万 × 8.6 = 4 300 万);若 3 个月后支付则需付出 4 350 万元人民币(500 万 × 8.7 = 4 350 万),其结果导致中方贸易公司损失 50 万人民币。为了规避交易风险,通常贸易商可采用远期外汇交易的方式。具体做法是,中美双方签订进出口贸易合同的同时,进口方与银行签订一个 3 个月的远期合约,买进 500 万美元,假定 3 个月的远期汇率为 1 美元 = 8.610 0 人民币元,3 个月后尽管本币贬至 1 美元 = 8.700 0 人民币元,进口商只需按 8.610 0 的价格买入 500 万美元,这样他只需付出 4 305 万元人民币,比按即期汇率购进少付出 45 万元人民币。

(资料来源:http://www.nwupl.edu.cn/index.htm.)

5.6.2 黄金市场

1. 黄金市场的历史发展

历史上,黄金曾在世界范围内长期充当一般等价物的角色,是现实经济生活中实实在在的购买手段和支付手段。金本位瓦解和金币停止流通之后，黄金依然保持其货币属性直至第二次世界大战的爆发。第二次世界大战爆发后，各资本主义国家实行外汇管制，规定黄金要出售给官方外汇管理机构或指定的国家银行。1944 年，布雷顿森林会议决定成立国际货币基金组织，各成员国同意以美元作为储备货币，将本国货币与之挂钩，保持固定汇率制，而美国则向各国承诺按每盎司 35 美元的价格无限制地兑换黄金。进入 20 世纪 50 年代，美国政治、经济地位下降，西欧、日本等国的经济开始崛起，突破了美国对世界经济的垄断和美元的霸主地位。特别是美国外汇收支逆差迅速增加，黄金储备大量外流，以致到 1960 年年底出现黄金储备不足以抵补短期外债的情况。当时，在国际金融市场上出现大量抛售美元，抢购黄金和其他货币，并用美元向美国挤兑黄金的现象，导致了美元危机，美元对外价值不断下跌。1971 年 8 月 15 日，美国尼克松政府宣布实行"新经济政策"，停止履行外国政府或中央银行可用美元向美国兑换黄金的义务，这实际上意味着美元与黄金脱钩。

1973 年 2 月，国际金融市场又一次爆发美元危机，掀起抛售美元，抢购德国马克、日元和黄金的风潮，从而西方主要国家的货币对美元的汇率也都实行浮动。由此，以美元为中心的固定汇率制度让位于浮动汇率制度。以美元为中心的国际货币体系连续受到巨大的冲击，以致人们以布雷顿森林会议制度的终结来概括。黄金自此便直接受市场供求所支配，世界黄金市场成为自由贸易市场。非货币化之后，黄金成为各国国际储备资产的一部分。

【阅读材料】

2. 黄金市场的金融功能

黄金的用途过去有相当大的部分是货币用黄金。货币用黄金，又分为两类：一是货币流通所需，如铸造金币；二是国家集中的黄金储备。作为国际储备资产，各国官方储备中都保有必要数量的黄金储备。

现在对黄金的需求，可以说都属于非货币需求，如投资与消费。

目前黄金的主要消费领域有珠宝首饰业、工业装饰、奖章、纪念币等。黄金用途的多样化促进了全球范围内黄金交易活动的活跃，是黄金市场得以发展的基础。

由于黄金的特性与历史习惯，各种以黄金为标的的投资活动依然相当活跃。黄金饰物的相当部分，在民间，也还是重要的投资保值工具。正是活跃的黄金投资，表明黄金市场仍然具有明显的金融功能。人们常说"盛世收藏，乱世黄金"，在一轮轮狂热的黄金投资潮不断升温的背后，其实是人们对于经济环境动荡的恐慌和忧虑。当面对债务危机、巨额的赤字、货币的急剧贬值和升值时，全球投资者纷纷把手中的纸币换成了保值的黄金，这正是人们对未来的经济前景信心不足的表现。

3. 我国黄金市场的发展

新中国成立以后的相当长一段时间里，我国禁止黄金的私下买卖，并规定从事金银生产的企业和个人所采炼的金银，必须全部交售给中国人民银行，不得自行销售、交换和留用。黄金交易属于完全的非市场行为。1982 年，中国人民银行发布了《关于在国内恢复销售黄金饰品的通知》，我国逐步开放了国内黄金饰品零售市场，

黄金由人民银行计划配给，金饰品在人民银行指定的商店销售，销售价格也由国家统一规定。1983年6月，国务院颁布了《中华人民共和国金银管理条例》，明确提出了"国家对金银实行统一管理、统购统配政策"，标志着我国黄金市场在黄金饰品的零售业首先开始启动。

从20世纪90年代开始，由于经济金融形势发生了变化，国内黄金消费需求不断增加，国家围绕黄金的定价机制、供应制度、金饰品零售审批制度等方面逐步进行了改革。1993年，我国将黄金固定定价制度改为初步与国际价格接轨的浮动定价制度，但保留了10%的收售价差。1998年，为进一步满足国内用金企业需求，中国人民银行除保留正常配售供应渠道外，还在深圳试办了黄金寄售业务，同时将黄金收售价差缩小到2%。1999年12月白银市场试行，为黄金市场的开放打下了基础。2001年6月1日起，中国人民银行开始实行黄金周报价制度，并根据国际市场金价变动情况调整价格变动周期，使黄金价格进一步与国际黄金市场接轨。同年11月，中国人民银行将黄金制品零售管理审批制改为核准制。2001年10月，为了进一步加快黄金管理体制步伐，国务院批准成立上海黄金交易所，并于同年11月28日开始模拟运行，108家黄金生产、加工、流通企业成为上海黄金交易所首批会员。

2002年10月，上海黄金交易所正式成立，标志着中国黄金市场的发展进入了一个新的历史时期。我国目前已初步形成了以黄金交易所为主要交易平台、商业银行柜台交易为补充的黄金市场架构。上海黄金交易所成立以来取得了巨大进展，全年市场成交金额首次突破10万亿元人民币。黄金市场主体主要由产金冶炼企业、用金企业和其他企业、商业银行和代理客户构成，市场参与者多元化结构逐步形成，参与市场的能力进一步提高。截至2017年2月，上海黄金交易所客户数大幅提升，机构投资者超过1万户，个人投资者超过925万户。

黄金投资产品怎样选

根据世界黄金协会和中国黄金报社发布的《黄金投资价值研究报告》，目前，全球黄金投资产品主要分为六大类。

1. 金条、金块

金条、金块的变现性非常好，在全球任何地区，都可以很方便地自由买卖，在大多数地区，还不征收交易税。但缺点是由于重量固定，且克数相对较大，需要占用投资者较多的现金，并且，一般需要付出一定的保管费用。目前，在我国一些银行和黄金零售商场都有金条、金块出售。

2. 纸黄金

所谓纸黄金，也被叫做黄金存折，是目前国际上比较流行的黄金投资方式，也被认为是今后个人投资黄金的主要品种。投资者可以通过开设黄金账户买卖黄金，这不仅免去了交易、储存实物黄金的风险和不便，而且对投资者的资金要求也相对较为灵活。

3. 投资性金币

有面额的纯金币要比没有面额的纯金币价值要高，投资金币的优点是其大小和重量并不统一，投资者选择的余地比较大，即便你没有太多的资金，也可以进行投资，而且投资金币的变现性也是相当不错的。在我国，投资性金币在一些金店里是可以买到的。

4. 纪念金币

纪念金币和投资性金币不同，由于附加了一些纪念价值，所以，售价一般会超过其材质本身的价值，而且回购渠道少，应该说，纪念金币的收藏价值要高于投资价值。

5. 黄金衍生产品

由于黄金期权买卖投资战术比较多，并且十分复杂，个人不易掌握，因而，目前世界上黄金期权市场并不太多。

6. 黄金饰品

从投资的角度来看，投资者一般不选择黄金首饰，原因在于黄金首饰附加了大量的设计费用和加工费用，买入和卖出时，价格差距非常大。

石油价格、美元汇率、热钱炒作、地缘政治等等，任何一个因素的变动都随时可能影响黄金价格的走势，普通投资者不仅应该多研究市场，而且要考虑自己对风险的承受力。不少专家强调，个人投资黄金最好是把它当作个人投资组合中的一个部分来投资。

【阅读材料】

本章小结

金融市场通常是指以金融资产为交易对象而形成的供求关系及其机制的总和。金融市场的构成要素主要包括金融市场主体、金融市场客体、金融市场价格和交易组织方式。金融市场主体，即金融市场的交易者。金融市场客体是指金融市场的交易对象，亦即通常所说的金融工具、金融资产。金融市场上借贷资金的集中和分配，会帮助形成一定的资金供给与资金需求的对比，并形成该市场的"价格"——利率，如贴现市场利率，国库券市场利率，银行同业拆借市场利率，银行存、贷款市场利率等。交易组织方式是指将金融市场主体同客体建立联系并得以进行资金供求交易的方式，具体有三种方式：一是集中交易方式，如证券交易所交易；二是分散交易方式，如柜台交易；三是无形交易方式，主要是借助于电脑终端和网络技术来进行交易。

金融市场的功能包括：帮助实现资金在资金盈余单位和资金短缺单位之间的融通；帮助实现风险分散和风险转移；具有确定价格的功能；具有提供流动性的功能；可以减少交易的搜寻成本和信息成本；帮助反映和调节经济状况。

货币市场是短期融资市场，融资期限一般在1年以内，其主要功能是调剂临时性的资金短缺和流动性管理。货币市场主要是由同业拆借市场、票据市场、国库券市场、可转让大额定期存单市场、回购市场等子市场组成。

资本市场是政府、企业、个人筹措长期资金的市场，主要包括长期借贷市场和长期证券市场。在长期借贷中，一般是银行对资金需求者提供的消费信贷；在长期证券市场中，主要是股票市场和长期债券市场。

金融衍生工具，顾名思义，是指在原生性金融工具(如股票、债券、存单、货币等)基础上派生出来的金融产品，包括远期、期货、期权、互换等。金融衍生工具市场主要是由金融远期市场、金融期货市场、金融期权市场、金融互换市场等子市场组成。

证券投资基金是将分散的小额资金集中起来，组成规模较大的资金，然后投资于各类有价证券。其最大的特点就是收益共享，风险共担。

外汇市场就是进行外汇交易的场所。外汇市场的功能包括：实现购买力的国际转移；为国际间的经济交易提供资金融通；利用外汇市场进行保值和投机活动。

外汇市场的参与者有外汇银行、外汇经纪人、中央银行，以及众多的进出口商、非贸易外汇供求者和外汇投机者。

外汇市场的交易方式包括：即期外汇交易；远期外汇交易；掉期外汇交易；套汇交易；套利交易；在外汇领域的衍生工具的交易。

黄金市场是集中进行黄金买卖的交易场所。现在对黄金的需求，可以说都属于非货币需求：投资与消费。黄金用途的多样化促进了全球范围内黄金交易活动的活跃，是黄金市场得以发展的基础。

 关键术语

金融市场　货币市场　资本市场　现货市场　期货市场　同业拆借市场　票据市场　票据贴现　国库券　可转让大额定期存单　回购市场　回购协议　初级市场　二级市场　股票　证券交易所　场外交易市场　风险投资　创业板市场　债券　政府债券　金融债券　公司债券　零息债券　定息债券　浮息债券　单利债券　复利债券　累进利率债券　可赎回债券　不可赎回债券　可转换债券　不可转换债券　信用评级　金融衍生工具　金融远期合约　金融期货合约　期权　看涨期权　看跌期权　美式期权　欧式期权　互换　证券投资基金　契约型基金　公司型基金　开放式基金　封闭式基金　私募基金　公募基金　成长型基金　收入型基金　平衡型基金　股票基金　债券基金　货币市场基金　期货基金　期权基金　指数基金　认股权证基金　外汇　汇率　直接标价法　间接标价法　外汇市场　即期外汇交易　远期外汇交易　掉期外汇交易　套汇交易　套利交易

练　习　题

1. 单项选择题

(1) 金融市场以(　　)为交易对象。
　　A．实物资产　　　　　　　　B．货币资产
　　C．金融资产　　　　　　　　D．无形资产

(2) 以期限在1年以内的金融资产为交易标的物的短期金融市场是(　　)。
　　A．货币市场　　　　　　　　B．资本市场
　　C．黄金市场　　　　　　　　D．外汇市场

2. 不定项选择题

(1) 能够直接为筹资人筹集资金的市场是(　　)。
　　A．发行市场　　　　　　　　B．一级市场
　　C．次级市场　　　　　　　　D．二级市场

(2) 影响股票价格的外部因素有(　　)。
　　A．财政政策　　　　　　　　B．货币政策
　　C．公司效益　　　　　　　　D．宏观经济取向

3. 判断题

(1) 由于世界各国金融市场的发达程度不同，因此，市场本身的构成要素也不同。
　　　　　　　　　　　　　　　　　　　　　　　　　　　　　　　　　(　　)

(2) 债券表示所有权关系，股票表示债权债务关系。　　　　　　　　　　(　　)

4. 简答题

(1) 简述金融市场的功能。

(2) 什么是货币市场？它包括哪些子市场？

(3) 什么是证券投资基金？它有什么特征？可分为几类？

5. 计算题

某企业将一张票面金额为 10 000 元、3 个月后到期的商业票据，提交银行请求贴现。若银行的年贴现率为 6%，那么银行应付给企业多少现款？银行扣除了多少贴息？

第6章 金融中介概述

教学目标

通过本章学习，了解西方国家的金融中介体系的构成及其各类金融机构的特点，了解国际金融机构的形成与发展，掌握金融中介的概念，理解我国现行金融中介体系的构成。

本章引言

明清时期纵横海内的山西商人创造了中国商业的奇迹，"日升昌"票号就是晋商发展到顶峰的标志之一。当时的山西票号，建立了令世人瞠目的金融帝国。票号的治理结构，几乎会让今天的股份制公司也感到逊色三分。如今，以美国为代表的西方发达国家建立了庞大的金融机构体系，各类金融机构一应俱全，也造就了现代金融市场的辉煌。然而，自2007年8月以来，美国金融系统面临着前所未有的危机：曾有158年历史的全美第四大投资银行——雷曼兄弟控股公司宣布破产；被公认是全美第三大投资银行和世界最大证券经纪商的美林公司被美国银行收购；硕果仅存的高盛和摩根士丹利两大投资银行被美联储批准变身银行控股公司；而全球最大保险公司美国国际集团(AIG)则宣布改组企业业务并出售旗下资产以融资。发生在美国的次贷危机最终演变为"百年不遇"的全球金融危机，这场危机也引发了人们对国际金融体系的再认识和思考。那么，现代金融体系中都包含哪些金融机构呢？它们提供的金融服务有哪些特点呢？从本章开始，我们将转入对金融机构的学习和了解。

第 6 章 金融中介概述

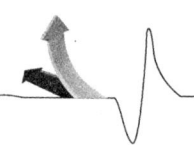

知识要点结构图

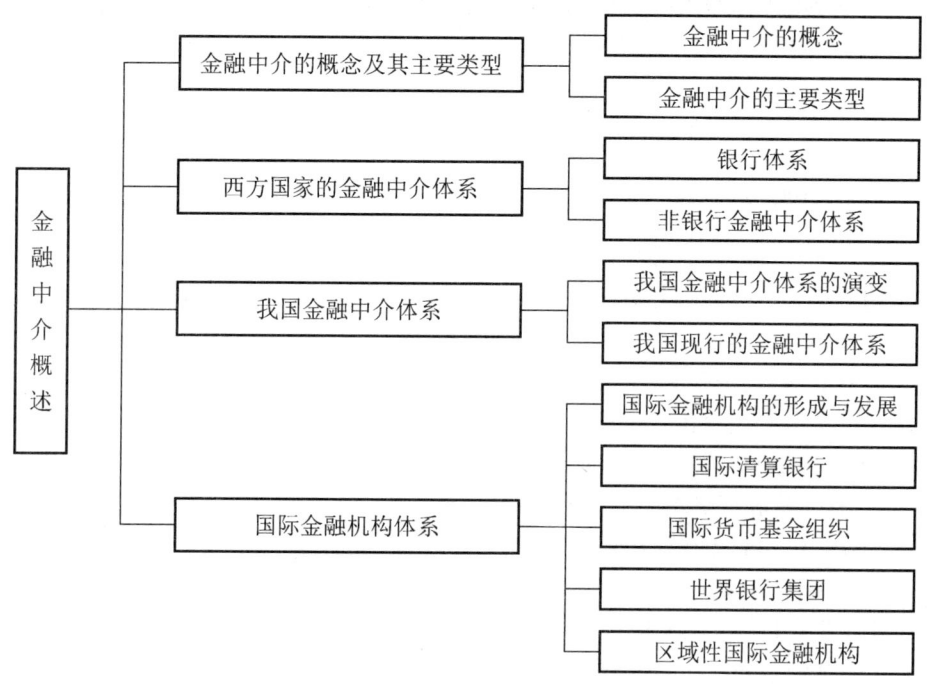

现代经济的发展，离不开提供金融服务的金融中介。金融中介是指在金融市场上资金融通过程中，在资金供求者之间起媒介或桥梁作用的人或机构，在金融活动中发挥着重要作用。经济、金融制度类型及发展水平决定了不同的金融中介体系。本章概括介绍了金融中介的概念及其主要类型，重点介绍西方国家的金融中介体系构成情况，比较详细地阐述了中国金融中介体系的现状。

6.1 金融中介的概念及其主要类型

6.1.1 金融中介的概念

在现代金融活动中，金融中介是最为重要的组织者和参与者。从广义上说，凡是专门从事各种金融活动的组织，均称为**金融中介**(financial intermediary)、金融中介机构(financial intermediation)，也常常称为金融机构(financial institution)，是指以货币资金为经营对象，从事货币信用、资金融通、金融工具交易以及相关业务的组织机构。

从狭义上说，金融中介是以从事间接融资活动的银行为典型，特指信用关系中借者与贷者之间的中介：从贷者那里借入，再向借者那里贷出。如 20 世纪 70 年代，在美国、日本、英国等发达国家金融市场上出现的大量资金从商业银行、储蓄银行等金融中介机构转移到国债和其他证券上的现象被称为"脱媒"或"非中介化"(disintermediation)，这里显然只是将银行视为"金融中介"；米什金在《货币金融学》中也将金融中介描述为："利用金融中介机构来进行的间接金融过程叫作'金融中介',这是将资金从贷款者手中转移到借款者手中的主要渠道。"

本书在将金融中介作为一个整体讲述时,采用的是广义的解释(如包括银行、保险、证券、信托等金融机构在内)。此外,由于习惯等原因,"中介机构"可能有所专指。在我国,日常生活中讲中介机构,常常是指会计师事务所、资信评估事务所之类的中介服务组织。不同习惯用法的区别,对于基本原理的探讨来说,无实质意义,不在本书讨论的范围之内。

6.1.2 金融中介的主要类型

在当前世界市场经济生活中,所有的金融中介构成一个极其庞大、极其多样性的大系统。要想明确哪些产业应该划入金融中介的领域,以及在这一领域内如何有条理地分门别类,是非常不容易的事情。

联合国统计署和国民核算体系(SNA)对金融中介的划分是从广义角度进行的。联合国统计署统计分类处制定有国际标准产业分类法(ISIC)。其中,按经济活动类型的分类,现今世界上的经济活动可分成17个大类。金融中介是其中的一大类,包括的内容如下所述。

1) 不包含保险和养老基金的金融中介活动

(1) 货币中介(monetary intermediation)。

① 中央银行的活动;

② 其他货币中介,主要指存款货币银行性质的活动。

(2) 其他金融中介。

① 金融租赁活动;

② 其他提供信用的活动,主要指类如农业信贷、进出口信贷、消费信贷等专业信贷活动。

③ 其他金融中介活动。

2) 保险和养老保险(不包括强制性社会保障)活动

(1) 生命保险活动。

(2) 养老保险活动。

(3) 非生命保险活动。

3) 辅助金融中介的活动

(1) 金融市场组织,如证券交易所的活动。

(2) 证券交易活动,包括投资银行、投资基金之类的活动。

(3) 与金融中介有关的其他辅助活动。

国民核算体系对金融业的分类是从交易主体或资金收支角度作为识别不同金融机构的划分标准。具体划分是:中央银行;其他存款公司;不是通过吸纳存款的方式而是通过在金融市场上筹集资金并利用这些资金获取金融资产的其他金融中介机构,如投资公司、金融租赁公司以及消费信贷公司等;金融辅助机构,如证券经纪人、贷款经纪人、债券发行公司、保险经纪公司以及经营各种套期保值的衍生工具的公司等;保险公司和养老基金。

6.2 西方国家的金融中介体系

6.2.1 银行体系

西方国家的银行体系包括中央银行、商业银行、专业银行和政策性银行四种类型。在现代金融中介体系中,中央银行是这个体系的核心,商业银行是主体和基础,专业银行及其他金融中介则起补充作用,它们相互协调,共同发展。

1. 中央银行

中央银行(central bank),习惯也称货币当局(monetary authority),是一个国家最高的货币金融管理机构,在各国金融体系中居于主导地位,其职能是进行宏观调控,保障金融安全与稳定,及提供金融服务。中央银行是发行货币的银行,对调节货币供应量、稳定货币价值有重要作用,它将各家银行的存款准备金进行集中保管,并对它们发放贷款。此外,中央银行的主要业务还有代发政府债券,为商业银行和其他金融机构办理资金的划拨清算和资金转移等。与其他金融机构所从事的业务以营利为目的不同,中央银行所从事的业务是为实现国家宏观经济目标服务的,是政府干预经济的工具。各国的中央银行除了具有大部分相同的职能外,也有其各自的不同。例如,在美国负责履行中央银行职责的是美国联邦储备系统(Federal Reserve System,Fed),核心机构是联邦储备委员会。由于美国经济在国际经济格局中的重要地位,以及美元在国际货币市场上的强势地位,美联储在金融市场上的各种行动都会备受其他国家关注。欧洲中央银行则是全球第一个管理超国家货币的中央银行,它最显著的特点是独立性,不接受欧盟领导机构的指令,不受各国政府的监督,是唯一有资格在欧盟内部发行欧元的机构。

2. 商业银行

商业银行(commercial bank),也有称普通银行、存款货币银行或存款银行的,是西方各国金融中介体系中的骨干力量。它的资金来源主要是吸收活期存款(可签发支票的存款)、储蓄存款和定期存款,其资金则主要运用于发放工商业贷款、消费者贷款和抵押贷款。此外,商业银行也为顾客提供多种服务,其中,通过办理转账结算实现着国民经济中的绝大部分货币周转,同时起着创造存款货币的作用。

随着西方各国对金融管制的放松,商业银行的经营思想、经营策略都发生了变化。业务开展呈现多样化趋势,除经营传统的银行业务外,也积极从事证券、保险和信托等金融业务。

3. 专业银行

在西方国家,专业银行是指专门经营特定范围内的金融业务和提供专门金融服务的金融机构。它主要包括储蓄银行和不动产抵押银行。

1) 储蓄银行

储蓄银行(saving bank)是指办理居民储蓄并以吸收储蓄存款为主要资金来源的银行。与我国几乎所有的金融机构均经营储蓄业务的情况不同,在西方不少国家,储蓄银行大多是专门的、独立的。

储蓄银行的具体名称,各国有所差异,有的甚至不以银行相称。不论名称如何,其功能基本相同。比如,美国的储蓄贷款协会和互助储蓄银行、英国的信托储蓄银行和房屋互助协会等。这些机构的资金来源主要是吸收储蓄存款,资金运用主要是发放抵押贷款,有的也投资于政府债券、公司债券或股票。与商业银行相比,储蓄银行的资产期限较长,抵押贷款的比重较高,短借长贷的特点较明显。因此,这类机构的抗风险能力较弱。

2) 不动产抵押银行

不动产抵押银行(mortgage bank),简称抵押银行,是专门经营以土地、房屋及其他不动产为抵押的长期贷款的专业银行。它们的资金来源主要不是靠吸收存款,而是靠发行不动产抵押证券来募集,同时也可通过发行债券和短期票据贴现来筹集资金。其贷款业务大体可分为两类:一类是以土地为抵押的长期贷款,贷款对象主要是土地所有者或购买土地的农业资本家;另一类是以城市不动产为抵押的长期贷款,贷款对象主要是房屋所有者或经营建筑业的资本家。法国的房地产信贷银行、德国的私人抵押银行和公营抵押银行等,均属此类。此外,这类银行也收受股票、债券和黄金等作为贷款的抵押品。

事实上,商业银行正大量涉足不动产抵押贷款业务。不少抵押银行除经营抵押放款业务外,也经营一般信贷业务,而且这种兼营、融合发展呈加强、加速之势。

4. 政策性银行

政策性银行(policy bank)一般是由政府设立,专门为贯彻、配合国家社会经济政策或意图,不完全以营利为目的的金融机构。政策性银行主要依靠财政拨款、发行政策性金融债券等方式获得资金,而且各自有特定的服务领域,不与商业银行竞争。政策性银行一般不普遍设立分支机构,其业务通常由商业银行代理。

6.2.2 非银行金融中介体系

西方国家把中央银行、商业银行、专业银行和政策性银行以外的金融中介统称为非银行金融中介。其种类主要有以下几种。

1. 保险公司

西方国家的保险业(insurance industry)十分发达,各类保险公司是各国最重要的非银行类金融机构。**保险**是指投保人根据合同约定,向保险人(即保险公司)支付保险费,保险人对合同约定的可能发生的事故因其发生所造成的财产损失承担赔偿保险金责任,或者当被保险人伤亡、伤残、疾病或者达到合同约定的年龄、期限时承担给付保险金责任的商业保险行为。可见,保险的实质不是保证危险不发生、不遭受损失,而是对危险发生后遭受的损失予以经济补偿。

在西方国家,几乎是无人不保险、无物不保险、无事不保险。为此,西方各国按照保险种类分别建有形式多样的保险公司,如财产保险公司、人寿保险公司、火灾及意外伤害保险公司、信贷保险公司、存款保险公司等。

从保险业务本身来看,它不属于金融活动,但由于保险公司获得的保险费收入经常远远超过它的保险费支付，从而聚集起大量的货币资本，这些货币资本比银行存款往往更为稳定，是西方国家金融体系长期资本的重要来源，因而保险公司又是重要的金融企业。保险公司的资金运用业务，主要是长期证券投资，如投资于公司债券和股票、市政债券、政府公债，以及发放不动产抵押贷款、保单贷款等。

保险公司的业务范围分为两大类：一是财产保险业务，具体包括财产损失保险、责任保险、信用保险等业务；二是人身保险业务，具体包括人寿保险、健康保险、意外伤害保险等业务。

财产损失保险是对被保险人的各种有形物质财产损失提供保障的财产保险，主要包括火灾保险、海上保险、运输工具保险、货物运输保险、工程保险、农业保险等。

责任保险是对被保险人依法应承担的民事经济赔偿责任提供保障的财产保险，主要包括公众责任保险、产品责任保险、雇主责任保险、职业责任保险等。

信用保险是对被保险人的各种信用风险提供保障的财产保险，主要包括商业信用保险、出口信用保险、投资保险等。

人身保险是以人的生命和身体为保险标的，当被保险人发生死亡、伤残、疾病、年老等事故或保险期满时给付保险金的保险。

2. 投资银行

投资银行(invest bank)是专门对工商企业办理各项有关投资业务的银行，虽然也冠有"银行"字样，但并不能办理商业银行的传统业务。投资银行的名称，通用于欧洲大陆及美国等工业化国家，在英国称为商人银行(merchant bank)，在日本则称证券公司。尽管名称不同，但从其业务与功能来看，都具有现代投资银行的性质。

投资银行与商业银行不同，其资金来源主要依靠发行自己的股票和债券来筹集。即便有些国家的投资银行被允许接受存款，也主要是定期存款。此外，它们也从其他银行取得贷款，但这并不构成其主要的资金来源。投资银行的资金运用主要是投资于股票和债券，通过长期投资控制一些企业。

投资银行实属非银行金融机构，之所以被称为"银行"，是因为在历史上投资银行与商业银行有一脉相承之缘。20世纪30年代经济危机之前，各国政府对银行经营活动极少给予限制，银行的业务范围十分广泛，基本上不受专业分工的限制，也被称为"百货公司式的银行"。但是在1929—1933年经济危机中，生产倒退、大量企业破产，股市暴跌，银行成批破产倒闭，酿成20世纪最大一次全面性的经济危机。不少西方经济学家归咎于银行的综合性业务经营，尤其是长期贷款和证券业务的经营。于是，美国在1933年通过的《格拉斯-斯蒂格尔法》(*Glass-Steagall Act*)中规定：银行分为投资银行和商业银行；属于投资银行经营的证券投资业务商业银行不能涉足。自此，开创了银行业与证券业分业经营的先河，并进行分业管理，从此，一个崭新的、独立的投资银行业在经济危机的萧条中崛起，"银行"就被一些国家沿用下来。随后，日本、英国等国家也相继建立了与其类似的金融体制与监管架构。

投资银行的业务主要有：对工商企业的股票、债券进行直接投资；为工商企业代办发行或包销股票与债券，参与企业的创建、改组、收购、并购活动；包销本国政府和外国政府的公债券；提供有关投资方面的咨询服务。有些投资银行也兼营黄金、外汇买卖及资本设备或耐用商品的租赁业务，等等。

金融学基础与实务

但是,作为一种典型的非存款类金融中介,投资银行与商业银行之间存在着明显差异,尽管目前大多数国家已经从法律上消除了它们之间的业务界限,但在理论上和现实中两者的区别依然存在(表 6-1)。

表 6-1 投资银行与商业银行区别

项　　目	商　业　银　行	投　资　银　行
本源	是存贷款银行,存贷款是其本源业务	是证券承销商,证券承销是其本源业务
功能	行使间接融资职能,具有资金盈余者的债务人和资金短缺者的债权人双重身份,主要在货币市场活动	行使直接融资职能,只是作为资金供需双方的媒介,并不介入投资者与筹资者之间的权利义务关系,主要在资本市场活动
利润构成	首先来自于存贷差,其次是资金营运收入和表外业务收入	主要来自于佣金,其次是资金营运收入和利息收入
管理方式	更注重安全性,其资产除各项贷款外,资金营运主要在同业往来和国债与基金等低风险的证券投资上	在控制风险的前提下更注重以获取高收益为目标的开拓与创新,其资金营运主要在风险较高的股票、债券、外汇及衍生金融工具等契约式投资上
业务特征	表内与表外业务	无法用资产负债表反映
监管部门	银行监管当局	证券监管当局

3. 信用合作社

信用合作社(credit cooperative,credit union)是在西方国家普遍存在的一种互助合作性的金融组织。有农村农民的信用合作社,有城市手工业者等特定范围成员的信用合作社,其基本的经营目标是以简便的手续和较低的利率向社员提供信贷服务,帮助经济力量薄弱的个人解决资金困难。这类金融机构一般规模不大。它们的资金来源于合作社成员缴纳的股金和吸收存款;贷款主要用于解决其成员的资金需要。目前,一些资金充裕的信用合作社已开始为解决生产设备更新、改进技术等提供中长期贷款,并逐步采取了以不动产或有价证券为抵押的贷款方式。

4. 养老或退休基金会

养老或退休基金会是指雇主或雇员按期缴付工资的一定比例,在退休后,可获得一次付清或按月支付的退休养老金。养老或退休基金会是第二次世界大战后迅速发展起来的,目前普遍存在于市场经济国家。其资金来源一方面来自于雇员工资的一定比例扣除及雇主的相应比例缴款;另一方面则来自于积聚资金的投资收益。20 世纪 80 年代以前,该类基金投资运营比较简单,一般用于购买国债和存放银行。后来,由于西方国家的人口老龄化问题突出,完全依靠增加企业和个人负担来筹集足够的养老基金越来越困难,因而养老基金运营开始转向证券市场,进行资本运作,并且出现了国际化的趋势,投向海外证券市场的比例在不断上升。

5. 信托投资公司

信托投资公司,也称信托公司,是一种以受托人的身份,代人理财的非银行金融机构。目前,国际上信托投资公司的投资业务大多分为两类:一类是以某公司的股票和债券为经营对象,通过证券买卖和股利、债息获取收益;另一类是以投资者身份直接参与对企业的投资。

6. 邮政储蓄机构

邮政储蓄机构是一种与邮政部门关系密切的非银行金融机构。邮政储蓄机构主要经营小额存款,其吸收的存款一般不用向中央银行提缴准备金,其资金运用一般是存入中央银行,或购买政府债券。这种金融机构的设立最初是为了利用邮政部门广泛的分支机构,提供廉价有效的邮政汇款服务,提高结算速度,加速资金周转,因此在各国发展比较普遍。近些年来,邮政储蓄机构在朝两个方向发展:一个是逐步回归到商业银行性质;另一个是在政府支持下,变成一种公共事业,为社会提供各种服务,便利人们的生活。

7. 金融公司

金融公司(financial company)又称"财务有限公司"或"财务公司",在西方国家是一类极其重要的金融机构。其资金的募集主要靠在货币市场上发行商业票据,在资本市场上发行股票、债券;其也从银行借款,但比重很小。汇聚的资金是用于贷放给购买耐用消费品、修缮房屋的消费者以及小企业。一些金融公司由其母公司组建,目的是帮助推销自己的产品。例如,福特汽车公司组建的福特汽车信贷公司向购买福特汽车的消费者提供消费信贷。

8. 金融租赁公司

金融租赁公司(financial leasing company)是专门经营租赁业务的公司,是租赁设备的物主,通过提供租赁设备而定期向承租人收取租金。金融租赁公司开展业务的过程是:租赁公司根据企业的要求,筹措资金,提供以"融物"代替"融资"的设备租赁;在租期内,作为承租人的企业只有使用租赁物件的权利,没有所有权,并要按租赁合同规定,定期向租赁公司交付租金。租期届满时,承租人向租赁公司交付少量的租赁物件的名义货价(即象征性的租赁物件残值),双方即可办理租赁物件的产权转移手续。至此,租赁物件即正式归承租人所有,称为"留购";或者办理续租手续,继续租赁。由于租赁业具有投资大、周期长的特点,在负债方面我国允许金融租赁公司发行金融债券、向金融机构借款、外汇借款等,作为长期资金来源渠道;在资金运用方面,限定主要从事金融租赁及其相关业务。这样,金融租赁公司成为兼有融资、投资和促销多种功能,以金融租赁业务为主的非银行金融机构。金融租赁在发达国家已经成为设备投资中仅次于银行信贷的第二大融资方式。

6.3 我国金融中介体系

6.3.1 我国金融中介体系的演变

1953年以来,新中国的金融中介体系基本上是以中国人民银行为核心,但仍保存几家专业银行和其他金融机构的体系格局。在当时特定的历史条件下,这种格局有利于国民经济的迅速恢复和发展。

在完成生产资料社会主义改造后,我国按照苏联模式实行高度集中的计划管理体制及相应的管理方法。与此相适应,金融机构也按照当时苏联的银行模式进行了改造,撤销、合并了除中国人民银行以外的其他银行及非银行金融机构,建立起一个高度集中的国家银行体系——"大一统"的银行体系模式。这种银行体系模式实际上是中国人民银行集货币政策、银行、监管于一身的"大一统"的金融体制,其优点是便于政策贯彻,有利于全局控制,尤其在第一个五年计划期间和20世纪60年代初的三年经济调整期间,发挥了应有的作用。但缺点是它也有与社会生产力发展要求不相适应的地方,较为突出的表现如下:"统"得过多、过死,忽视商品生产、价值规律和市场调节的作用;只依靠行政指令,使金融系统缺乏活力、主动性和积极性。所以,党的十一届三中全会以后,为适应我国经济体制改革的需要,我国对"大一统"的国家银行体系进行了大规模的改革。

1979年至今,适应建立社会主义市场经济体制的要求,以中央银行为领导,政策性金融和商业性金融相分离,以国有股份制银行为主体,多种金融机构并存的现代金融体系初步形成。主要的改革措施有:

(1) 恢复和设立各银行机构。1979年2月,我国恢复了中国农业银行,专营农村金融业务,同年从中国人民银行中分设出专营外汇业务的中国银行,中国人民建设银行(现中国建设银行)也从财政部被分设出来。1984年,从中国人民银行中分设出中国工商银行,专营全部工商信贷业务和城镇储蓄业务。1986年,重新组建交通银行。

(2) 组建政策性银行。1994年,经国务院批准,国家开发银行、中国进出口银行和中国农业发展银行三家政策性银行先后组建,承担原来由国家专业银行办理的政策性金融业务。

(3) 其他商业银行的组建。20世纪90年代中期,伴随着政策性业务的分离,我国在推进交通银行等其他商业银行进一步发展的同时,又对各大中城市的信用合作社进行了调整,组建了近百家城市商业银行。

(4) 银行、证券、保险分业经营与管理体制形成。

(5) 中国人民银行成为中央银行。1983年9月,国务院决定中国人民银行正式行使中央银行的职能,脱离具体的银行业务,成为独立的国家金融管理机关。

(6) 建立专门处理国有商业银行不良资产的金融资产管理公司。

【阅读案例】

(7) 四大国有商业银行均已完成股份制改革。自2003年以来,中国建设银行、中国银行、中国工商银行分别进行股份制改革,并完成上市。2009年1月15日,中国农业银行股份有限公司成立,这标志着我国国有商业银行股份制改革基本完成。中国农业银行于2010年7月15日和16日正式在上海和香港两地上市,至此,中国四大国有商业银行全部实现上市,中国金融改革翻开了新的一页。

阅读材料6-1

十一届三中全会

在我的记忆当中,1978年和往年相比,没有什么两样,人们穿的还是灰突突的,东西很缺,买什么都要凭票,买什么都要排很长的队,需要排很长时间的队。5月份,《光明日报》刊登了一篇文章,题目叫"实践是检验真理的唯一标准"。9月份,当时的中共中央副主席邓小平在一次谈话当中,很尖锐地指出:"我们太穷了,我们太落后了,老实说,对不起人民,我们现在必须发展生产力,改善人民生活。"说我们穷,说我们落后,说对不起人民,这在当时,需要多大的勇气呀!但就是这种敢于面对的真诚态度让敏感的人们感到一个伟大的时代就要来了。

"……如果现在再不实行改革,我们的现代化事业和社会主义事业就会被葬送。现在,我国的经济管理体制权力过于集中,应当有计划地大胆下放……"这是邓小平同志在1978年12月18号中国共产党十一届三中全会上的一段讲话。他用了两个非常关键的词,一个是"改革",一个是"自主权"。十一届三中全会开了4天,此前的中央工作会议开了36天,两个会议加在一起,一共开了40天,这在我党的历史上,十分罕见。那么,为什么需要开这么长时间的一个会呢?统一认识,转变观念。1978年12月24号的《人民日报》上,刊登了十一届三中全会公报的全文,在将近一万字的公报当中,中央首次提到了"公司"这个概念,虽然还没有股份这两个字,但是,对于日后的中国股市来说,它的战略意义是非常深远的。应该讲,没有十一届三中全会,就没有今天的中国股市,就不会有810、519、624,也就不会有开弓没有回头箭的股改,更不会有今天《中国股市记忆》这个节目。让我们记住1978年,记住十一届三中全会,记住这位伟人邓小平!

(资料来源:中国股市记忆.cctv2.)

6.3.2 我国现行的金融中介体系

经过30多年的改革开放,我国目前形成了以中国人民银行为核心,中国银行业监督管理委员会(简称"中国银监会")、中国证券监督管理委员会(简称"中国证监会")、中国保险监督管理委员会(简称"中国保监会")为监管机构,国家控股商业银行为主体,多种金融机构并存,分工协作的金融中介机构体系格局。随着改革开放的深入发展,这一格局将持续向现代化的方向推进。

1. 政策与监管金融机构

1) 中国人民银行

中国人民银行(People's Bank of China)是我国的中央银行,它在我国金融中介体系中居于核心地位。中国人民银行作为国务院组成部门,是制定和执行货币政策、维护金融稳定、提供金融服务的宏观调控部门。

中国人民银行是1948年12月1日在华北银行、北海银行、西北农民银行的基础上合并组成的。在1984年以前,中国人民银行集中央银行与商业银行两个职能于一身,集现金中心、信贷中心、结算中心三个中心于一体,内部实行高度集中管理,统收统支,是典型"大一统"的银行体制。1983年9月,国务院决定中国人民银行从1984年1月1日起专门行使国家中央银行职能,并将工商信贷业务从中国人民银行分设出来,由专门成立的中国工商银行承担。1995年3月18日,第八届全国人民代表大会第三次会议通过了《中华人民共和国中国人民银行法》,中国人民银行作为中央银行以法律形式被确定下来。1998年,中国人民银行根据地域关联性、经济金融总量等方面的要求,在全国设立了九个跨省(区)分行,作为中国人民银行的派出机构。九个分行分别是天津分行、沈阳分行、上海分行、南京分行、济南分行、武汉分行、广州分行、成都分行和西安分行。此外,在北京和重庆分别设总行营业管理部和重庆营业管理部。2003年,银行业金融机构的监管职责从中国人民银行中分离出来,成立中国银行业监督管理委员会,专门对银行业实施监管。

根据《中华人民共和国中国人民银行法》,其具体职责有:依法制定和执行货币政策;

发行人民币，管理人民币流通；监督管理银行间同业拆借市场和银行间债券市场；实施外汇管理，监督管理银行间外汇市场；监督管理黄金市场；持有、管理、经营国家外汇储备、黄金储备；经理国库；维护支付、清算系统的正常运行；指导、部署金融业反洗钱工作，负责反洗钱的资金监测；负责金融业的统计、调查、分析和预测；作为国家的中央银行，从事有关的国际金融活动；国务院规定的其他职责。

2) 中国银行业监督管理委员会

为了更好地让中央银行制定和执行货币政策，同时也为了更好地加强对银行业的监督和管理，2003年4月中国对银行业的监管体制进行了重大改革，将原来由中国人民银行行使的银行业监管职能分离出来，成立了中国银行业监督管理委员会(China Banking Regulatory Commission，CBRC)，简称"中国银监会"。

中国银监会具有以下几个方面的职能：依法对全国银行业和信托业实行集中统一的监督管理；审批和管理银行、信托等金融机构的设立、变更和终止，参与、组织银行和信托机构的破产和清算；对银行业、信托等日常业务进行监督管理，促进银行、信托机构谨慎经营，保证金融稳健运行；对银行和信托等金融机构的经营活动进行定期和不定期的稽核、检查，审查这些金融机构的财务状况，及时化解潜在的金融风险；对银行、信托等金融机构的违法违规行为予以及时查处。

3) 中国证券监督管理委员会

1992年10月，国务院证券委员会和中国证券监督管理委员会(China Securities Regulatory Commission，CSRC)宣告成立，标志着中国证券市场统一监管体制开始形成。

中国证券监督管理委员会(简称"中国证监会")依法对证券、期货业实施监督管理，其职责大致可以归纳为四个方面：①研究和拟定证券、期货市场的方针政策和发展规划，起草证券、期货市场有关法律法规；②统一监管证券、期货机构；③负责对有价证券的发行和交易进行监督管理；④负责对上市公司及其信息披露的监管，提高信息披露的质量。

4) 中国保险监督管理委员会

随着银行业、证券业和保险业分业经营的发展，为了更好地对保险业进行监督管理，中国于1998年11月批准设立中国保险监督管理委员会(China Insurance Regulatory Commission，CIRC)，简称"中国保监会"，专司对全国商业保险市场的监管职能。

中国保监会是全国商业保险的主管部门，其主要职责有以下六类：①依法对全国保险市场实行集中统一的监督管理；②审批和管理保险公司、保险代理人和保险经纪人机构的设立、变更和终止，参与、组织保险机构的破产和清算；③制定主要保险险种的基本条款和费率，对保险公司上报的其他保险条款和费率审核备案，维护保险市场的秩序；④监督、检查保险业务经营活动；⑤依法对保险机构业务及其从业人员的违法、违规行为，以及非保险机构经营保险业务或变相经营保险业务进行调查、处罚；⑥集中统一管理保险业的对外交往和国际合作事务。

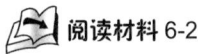 阅读材料6-2

证监会成立

有人说，1992年的深圳"8.10事件"直接促成了中国证监会的成立，这话对，但不完全对。1992年的8月8日到12日，也就是深圳"8.10事件"发生的同时，国务院正在召开一个股票市场试点工作座谈会，其中一个主要的议题就是"如何规范股份制和股票市场"，所以，准确的说法应该是"8.10事件"催生了中国证监会的成立。在一份1992年10月12号关于成立"国务院证券委员会"的通知的文件中，国务院证券委员会委员的构成当中，有最高检察院的部门负责人，与此同时，和这个国务院证券委员会一起成立的，还有中国证券监督管理委员会，它的首任主席就是当时正在担任国家体改委副主任的刘鸿儒。对资本市场十分熟悉的刘鸿儒自己非常清楚，证监会主席这个活并不好干。中国证监会成立之后的第一个办公地点是北京的保利大厦。刘鸿儒上任之后干了两件大事，第一，整章建制，订立规矩；第二，要权。在当时，证券经营机构是归人民银行管，沪深两个交易所归两地的政府管，业务上归证监会管，三者之间经常打架。可不要小看这种要权，监管权力的集中，为日后形成全国性的资本市场、为统一监管奠定了坚实的基础！如今，央行、证监会、银监会和保监会共同形成了中国的金融监管体系。中国证监会的工作职能有很多，如果用一句话来概括的话，就是要保护投资者的合法权益。

(资料来源：中国股市记忆.cctv2.)

2. 商业银行

商业银行就是以经营存款、贷款、办理转账结算为主要业务，以营利为主要经营目标的金融企业。我国有比较独特的商业银行体系，主要由三个层次构成：国家控股商业银行、股份制商业银行和城市商业银行。

1) 国家控股商业银行

我国金融中介体系中处于主体地位的是四大国家控股商业银行。四大国家控股的商业银行原来叫国有商业银行，包括中国工商银行、中国银行、中国建设银行和中国农业银行。这四家银行是1979年以后陆续恢复、分设的，无论在人员和机构网点数量上，还是在资产规模及市场占有份额上，它们在我国整个金融领域中均处于举足轻重的地位，在世界大银行的排序中也处于较前列的位置。比如，2016年的《银行家》杂志对世界1 000家银行按一级资本排名，中国工商银行、中国建设银行、中国银行和中国农业银行分别名列1、2、4和5位。

这几家银行在设立之后相当长的一段时间里，具有严格的业务分工：中国工商银行主要承担城市工商信贷业务，主要是为满足企业的流动资金需要；中国银行主要经营外汇业务；中国建设银行主要承担中长期贷款业务，满足固定资产投资的需要；中国农业银行以开展农村信贷业务为主。正因为如此，那时人们将这四大国有银行称为"四大国有专业银行"是名副其实的。随着金融改革的不断深化，这四家银行传统的业务界限已被打破，所有这四家银行现在都可以开展真正意义上的所有银行业务，外汇业务并不只是中国银行的专利了，中国工商银行也不再仅仅局限于流动资金贷款，在城市的霓虹灯下，也到处挂有中国农业银行醒目的招牌。现在，它们都具有商业银行的共同性质：逐利性。

在改革后的很长一段时间里，政府是它们的唯一所有者，其资本金全部由政府财政拨付，没有向社会公众和企业法人筹集股本，因而它们也叫国有独资商业银行。由于政府是国有独资商业银行唯一的所有者，因此，国有独资商业银行高层管理人员的人事任免权还牢牢地掌握在政府的手中。实际上，政府对国有商业银行的控制是超经济权利的行政控制，国有商业银行在很大程度上成了政府的钱袋子，这极不利于国有独资商业银行的发展。把国有商业银行办成能够自主经营、自负盈亏、具有良好治理结构的企业是国有商业银行改

革的主要目标。国有银行改革的主要途径之一就是对其股份化改革。

1999年3月至10月,我国先后建立了华融、长城、东方、信达四家金融资产管理公司(assets management company,AMC),旨在剥离四大国有商业银行的不良资产,从而使其资产质量、资本充足率和经营效益有所提高,为其向国家控股的股份制商业银行的转化创造了条件。2003年以来,政府已经陆续向中国银行、中国建设银行、中国工商银行三家国有商业银行共注资575亿美元。2008年11月,又向中国农业银行注资1 300亿元人民币等值美元。他们在获得注资后,分别引进了战略投资者,另对组织结构进行了股份化改造。中国建设银行、中国银行和中国工商银行已经成为上市的、股权结构多元化的,但国家仍然处于绝对控股地位的股份制银行。2009年1月15日,中国农业银行股份有限公司宣告成立,至此,标志着我国国有独资商业银行股份制改革基本完成。中央汇金公司和财政部代表国家对他们行使所有权人的职责和权利。

【阅读材料】

虽然国家控股的商业银行的垄断局面正在逐步地被打破,在国有商业银行之外兴起了一些股份制商业银行,但国家控股商业银行仍然是我国金融体系的主体,我国城乡居民的储蓄存款和企业存款绝大部分都还集中在这四大国家控股的商业银行手中。

2) 股份制商业银行

随着金融体制改革的不断深化,我国陆续组建和成立了一批股份制商业银行。1987年4月,交通银行重新组建,成为我国改革开放后第一家股份制商业银行。随后,按现代企业制度又陆续建立了一批全国性或区域性的股份制商业银行,如招商银行、中信实业银行、深圳发展银行、兴业银行、广东发展银行、中国光大银行、华夏银行、上海浦东发展银行、中国民生银行、恒丰银行、浙江银行和渤海银行等。

股份制商业银行就是通过募集股本发起设立的商业银行。这些银行一开始就有多个出资人,与国家控股的商业银行的资本金都是由政府财政拨付的,不向社会募集股本,因此,政府是唯一的所有者有非常大的区别。有些股份制商业银行的股票还在上海和深圳证券交易所上市流通,如深圳发展银行、招商银行、华夏银行、上海浦东发展银行、中国民生银行等都是我们所熟知的上市银行。

这些股份制商业银行尽管在资产规模、机构数量和人员总数等方面还远不如国家控股的商业银行,但由于它们的诞生正值改革开放的大好时机,因而其机构建设、机制运行、管理技术都具有一定的优势,其资本、资产及利润的增长速度也要高于国家控股商业银行,呈现出较强的经营活力,成为我国银行体系中的一支有生力量。

3) 城市商业银行

"城市商业银行"的前身是"城市信用社"。由于"城市信用社"规模太小,数量太多,以及管理水平较低,金融监管机构的监管成本很高,且监管难以到位,导致由信用社引发的信用风险频频发生。1995年,国务院决定,在城市信用社基础上组建"城市合作银行"。虽然城市合作银行名字中保留了"合作"两字,但它已经不再是合作金融的性质,而是由地方企业、居民和地方财政投资入股组成的地方性股份制商业银行,主要功能是为本地区的经济发展融通资金,重点为城市中小企业的

第6章 金融中介概述

发展提供金融服务。1999年开始,为进一步明确城市合作银行的股份制性质,"城市合作银行"陆续更名为"城市商业银行"。

3. 政策性银行

除商业银行外,还有政策性银行。**政策性银行**主要是指由政府创立、参股或保证的,不以营利为目的,而以贯彻国家产业政策和区域发展政策为目的,在特定的业务领域内,直接或间接地从事政策性融资活动,充当政府发展经济、促进社会进步、进行宏观经济管理工具的金融机构。

在经济发展过程中,有些领域对国民经济发展和社会稳定具有重要意义,但由于其投资规模大、周期长、直接经济效益低、资金回收时间长、风险高、回报率低等原因,以营利为首要经营目标的商业银行通常不愿意为这样的项目提供贷款,即这些领域在融资上存在市场失败。如农业开发、重要基础设施建设项目等都具有这样的特点。但又鉴于它有良好的公共效益,政府往往设立政策性银行,专门对这些项目提供低息的补贴性融资。

1994年,为适应经济发展需要,实施政策性金融与商业性金融相分离,我国将中国建设银行、中国银行、中国农业银行和中国工商银行所承担的政策性业务分离出去,相继成立了国家开发银行、中国进出口银行和中国农业发展银行三家政策性银行,分别在支持国家重点建设、推动机电产品出口和保证国家农副产品收购等方面发挥了重要作用。

三家政策性银行的资金来源除农业发展银行吸收一部分存款外,主要来自于三个方面:一是财政拨付的资本金;二是通过市场化方式发行政策性金融债券筹集资金;三是依靠中央银行的再贷款获得资金。

【阅读案例】

4. 非银行金融中介体系

1) 保险公司

俗话说:"天有不测风云,人有旦夕祸福。"人们在生产和生活过程中都可能遭受自然灾害和意外事故而蒙受损失。因此,我们都生活在一个非常不确定的世界里,这就是风险。管理风险的办法之一就是购买保险。保险是支付一笔额外的保险费以避免未来较大损失的风险管理措施。

投保人购买保险,实质上是将其不确定的大额损失变成确定的小额支出,即保险费。虽然不确定性总是存在,但并不是每个不确定性都会转化为特定的损失,这样,保险公司(insurance company)通过向众多的投保人收取保险费,以没有发生事故的投保人交纳的保险费向发生了事故的不幸的投保人赔偿损失。可见,保险的基本特征就是"互助性",它体现了"一人为众,众人为一"的思想。保险公司就是经营保险业务的金融机构。

根据《中华人民共和国保险法》的规定,保险公司的业务范围为两大类,一类是财产保险业务,包括财产损失保险、责任保险、信用保险等保险业务;一类是人身保险业务,包括人寿保险、健康保险、意外伤害保险等保险业务。同一保险人(即保险公司)不得同时经营上述两类保险业务。现行规定,对保险公司的资金运用,除用于理赔给付外,还可存款、买卖政府债券、金融债券,有限制地投资证券、投资基金、参与银行间债券市场的国债回购业务,从而进一步紧密了保险公司与其他金融机构之间的联系。

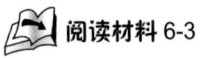

投保容易 为何理赔难

"投保容易,理赔难"一直是消费者购买保险过程中所担心的。作为投保人来说,究竟如何才能在事故发生之后,顺利理赔、确保自身利益呢?

1. 尽可能指定保险受益人

保险受益人就是投保人指定的享有保险金请求权的人。当保险事故发生时,受益人可以向保险公司申请保险金给付。但根据统计,大多数保险合同的受益人没有特别指定。当保险事故发生之后,有可能因为各种原因造成保险金分配的纠纷。

2. 注意请求给付保险金的时效

保险事故发生之后,当事人可能因为种种原因,没有及时向保险公司申请给付保险金,不用担心时间久远就不能再申请。根据保险法的规定,人寿保险以外的其他保险从保险事故发生之日起两年之内都可以申请给付保险金;人寿保险金的申请时效更是延长至事故发生之后的五年之内。当然,对保险客户来说,如果想要尽快拿到保险赔付,最好还是第一时间向保险公司报案。

为解决理赔难题,《保险法》对理赔时效作出了规定:材料齐全后,保险公司应及时核定;对于情形复杂的理赔案件,应在 30 日之内作出核定;对不属于保险责任的,应当在自做出核定之日起 3 日内,发出拒绝赔付通知书,并说明理由。

保险专家同时提醒大家,保险合同是投保人与保险公司约定保险权利义务关系的协议,也是消费者维权的必需文件,要与保险费收据等重要凭证一起妥善保管。如果不慎遗失,应当及时联络保险公司,申请挂失和补发。

(资料来源:财经时间.重庆卫视,2010 年 7 月 15 日.)

 阅读案例 6-1

家财被盗未及时报案 保险公司拒赔合理吗

李某出差回家后,发现家庭财产被盗。于是,他迅速到派出所报案。经公安人员现场勘查,发现有 1 万多元的财物被盗走。10 多天后此案还没告破,这是李某才想起自己参加了家庭财产保险。于是,他急匆匆手持保来到保险公司要求索赔,但保险公司以在出险后未及时通知为由拒赔。

为什么李某投保了家庭财产保险,却不能获得赔偿呢?这是因为李某在家庭财产被盗后,虽然及时向公安部门报了案,却忽视了向保险公司报出险通知,使本该履行的及时通知义务延迟履行。

依照《保险法》第二十一条规定:"投保人、被保险人或者受益人知道保险事故发生后,应当及时通知保险人。"这里的"及时通知"是指被保险人应尽快通知保险人,以便及时到现场勘察定损。通知的方式可以是口头方式,也可以是书面形式。"及时通知"是被保险人应尽的义务,同时,被保险人向保险公司索赔也是有时间限制的。如果被保险人没有履行此项义务,保险公司可免除保险责任。

家庭财产保险条款还专门就被保险人"及时通知"义务进行了明确规定,即被保险人必须在知道保险事故发生后,保护好现场,并在 24 小时内通知保险公司。否则,保险公司有权不予赔偿。

第6章 金融中介概述

此案给每个参加家庭财产保险的被保险人带来三个警示：

一是要树立家财出险后"及时通知"的意识，做到处事不慌。一方面要向公安部门报案，另一方面也要向保险公司报险，做到"两报"都不误。这样保险公司人员就可及时进行现场核实定损，为后期理赔奠定基础。

二是家财出险后，要注意在24小时内到保险公司"报险"，以免超过规定时效而引发双方在理赔中的纠纷。

三是要注意通知的方式。出险后，被保险人要迅速找出保单，亲自去所投保的保险公司"报险"，或者打电话及时告知保险公司。只有这样，才能避免上文中李某的后果，使家庭财产得到有效保障。

(资料来源：李江，洪青. 金融学案例教程. 杭州：浙江大学出版社，2010.)

2) 证券公司

在我国没有直接以投资银行命名的投资银行。但为数众多的证券公司(securities company)实际是金融中介机构体系中投资银行这一环节的主要力量。证券公司又称券商(securities dealer)，是在证券市场上经营证券业务的非银行金融机构，它对保证证券的发行和交易都具有非常重要的作用。在我国，公司要发行股票就要由证券公司来承销，投资者要购买股票，就必须到某一家证券公司的营业部去开户或办理指定交易。

经纪、投资银行和自营是我国证券公司传统的三大业务，也是证券公司收入的主要来源。投资银行业务就是协助政府或工商企业销售新发行证券、为企业提供财务顾问、帮助企业进行资产重组等。经纪业务就是替客户买卖已发行证券，即经纪业务是一般投资者委托证券公司买卖证券的行为。自营业务就是证券公司在自己的账户上买卖证券，以获取投资收益的行为。

根据《中华人民共和国证券法》的规定，我国证券公司分为综合类证券公司和经纪类证券公司。所谓综合类证券公司就是指能够同时从事经纪、自营和投资银行业务的证券公司；经纪类证券公司，顾名思义，就是只能从事经纪业务和自营业务，而不能从事投资银行业务的证券公司。

目前，我国的证券公司与国外成熟的现代投资银行存在着明显的差距，尚不能充分发挥投资银行的职能。

3) 证券交易所

根据《证券交易所管理办法》的规定，**证券交易所**是根据国家有关法律规定，经政府证券主管机关批准设立，设有交易场地，备有各种服务设施，提供证券集中竞价交易系统及交易规则的，不以营利为目的的实行自律性管理的法人。中国现在有两个证券交易所：上海证券交易所和深圳证券交易所。上海证券交易所于1990年11月26日成立，同年12月19日正式营业。深圳证券交易所于1989年11月15日筹建，于1990年12月1日成立。

两家证券交易所均按会员制方式组成，是非营利性的事业法人。在实行会员制的证券交易所，只有会员及享有特许权的经纪人才有资格在交易所中进行证券交易，会员对证券交易所的责任仅仅以其交纳的会员费为限。

4) 金融期货交易所

期货交易所(financial futures exchange)是专门进行期货合约买卖的场所，一般实行会员制，即由会员共同出资联合组建，每个会员享有同等的权利与义务，交易所会员有权在交易所交易大厅内直接参加交易，同时必须遵守交易所的规则，缴纳会费，履行应尽的义务。

期货交易所是不以营利为目的的经济组织,其宗旨就是为期货交易提供设施和服务,不拥有任何商品,不买卖期货合约,也不参与期货价格的形成。期货交易所向会员收取保证金,用于担保期货合约的履行。芝加哥商品交易所、纽约期货交易所、纽约商品交易所都是国际著名的期货交易所,提供货币、利率和股指期货与期权等金融期货。中国在2006年9月成立了上海金融期货交易所,旨在推动包括股指期货在内的中国金融期货市场的发展。

5) 上海保险交易所股份有限公司

经过近半年的紧张筹备,上海保险交易所股份有限公司(以下简称"上海保交所")已获得中国保监会的开业批复,并在上海完成工商注册。在2016年6月12日举行的"2016上海陆家嘴金融论坛"上,上海保交所正式揭牌成立,开始运营。上海保交所按照"公司化、市场化、专业化"原则组建,首期注册资本22.35亿元。原保监会资金运用监管部主任曾于瑾出任上海保交所董事长。

按照相关规划,上海保交所将着重探索和发挥助力盘活保险存量、支持用好保险增量两方面作用,按照夯实基础、逐步完善、形成服务体系三个阶段,重点搭建国际再保险、国际航运保险、大宗保险项目招投标、特种风险分散的"3+1"业务平台,持续探索更为丰富的交易内容,实现产品更加透明、信息披露更加充分、服务更加便捷、功能更加完备,并切实做到资源优化、风险可控,努力建成"立足上海、面向全国、辐射全球"的保险综合服务平台。

值得注意的是,"上海保交所"与此前成立的"前海保险交易中心"并不相同,前者是国内首家保险交易所,后者是国内首家保险交易创新服务平台。具体而言,"前海保险交易中心"是致力于打破现有保险营销渠道的格局,以互联网经济的长尾理论为基础,对市场资源进行碎片化整合,依托现代互联网技术,通过机制创新、模式创新、服务创新,实现现代互联网与传统保险业的融合,是一个互联网的创新平台。

6) 信托投资公司

要理解信托投资公司,首先要弄清什么是信托。信托,即"信任委托"之意,是指委托人基于对受托人的信任,将其财产权委托给受托人,由受托人按委托人的意愿以自己的名义,为受益人的利益或者特定目的对信托财产进行管理或者处分的行为。**信托投资公司**(trust and investment companies),顾名思义,就是"受人之托,代人理财"的非银行金融机构。

我国的信托投资公司是在经济体制改革后创办起来的。比如,现已发展为金融、投资、贸易、服务相结合的综合性经济实体的中国国际信托投资公司,就是创办于改革之初的1979年,以后又陆续设立了一批全国性信托投资公司,如中国光大国际信托投资公司、中国民族国际信托投资公司、中国信息信托投资公司、中国教育信托投资公司等,以及为数众多的地方性信托投资公司与国际信托投资公司。

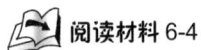阅读材料6-4

信托保障基金出台 防范信托业风险

说到产能过剩和房地产市场的影响,从2013年下半年开始,信托业的风险开始逐渐显现出来,

第6章 金融中介概述

那么,为了防范由此引发的行业性的风险,2014年12月12日上午,银监会和财政部共同制定,并且发布了《信托业保障基金管理办法》,那么,从2014年12月12日开始,新发行的信托项目都要缴纳信托保障基金。

信托保障基金是主要由信托业市场参与者共同筹集,用于化解和处置信托业风险的非政府性行业互助资金,由保障基金公司管理。保障基金可以在以下情形下使用:信托公司因资不抵债在实施恢复与处置计划后仍需重组的,信托公司依法进入破产程序并进行重整的,信托公司因违法违规经营被责令关闭、撤销的,信托公司因临时资金周转困难,需要提供短期流动性支持的。

中国银监会非银部负责人李伏安介绍,保障金正按照一定比例筹集,信托公司将按净资产余额的1%认购,资金信托按新发行金额的1%认购,新设立的财产信托按信托公司收取报酬的5%计算,在项目结束之后,保障基金就会归还给认购方。

(资料来源:经济信息联播.cctv2,2014年12月12日.)

7) 基金管理公司

中国有越来越多的投资者将他们的剩余资金交给基金管理公司来管理,从而更好地取得收益与风险之间的平衡。**基金管理公司**(fund company)是指凭借专门的知识与经验,运用所管理基金的资产,根据法律、法规及基金章程或基金契约的规定,按照科学的投资组合原理进行投资决策,谋求所管理的基金资产不断增值,并使基金持有人获取尽可能多收益的非银行金融机构。

基金管理公司管理、运用基金财产,应当恪尽职守,履行诚实信用、谨慎勤勉的义务,并应依法履行下列职责:①依法募集基金,办理或委托国务院证券监督管理机构认定的其他机构代为办理基金份额的发售、申购、赎回和登记事宜;②办理基金备案手续;③对所管理的不同基金财产分别管理、分别记账,进行证券投资;④依照基金合同的约定确定基金收益分配方案,及时向基金份额持有人分配收益;⑤进行基金会计核算并编制基金财务会计报告;⑥编制中期和年度基金报告;⑦计算并公告基金资产净值,确定基金份额申购、赎回价格;⑧办理与基金财产管理业务活动有关的信息披露事项;⑨召集基金份额持有人大会;⑩保存基金财产管理业务活动的记录、账册、报表和其他相关资料;⑪以基金管理人名义,代表基金份额持有人利益行使诉讼权利或实施其他法律行为;⑫国务院证券监督管理机构规定的其他职责。

基金管理公司依法不得有下列行为:①将其固有财产或他人财产混同于基金财产从事证券投资;②不公平地对待其管理的不同基金财产;③利用基金财产为基金份额持有人以外的第三人牟取利益;④向基金份额持有人违规承诺收益或承担损失;⑤国务院证券监督管理机构规定禁止的其他行为。

 阅读案例 6-2

华夏基金两知名员工涉嫌"老鼠仓"

所谓"老鼠仓"就是指庄家在用公有资金拉升股价之前,先用自己或相关亲友的资金在低位建仓,在这个股价拉升之后,再率先卖出获利的一种违法的行为。日前,中国证监会就正式公布了与公安部门联手查处"老鼠仓"的一个名单。令人吃惊的是,不仅一些明星基金经理牵涉其中,而且在涉事公司当中不乏一些诸如华夏基金、中国平安、中国人寿这样的国内的知名金融机构。在已经查办的案件当中,涉案的交易金额累计达到10亿元以上的有7件,非法获利金额在1 000万元以上的有13件。

2013年年底,上海证券交易所利用大数据对2009—2013年期间的账户交易情况进行比对分析,发现一些个人账户在买卖股票的品种和时间的选择上,与华夏基金旗下的基金产品存在大比例趋同交易的情况。这些线索分别指向了时任华夏基金交易管理部总监的刘振华和基金经理罗泽萍。罗泽萍被业内称为最会赚钱的五大女基金经理之一,她管理过的基金的年均收益率高达35%,远高于行业平均水平。办案人员发现,在与华夏基金交易趋同的账户中,周某某是罗泽萍的同学,而王某某则是罗泽萍弟弟的同学,在2007年11月到2014年3月,罗泽萍先后担任华夏行业精选基金和华夏优势增长基金的基金经理期间,周某某和王某某两个账户大量出现先于或同步于基金产品买入某只股票,却先于基金卖出获利的情况。证监会初步确认,罗泽萍在2009年2月至2013年12月期,因职务便利获取未公开信息交易股票79只,累计买入成交金额超过1.7亿元,获利643万多元。随后,罗泽萍案件被移交给公安机关。同样涉嫌"老鼠仓"的刘振华作案手法也与罗泽萍类似。据了解,2009年3月至9月,刘振华频繁使用其姐姐及亲属刘某某和杜某某两个账户进行"老鼠仓"交易,平均每个月出现趋同交易的股票有十几只,而且其中不乏像美的电器、五粮液、南方航空、民生银行、五矿发展这样的知名股票。

(资料来源:经济信息联播.cctv2,2015年1月6日.)

8) 财务公司

我国的**财务公司**(financial companies)即企业集团财务公司,是指以加强企业集团资金集中管理和提高企业集团资金使用效率为目的,为企业集团成员单位提供财务管理服务的非银行金融机构。财务公司在业务上接受中国银监会领导、管理、监督与稽核,在行政上隶属于各企业集团,是实行自主经营、自负盈亏的独立法人企业。企业集团财务公司不是商业银行,它的业务限制在本集团内,不得从企业集团之外吸收存款,也不得对非集团单位和个人发放贷款。

根据《企业集团财务公司管理办法》的规定,财务公司的业务主要有:对成员单位办理财务和融资顾问、信用鉴证及相关的咨询、代理业务;协助成员单位实现交易款项的收付;经批准的保险代理业务;对成员单位提供担保;办理成员单位之间的委托贷款及委托投资;对成员单位办理票据承兑与贴现;办理成员单位之间的内部转账结算及相应的结算、清算方案设计;吸收成员单位的存款;对成员单位办理贷款及融资租赁;从事同业拆借;中国银行业监督管理委员会批准的其他业务。从今后规范要求的角度看,财务公司的特点就是为集团内部成员提供金融服务,其业务范围、主要资金来源与资金运用都应限定在集团内部,而不像其他金融机构一样到社会上去开拓生存空间。

9) 金融租赁公司

金融租赁公司(financial lease companies)是指经中国银监会批准,以经营融资租赁业务为主的非银行金融机构,它是所有权与经营权相分离的一种新的经济活动方式,具有融资、投资、促销和管理功能。我国的金融租赁公司大致可分为三种类型:中外合资的租赁公司、中资的租赁公司、兼营租赁业务的金融机构。我国于1981年2月成立了中国东方租赁公司(与日本租赁公司合资的中外合资企业)。同年7月,中国租赁有限公司成立,这是中国首家租赁公司。

根据《金融租赁公司管理办法》的规定,其主要业务有:直接租赁、回租、转租赁、委托租赁等融资性租赁业务;接受法人或机构委托租赁资金;接受有关租赁当事人的租赁保证金;向承租人提供租赁项下的流动资金贷款;有价证券投资、金融机构股权投资;经批准发行金融债券；向金融机构借款；外汇借款；同业拆借业务；租赁物品残值变卖及处理业务；经济咨询和担保；经中国银监会批准的其他业务。

10) 信用合作社

商业银行出于风险与成本方面的考虑，一般是不愿意对处于创业期的个体私营企业或小企业发放小额贷款的。而这样的企业或个人又不可能从资本市场融资，那么，当他们需要资金融通时该怎么办呢？信用合作社可以解决他们的燃眉之急，它是由个人集资联合组成，以互助为主要宗旨、以简便的手续和适当的利率向社会提供金融服务的合作金融组织。

我国的城市信用合作社(urban credit cooperatives)和农村信用合作社(rural credit cooperatives)是群众性合作制金融组织，是对国家银行体系的必要补充和完善。它们的本质特征是：由社员入股组成，实行民主管理，主要为社会提供信用服务。目前，我国部分城市的信用合作社已经通过合并、改组成为地方城市商业银行，使合作金融机构得到了更大的发展。

11) 邮政储蓄机构

邮政储蓄(postal savings)是指与人民生活有密切联系的邮政机构，在办理各类邮件投递和汇兑等业务的同时，办理以个人为主要对象的储蓄存款业务。邮政金融从事的是零售金融业务，服务对象主要是广大城乡居民大众。世界上，邮政机构办理储蓄已有几百年的历史，大多数较发达国家几乎都有邮政储蓄。

我国邮政储蓄最早始办于 1919 年，新中国成立后，中国人民银行于 1951 年委托邮政部门代理储蓄业务，但由于历史原因，1953 年停办了邮政储蓄业务。直到 1986 年，为支持国家经济建设，国务院批准邮政部门恢复办理储蓄业务，同年 3 月，经国务院和中国人民银行批准成立中国邮政储金汇业局，实行自主经营、自负盈亏、自担风险、自求平衡。中国邮政储金汇业局在行政上接受邮政局的指导，业务上受中国人民银行监管。

2006 年，国务院决定改组国家邮政局所属的邮政储金汇业局，组建中国邮政储蓄银行。经国务院同意，中国银监会于 2006 年 12 月 31 日正式批准中国邮政储蓄银行成立。2007 年 3 月 6 日，经中国政府批准，中国邮政储蓄银行有限责任公司依法成立。2007 年 3 月 20 日，中国邮政储蓄银行成立仪式在北京举行。中国邮政储蓄银行的市场定位是，充分依托和发挥网络优势，完善城乡金融服务功能，以零售业务和中间业务为主，为城市社区和广大农村地区居民提供基础金融服务，与其他商业银行形成互补关系，支持社会主义新农村建设，为构建社会主义和谐社会做出新的贡献。

12) 汽车金融公司

汽车金融公司(auto financing company)是指经中国银行业监督管理委员会批准设立的，为中国境内的汽车购买者及销售者提供金融服务的非银行金融机构。

《汽车金融公司管理办法》规定，汽车金融公司可以从事以下部分或全部的业务：接受境外股东及其所在集团在华全资子公司和境内股东 3 个月(含)以上定期存款；接受汽车经销商采购车辆贷款保证金和承租人汽车租赁保证金；经批准，发行金融债券；从事同业拆借；向金融机构借款；提供购车贷款业务；提供汽车经销商采购车辆贷款和营运设备贷款，包括展示厅建设贷款和零配件贷款以及维修设备贷款等；提供汽车融资租赁业务(售后回租业务除外)；向金融机构出售或回购汽车贷款应收款和汽车融资租赁应收款业务；办理租赁汽车残值变卖及处理业务；从事与购车融资活动相关的咨询、代理业务；经批准，从事与汽车金融业务相关的金融机构股权投资业务；经中国银行业监督管理委员会批准的其他业务。

我国最早成立的汽车金融公司有上汽通用汽车金融有限责任公司、大众汽车金融公司。

13) 典当行

典当行(pawn shop)，也称典当公司或当铺，是主要以财物(比如，汽车、房产、黄金珠宝、家用电器、通信器材、有价证券等)作为抵押进行有偿有期借贷融资的非银行金融机构。

中国著名历史学家范文澜先生曾指出，随着南朝佛寺典当经营活动的兴起和普及，一个专门从事以物质押借贷的行业即典当业逐渐形成。不过，南北朝时期的典当业还处于萌芽阶段，属于寺院经济的一个重要组成部分。直到唐代，中国典当业才真正跳出仅为佛寺独家经营的狭小圈子，成为整个社会十分走俏和蓬勃发展的古代金融业。在外国，典当行的形成同样是在中世纪。犹太人大办典当行，使典当业日益兴起，并使欧洲成为世界典当业的发祥地之一。

1987年12月，四川省成都市开办了新中国第一家典当行——成都市华茂典当服务商行，古老的典当业得到恢复。1992年，我国《典当拍卖法》颁布，使典当业具有了合法的身份，2001年颁布的《典当行管理办法》，对典当业进一步规范。

典当行的发展为中小企业提供快捷、便利的融资手段，促进了生产的发展，繁荣了金融业，同时还在增加财政收入和调节经济等方面发挥了重要的作用。以物换钱是典当的本质特征和运作模式。当户把自己具有一定价值的财产交付典当机构实际占有作为债权担保，从而换取一定数额的资金使用，当期届满，典当行通常有两条营利渠道：一是当户赎当，收取当金利息和其他费用营利；二是当户死当，处分当物用于弥补损失并营利。

14) 小额贷款公司

小额贷款公司(micro-credit company)是由自然人、企业法人与其他社会组织投资设立，不吸收公众存款，经营小额贷款业务的有限责任公司或股份有限公司。与银行相比，小额贷款公司更为便捷、迅速，适合中小企业、个体工商户的资金需求；与民间借贷相比，小额贷款更加规范、贷款利息可双方协商。小额贷款公司是企业法人，有独立的法人财产，享有法人财产权，以全部财产对其债务承担民事责任。小额贷款公司股东依法享有资产收益、参与重大决策和选择管理者等权利，以其认缴的出资额或认购的股份为限对公司承担责任。小额贷款公司应遵守国家法律、行政法规，执行国家金融方针和政策，执行金融企业财务准则和会计制度，在法律法规规定的范围内开展业务，自主经营，自负盈亏，自我约束，自担风险，不受任何单位和个人的干涉，依法接受各级政府及相关部门的监督管理。

从2008年中国人民银行、中国银监会联合发布《关于小额贷款公司试点的指导意见》至今，小额贷款公司数量及贷款余额呈现爆发式增长。依据中国人民银行公布的2015年小额贷款公司统计数据报告，截至2015年年末，全国共有小额贷款公司8 910家，贷款余额9 412亿元，2015年人民币贷款减少20亿元。

小额贷款公司在缓解中小企业融资难、贷款难以及促进农业和农村经济发展等方面发挥了积极作用，已成为化解小微企业等民营经济主体融资难题的重要渠道之一。但随之而来的监管缺位、内控机制薄弱、人员素质参差不齐等问题不断涌现，

【阅读材料】

第 6 章 金融中介概述

因此，政府有关方面除了应继续关注小额贷款公司发展数量、质量外，还应加强风险监测，完善准入和退出机制，引导小额贷款公司向规范化发展。

5. 外资金融机构

随着对外开放的深入，我国对于外资金融机构(包括外资独资、中外合资)开放金融市场的步伐逐步加快。目前，在我国境内设立的外资金融机构有三类：一是外资金融机构在华代表处(representative office)；二是外资金融机构在华设立的营业性分支机构和法人机构；三是中外合资金融机构。

未来外资金融机构将逐步建立以外资银行分行为主，以独资、中外合资银行、财务公司为辅，并有少量保险机构和投资银行的多样化结构体系。

6.4 国际金融机构体系

6.4.1 国际金融机构的形成与发展

为了适应世界经济发展的需要，世界上曾先后出现各种进行国际金融活动的政府间国际金融机构。1930 年 5 月，英国、法国、意大利、德国、比利时、日本等国在瑞士的巴塞尔成立了国际清算银行(Bank for International Settlements，BIS)，这是建立国际金融机构的重要开端。其初建的目的是处理第一次世界大战后德国赔款的支付及协约国之间债务清算问题。在后来的发展中，这一机构在促进各国中央银行间的合作，特别是在推动各国银行监管合作方面，发挥着越来越重要的作用。

第二次世界大战后世界各国建立了布雷顿森林国际货币体系，并相应地建立了几个全球性国际金融机构，作为实施这一国际货币体系的组织保证。它们是目前最重要的全球性国际金融机构：国际货币基金组织(International Monatary Fund，IMF)，简称世界银行的国际复兴开发银行(International Bank for Reconstuction and Development，The world Bank)、国际开发协会(International Development Association，IDA)和国际金融公司(International Finance Corporation，IFC)。

与此同时，随着国际经济金融关系的发展，同时也是为抵制美国对国际金融事务的控制，大量的通过互助合作方式建立的区域性国际金融机构也迅速发展起来，如泛美开发银行(Inter-American Development Bank，IADB)、亚洲开发银行(Asian Development Bank，ADB)和非洲开发银行(African Development Bank，AFDB)，等等。

国际金融机构在发展世界经济和区域经济方面发挥了积极作用。例如，组织商讨国际经济和金融领域中的重大事件，协调各国间的行动；提供短期资金，调节国际收支逆差，缓解国际支付危机；提供中长期发展资金，促进许多国家的经济发展；稳定汇率，促进国际贸易的发展。不过，这些机构的领导权大都被西方发达国家控制；发展中国家的呼声和建议往往得不到应有的重视和反映。

6.4.2 国际清算银行

国际清算银行是根据 1930 年 1 月 20 日签订的海牙国际协定，由英国、法国、意大利、德国、比利时、日本的六国中央银行和美国的三家大商业银行(即摩根银行、纽约花旗银行和芝加哥花旗银行)组成的银行集团联合组成,总部设在瑞士巴塞尔,现已由最初的 7 个成员国发展成为由 57 个有表决权的中央银行和货币当局组成的国际金融机构,被誉为"中央银行的'中央银行'"。

国际清算银行最初设立的目的是处理第一次世界大战后德国的赔偿支付及其有关的清算等业务问题。第二次世界大战后,它的宗旨是促进各国中央银行间的合作,为国际金融活动提供更多的清算便利,以及接受委托或作为代理人办理国际清算业务等。

中国于 1984 年同国际清算银行建立业务关系,每年派代表团以客户身份参加该行年会。1996 年 9 月 9 日,该行董事会通过决议,决定接纳中国、巴西、印度、韩国、墨西哥、俄罗斯、沙特阿拉伯、新加坡及中国香港的中央银行或货币当局为该行的新成员。中国人民银行于 1996 年 11 月正式加入国际清算银行。这无疑有助于中国及时了解国际金融界主要决策者的意图,把握国际金融市场动态,加强金融监管的国际合作与交流,提高金融监管水平。

6.4.3 国际货币基金组织

国际货币基金组织(International Monetary Fund,IMF),成立于 1945 年,是二战后建立和维护世界金融新秩序的产物。IMF 也是目前除世界银行之外,世界两大金融机构之一。和世界银行的资金来源是发债、作用是向受助国提供长期贷款不同,IMF 资金来源是成员国认购,作用是稳定国际汇率,并为陷入严重经济困境的国家提供资金支持。由于历史原因,世办银行和 IMF 长期以来由西方国家把持,根据不明文规定,历届世行主席来自美国,而 IMF 总裁来自欧洲。

尽管危难时刻力挽狂澜是 IMF 的使命,但是自 20 世纪 80 年代以来,有超过 100 个国家经历过银行体系崩溃,IMF 在危机面前的表现却不尽如人意,它要么反应迟缓,要么在实施经济援助时附加条件,加上发展中国家参与度低、缺少话语权,特别是在应对 2007 年美国次贷危机引发的全球金融危机时尤显力不从心,支持改革 IMF 的声音越来越强烈。事实上,IMF 拥有 185 个成员国,覆盖范围不可为不少,但认购份额和话语权严重失衡。

IMF 2016 年 1 月 27 日宣布,《董事会改革修正案》已从 2016 年 1 月 26 日开始生效,这意味着中国正式成为 IMF 第三大股东。该修正案是 IMF 推进份额和治理改革的一部分。根据方案,约 6%的份额将向有活力的新兴市场和发展中国家转移,中国份额占比将从 3.996%升至 6.394%,排名从第六位跃居第三位,仅次于美国和日本。作为全球第二大经济体,中国此前在 IMF 的份额位于美国、日本、德国、法国、英国之后,居第 6 位。IMF 改革方案生效后,新兴市场国家将比过去增加超过 6%的 IMF 份额,中国、巴西、印度、俄罗斯等新兴市场国家将与美国、日本、法国、德国、意大利、英国一起跻身 IMF 前十大成员国。同时,IMF 的份额资源将增加一倍,从约 2 385 亿特别提款权(SDR)(约合 3 298 亿美元)扩大至约 4 770 亿特别提款权(约合 6 597 亿美元)。IMF 执董会成员将首次全部由选举产生。同时,该方案标志着 IMF 治理向着更好体现新兴市场和发展中国家话语权的方向迈出重要一步,并将加强 IMF 的信誉度、有效性和合法性。值得注意的是,此次改革方案生效后,美国的投票权份额已经由 16.75%微幅降至 16.5%,不过,根据 IMF 基金章程的规定,IMF 重大事项调整需要获得至少 85%投票权的支持,这也就意味着拥有超过 16%投票权的美国在 IMF 重大议题决策上仍然拥有一票否决权。

中国是国际货币基金组织的创始国之一。中华人民共和国成立之后，由于美国等少数国家的阻挠，直到 1980 年 4 月才恢复了代表权的决定。1980 年 5 月，中国政府向该组织先后委派了正副理事，并分别由中国人民银行行长和国家外汇管理局局长兼中国银行副行长出任。同年 9 月，中国政府第一次派代表担任国际货币基金组织的执行董事，使执行董事的董事名额从 21 人扩大到 22 人。

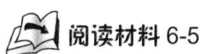
阅读材料 6-5

争夺投票权争的是什么

国际货币基金组织 1945 年 12 月 27 日成立，与世界银行并称为当今世界两大金融机构，通俗地说，就是世界经济警察，其主要职责是监察货币汇率和各国贸易情况，提供技术和资金协助，总部设在华盛顿。目前，国际货币基金组织现有成员 180 多个，每个成员国都有一个与其在世界经济中的比重大致相符的份额，成员国所获得的份额决定着其向该组织缴款的最高限额、投票权以及提款权和特别提款权的限额。也就是说，成员国所占份额越大，投票权也就越大，能够从国际货币基金组织获得的贷款也就越多，经济不景气的时候，从这个机构里拿到的钱或许就是国家救命的资金。同时，一个国家在国际货币基金组织里有了相应的权力，还能限制其他的国家得不到相应的贷款资金，从而实现在经济上发展自己、遏制他人的效果。因此，就算投票权增加 0.01%，各国希望也能够获得。近年来，国际货币基金组织的份额分配不断地受到质疑，新兴国家认为，份额的比例完全不能代表新兴国家的经济地位。

(资料来源：经济信息联播.cctv2，2010 年 10 月 6 日.)

6.4.4 世界银行集团

1. 国际复兴开发银行

世界银行是与国际货币基金组织同时组建的国际金融机构。它有两个附属机构：国际开发协会和国际金融公司。三者统称为世界银行集团。

国际复兴开发银行，又称世界银行，成立于 1945 年，总部设在美国华盛顿，只有 IMF 的成员国才有资格申请加入世界银行。中国是世界银行的创始国之一，于 1980 年 5 月恢复合法席位。世界银行的最高权力机构是理事会，由成员国指派一名理事和一名副理事组成，理事人选一般由该成员国财政部长或中央银行行长充任。

世界银行的资金运用，主要是通过长期贷款和投资解决成员国在第二次世界大战后恢复和发展经济的资金需要。所以，战后贷款主要集中于欧洲国家的战后复兴。1948 年以后，贷款转向为亚非拉发展中国家提供长期的生产性贷款。贷款只提供给成员国中低收入国家和由政府担保的国有企业或私营企业，贷款条件一般比国际资金市场上的贷款条件优惠。

2. 国际开发协会

国际开发协会成立于 1960 年 9 月，总部设在美国华盛顿，是专门向低收入国家提供长期低息援助性贷款的国际金融组织。

国际开发协会的组织机构和管理方式与世界银行相同。唯一区别在于国际开发协会主要是对更为贫穷的发展中国家提供期限较长、利率较低等条件优惠的贷款，作为世界银行贷款的补充，以促进这些国家经济发展和生活水平的提高。世界银行和国际开发协会的贷款主要是以成员国政府为对象。

3. 国际金融公司

为了促进对私人企业的国际贷款，世界银行于1956年7月成立了国际金融公司，总部设在美国华盛顿。申请加入国际金融公司的国家必须是世界银行的成员国。国际金融公司的组织机构和管理方式与世界银行相同。

国际金融公司的主要任务是对属于发展中国家成员国中私人企业的新建、改建和扩建等提供资金；促进外国私人资本在发展中国家的投资；促进发展中国家资本市场的发展。

国际金融公司提供贷款的利率接近于市场利率，但比市场利率低，且贷款无须政府担保。

中国在恢复世界银行合法席位的同时，也自然成为国际开发协会和国际金融公司的成员国。20世纪90年代以来，中国与国际金融公司的业务联系不断密切，其资金已成为中国引进外资的一条重要渠道。

6.4.5 区域性国际金融机构

1. 泛美开发银行

泛美开发银行(Inter-American Development Bank，IADB)于1959年12月30日正式成立，1960年11月1日开始营业，行址设在美国首都华盛顿。泛美开发银行的宗旨是，动员美洲内外资金，为拉丁美洲国家的经济和社会发展提供项目贷款和技术援助，以促进拉美经济的发展。其资金来源主要是会员国认缴的股金、向国际金融市场借款和较发达会员国的存款。

中国于1991年成为泛美开发银行的观察员，并于1993年正式提出加入泛美开发银行的申请，2007年3月18日签署了关于中国加入泛美开发银行谅解备忘录，为中国最终加入泛美开发银行打下了基础。2009年1月12日，中国正式加入泛美开发银行集团，成为该集团第48个成员国。

2. 亚洲开发银行

亚洲开发银行(Asian Development Bank，ADB)，简称"亚行"，是1965年3月根据联合国亚洲及远东经济委员会(即联合国亚洲及太平洋地区经济社会委员会)第21届会议签署的"关于成立亚洲开发银行的协议"而创立的。1966年11月，亚洲开发银行在日本东京正式成立，同年12月开始营业，行址设在菲律宾首都马尼拉。亚洲开发银行的宗旨是，为亚太地区的发展计划筹集资金，提供技术援助，帮助协调成员国在经济、贸易和发展方面的政策，与联合国及其专门机构进行合作，以促进区域内经济的发展。其资金来源主要是会员国缴纳的股金、亚洲开发基金和在国际金融市场上发行债券。

截至2009年5月，日本和美国同为亚行最大股东，各持有15.571%的股份和拥有12.756%的投票权。1986年2月17日，亚行理事会通过决议，接纳中国为亚行成员国。同年3月10日中国正式为亚行成员，台湾以"中国台北"名义继续保留席位。中国是亚行第

三大股东国，持股 6.429%，拥有 5.442%的投票权。在 1987 年 4 月举行的理事会第 20 届年会董事会改选中，中国当选为董事国并获得在董事会中单独的董事席位。同年 7 月 1 日，亚行中国董事办公室正式成立。1986 年，中国政府指定中国人民银行为中国对亚行的官方联系机构和亚行在中国的保管银行，负责中国与亚行的联系及保管亚行所持有的人民币和在中国的其他资产。2000 年 6 月 16 日，亚行驻中国代表处在北京成立。

3. 非洲开发银行

非洲开发银行(African Development Bank，ADB)在联合国非洲经济委员会的赞助下，于 1964 年 9 月正式成立，1966 年 7 月开始营业，行址设在象牙海岸首都阿比让。非洲开发银行的宗旨是，为会员国的经济和社会发展提供资金，协调各国发展计划，促进非洲经济一体化。其资金来源主要是会员国认缴的股本以及向国际金融市场借款。

中国于 1985 年加入非洲发展基金和非洲发展银行。截至 2006 年年底，中国在非洲开发银行持股 24 230 股，占总股份的 1.117%。2005 年 2 月，经国务院批准，中国人民银行行长周小川行长致函非洲开发银行行长卡巴伊，正式提出承办年会申请。2006 年 5 月，非洲开发银行理事会年会正式通过了 2007 年 5 月 16—17 日在上海举办 2007 年年会的决议。这是继西班牙之后，区外国家第二次承办非洲开发银行年会。

4. 欧洲投资银行

欧洲投资银行(European Investment Bank，EIB)是在 1957 年 3 月 25 日，根据《欧洲共同体条约》(即罗马条约)的有关条款组成的欧洲金融机构。它的成员都是欧洲共同体的会员国，行址设在卢森堡。欧洲投资银行的宗旨是，为了欧洲共同体的利益，利用国际资本市场和共同体本身的资金，促进共同市场平衡而稳定地发展。该行的主要业务活动是，在非营利的基础上，提供贷款和担保，以资助欠发达地区的发展项目，改造和使原有企业现代化以及开展新的活动。其资金来源主要是向欧洲货币市场借款。

5. 亚洲基础设施投资银行

亚洲基础设施投资银行(Asian Infrastructure Investment Bank，AIIB)，简称亚投行，是一个由中国倡导、政府间性质的亚洲区域多边开发机构，它按照多边开发银行的模式和原则运营，重点支持基础设施建设，总部设在北京。2014 年 10 月 24 日，包括中国、印度、新加坡等在内 21 个首批意向创始成员国的财长和授权代表在北京签署《筹建亚投行备忘录》，共同决定成立亚洲基础设施投资银行，亚投行的法定资本为 1 000 亿美元。2015 年 4 月 15 日，法国、德国、意大利、韩国、俄罗斯、澳大利亚、挪威、南非、波兰等国先后同意加入亚洲基础设施投资银行，已有 57 个国家正式成为亚投行意向创始成员国，涵盖了除美国之外的主要西方国家，以及除日本之外的主要东方国家。

展望未来，作为一个多边开发银行，亚投行可以为发展中国家提供更好的基础设施建设经验和最有效的方法，它不仅可以向这些国家提供中国的技术和经验，还能引入发达经济体更为透明和成熟的政策和实战经验，若运营正确，亚投行将为亚洲的基础设施融资开辟新途径。

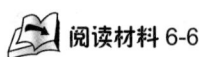

亚投行筹建的背景

亚投行是一家多边金融机构，金融机构为什么要建？当然要看的是市场需求。从全球来看，亚洲地盘最大、人口最多，它拥有全球三分之二以上的人口和三分之一的经济总量。近年来，世界上发展最快的国家和地区也主要集中在亚洲，这使得亚洲未来的基础设施需求量十分庞大。据亚洲开发银行估计，2010年至2020年，亚洲各经济体的基础设施如果要达到世界平均水平，至少需要8万亿美元基建投资，现有国际金融体系难以满足这样巨大的需求。对于亚洲的发展中国家来说，基础设施建设可以为经济发展注入持久动力，而对于发达国家而言，则能够扩大投资需求、拉动经济复苏。当前，众多经济体都启动了量化宽松政策，亚洲和全球并不缺乏资金，而是缺乏撬动资金投资、对接发展需求的能力和机制，亚投行应运而生，正好充当了对接供求的桥梁、调和盈缺的纽带。

(资料来源：经济信息联播.cctv2，2015年4月1日.)

外国父母如何教孩子理财

1. 美国：要花钱打工去

美国父母希望孩子早早就懂得自立、勤奋与金钱的关系，把理财教育称为"从3岁开始实现的幸福人生计划"。对于儿童理财教育的要求是：3岁能辨认硬币和纸币，6岁具有"自己的钱"的意识。他们有一句口头禅："要花钱打工去！"美国小孩会将自己用不着的玩具摆在家门口出售，以获得一点收入。这能使孩子认识到：即使出生在富有的家庭里，也应该有工作的欲望和责任感。

2. 日本：让孩子管理零用钱

日本人主张孩子要自力更生，不能随便向别人借钱，主张让孩子自己管理自己的零用钱。日本人教育孩子有一句名言："除了阳光和空气是大自然赐予的，其他一切都要通过劳动获得。"许多日本家长都鼓励孩子利用课余时间在外打工挣钱。在日本，很多家庭在给孩子买玩具时，都会告诉孩子，玩具只能买一个，如果想要另一个的话就要等到下个月。

3. 法国：给孩子开设账户

法国的家长们认为应该给自己的孩子发放零用钱，他们认为，即便是小学生，也会有各自特殊的消费需要，同样需要一笔开销，对此家长应予以尊重和支持。法国的父母还鼓励孩子将这笔看似不起眼的小钱消费掉，然后和孩子交流感受，帮他们分析消费是否合理，让孩子从中获取经验，汲取教训。

法国家长大多在孩子10岁左右时，就给他们设立一个个人的独立银行账户，并划入一笔钱，而且这笔钱是不少的，有的会有上千甚至数千法郎。之所以这样做，是想让孩子从小就学会明智、科学而不是机械、盲目地理财。

(资料来源：黄培红.中国江西网，2016年6月1日.)

第6章 金融中介概述

本章小结

金融中介有广义与狭义之分。从狭义上说，金融中介是以从事间接融资活动的银行为典型，特指信用关系中借者与贷者之间的中介；而从广义上说，凡是专门从事各种金融活动的组织，林林总总，均统称为金融中介。本教材，在把金融中介作为一个整体讲述时，是采用广义的解释(如包括银行、保险、证券、信托等金融机构在内)。联合国统计署和国民核算体系(SNA)对金融中介的划分是从广义角度进行的。

西方国家的银行体系包括中央银行、商业银行、专业银行和政策性银行四种类型。在现代金融中介体系中，中央银行是这个体系的核心，商业银行是主体和基础，专业银行及其他金融中介则起补充作用，它们相互协调，共同发展。

西方国家把中央银行、商业银行、专业银行和政策性银行以外的金融中介统称为非银行金融中介。其种类主要包括保险公司、投资银行、信用合作社、养老或退休基金会、投资信托类金融机构、邮政储蓄机构、金融公司、金融租赁公司等。

经过30多年的改革开放，我国目前形成了以中国人民银行为核心，中国银行业监督管理委员会(简称"中国银监会")、中国证券监督管理委员会(简称"中国证监会")、中国保险监督管理委员会(简称"中国保监会")为监管机构，国家控股商业银行为主体，多种金融机构并存，分工协作的金融中介机构体系格局。

1930年5月，英国、法国、意大利、德国、比利时、日本等国在瑞士的巴塞尔成立了国际清算银行，这是建立国际金融机构的重要开端。第二次世界大战后建立了布雷顿森林国际货币体系，并相应地建立了几个全球性国际金融机构，作为实施这一国际货币体系的组织保证。它们是目前最重要的全球性国际金融机构：国际货币基金组织，简称世界银行的国际复兴开发银行，国际开发协会和国际金融公司。与此同时，随着国际经济金融关系的发展，同时也是为抵制美国对国际金融事务的控制，大量的通过互助合作方式建立的区域性国际金融机构也迅速发展起来，如泛美开发银行、亚洲开发银行、非洲开发银行、欧洲投资银行和亚洲基础设施投资银行，等等。

关键术语

金融中介　中央银行　商业银行　储蓄银行　不动产抵押银行　政策性银行　保险　投资银行　信用合作社　养老或退休基金会　邮政储蓄机构　金融公司　证券交易所　金融期货交易所　信托　信托投资公司　基金管理公司　财务公司　金融租赁公司　汽车金融公司　典当行　国际清算银行　国际货币基金组织　世界银行集团　泛美开发银行　亚洲开发银行　非洲开发银行　欧洲投资银行　亚洲基础设施投资银行

练 习 题

1. 单项选择题

(1) 我国的财务公司是由(　　)集资组建的。
　　A．商业银行　　　　　　　　B．政府
　　C．投资银行　　　　　　　　D．企业集团内部

(2) 中国人民银行专门行使中央银行职能是在(　　)年。
　　A．1983　　　　　　　　　　B．1984
　　C．1985　　　　　　　　　　D．1986

2．不定项选择题

(1) 下列属于我国金融机构体系格局构成的是(　　)。
　　A．财政部　　　　　　　　　B．货币当局
　　C．商业银行　　　　　　　　D．在华外资金融机构
(2) 下列属于我国非银行金融机构的有(　　)。
　　A．信托投资公司　　　　　　B．证券公司
　　C．财务公司证券公司　　　　D．邮政储蓄机构

3．判断题

(1) 我国的财务公司行政上隶属于中国人民银行。　　　　　　　　　(　　)
(2) 非银行金融机构就其性质而言，绝大多数是商业性的，即以营利为目标。(　　)

4．简答题

(1) 简述投资银行与商业银行的区别。
(2) 什么是政策性银行？中国的政策性银行的资金来源主要有哪些？
(3) 世界银行集团的成员组织有哪些？各自的作用都分别是什么？

第 7 章

商业银行

教学目标

通过本章学习，了解商业银行的一般原则、组织制度，掌握商业银行的基本概念、性质、职能、商业银行的经营范围，掌握网络银行的概念及其特征，理解商业银行存款货币的创造过程。

本章引言

对于个人而言，平时与金融机构打交道最多的就莫过于商业银行了，大到申请住房抵押贷款，小到存取款或者交纳水电费、电话费等都需要与商业银行交往。商业银行是金融体系中最古老，也是最重要的金融机构，在对普通人及整个经济体系的影响方面，迄今为止，没有哪一种金融机构的活动能像商业银行那样大，这是由商业银行的性质、职能及其在经济中的渗透性所决定的。本章将在介绍商业银行的性质、职能、组织制度的基础上，着重介绍商业银行的经营范围、存款货币的创造等基本理论，同时对网络银行作了必要的阐述。

知识要点结构图

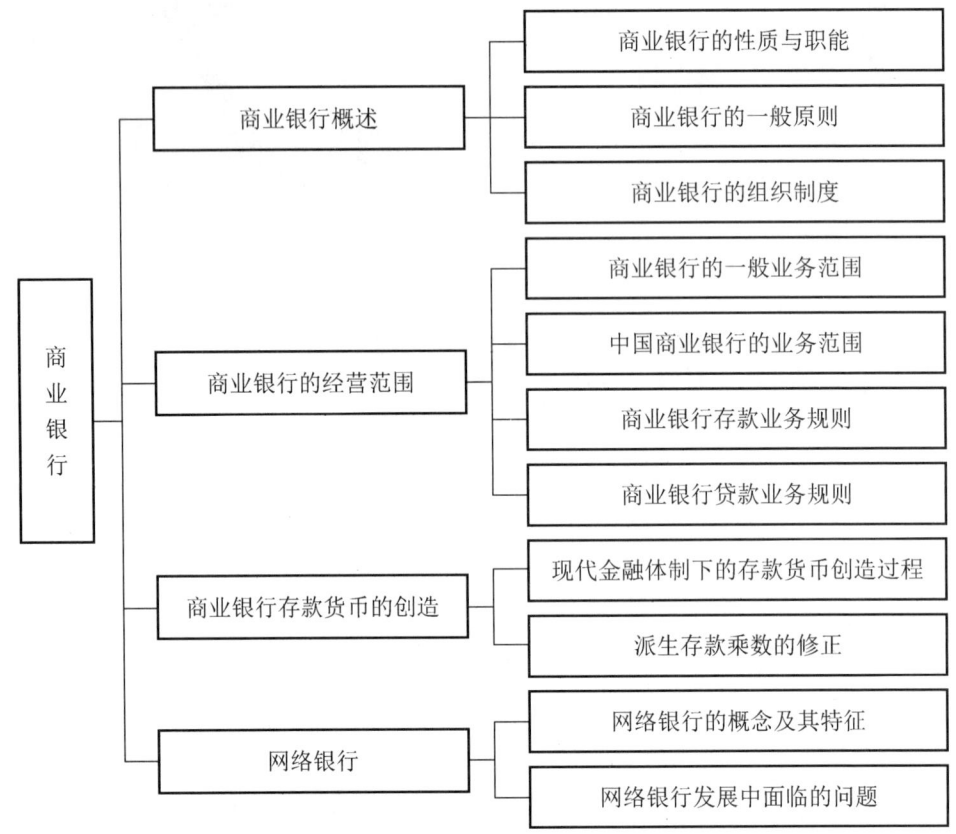

商业银行是金融体系中历史最悠久、服务活动最广泛、对社会经济生活影响最大的金融机构,是现代金融体系的主体。随着经济环境的变化,商业银行的性质、功能和经营业务等也发生着巨大的变迁。在金融全球化发展的进程中全面了解商业银行的基本知识,是学习金融学知识和把握金融发展趋势的重要环节。

7.1 商业银行概述

7.1.1 商业银行的性质与职能

1. 商业银行的性质

银行在其发展的初期,主要业务是吸收短期存款、发放短期的有偿性商业贷款,从中获取存贷利息差收益。世界各国都有商业银行,但称谓各不相同。在美国,商业银行分为在联邦注册的国民银行和在各州注册的州银行;在英国,商业银行包括存款银行、商人银行和贴现银行;在日本,商业银行则分为城市银行和地方银行。

从各国有关商业银行的立法来看,商业银行具有明显的三个法律特征:其一,

第7章 商业银行

它的资金来源主要是吸收的各种存款,特别是它能吸收活期存款,所以又被称为"存款银行";其二,它的业务范围十分广泛,基本上不受专业分工的限制,也被称为"百货公司式的银行";其三,它以利润最大化为其经营目标,经营以营利为目的的商业性货币信用业务。

我国《商业银行法》第2条规定:"本法所称的**商业银行**是指依照本法和《公司法》设立的吸收公众存款、发放贷款、办理结算等业务的企业法人。"这一定义,既描述了商业银行的业务功能,又深刻揭示了商业银行的法律性质和法律地位。

(1) 商业银行是企业。商业银行与一般工商企业一样,是以营利为目的的企业。商业银行必须依法设立、依法经营、照章纳税、自担风险、自负盈亏。因此它有别于不以营利为目的的国家机关和事业单位。这一点使它区别于中央银行和政策性银行。

(2) 商业银行是金融企业。商业银行是不同于一般工商企业的特殊企业,其特殊性表现为商业银行的经营对象不同于一般工商企业。一般工商企业主要经营的是普通的以使用价值形态存在的商品,而商业银行经营的是某种特殊商品——货币和货币资本,是以各种金融资产和金融负债为经营对象的。商业银行专门经营存款、贷款、结算等金融业务。这一点使它区别于非银行金融机构,如保险公司、财务公司。

(3) 商业银行的法律形式是企业法人。商业银行的定义明确地表明商业银行和所有现代企业一样,是依法成立的,有独立的财产,有自己的名称、组织机构和场所,能够独立承担民事责任的法人。

与其他金融机构相比,能够吸收活期存款、创造货币是商业银行最明显的特征,而其他金融机构,如证券公司和保险公司等都不能吸收活期存款和发放贷款。企业取得银行的贷款后,一般不会直接提取现金,而是将所获得的贷款存入其银行账户。因而,企业在获得一笔贷款的同时就会增加一笔存款。商业银行通过发放贷款而创造的存款就叫派生存款。我们在第1章已经知道,存款是货币的重要构成部分,因而商业银行对企业发放贷款从而创造派生存款的过程也是货币创造。正是商业银行具有创造货币的功能,使商业银行具有特殊的职能,它们的活期存款构成了货币供给或交换媒介的重要组成部分,也是信用扩张的重要源泉。因此,人们有时又称商业银行为**存款货币银行**。

2. 商业银行的职能

(1) 信用中介职能。信用中介职能是商业银行最本质、最基本的职能。这一职能的实质,是通过银行的负债业务(主要是吸收存款)把社会上闲散的各种货币资本集中到银行里来,再通过银行的资产业务(放款和投资等),把它投向经济各部门。在此过程中,商业银行作为货币资本的贷入者和贷出者的中介人,来实现资本的融通,并从吸收资金的成本和发放贷款的利息收入、投资收益的差额中,获取收入,形成银行利润。在此过程中,商业银行成为买卖"资本商品"的"大商人"。商业银行通过信用中介的职能实现资本盈余和短缺之间的融通,并不改变货币资本的所有权,改变的只是货币资本的使用权。

(2) 支付中介职能。商业银行通过客户在银行开立的存款账户,代理客户办理货币兑换、货币结算、货币收付等业务,成为工商企业、团体和个人的货币保管者、出纳者和收付代理人。商业银行支付中介职能的发挥,使现金的使用大为减少,节约了社会流通费用,加速了资金结算和货币资本的周转。

(3) 信用创造职能。信用创造职能是商业银行区别于其他金融机构最显著的特征。商业银行在利用所吸收的存款基础上，发放贷款，在支票流通和转账结算的基础上，贷款又转化为存款，在这种存款不提取现金或不完全提现的基础上，就增加了商业银行的资金来源，最后在整个银行体系，形成数倍于原始存款的派生存款。当然，商业银行不可能无限制地创造信用，更不能凭空创造信用，它至少要受到原始存款、中央银行法定存款准备金率及现金漏损率等条件的制约。长期以来，商业银行是各种金融机构中唯一能吸收活期存款、开设支票存款账户的机构，在此基础上产生了转账和支票流通，商业银行通过自己的信贷活动创造和收缩活期存款，而活期存款是构成货币供给量的主要部分，因此，商业银行就可以把自己的负债作为货币来流通，具备了信用创造功能。

(4) 金融服务职能。随着经济的发展，居民生活环境、工商企业经营环境日益复杂，银行间的业务竞争也日益剧烈。这迫使商业银行积极拓展业务，提高其服务品质以招徕顾客。现代商业银行以其设施先进、联系面广、信息灵通和专业知识丰富等优势，为客户提供各种金融服务，如信息服务、咨询服务、现金管理、提供保管箱、提供商业信用证、银行承兑汇票、代收代付各种行政收费和事业性收费，以及代发工资、代理融资等。

(5) 调节经济职能。调节经济职能是前四种职能的归纳和统一。调节经济是指商业银行通过其信用中介活动，调剂社会各部门的资金短缺，同时在央行货币政策和其他国家宏观政策的指引下，实现经济结构、消费比例投资、产业结构等方面的调整。此外，商业银行通过其在国际市场上的融资活动还可以调节本国的国际收支状况。商业银行因其广泛的职能，使得它对整个社会经济活动的影响十分显著，在整个金融体系乃至国民经济中位居特殊而重要的地位。随着市场经济的发展和全球经济的一体化发展，现代商业银行已经凸显了职能多元化的发展趋势。

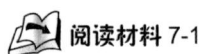

阅读材料 7-1

小生意 大银行

上海宁波路 9 号，一幢普通的民居，一百年之前，一家银行在这开业，它只有七万元的资本，在当时的银行界毫不起眼。但就是这家小银行，创造了近代中国商业银行的一连串第一，而它的所有者也因此被称为中国最优秀的银行家，这个人就是陈光甫。

陈光甫，1881 年出生于一个江苏的商人世家，年轻时代赴美留学，专攻商业。1909 年，陈光甫从著名的沃顿商学院毕业，回国后，先后在江苏银行和中国银行担任要职。当时随着两次投资工业热潮的出现，中国的民族工业已经初具规模，对资金产生了巨大的需求，而当时的中国银行业却被外资银行和官办银行所垄断。官办银行的经营是依附于权贵阶层，对于民间的零散资本他们不屑一顾，而外资银行对于中国民族工业也大都是采取挤压和歧视的政策，普通百姓对他们来讲，都是不值一提的小生意。陈光甫看到了民族工业的发展潜力，这是一个从未被同行们留意过的宝藏，他决定自立门户，开办一家面对中国民族企业和普通百姓的银行。

1915 年的 6 月 2 日，上海宁波路 9 号，挂起了一块上海商业储蓄银行的招牌，后来被称作上海银行。这间银行实际资本额只有 7 万多元，而当时大多数银行的资本额都在 100 万元左右，它一露面就被上海滩的金融大佬们讥讽为小小银行，陈光甫没有把这种讥笑放在心上，因为他的银行做的就是小的生意。为了吸引普通老百姓的光顾，陈光甫打出了一元开户的广告，这在当时的中国银行界闻所未闻，陈光甫的同行都嘲笑他是异想天开，而一般的民众也觉得难以置信，在他们看来，银行都是为有钱人开的。1915 年夏季的一天，一位不速之客走进上海银行的营业厅，他要求花一百元开设一百个账户。当他的

第7章 商业银行

要求被满足之后,一元开户的服务才不再被视作一个玩笑,大家都认识到,一元开户不是一个噱头,它的背后是现代商业银行为大众服务的经营理念,从此之后,草根阶层的积蓄开始源源不断地流入上海银行。虽然这些存款单笔来看都微不足道,但是陈光甫做的就是聚少成多的生意。上海银行开业当年,储蓄额就达到 57 万元,两年之后就达到 200 万元,1919 年达到 616 万元,这在江浙当地已经是小有规模。除了一元开户之外,陈光甫还开创了零存整取、存本取息、定活两便等专为便利民众服务的新型储蓄方式。陈光甫亲自到学校、工厂开办学生储蓄、教育储蓄和职工储蓄,这些在当年的中国银行界都属于闻所未闻之举,而这些创新,也让小小的上海银行迅速地壮大起来,大量的民间资金汇集于此,为陈光甫扶持民营企业积累了大量的资本。

1934 年,荣氏家族的申新七厂所借汇丰银行 100 万贷款到期,因为资金周转问题,荣氏家族一时拿不出这么多钱,这就意味着申新七厂将会被汇丰银行吞并。此时,已经握有雄厚资本的陈光甫挺身而出,他认为纱厂的资产远大于负债,经营也很好,只是暂时的资金紧张。于是,他联合几家华商银行贷款给申新七厂,清偿了汇丰的贷款。陈光甫的仗义出手,不仅帮助荣家保住了申新纱厂,还使得荣氏家族成为他的一个大客户,更重要的是,为上海银行赢得了更加广泛的信誉和资金。到了 19 世纪 30 年代中期,上海银行总资产超过两亿元,分行超过 100 家,在全国的储户达到 157 000 多人,按照当时的人口计算,每三千个人当中,就有一个人在上海银行开户。20 年前最穷酸的那个小小银行已经成为中国最大的民营银行。陈光甫的成功引发了同业者的群起效仿,中国银行业风气为之一变,以服务大众为经营宗旨的民营商业银行迅速崛起,而作为中国现代商业银行的开拓者、终身服务银行业的陈光甫,也别誉为中国最优秀的银行家。

在中国金融行业的草创时代,陈光甫以专业化的金融创新和服务意识,带领中国的银行业融入了现代经济社会。"人争近利,我图远功,人嫌细微,我宁繁琐",这是陈光甫为上海银行订立的经营原则,其精髓则是对资本一视同仁的开放态度,

(资料来源:资本的故事.cctv2.)

7.1.2 商业银行的一般原则

1. 商业银行的经营原则

我国商业银行以安全性、流动性、效益性为经营原则(《商业银行法》第 4 条)。

(1) **安全性**原则是指商业银行的资产、收益、信誉以及所有的经营生存发展条线免遭损失的可靠程度。安全性的反面就是风险性,安全性原则就是尽可能地避免和减少风险。商业银行应努力避免各种不确定因素的影响,保证自身的稳健经营和发展。

(2) **流动性**原则是指商业银行能够随时应付客户提现和满足客户借贷的能力。在这里,流动性有两层意思,即资产的流动性和负债的流动性。资产的流动性是指银行资产在不受损失的前提下随时变现的能力;负债的流动性是指银行能经常以合理的成本吸收各种存款和其他所需资金的能力。一般情况下,我们所说的流动性是指前者,即资产的变现能力。银行要满足客户提取存款等方面的要求,既要使其资产具有较高的流动性,也必须力求负债业务结构合理,并保持较强的融资能力。商业银行的流动性一定要保持适度,过高的流动性会使银行失去盈利机会甚至出现亏损;过低的流动性可能导致银行出现信用危机,客户流失,资金来源丧失,甚至会因为挤兑导致银行倒闭。

(3) **效益性**原则,也称盈利性原则,是指商业银行获得利润的能力。商业银行作为金融企业,在业务经营活动中同样力求获得最大限度的利润。效益性越高,获得利润的能力

越强;反之,获得利润的能力越弱。效益水平的提高,可以增强银行信誉,增强银行实力,吸引更多的客户,同时也可以增强银行承担经营风险的能力,避免因资本大量损失而带来破产倒闭的危险。

商业银行的安全性、流动性和效益性是既互相对立,又互相统一的。流动性保障安全性,效益性又须以安全性为前提。例如,为了获得较高的收益,就不得不承受较大的风险,不得不降低资产的流动性;而为了获得较大的安全性和流动性,可能就必须牺牲某些收益。因此,商业银行的经营者在经营中必须统筹考虑三者关系,综合权衡利弊,不能偏废。一般应在保持安全性和流动性的前提下,实现效益的最大化。

2．商业银行"企业化经营"的原则

我国《商业银行法》第2条规定商业银行是企业法人,第4条规定:商业银行实行自主经营、自担风险、自负盈亏、自我约束。商业银行依法开展业务,不受任何单位和个人的干涉,商业银行以其全部法人财产独立承担民事责任。

3．商业银行业务交易原则

商业银行与其客户是平等的民事主体,因此业务往来应坚持平等、自愿、公平和诚实信用的原则(《商业银行法》第5条)。

4．商业银行业务规则原则

商业银行主要经营负债和资产,因此制定业务规则时必须保持保护存款人合法权益的原则(《商业银行法》第6条),坚持自主放贷和依法放贷的原则(《商业银行法》第7条),这样才能保障商业银行安全运营。

5．商业银行竞争原则

商业银行是以营利为目的的企业,竞争是企业活力所在。因此,必须坚持公平竞争的原则,不得采用不正当竞争手段开展业务(《商业银行法》第9条)。商业银行开展业务遵循公平竞争的原则,主要表现为商业银行应当在国家法律、行政法规和金融主管机关监管规定许可的范围内开展业务,不得违反规定提高或者降低利率以及采取其他不正当手段吸收存款、发放贷款,损害其他银行的正当合法权益。

6．商业银行依法接受中国银监会等监管机构监督管理的原则

商业银行作为最主要的应行业金融机构,必须按照《商业银行法》第10条的规定,依法接受中国银监会、中国人民银行和其他监管部门(或机构)的监督管理。

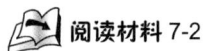
阅读材料7-2

华尔街的拿破仑

金融危机对任何一个国家的经济危害都是巨大的,如果这个国家没有中央银行,那么这种危害就是致命的。1907年正处于黄金年代的美国就遭遇了一场金融危机,而那个时候,美联储还没有出现,是一位年逾古稀的老人力挽狂澜,拯救了美国经济,这位老人就叫约翰·皮尔庞特·摩根,人称"华尔街的拿破仑"。

摩根1837年出生于一个富有的商人家庭,美国南北战争期间,他靠着精明的判断和天生的冒险精神,

第 7 章 商业银行

在黄金投机中发了一笔大财,并且在华尔街站稳了脚跟。1871 年在推销法国政府 5 000 万美元的国债的过程当中,摩根创立了一种机构联合、利益均沾、风险共担的方式,组成了一个承销团,结果庞大的 5 000 万美元法国国债很快就卖出了。此后,联合承销债券就成为了华尔街的一个新规矩,而摩根也由此成为华尔街债券业的老大。凭借着金融资本,摩根不断地向其他的产业扩张,到 20 世纪初,一个以摩根银行为核心的包括 100 多家企业的摩根财团终于形成,它拥有全美国三分之一的金融资本,摩根成为整个华尔街的领军人物。1900 年,美国取代英国,成为世界第一大经济强国,各个产业都在快速地发展,股票市场更是节节攀升,因此,许多机构和个人开始用借来的钱来炒股票,到 1907 年,纽约有一半的银行贷款都被信托公司以抵押的方式投入到股票和债券市场上,然而,在这繁荣的背后,却孕育着毁灭的种子。

1907 年的 10 月,美国第三大信托公司尼克伯克大量地举债,收购联合铜业公司的股票,但是,收购行动失败了,股价暴跌,尼克伯克的资金链断裂,面临倒闭。人们开始意识到,所有的信托公司都有可能破产。信托公司的挤兑风潮就出现了,银行也开始催收贷款,股市一落千丈,股票交易难以为继,华尔街大难临头。当时美国总共有 2 万多家州级和国家级银行及信托公司,但是,由于没有一个中央银行,它们缺乏共同的储备和统一的行动方向,抵抗危机的能力很差,人们的目光都集中到了摩根身上,只有他才能够带领华尔街抵抗这次危机。1907 年的 10 月 19 日,摩根召集美国各大银行的行长开会,大家表示要听从摩根的统一指挥。10 月 21 日,摩根财团发表声明,将承担信托公司票据兑现,维持市场资金的平衡,那么,这个消息就缓解了市场的恐慌,但是,并没有因此而阻止危机的蔓延。到 10 月 24 日,纽交所经纪商活期融资利率超过 100%,经纪商们已经很难再筹集到足够的资金来维持交易。无奈之中,交易所总裁提出了闭市的建议,摩根知道,如果交易所闭市,灾难就真的降临了。他马上筹集了 2 350 万美元,送到纽交所,这笔钱立刻被 50 家经纪商认贷一空。第二天,摩根再次筹集了 1 000 万美元,并且亲自来到交易所。当时市场借贷利率已经达到 150%,而摩根则以 25%~50% 的利率借给经纪商,他的到来使纽交所欢声雷动。纽交所扛住了金融危机的打击,但是,信托公司就没有这么幸运了,挤兑还在继续,刚刚有所缓解的局面又陷入僵局。摩根一面抚慰投资者的情绪,一面筹集资金为信托公司输血。1907 年的 11 月 3 日凌晨,一群来自纽约的银行家被锁在了摩根图书馆里面。摩根明确表示,在危机没有结束之前,任何人都不能离开,每家信托公司都必须在 2 500 万美元的款项中承担自己的那一份。4 时 45 分,随着最后一家信托公司签字的结束,摩根筹集了足够的应对金融危机的资金。这个消息一发布,投资者们终于相信,在摩根的带领之下,华尔街有能力应对这场危机,市场的信心很快得以恢复了,而金融危机也就此解除了。在这场金融危机当中,摩根带领华尔街的银行家们总共筹集到了 6 000 多万美元的资金,发行了 1 亿美元的票据,展现了他强大的融资能力和对华尔街的绝对控制力。从此,摩根财团又有了一个新的称号——美国民间的中央银行。

1913 年的 3 月 31 号,摩根在罗马去世,同年,美国国会通过《联邦储备法案》,行使中央银行权利的美国联邦储备委员会成立了。摩根依靠着金融的力量,重组了美国的实业,也永远地改变了美国金融市场的格局。

(资料来源:资本的故事.cctv2.)

7.1.3 商业银行的组织制度

1. 单元银行制度

单元银行制度(unit banking system),又称单一银行制度,是指业务只由一个独立的银行机构经营而不设立分支机构的银行组织制度。这种银行制度在美国较为典型。美国是各州独立性比较强的联邦制国家,经济发展不平衡,为了适应各地的需要,特别是中小企业的需要,防止金融垄断和银行合并,各州都通过银行禁止或者限制银行开设分支机构。随

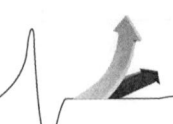

着经济形势的发展,地区间的经济联系日益紧密,现在对开设分支机构的限制已经有所放松。从某种程度上讲,单元银行制度是与商业银行的发展方向背道而驰的,它会削弱商业银行的整体竞争力,不利于商业银行资本的集中。1994年,美国国会通过《瑞格-尼尔跨州银行与分支机构有效性法案》,该法案允许商业银行跨州设立分支机构。但由于历史的原因,至今在美国仍有不少单元制银行。

2. 分支行制度

分支行制度(branch banking system),又称为总分行制度,是指银行在大城市设立总行,并在该市及国内或国外各地设立分支行的制度。在这种体制下,分支行的业务和内部事务统一遵照总行的规章和指示办理。目前世界各国一般都采用这种银行组织制度,其中尤以英国、德国、日本等最为典型,我国的商业银行也实行分支行制度。

3. 代理行制度

代理行制度(correspondent banking system),是指银行相互间签有代理协议,委托对方银行代办指定业务的制度。国际上,代理关系非常普遍。至于在各国国内,代理制最为发达的是实行单元银行制的美国,可以说,正是这种代理制度解决了不准设分支机构的矛盾。不过,就是在实行总分行制度的国家中,银行之间也存在着代理关系。

4. 银行持股公司制度

银行持股公司制度(share holding banking system),又称集团银行制度,是指由一个企业集团成立持股公司,再由该公司收购或者控制两家以上的若干独立的银行而建立的一种银行制度。这些独立银行的业务和经营决策由持股公司控制。持股公司对银行的有效控制权是指能控制一家银行25%以上的投票权。

根据持股人的不同,银行持股公司有两种类型,即非银行性持股公司和银行性持股公司。前者是通过非银行的大企业控制某一银行的大部分股份而组织起来的,后者是由大银行直接组织一个持股公司,通过控制小银行的大部分股份而组织起来的。例如,花旗银行就是银行性持股公司,它已经控制着300多家银行。持股公司银行制度早在19世纪就已经出现,但到20世纪20年代后才引起人们重视,并在20世纪50年代后在美国得到迅速发展。持股公司银行制度的出现和发展是美国长期实行单一银行制度的结果,其目的是纠正单一银行制度所造成的银行实力相对较弱、市场竞争力不足的弊端。

5. 连锁银行制度

连锁银行制度(chains banking system),是指由某一个人或某一集团控制两家或两家以上的银行所组成的银行集团的组织制度。这种方式可以通过持有股份、共同指导或法律允许的其他方式完成。连锁银行的每个成员都有自己独立的法人地位,具有自己的董事会,但由于受控于同一人或集团,因此还有统一的决策机构。

连锁银行制度与持股公司制度一样,都是为了弥补单一银行制度的不足,规避

【阅读材料】

对设立分支行的限制而实行的。但这两种银行组织制度的区别在于：连锁银行制度不设立控股公司，而是通过若干个商业银行相互持有对方的股票、相互成为对方股东的方式结为连锁机构，这些连锁银行从表面上看是互相独立的，但是它们在业务上互相配合、互相支持，经常互相调剂资金余缺、互通有无，而且，其最终的控制权往往掌握在同一个财团手中。

7.2 商业银行的经营范围

7.2.1 商业银行的一般业务范围

在世界各国，商业银行的法定业务范围极不一致。以金融机构能否兼营各类金融业务为依据，世界各国的金融体制可大体划分为分业经营体制和混业经营体制。在分业经营体制下，法律限定金融机构必须分门别类，各有专司，有专营长期金融的，有专营短期金融的，有经营有价证券买卖的，有专营信托业务的，等等。这种体制下的商业银行被称为**职能分工型银行**，即不得从事证券业务、保险业务、信托业务、投资银行业务，或者可从事这些业务，但要受到严格的限制。究其原因，一是防止商业银行将所吸收的存款用于长期投资或证券投机，以维护其稳健，保护存款人的利益；二是在各类金融机构之间达成利益的平衡，避免过度的金融竞争，为某些类别的金融机构留下发展的空间。采取这种体制的国家主要有英国、美国、日本等国。而在混业经营的体制下，商业银行不仅可以经营一般意义上的商业银行业务，而且可以经营投资银行业务、信托业务、证券业务甚至保险业务。这种银行被称为**全能型银行**。采取混业经营体制的国家，以德国、奥地利和瑞士为代表。两种体制孰优孰劣，历来存在争论。然而，原来实行严格分业经营体制的一些西方国家，在方兴未艾的金融自由化运动中，正不断打破或降低各类金融机构之间的"隔离墙"，则是不争的事实。如日本于1998年颁布了《金融体系改革一揽子法》，即被称为"金融大爆炸"的计划，允许各金融机构跨行业经营各种金融业务；1999年10月，美国通过了《金融服务现代化法案》，废除了代表分业经营的《格拉斯-斯蒂格尔法》，允许银行、保险公司及证券业互相渗透并在彼此的市场上进行竞争。

在我国，改革开放后，曾有一个时期实行混业经营体制，银行可以经营证券业务、信托业务，甚至可以投资兴办经济实体。但实践证明，在金融市场尚不成熟，金融体制尚不完备，金融机构自我约束机制尚未有效建立的情况下，实行混业经营，利少弊多。有鉴于此，我国及时对原有体制进行了调整，改行分业经营体制，并对遗留问题进行了必要的清理，包括要求银行与所办信托机构、证券经营机构、经济实体脱钩。这种分业经营的体制，在《商业银行法》关于商业银行经营范围的规定中，得到了进一步的体现。我国《商业银行法》从两个方面对商业银行的业务范围作了规定，一是商业银行可以经营的业务，二是禁止商业银行经营的业务。

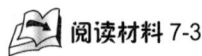

阅读材料 7-3

世界各国的金融模式之路

分业经营对于美国银行业来说并不是陌生的字眼，20世纪30年代经济大萧条之后，时任美国总统的罗斯福下令全国银行进行清理，银行业停业3天，结果有9 000多家银行消失。一些人认为，美国银行业的这种惨剧就是银行参与证券业务惹的祸。随后，美国国会通过了《格拉斯-斯蒂格尔法》，规定：商业银行和投资银行必须分业经营。这个法案一直执行到1999年，时任美国总统克林顿签署了《金融服务现代化法案》，废除了《格拉斯-斯蒂格尔法》，美国银行业开始混业经营。日本则在1996年酝酿金融改革方案，并于1998年正式推出被称为"大爆炸"金融改革计划，该计划放宽了对银行、证券、保险等业务经营范围的限制，允许金融机构混业经营。英国也实行混业经营，但是把银行业和证券业分业经营模式改为允许商业银行成立附属机构从事证券业务。

我国从1993年以来实行的就是分业经营、分业管理的制度，商业银行提供的金融商品很少，盈利渠道也很单一。2008年年初，国务院原则同意银行投资入股保险公司试点，试点范围为三四家。随后，工商银行、建设银行、交通银行和北京银行向监管层递交了参股保险公司的申请。2009年年末，交行率先拿到批文，由保险业和银行业混合经营的"交银康联人寿"诞生。2009年6月，中国平安高调宣布收购深发展。2009年10月，国开行收购航空证券，中国人寿入股农行，平安设立基金公司的意向被披露。2009年11月，中国银监会发布《商业银行投资保险公司股权试点管理办法》，成为官方关于混业经营的首个实施细则。

7.2.2 中国商业银行的业务范围

1. 商业银行可以经营的业务

根据《商业银行法》第3条的规定，商业银行可以经营下列部分或全部业务：

(1) 吸收公众存款。吸收公众存款是指商业银行收受客户(不特定的社会大多数人，包括单位和个人)的货币资金，对客户即期或定期偿付的义务。存款构成商业银行主要的资金来源。商业银行吸收的财政性存款，应按规定划转中国人民银行。

(2) 发放短期、中期、长期贷款。发放贷款是指商业银行处于债权人的地位，在借款人定期或随时偿还本息的条件下，将货币资金(现金或现金请求权)贷给借款人。贷款是商业银行资金运用的主要形式。短期贷款指贷款期限在一年以内(含一年)的贷款；中期贷款指贷款期限在一年以上(不含一年)五年以下(含五年)的贷款；长期贷款是指贷款期限在五年(不含五年)以上的贷款。

(3) 办理国内外结算。办理国内外结算是指商业银行基于客户的结算存款账户，接受客户的委托，通过转账划拨代为办理货币的收付。

(4) 办理票据贴现。贴现(discount)是指商业银行以折扣方式预收利息购入未到期的商业票据，向票据持有人提供短期的资金融通。根据我国有关规定，贴现期限(从贴现之日起到票据到期日止)最长不得超过六个月。银行贴现业务的具体计算式为：

$$\text{贴现付款额} = \text{票据金额} \times \left(1 - \text{年贴现率} \times \frac{\text{未到期天数}}{360\text{天}}\right)$$

第7章 商业银行

(5) 发行金融债券。金融债券是指金融机构为了筹集中长期信贷资金而发行的,用以证明认购人或持有人债权的一种有价证券。

(6) 代理发行、代理兑付、承销政府债券。商业银行以取得手续费收入为目的,接受政府或财政部的委托,以代理人的身份,向规定的对象销售政府债券,或者向政府债券的持有人支付到期的利息。

(7) 买卖政府债券。商业银行为取得利息收入或市场差价收益,以自己的名义,自担风险,买入或者卖出政府债券。

(8) 同业拆借。同业拆借是金融机构之间融通短期资金的行为。通过同业拆借,商业银行得以对资金头寸进行余缺调剂。

(9) 买卖、代理买卖外汇。买卖外汇是指商业银行在外汇市场上,卖出人民币资金,买入外汇资金,或者卖出外汇资金,买入人民币资金,以赚取利润、规避汇率风险、调整资产结构的业务活动。代理买卖外汇是指商业银行接受客户的委托,在外汇市场上买卖外汇以赚取手续费的业务。

(10) 银行卡业务。银行卡是根据客户的申请开具的,承诺在规定的条件得到满足时,由银行向银行卡持有人承担付款责任的电子信用工具。其实质是银行以自身信用补充其客户(开证申请人)信用之不足,并为此取得相应的收入。

(11) 提供信用证服务及担保。信用证是银行根据客户的申请开具的,承诺在信用证规定的条件得到满足时,由银行向信用证的受益人承担付款责任的信用函件。担保是指商业银行应客户的请求,向客户的债权人承诺,当客户(主债务人)不履行债务时,由其按照约定履行债务或者承担责任的行为。商业银行提供担保,按规定向客户收取担保费。

(12) 代理收付款项及代理保险业务。代理收付款项业务是指商业银行利用自身的结算便利,接受客户的委托,代为办理指定款项的收付,如代发工资、代收水电费等。代理保险业务是指商业银行根据保险公司的委托,向保险公司收取代理手续费,并在保险公司授权的范围内代为办理保险业务。

(13) 提供保管箱业务。保管箱业务是指商业银行出租保管箱供客户保管法律文书、储蓄存单(折)、有价证券、贵重金属、珠宝首饰、古玩文物等贵重物品,取得租金收入的一种服务性业务。

除以上业务外,我国商业银行还经营经国务院银行业监督管理机构批准的其他业务。

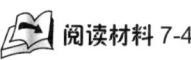
阅读材料 7-4

商业银行资产负债表的主要构成

尽管各国商业银行的组织形式、经营内容和重点不同,但其经营的主要业务包括负债业务、资产业务以及表外业务。负债业务和资产业务体现着银行经营的资金来源和资金运用。表外业务则是现代银行重要的收入来源,是当代银行业利润新的增长点。随着银行业国际化的发展,上述业务超越一国范围,还可以延伸为国际业务。

商业银行的经营状况与一般企业一样,是可以通过一系列财务报表反映出来的,特别是"资产负债表"能反映出某时期银行经营活动的范围(见表 7-1 商业银行资产负债简表)。资产负债表是一个平衡表。

179

表 7-1 商业银行资产负债简表

资　　产	负　　债
现金资产	各类存款
库存现金及存放央行款项	向中央银行借款
银行同业存款	银行同业拆借
托收未达款	国际金融市场借款
各类贷款	回购协议
票据贷款（即贴现）	股东权益
证券投资	资本金
固定资产	公积金
	未分配利润
其他资产	其他负债和股东权益
总　　计	总　　计

其资产中：

现金资产是银行资产中最富流动性的部分，包括库存现金、存放央行款项、银行同业存款、托收未达款等。

库存现金是指商业银行保存在金库中的现钞和硬币。库存现金的主要作用是商业银行为了应付客户提取现金和商业银行本身的日常零星开支。

商业银行存放在中央银行的存款由两部分构成，一是法定存款准备金，二是超额准备金。法定存款准备金是按照法定比率向中央银行缴存的存款准备金，是中央银行调节信用的一种政策手段，在正常情况下一般不得动用，缴存法定比率的准备金具有强制性。超额准备金则是指在存款准备金账户中，超过了法定存款准备金的那部分存款，这些存款可以直接提取使用。

银行同业存款是指商业银行存放在代理行和相关银行的存款。在其他银行保持存款的目的是便于银行在同业之间开展代理业务和结算收付，它属于活期存款性质，可以随时支用。

托收未达款是指商业银行应收的清算款项。在商业银行办理转账结算业务中，由其他商业银行转入本行的款项，在尚未收到前，即为托收未达款。这些款项是本行对其他银行的资金要求权，短期内即可收回，因而也被视为现金。

各类贷款是商业银行作为贷款人按照一定的贷款原则和政策，以还本付息为条件，将一定数量的货币资金提供给借款人使用的一种借贷行为。贷款是商业银行最主要的资产业务，也是商业银行取得利润的主要途径。

票据贷款，即贴现，是指商业银行按未到期票据的终值，首先扣除自贴现日起至到期日止的利息，买进该票据的行为。

证券投资是商业银行将资金用于购买有价证券的活动，主要是通过证券市场买卖股票、债券进行投资的一种方式。在这些证券中，由于国库券风险小、流动性强，而成为商业银行重要的投资工具。按《商业银行法》的规定，我国商业银行不得从事境内信托投资和股票业务。目前，我国商业银行的证券投资业务对象主要是政府债券和政策性银行发行的金融债券等。

固定资产包括办公场所、办公设备和土地等商业银行的固定性资产。

其负债中：

各类存款是商业银行接受客户存入的货币款项，存款人可随时或按约定时间支取款项的一种信用业务，在负债业务中占有最重要的地位，它是商业银行最主要的资金来源。

中央银行是一般银行的最后贷款人,当商业银行资金不足时,可以向中央银行借款,以维持资金周转。商业银行向中央银行借款主要有两种形式,一是再贴现,即经营票据贴现业务的商业银行将其买入的未到期的票据,如商业票据、短期国库券等,再转卖给中央银行的行为;二是再贷款,即商业银行向中央银行申请的直接贷款,它可以是信用贷款,也可以是商业银行以自己持有的合格票据、银行承兑汇票、政府公债等有价证券作为抵押品向中央银行取得抵押贷款。

银行同业拆借指商业银行之间的短期资金融通,它是商业银行为解决短期余缺、调剂法定存款准备金头寸而融通资金的重要渠道。

商业银行利用国际金融市场也可以获得所需的资金,例如,可以通过发行大额定期存单、办理定期存款、出售商业票据和银行承兑票据以及发行债券等方式筹集资金,以满足自身资金不足的需要。

回购协议是指商业银行在出售证券等金融资产时签订协议,约定在一定期限后按约定价格购回所卖证券,以获得即时可用资金的交易方式。

商业银行的自有资本是其开展各项业务活动的初始资金,简单来说,就是其业务活动的本钱,主要包括发行股票所筹集的股份资本、经营过程中形成的公积金以及未分配利润。自有资本一般只占其全部负债业务的很小一部分。商业银行自有资本的大小,体现了商业银行的实力和信誉,也是商业银行吸收资金的基础。

2. 禁止商业银行经营的业务

为了进一步理顺分业经营的体制,规范商业银行的行为,《商业银行法》第 43 条明确规定商业银行不得在中华人民共和国境内经营以下几种业务。

(1) 商业银行不得从事信托投资业务。信托本质上是一种为他人利益管理财产的制度,即财产所有人将自己的财产委托他人(即受托人)为自己或者第三人的利益进行保管或处分。所谓商业银行不得经营信托投资业务,即是指商业银行不得作为受托人经营信托投资业务。

(2) 商业银行不得从事股票业务。股票投资风险较大,受发行公司经营状况和股市主客观因素的影响。所谓商业银行不得从事股票业务,是指商业银行不得承销股票发行,不得自营买卖股票,不得代理他人买卖股票。商业银行不得从事股票业务,不包括股份商业银行为了筹集资本而发行股票的行为。

(3) 商业银行不得投资于非自用不动产。对商业银行而言,自用不动产是指其经营业务所必需的房屋、场地等不动产。除自用目的以外,商业银行不得以任何理由从事房地产的开发或买卖业务。禁止商业银行投资于非自用不动产,主要目的是控制固定资产投资规模,保证商业银行资产的流动性,杜绝商业银行的房地产投机活动。为了防止商业银行变相投资股票和不动产,《商业银行法》规定:"商业银行因行使抵押权、质权而取得的不动产或者股票,应当自取得之日起 2 年内予以处分。"

(4) 商业银行不得向非银行金融机构投资。非银行金融机构是指银行以外的金融企业,如保险公司、信托投资公司、企业集团财务公司、证券公司、金融租赁公司、城市信用合作社、农村信用合作社等。商业银行不得向非银行金融机构投资,是指商业银行不得向非银行金融机构投资入股,包括投资或参与投资设立非银行金融机构,受让非银行金融机构的股份。此项禁止性规定的意义主要有二:第一,防止风险在金融机构之间的转移和扩散;第二,防止商业银行变相从事混业经营。

(5) 商业银行不得向企业投资。商业银行不得向企业投资,是指商业银行不得向非金融企业投资入股,包括投资或参与投资设立非金融企业,受让非金融企业的股份。此项规定的主要目的是有效控制投资规模,维护商业银行资产的流动性,避免商业银行因企业的经营不善而受到不利影响。

必须注意,商业银行仅在中华人民共和国境内不得从事上述五类业务。至于商业银行在境外从事这些业务,《商业银行法》未予禁止。

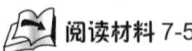阅读材料 7-5

表 外 业 务

表外业务(off-balance sheet business)是指商业银行从事的按会计准则不列入资产负债表内,不影响其资产负债总额,但能影响银行当期损益,改变银行资产报酬率的经营活动。表外业务有狭义和广义之分。狭义的表外业务是指那些未列入资产负债表,但同表内资产负债业务关系密切,并在一定条件下会转化为表内资产负债业务的经营活动,即特指有风险的业务。这类业务通常有三大类,即担保或类似的或有负债、承诺、与利率或汇率有关的或有项目(如互换、期权、期货、贷款承诺等业务)。例如,当商业银行对商业汇票进行承兑后,由商业银行承诺承担最后付款责任,即使汇票的付款人无力付款,商业银行也必须向汇票的收款人或持票人付款,因此,银行承兑汇票是商业银行对收款人或持票人的一种或有负债。广义的表外业务则除了狭义的表外业务,还包括结算、代理、咨询、代收、代客买卖等并据以收取手续费的无风险的经营活动,这类业务通常被称为中间业务(middleman business)。

7.2.3　商业银行存款业务规则

存款是指客户(存款人)在其金融机构账户上存入货币资金,金融机构收受客户的货币资金,而对客户负即期或定期偿付义务的负债业务,它是金融机构特别是商业银行最重要的信贷资金来源。《商业银行法》对商业银行的存款业务作了如下的原则性规定。

【拓展视频】

1. 存款业务经营特许制

我国《商业银行法》第 11 条第 2 款规定:"未经国务院银行监督管理机构批准,任何单位和个人不得从事吸收公众存款等商业银行业务,任何单位不得在名称中使用'银行'字样。"这说明我国对存款业务经营实行许可制,即必须是经过中国银监会审核批准,具有存款业务经营范围的金融机构才能开展存款业务。

2. 存款机构须依法交存存款准备金

凡从事存款业务的商业银行等金融机构必须依法向中国人民银行交存存款准备金。目的是保障存款机构支付款的能力,防范因个别银行挤兑引发系统性金融风险。

3. 存款机构依法留足备付金

备付金是商业银行和其他金融机构为保证存款支付和资金清算的清偿资金,主要表现为商业银行的库存现金和在中央银行的存款。

第7章 商业银行

4. 依法确定并公告存款利率

商业银行等存款机构应按照中国人民银行规定的存款利率的上下限确定存款利率,并予以公告。

5. 财政性存款专营

财政性存款和存款准备金是中国人民银行的信贷资金来源,任何机构不得占用财政性存款,各受托银行应全额划转人民银行。

6. 以合法正当的方式吸收存款

我国《银行业监督管理法》《商业银行法》及 2000 年中国人民银行发布的《严格禁止高息揽存、利用不正当手段吸收存款的通知》等对此作了规定。

7. 依法保护存款人利益的原则

我国法律规定存款人保护规则主要有:商业银行等存款机构在办理个人储蓄存款业务时,应当遵循"存款自愿、取款自由、存款有息、为储户保密"的原则;商业银行等存款机构保证存款本金和利息的支付,不得拖延、拒绝支付存款本息;除法律、法规另有规定外,存款机构不得代任何单位或者个人查询、冻结、扣划存款;商业银行等存款机构破产时,先于国家税款清偿个人储蓄的存款债务。

8. 储蓄存款利息税收原则

根据个人所得税法有关规定,中国国务院决定自 2008 年 10 月 9 日起对储蓄存款利息所得暂免征收个人所得税。我国自 1999 年 11 月 1 日起,对储蓄存款利息所得征收个人所得税,税率为 20%,此税率一直实行到 2007 年 8 月,后经调整,自 2007 年 8 月 15 日起降为 5%。

9. 储蓄业务禁止原则

(1) 禁止公款私存。《商业银行法》和《储蓄管理条例》都明确规定:任何单位和个人不得将公款以个人名义开立储户存储。公款的范围包括:凡列在国家机关、企事业单位会计科目的任何款项;各保险机构、企事业单位吸收的保险金款项;属于财政性存款范围的款项;国家机关和企事业单位的库存现金等。

(2) 禁止使用不正当手段吸收储蓄存款。"不正当手段"是指:擅自提高存款利率;以散发有价馈赠品为条件吸收储蓄存款;发放各种名目的揽储费(如手续费、吸储费、有奖储蓄、介绍费等);利用不确切的广告宣传;利用汇款、贷款或其他业务手段强迫储户存款;利用各种名目多付利息、奖品或其他费用。

10. 个人存款账户实名制原则

所谓**个人存款账户实名制**,是指个人在金融机构开立个人存款账户及在该账户存取资金时,应当依法使用其真实姓名和身份号码的一种信用制度。

【阅读案例】

7.2.4 商业银行贷款业务规则

贷款是金融机构依法把一定数量的货币资金按一定的利率提供给借款人使用并约定期限偿还的一种信用活动。贷款是商业银行的资产业务，也是商业银行业务的核心。

商业银行的贷款业务的质量好坏，不仅关系到银行自身能否盈利，而且关系到银行存款人存款的安全和其他客户的经济利益，关系到整个社会的正常生产、生活秩序。所以，我国《商业银行法》第四章以九条的篇幅规定了商业银行贷款业务的基本规则。其内容如下所述。

1. 贷款的指导思想

商业银行根据国民经济和社会发展的需要，在国家产业政策指导下开展贷款业务。

2. 贷款的审查

商业银行贷款，应当对借款人的借款用途、偿还能力、还款方式等情况进行严格审查。商业银行贷款，应当实行审贷分离、分级审批制度。

3. 有担保原则

商业银行贷款，借款人应当提供担保。

4. 借款合同管理

商业银行贷款，应当与借款人订立书面合同，合同应当约定贷款种类、借款用途、金额、利率、还款期限、还款方式、违约责任和双方认为需要约定的其他事项。

5. 利率管理

商业银行应当按照中国人民银行规定的贷款利率的上下限确定贷款利率。

6. 对贷款人的限制

(1) 贷款的发放必须符合我国《商业银行法》关于资产负债比例管理的规定和银监会的其他有关规定。

(2) 对同一借款人的贷款余额与商业银行资本余额的比例不得超过10%。

(3) 商业银行不得向关系人发放信用贷款，向关系人发放担保贷款的条件不得优于向其他借款人发放同类贷款的条件，以维护公平交易和自身的资金安全。

(4) 禁止发放贷款的情形：不具备借款人的资格和条件的，借款人生产经营的产品和投资项目是国家明文规定禁止的，借款人违反国家外汇管理规定的，借款人的建设项目应当报经国家有关部门批准而未取得批准文件的，借款人的生产经营或投资项目未取得环保部门许可的，借款人在实行承包、租赁、联营、合并(兼并)、合作、分立、产权有偿转让、股份制改造等体制变更过程中，未清偿原有贷款债务、落实原有贷款债务或提供相应担保的，以及借款人有严重违法行为的。

(5) 未经中国人民银行批准，不得对自然人发放外币币种的贷款。

(6) 金融机构的自营贷款和特定贷款，除按中国人民银行的规定计收利息之外，不得

第 7 章 商业银行

收取其他任何费用；委托贷款，除了按照央行规定收取手续费之外，不得收取其他任何费用。

(7) 不得给委托人垫付资金，国家另有规定的除外。

(8) 严格控制信用贷款，积极推广担保贷款。

7. 贷款自主权

任何单位和个人不得强令商业银行发放贷款或者提供担保。商业银行有权拒绝任何单位和个人强令其发放贷款或者提供担保。

8. 贷款本金和利息的归还

借款人到期不归还担保贷款的，商业银行依法享有要求归还贷款本金和利息或者就该担保物优先受偿的权利。商业银行因行使抵押权、质权而取得的不动产或者股票，应当自取得之日起 2 年内处分。借款人到期不归还信用贷款的，应当按照合同约定承担责任。

7.3 商业银行存款货币的创造

7.3.1 现代金融体制下的存款货币创造过程

1. 原始存款和派生存款

银行存款有原始存款和派生存款之分，这两种存款在商业银行贷款业务和整个社会货币供给过程中所起的作用有很大的区别。

所谓**原始存款**是指商业银行吸收的现金存款或中央银行对商业银行贷款所形成的存款，包括商业银行吸收到的增加其准备金的存款。商业银行的准备金以两种具体形式存在：一是商业银行持有的应付日常业务需要的库存现金；二是商业银行在中央银行的存款。这两者都是商业银行持有的中央银行的负债，也是中央银行对社会公众负债中的一部分。

所谓**派生存款**，是相对于原始存款而言的，是指由商业银行以原始存款为基础运用转账方式发放贷款或进行其他资产业务而引申出来超过最初部分存款的存款。派生存款这一定义具体可分以下三点进行解释：

(1) 派生存款必须以一定量的原始存款为基础。派生存款作为商品经济条件下银行信用活动必然产生的普遍现象，作为银行的经济活动提供信用流通工具的一种机能，并非可以凭空创造，必须具有派生的基础，即有一定量的原始存款给予保证。

(2) 派生存款是在商业银行内直接形成的。在现实的银行信用活动中，凡是在银行具有创造信用流通工具的能力以及实行转账结算的条件下，银行就有创造派生存款的能力。

(3) 以原始存款为基础通过商业银行内的存贷活动形成的派生存款，数量界限应是由贷款引出超过最初部分的存款。例如，1 万元的贷款，转为 1 万元的存款，通过存款的派生，形成 5 万元的存款，这里，派生存款金额应是 4 万元。

2. 存款货币创造的两个必要的前提条件

存款货币的创造必须具备两个紧密联系的必要前提条件：一是各个银行对于自己所吸

收的存款只需保留一定比例的准备金;二是银行清算体系的形成(即银行间的转账结算)。

(1) 银行并不需要为其所吸收的存款保持100%的存款准备是前提条件之一。否则,银行吸收多少存款保留多少存款准备,那就根本没有可能从存款中拿出一部分提供贷款或持有证券,也就谈不上存款货币的创造过程。

(2) 如果没有银行间的转账结算,就好比是把大量现金放在了有一个巨大窟窿的口袋中,即放多少,就漏多少,存款是无法创造的。当中央银行承担起组织全国性清算体系的责任之后,通过各银行在中央银行准备存款账户的划拨则是清算的最后一个环节。

3. 派生存款乘数

下面我们就在部分准备金制度和银行间的转账结算制度下,用一个具体的存款、贷款活动,并通过银行的资产负债表来说明商业银行存款货币创造的过程。

首先做如下假设条件:银行只保留法定准备金,其余部分全部放贷出去,即超额准备金为零;客户不保留现金,即没有现金从银行系统流出;法定准备金率为10%。

假设一客户将1 000元现金存入甲银行,这1 000元存款就成为了原始存款。由于部分准备金制度,甲银行就需要从这1 000元中保留100元作为准备金,其余的900元可以全部贷出。这样经过一次存款和一次贷款后,甲银行的资产负债表的情况如表7-2所示。

表7-2 甲银行资产负债表   单位:元

资　　产		负　　债	
准备金	100	现金存款	1 000
贷　款	900		
总　额	1 000	总　额	1 000

当甲银行贷出900元之后,取得这些贷款的客户将这笔款项用于支付,而收款人又将这笔款项全部存入了乙银行。乙银行取得了900元的存款,根据中央银行法定准备金的要求,从中保留90元为准备金,其余的810元全部用于放贷。于是对乙银行来说,经过一次存款和一次贷款后,乙银行的资产负债表的情况如表7-3所示。

表7-3 乙银行资产负债表   单位:元

资　　产		负　　债	
准备金	90	现金存款	900
贷　款	810		
总　额	900	总　额	900

同样,当乙银行贷出810元之后,取得这笔贷款的客户将这笔款项用于支付,而收款人又将这笔款项全部存入了丙银行。丙银行取得810元的存款,根据中央银行法定准备金的要求,从中保留81元为准备金,其余的729元全部用于放贷。于是对丙银行来说,经过一次存款和一次贷款后,丙银行的资产负债表的情况如表7-4所示。

表7-4 丙银行资产负债表　　　　　　　　　　　　　　　　　单位：元

资产		负债	
准备金	81	现金存款	810
贷款	729		
总额	810	总额	810

此时，若丙银行贷出729元之后，取得这笔贷款的客户将这笔款项用于支付，而收款人又将这笔款项全部存入了丁银行。丁银行取得729元的存款，根据中央银行法定准备金的要求，从中保留72.9元为准备金，其余的656.1元全部用于放贷……，这个过程可以继续下去，直到整个银行系统都没有超额准备金存在。在这个过程中，每一家银行都在创造存款。这一个过程可以从表7-5中反映出来。

表7-5 商业银行存款货币创造过程　　　　　　　　　　　　　　单位：元

银行	活期存款	准备金	贷款
甲银行	1 000	100	900
乙银行	900	90	810
丙银行	810	81	729
丁银行	729	72.9	656.1
…	…	…	…
总计	10 000	1 000	9 000

由表7-5反映的派生过程来看，各家银行的存款额表现为一个无穷递减的等比数列：1 000，900，810，729，…，对该数列求和，计算公式为：1 000/(1－0.9)＝10 000(元)。

从该公式可以看出，存款总额由1 000元扩张到10 000元。其中1 000元为原始存款，9 000元为派生存款。可以看到，这种多倍扩张使存款总额增加到原始存款的10倍，这个倍数正是法定准备金率的倒数，被称为派生存款乘数或派生倍数。

我们可以通过派生存款乘数来计算一笔原始存款能创造的派生存款数。从理论上讲，派生存款的创造并不会无限制地持续下去，当准备金的累计额等于原始存款时，商业银行就不能再创造新的存款了，也就是说，派生存款的创造过程在准备金累积到等于原始存款时就停止了。

派生存款的计算公式为：

$$派生存款 = 原始存款 \times \left(\frac{1}{法定准备金率} - 1\right)$$

上式表明，商业银行存款货币创造能力的大小不仅和原始存款有关，还直接受法定准备金率的影响。当原始存款全部转化为法定准备金时，商业银行派生存款数额最大，此时，商业银行存款货币的创造达到了极限。也可以说，商业银行的存款货币创造过程就是原始存款转化为法定存款准备金的过程。

经过商业银行系统的扩张之后，最后的存款货币总额为原始存款的一定倍数，这个倍数就是派生存款乘数(K)，设法定准备金率为r_d，则派生存款乘数可表示为：

$$K = 1/r_d$$

派生存款也可以用最后的存款货币总额减去原始存款得到。

可见,法定准备金率越高,存款扩张倍数越小;法定准备金率越低,存款扩张倍数越大。由于 r_d 是一个界于 0 和 1 之间的数,$1/r_d$ 必定是一个大于 1 的数,这说明经过存款创造,原始存款得以以一个乘数(倍数)的速度扩张。但这里的 K 值只是原始存款能够扩大的最大倍数,实际过程的扩张倍数往往达不到这个值。

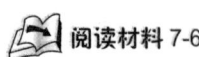
阅读材料 7-6

存款准备金

美国联邦储备委员会于 2008 年 10 月 22 日宣布提高支付给商业银行存放在中央银行的超额存款准备金的利率,以便更好地应对信贷危机。美联储当天发表的声明说:从本月 23 日开始,美联储为商业银行超额存款准备金支付的利率将从现有的 0.75%提高到 1.15%,也就是联邦基金利率 1.5%减去 0.35%。分析人士认为,这一措施将鼓励商业银行在美联储存放超额存款准备金,因为这部分资金的利息收入将会增加。美联储在声明中表示,将根据市场形势的发展继续对超额存款准备金的利率政策进行评估,并在必要的时候做进一步调整。

存款准备金是金融机构依据中央银行要求的比例,为保证客户提取存款和资金清算需要而准备的存放在中央银行的存款。超额存款准备金则是金融机构存放在中央银行超出法定存款准备金的部分。美国国会在 2008 年 12 月初批准的 7 000 亿美元金融救援方案中,首次授权美联储对存款准备金支付利息。

7.3.2 派生存款乘数的修正

前文的结论,是在严格满足我们最初的假设条件即银行只保留法定准备金,其余部分全部放贷出去,超额准备金为零;客户不保留现金,即没有现金从银行系统流出的基础上得出的。但事实上,以上假设条件在现实是不存在的,实际上,影响派生存款的其他因素主要有:

(1) 商业银行为了自身经营的需要,为了保证资产的流动性,总是在法定准备金外,多保留一部分超额准备金。在实际经营中,为了保持流动性,商业银行实际持有的准备金总是大于法定准备金,这种差额称为超额准备金。超额准备金率(e)越高,存款派生的倍数也越小。

(2) 商业银行放贷时,也并不可能保证完全没有现金流出银行系统。客户在取得贷款时,可能会将其中一部分以现金方式提走。被提取的部分显然没有形成派生存款,可视为存款派生过程中的现金漏损,其流出的现金占银行存款的比例为现金漏损率(c)。现金漏损率越高,派生存款越少。

(3) 商业银行存款货币的创造过程中的存款要求为活期的,但会出现一部分客户把活期存款转化为定期存款。此时,活期存款转为定期存款的比例(t)和定期存款的法定准备金率(r_t)的大小,也会影响派生存款的多少。一般情况下,活期存款转为定期存款的比例和定期存款的法定准备金率的乘积越大,派生存款越少。

这三种情况,都是商业银行在存款货币创造过程中的货币漏损现象,因此,为了准确计算派生存款,我们必须考虑到商业银行存款货币创造过程中的漏损现象。

考虑到以上三种使货币漏损的因素，修正的派生存款乘数可表示为：

$$K = 1/(r_d + t \times r_t + c + e)$$

式中　K——派生存款乘数；

　　　r_d——活期存款的法定准备金率；

　　　t——定期存款与活期存款之比；

　　　r_t——定期存款的法定准备金率；

　　　c——现金漏损率；

　　　e——超额准备金率。

商业银行的派生存款是在原始存款的基础上，通过商业银行体系的一系列转手过程完成的。与此相反，若存款人提取现金或银行收回贷款，结果是减少了存款准备金或原始存款，则这时经过一系列转手的过程，发生的就不是产生派生存款，而是银行的存款向反方向的收缩方向发展。

以上，我们只是就银行创造派生存款过程中的基本可测量因素对存款派生倍数影响所做的分析。如果考虑到客户对贷款的要求要受到经济发展的制约，那么并非任何时候银行总有机会将可能贷出的款项全部贷出。也就是说，银行能否多贷，不仅取决于银行行为，还要看企业是否需要贷款。在经济停滞和预期利润率下降的情况下，即使银行愿意多贷，企业也可能不要求贷款，从而可能的派生规模并不一定能够实现。

【阅读材料】

阅读材料 7-7

《存款保险条例》出台

在经历了 4 个月的征求意见之后，《存款保险条例》在 2015 年 3 月 31 日正式出台了，并自 2015 年 5 月 1 日起正式施行。那么，在条例中，最大的亮点就是在偿付实现上由征求意见稿中的"及时偿付"改为了"7 个工作日"，也就是说，在银行发生破产等金融风险之后，保险机构必须在 7 个工作日内对被保险的储户进行足额的偿付。

所谓的存款保险就是指投保机构向存款保险基金管理机构交纳保费，形成存款保险基金，存款保险基金管理机构依照规定向存款人偿付被保险存款，并采取必要措施维护存款以及存款保险基金安全的制度。这次出台的《存款保险条例》规定，被保险存款包括投保机构吸收的人民币存款和外币存款，但是，金融机构同业存款、投保机构的高级管理人员在本投保机构的存款以及存款保险基金管理机构规定不予保险的其他存款除外，而且，在向存款人偿付时，实行限额偿付，最高偿付限额为人民币 50 万元。

不过，该条例并没有明确规定存款保险的费率水平，但业内人士预计，保费将维持在比较低的水平，目前国际平均水平大约在万分之五，我国的存款保险制度还在起步阶段，因此，应该不会高于这一水平，而且这一费用不用储户承担，而这对银行业的整体利润水平影响也非常有限。

(资料来源：经济信息联播.cctv2，2015 年 3 月 31 日.)

7.4 网络银行

7.4.1 网络银行的概念及其特征

1. 网络银行的概念

网络银行(internet bank)，也称网上银行、在线银行，是指通过互联网或其他电子传送渠道，向客户提供信息查询、对账、资金转账、网上支付、信贷、投资理财等各种金融服务的新型银行。简言之，网络银行就是互联网上的虚拟银行柜台，它在网上实现银行的业务操作。

网络银行通常分为纯网络银行和分支型网络银行。**纯网络银行**也可称为"只有一个站点的银行"。这类银行一般只有一个办公地址，无分支机构、无营业网点，他是完全依赖于互联网向客户提供全方位的金融服务的虚拟银行(virtual bank)。世界上第一家纯网络银行是于 1995 年 10 月 18 日在美国亚特兰大成立的"安全第一网络银行(Security First Network Bank，SFNB)"。**分支型网络银行**是指原有的传统银行利用互联网作为新的服务手段，建立银行站点，为客户提供在线服务，实际上是传统银行服务在互联网上的延伸。网上站点相当于他们的一个分支行或营业部，为其他非网上分支机构提供辅助服务，如财务查询、转移资金、支付款项等，是实体银行采用网络手段扩展业务、增强竞争力的一种方式。

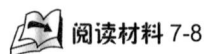
阅读材料 7-8

互联网银行不设物理网点

2014 年，在金融领域颇受关注的还有多家民营银行获得批准筹建，这不仅为金融业注入了新的活力，更直接推动了金融业跟互联网的加速融合。走进深圳前海微众银行，你看不到传统银行里的业务大厅和办理柜台，整体感觉更像是一家互联网企业。行长曹彤表示，互联网银行最大的特点就是三无，即无网点、无柜台、无抵押。借助互联网，深圳前海微众银行实现了远程刷脸放贷。银行系统储存有用户的信用信息和个人资料，当用户需要贷款时，打开手机上的客户端，自拍一张照片，然后，再读出手机端随机出现的文字信息，就可以通过验证，系统就会给出一个信贷额度，随后，用户就可以将这笔贷款转入个人账户进行消费。据了解，微众银行的主要产品包括小额经营或消费贷款、小额存款和理财、信用支付工具等，主要面向小微企业和普通百姓。随着微众银行、上海华瑞银行等民营银行的获批开业，2015 年，银监会有望进一步扩大民营银行试点。面对民营银行的加速发展，国有大型银行也纷纷积极应对，"拥抱互联网，打造智慧银行"，成为了它们不约而同的选择。

在建行位于北京的一个智慧银行网点，记者看到，由于采用了智能叫号机，客户只需扫描身份证和自主选择业务，就将资料传给了柜台，省去了原有的填单环节，其他大部分业务在智慧银行里也都可以自助办理。例如，通过一套自助办卡系统，客户只需扫描身份证、确认信息、签名，几分钟内就可以拿到新办理的银行卡，如遇到问题，还可以通过电脑与工作人员进行远程沟通。建行个人存款与投资部总经理杨绍萍表示说："我们其实在智慧银行里面融入跟集成了 20 多项当前在银行应用比较新的科技创新的成果，它实际上是将传统的金融服务模式与现在科技的创新有机地结合起来，来探索一种新型的新的渠道，服务的

第7章 商业银行

一种形态。"据了解，2014年建行在全国建成了12家智慧银行，智慧银行中的一些成熟的产品和服务将很快应用到银行的普通网点。

(资料来源：经济信息联播.cctv2，2015年3月6日.)

2. 网络银行的特征

网络银行发展如此迅速的一个重要原因在于它比传统银行具有明显的优势。

(1) 方便、快捷、超越时空。由于网络银行所拥有的技术和电脑软件系统优势，使其能够提供全球24小时的"AAA"服务，即可在任何时候(anytime)、任何地方(anywhere)、以任何方式(anyhow)为客户提供实时服务，大大提高了服务效率。

(2) 各项成本低。网络银行可以少设甚至不设分支机构，而且其雇员要比传统银行少得多，全面实现无纸化交易(如原有的纸币被电子货币，即电子现金、电子钱包、电子信用卡所代替；原有纸质文件的邮寄变为通过数据通信网络进行传送等)，产品价格竞争力强，容易进行成本控制，这也凸显了银行业改革的一个基本方向：集中有限的资源，有效培育和运用自身核心能力，降低成本，提高效率和盈利水平。

(3) 以客户为导向的营销模式具有更强的吸引力。网络银行摒弃了传统银行以产品为导向的营销模式，采取以客户为导向的营销模式，即可以按照每个客户不同的金融和财务需求为其"量身定做"极具个性化的金融产品。

(4) 网络银行拓宽了金融服务领域。网络银行不仅可以提供大部分传统银行业务，还可以提供一些如包括经济新闻、投资理财、投资咨询等在内的全新的业务。

7.4.2 网络银行发展中面临的问题

1. 安全问题

对于精通网络操作技术而又熟悉银行业务的不法者而言，能够以较低的成本，伪造和复制网络银行的金融产品和信息，并可以假乱真，非法侵吞巨额资金。例如，SFNB开业仅两个月，就有1万名黑客企图非法入侵；1999年一名俄罗斯数学学生通过互联网进入了美国花旗银行的电脑系统，非法转存了数以百万计的资金。美国波士顿公司曾对客户不愿使用网络银行的原因进行过市场调查，结果显示，80%是出于对风险因素的担心。

2. 法律规范问题

网络银行的发展要求有一套完整的法律规范与之适应，而目前全球关于计算机和网络领域的立法工作相对滞后，有关这方面的金融法规很不健全。

3. 金融业的网络建设缺乏整体规划问题

就目前国内网上银行业务的基础环境来看，由于基础设施的落后，造成资金在线支付的滞后，部分客户在网上交易时仍不得不采用"网上订购，网下支付"的办法。虽然四大国家控股的商业银行都建立起自己的网站，但在网站的构架和服务内容上，仍然离电子商务和网络经济的要求有很大的距离。例如，银行与高新技术产业结合不紧密，造成网络金融市场规模小、技术水平低、覆盖面小等现实问题。同时，商业银行乃至整个金融业的网络建设缺乏整体规划,使用的软、硬件设施设备缺乏统一的标准,更谈不上拥有完整、综合的网上信息系统。

4. 现有监管方式的滞后问题

银行监管机关对商业银行现有的监管,主要针对的是传统银行,重点是通过对传统银行机构网点指标增减、业务凭证、报表的检查稽核等方式实施。而在网络银行时代,账务收支的无纸化、处理过程的抽象化、机构网点的虚拟化、业务内容的大幅增加,均使现有的监管方式在效率、质量等方面大打折扣,监管信息的真实性、全面性及权威性正面临严峻的挑战,这对基于互联网的银行服务业务的监管提出了更高的要求。

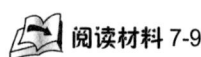

阅读材料 7-9

网银的安全重于便捷

尽管网上银行功能非常强大,不少市民还是习惯到银行的营业厅来咨询、办理业务。对于市民出于对网上银行不安全的担心,银行专家也表示了理解。他们认为,用户在评价网银服务的时候,应该把安全看作比便利性更加重要的一个标准。

为了给网上银行提供更加严密的安全保护,各家银行都在不断进行系统升级。目前普遍采取的一种技术手段就是双因数认证。比如,中国工商银行为网络银行客户提供的安全保障就是 U 盾和口令卡两种方式。

安全专家建议,在未获得双因数认证时,需要注意以下八点,以保证安全使用网银服务:

(1) 仔细核对网站的链接,确保登录的是正确的网站。
(2) 不要打开邮件中未经验证的网络链接。
(3) 尽量使用安全的浏览器工具栏。
(4) 防止网上钓鱼。
(5) 防止键盘记录器,使用登录界面显示的软键盘,移动鼠标点击、输入密码。
(6) 如果有其他人会使用你的电脑,就不要在你的电脑里保存登录信息。
(7) 不要把密码写在一个文档里存储于电脑中。
(8) 如果能够避免,就尽量不要写下自己的密码。

此外,还需注意的是尽量不要在单位的公用电脑上使用网上银行,更不要在网吧这样的场所登录自己的网银,还要给自己的电脑安装防范病毒和木马的安全软件,并且要经常对电脑安全性进行检查,把网上银行的使用风险降到最低。

(资料来源:财经时间. 重庆卫视,2010 年 6 月 7 日.)

理财小窍门

望闻问切——互联网金融理财产品防骗技巧

"e 租宝"事件彻底将互联网金融投资搞成了社会焦点,相信也有不少网友身边的人被某些理财产品,尤其是 P2P 坑害。在此我们也总结出一些防骗的小技巧,希望对大家有所帮助。

简单来说,我们的防骗技巧分为"望、闻、问、切"四个部分,把握住这四个部分,就能将被骗的概率降到很低。

1. 互联网理财产品防骗技巧之"望"

首先我们来说"望"。所谓"望"就是把投资目标从里到外都摸索得干干净净,而这一步骤往往是很多人忽视的。现在的人买互联网理财产品,往往看到高收益就大胆投资,完全没有对这些产品背后知根知底。那么我们考察一个投资产品主要看哪些方面呢?

第一,看资质,即该产品是否是正规注册公司推出的,有没有官方备案。

第二,看平台背景。考察平台运营时长,是否有过不良记录,法人代表是否有过前科等。

第三,看收入来源。有些人看到金融产品收益回报高,完全不调查收入来源,这是很危险的。是否有稳定的收入来源保证了金融产品的回报是否有保障。

第四,看风控模式,比如是否设立有坏账垫付风险金(风险金大于 1 000 万元),是否有抵押借贷,有没有风控经验等。

有人总结出了最后跑路的网贷平台的十大基本特征,大家可以参考一下:利息过高,现在年化收益到 7% 就需要详细考察是否有猫腻了;运营时间短,一般在一年以内;未做资金托管;未设立坏账垫付风险金;平台网站技术非自主研发;无品牌知名度;标底过于集中在某一特定的金额或时间范围;无专业的风控和运营团队;注册资金一般小于 5 000 万元;公司实际控制人非法人代表。

总之,"望"的精髓就是在购买之前尽可能调查该投资产品的情况,一定不要嫌麻烦,否则最后受损失的是自己。

2. 互联网理财产品防骗技巧之"闻"

第二步是"闻"。前面我们通过"望"已经大致了解了某个互联网金融投资产品明面上的资料,但是我们要知道并不是所有的内容都是能够找到的,比如那些细枝末节的东西,这时候我们就要靠"闻"了。

所谓"闻"就是听,打听看看周围的人是否有购买该产品的,实际的体验如何,是否像宣传说得那样可靠。尤其是一定要打听负面的东西,而不是问正面的东西。比如问问看是否有过不按时兑现,兑现缩水等等情况,如果频繁出现这种情况那就要小心行事了。

从周围的人那里打听还不够,因为毕竟样本量太少,所以我们还要去网上打听。一般不要选择去相关产品的官方论坛,那里"水军"可能会比较多。去就去开放性的论坛,比如知乎、贴吧等等,问问大家的感受如何。当然在这样的地方也要辨别"水军",专注每一个负面反馈。

3. 互联网理财产品防骗技巧之"问"

如果通过前面的"望"和"闻"都得出某个产品还是挺靠谱的,那么就可以考虑进入下一步"问"了。这个"问"不是问网友,而是问官方的客服。

有人会说,官方嘴里哪有真话?所以我们把这一步放在第三步,而不是让你上来第一步就去问。因为如果通过了"望"和"闻"这两步,其实大致的问题不会很大了;如果前两部就有问题,那么根本不用进行第三步,直接就可以 Pass 了。

那么问什么呢?这时候就把你所有的通过"望"和"闻"两部没有得到答案的疑虑向官方提出来,看看它是如何作答的。在对方回答的同时,你也要注意观察它的反应,比如是否对答如流,是否有模棱两可的地方,对方客服的素质如何等,问题尽量刁钻。

其实"闻"和"问"就是分别从正面和侧面去了解这个金融投资产品,然后再形成一套自己的判断,毕竟不能通过自己空想去判断,这样是很危险的。

4. 互联网理财产品防骗技巧之"切"

有了"望、闻、问",最后一步就是"切"了。所谓"切"就是小规模尝试。

经过前面的"望、闻、问"三个步骤,已经基本大致可以保证该金融投资产品的可靠性了,这时候通过外围的调查也不会再有新的收获了。所以现在开始就可以进行小规模尝试了。

这一步其实有两层意思，一是这个产品有一定可信度，可以投；另一个是为防万一先小金额尝试。一般来说第一次购买先买最低允许的量，在 5 万元以内可以尝试。

试水的时间可以控制在半年到一年，如果这段时间内收益表现良好，可以考虑增加购买的量。

通过以上"望、闻、问、切"四个步骤下来，一般都不会有太大的问题，但是一定要切记的是，每一个步骤都需要认真操作，不要流于表面，只有调查得越详细，风险才能控制得越小。其实很多时候受损失，都是大意所致。

总结一下，我们认为其中的几个重点是：调查平台背景资质，选择知名的平台和产品进行购买，比如阿里、腾讯、银行等；切忌贪图高收益，要知道天下没有免费的午餐，那种动辄 10%、20% 收益的一定有猫腻；切忌盲从，周围的人不一定是理智的，一定要更广范围的调查询问；不要把鸡蛋放在一个篮子里。

最后我们来说说，如果真的上当受骗了该怎么办？请一定记住第一时间去报案，要求警方立案。不管最后是否能够追回损失，也一定要去报案。

有数据显示，在某一次非法集资案破获后，经调查只有大约 20% 的受害者有立案档案，最终追回了损失，而高达 80% 的受害者只能自受损失了，所以报案很重要。

(资料来源：马荣. 中关村在线.)

本章小结

我国的商业银行是指依照《商业银行法》和《公司法》设立的吸收公众存款、发放贷款、办理结算等业务的企业法人。这一定义，既描述了商业银行的业务功能，又深刻揭示了商业银行的法律性质和法律地位。

商业银行具有信用中介、支付中介、信用创造、金融服务和调节经济五大职能。

商业银行的一般原则主要包括：商业银行的经营原则、商业银行"企业化经营"的原则、商业银行业务交易原则、商业银行业务规则原则、商业银行竞争原则和商业银行依法接受中国银监会等监管机构监督管理的原则。

我国《商业银行法》从两个方面对商业银行的业务范围作了规定，一是商业银行可以经营的业务，二是禁止商业银行经营的业务。

存款货币创造的两个必要的前提条件：一是各个银行对于自己所吸收的存款只需保留一定比例的准备金；二是银行清算体系的形成(即银行间的转账结算)。

修正的派生存款乘数可表示为：

$$K = 1/(r_d + t \times r_t + c + e)$$

式中　K——派生存款乘数；

　　　r_d——活期存款的法定准备金率；

　　　t——定期存款与活期存款之比；

　　　r_t——定期存款的法定准备金率；

　　　c——现金漏损率；

　　　e——超额准备金率。

网络银行，也称网上银行、在线银行，是指通过互联网或其他电子传送渠道，向客户提供信息查询、对账、资金转账、网上支付、信贷、投资理财等各种金融服务的新型银行。网络银行通常分为纯网络银行和分支型网络银行。

第7章 商业银行

 关键术语

商业银行　单元银行制度　分支行制度　代理行制度　银行持股公司制度　连锁银行制度　职能分工型银行　全能型银行　存款　贷款　原始存款　派生存款　网络银行

练 习 题

1. 单项选择题

(1) 近代银行业产生于( )。
　　A．英国　　　　　　　　　　B．美国
　　C．意大利　　　　　　　　　D．德国
(2) 商业银行的经营对象是( )。
　　A．金融资产和负债　　　　　B．一般商品
　　C．商业资本　　　　　　　　D．货币资本

2. 不定项选择题

(1) 商业银行调节经济职能的作用表现在( )。
　　A．调节社会各部门的资金余缺
　　B．调节经济结构
　　C．调节投资与消费的比例关系，引导资金流向
　　D．实现产业结构调整，发挥消费对生产的引导作用
(2) 我国银监会的主要职责包括( )。
　　A．制定有关银行业金融机构监管的规章制度和办法
　　B．审批银行业金融机构及分支机构的设立、变更、终止及其业务范围
　　C．对银行业金融机构实行现场和非现场监管，依法对违法违规行为进行查处
　　D．制定存款准备金率

3. 判断题

(1) 商业银行是一种以追求最大利润为目标，以经营金融资产和负债为对象的特殊的企业。　　　　　　　　　　　　　　　　　　　　　　　　　　　　(　)
(2) 商业银行的负债由存款负债和非存款负债两大部分组成。其中存款负债占很大的比重，是商业银行负债业务的重点。　　　　　　　　　　　　　　　　(　)

4. 简答题

(1) 如何理解商业银行的性质？
(2) 简述商业银行的经营原则。
(3) 试述商业银行表外业务和中间业务的区别。

5. 计算题

某商业银行吸收原始存款 5 000 万元，其中 1 000 万元交存中央银行作为法定准备金，1 000 万元作为存款备付金，其余全部用于发放贷款，若无现金漏损，请计算商业银行最大可能派生的派生存款总额。

第 8 章 中央银行

教学目标

通过本章学习,了解建立中央银行的必要性及其产生和发展的过程,了解中央银行的制度类型,掌握中国人民银行的法定业务和禁止性业务,理解中央银行的性质及职能。

本章引言

西方著名的思想家维尔·罗杰斯曾经高度评价中央银行制度的重要作用,认为"自从开天辟地以来,曾经有三项伟大的发明:火、轮子和中央银行"。这三者中,火和轮子与我们日常生活的关系不言而喻,中央银行好像离我们很远。但事实上,中央银行和我们息息相关。例如,我们每天使用的钞票就是由中央银行负责发行的,中央银行还负责制定和执行货币政策、控制调节货币流通和宏观经济,所有这些都直接涉及每个企业和个人,离开了其中的哪一项,我们的生活都将不可想象的。

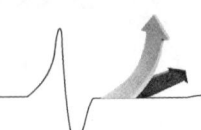

知识要点结构图

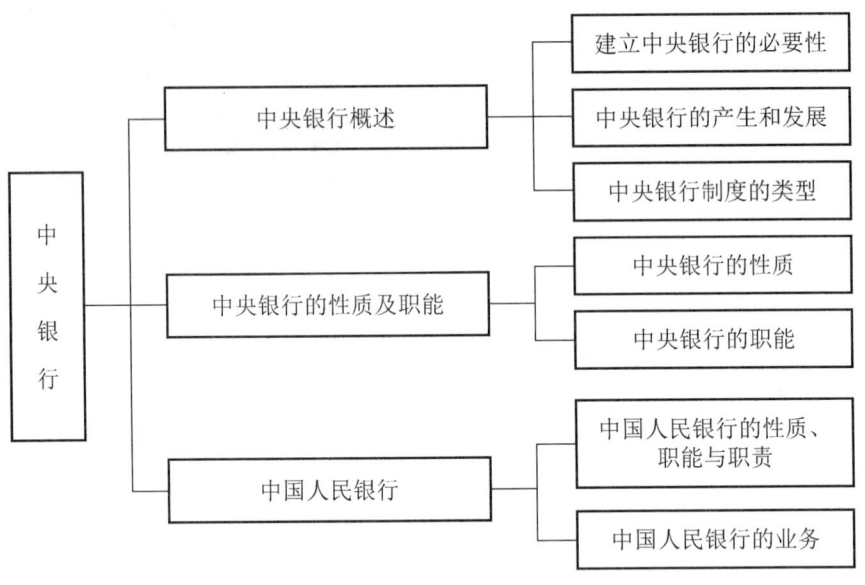

中央银行(central bank)是一个"特殊的金融机构",它是一国最高的货币金融管理机构,在各国金融体系中处于核心地位,并对整个国民经济的稳定发展起着重要的宏观调控作用。本章通过介绍中央银行建立的必要性及其产生和发展的过程、中央银行制度的类型、中央银行的性质及职能等,让这个看似神秘的机构在读者眼中逐渐变得清晰。

8.1 中央银行概述

8.1.1 建立中央银行的必要性

1. 统一银行券发行的需要

资本主义产业革命促进了生产力的发展,生产力的提高又促进了银行信用业的蓬勃发展,银行数量不断增多;另一方面,随着经济规模的日益扩大,金属货币的数量远远不能满足生产和交换的需要。于是在金属货币流通的同时,开始出现了一种新的交易媒介,由银行发行以自身为债务人的银行券,因此,在银行业发展初期,几乎每家银行都有发行银行券的权利,银行只要自己能够保证所发行的银行券随时兑现,就能稳妥经营。但随着经济的发展、银行数量的增加,以及银行竞争的加剧,众多银行分散发行银行券的弊端日益显现。

首先,中小银行林立,竞争激烈,许多小银行信用能力薄弱、经营不善,它们所发行的银行券往往不能保证兑现,特别是在经济危机时期,小银行容易破产倒闭,从而引起社会的混乱。其次,一般中小银行规模不大,资信、分支机构也有限,业务都局限在一定的地区之内,其发行的银行券只能在有限的地区流通,给日益发展的生产和流通带来不便。最后，大量不同种类的银行券同时在市场上流通，使得交易双方不得不花大量的精力去辨别它们的真伪，同时也为许多不法之徒的欺诈行为提供了方便。最后，由于银行多，债权债务关系复杂，某种银行券不能兑现造成的连锁反应危害极大。

于是，客观上要求有一个资力雄厚，并在全国范围内具有权威性的银行来统一发行银行券。事实上，这一过程在最开始时是自发的，某些大银行依托自身的优势，在银行券的发行中不断排挤其他的中小银行，并最终在政府的扶持下，成为独占银行券发行权的中央银行。英国的中央银行英格兰银行便是一个典型的例子。

2. 统一票据交换及清算的需要

由于银行间的业务不断扩大，债权债务关系错综复杂，票据交换及清算若不能得到及时、合理处置，会阻碍经济顺畅运行。于是，客观上需要建立一个全国统一的、有权威的公正的清算机构为之服务。中央银行建立起来后，这一职责非常自然地就由有政府背景的中央银行承担起来。

3. 最后贷款人的需要

在经济周期的发展过程中，商业银行往往陷于资金调度不灵、支付困难的窘境，这时，它也许可以通过发行银行券、同业拆借或回购协议等方式筹资，但有时这些方式并不能满足需要。因此，就有必要集中各家商业银行的一部分现金准备，在某家银行发生支付困难时，通过适当的调节给予支持，从而起到充当一般商业银行的最后资金支持者的作用，以帮助银行度过暂时的难关，这对于维护银行体系的稳定是非常重要的。中央银行由于其特殊的地位及资金来源，在承担最后贷款人职能上义不容辞。

4. 金融监管的需要

同其他行业一样，银行业经营竞争也很激烈，而且他们在竞争中的破产、倒闭给经济造成的动荡，较之非银行行业要大得多。因此，客观上需要有一个代表政府意志的专门机构专司金融业管理、监督、协调的工作。

上述诸方面的需要推动了中央银行的产生。但这些要求并非同时提出，其迫切程度亦不同，中央银行的产生与发展经历了一个长期的过程。

8.1.2 中央银行的产生和发展

中央银行的产生和发展经历了三个阶段，即初创时期、普遍推行时期和强化时期。

从最早成立中央银行的瑞典银行算起，到美国联邦储备体系的设立，这一时期属于中央银行的初创时期，大概经历了257年的曲折历程。

成立于1656年的瑞典银行是世界上最早执行中央银行某些职能的银行。它原是一家私人创办的商业银行，1661年开始发行银行券，是当时欧洲第一家发行银行券的银行。1668年被收归国有，并对国会负责。但直到1897年才垄断货币发行权，开始履行中央银行职责，成为真正的中央银行。

最早全面发挥中央银行各项职能的则是1694年成立的英格兰银行。虽比瑞典银行晚成立近40年，但如果以集中发行作为衡量中央银行的标志，英格兰银行则远早于瑞典银行，它被公认为现代中央银行的"鼻祖"。英格兰银行最初作为一家商业银行，但也兼替政府筹

集资金，交换条件是英格兰银行有权发行货币。1833年，由国会通过法案，规定英格兰银行发行的纸币为全国唯一的法偿货币。1844年，英国议会再度修订银行条例，该条例系由英国当时首相罗伯特·皮尔所拟，故称为《皮尔条例》。该条例又限制其他商业银行发行货币的数量，这样，就赋予了英格兰银行独占货币发行权。至此，英格兰银行基本上垄断了银行券的发行权，从而确立了其作为中央银行的地位。之后，在1847年、1857年和1866年的金融危机中，英格兰银行作为规模最大、信誉最可靠的银行，全力支持资金周转困难的银行和金融机构，以防止挤兑风潮的扩大而导致整个银行业的崩溃，这样，英格兰银行便成为整个经济体系的"最后贷款人"。19世纪中叶以后，英格兰银行运用再贴现率来调节货币供应量和信贷规模，卓有成效。至19世纪后期，英格兰银行已成为中央银行的典范，各国纷纷仿效。

这一时期最晚成立的中央银行是美国联邦储备体系，它经历了一个长期的发展过程。美国第一银行和美国第二银行都在某种程度上发挥了中央银行的某些职能。之后进入了美国历史上的自由银行时期和国民银行时期。不健全的银行制度导致金融危机频发，美国人认识到有必要建立一个调节和管理全国金融的中央银行。1908年，美国成立了全国货币委员会，1912年货币委员会提出改进银行制度的特别法案，1913年通过了《联邦储备银行法》，美国中央银行成立。

除了这三家银行外，这一时期成立的中央银行还有法兰西银行、芬兰银行、俄罗斯银行、德国国家银行、日本银行等。

第一次世界大战结束后到第二次世界大战结束为止是中央银行制度的普遍推行时期。第一次世界大战爆发后，许多国家先后放弃了金本位制，导致世界范围内的通货膨胀和币制混乱。在这一背景下，各国政府都意识到只有利用中央银行来加强对货币信用的控制才可补救。1920年，在比利时首都布鲁塞尔召开了历史上第一次国际金融会议，会议提出"凡未设立中央银行的国家应尽快建立中央银行，已经建立中央银行的国家应摆脱各国政府政治上的控制，要进一步发挥中央银行的作用，实行稳定的金融政策"。由此出现了中央银行形成与发展的又一次浪潮，世界上又有40多个国家建立了中央银行。这一时期建立的中央银行大多是借助于政府的力量，并根据前一时期中央银行创设和发展的经验直接设计而成。

第二次世界大战之后，中央银行发展和完善的进程并未到此止步。无论是发达国家，还是一些新独立的发展中国家，都纷纷建立中央银行，同时国家对中央银行的控制不断加强，中央银行对国家宏观经济的调节职能得到更进一步的强化和完善。

8.1.3 中央银行制度的类型

1. 单一的中央银行制度

单一的中央银行制度(single central bank system)是最主要、最典型的中央银行制度形式，它是指国家单独建立中央银行机构，使之全面、纯粹行使中央银行职能的制度。单一的中央银行制度又有如下两种具体情形。

(1) 一元式中央银行制度(unit central bank system)：这种体制是在一个国家内只建立一家统一的中央银行，机构设置一般采取总分行制。总行一般设在首都或经济金融中心城市，根据需要在全国范围内设立若干分支机构。目前世界上绝大部分国家的中央银行都实行这种体制,如英国、日本、法国等,中国自 1984 年明确由中国人民银行承担中央银行职能后也实行这种中央银行制度。

(2) 二元式中央银行制度(dual central bank system):这种体制是在一国国内建立中央和地方两级中央银行机构,中央级机构是最高权力或管理机构,地方级机构受中央级机构的监督管理,但是在他们各自的辖区内有较大的独立性。这是一种带有联邦式特点的中央银行制度。属于这种类型的国家有美国、德国等。比如,美国的中央银行即美国联邦储备体系,在联邦一级设立联邦储备委员会、联邦公开市场委员会和联邦顾问委员会,其中,联邦储备委员会是最高决策机构,是实际上的美国中央银行总行,直接对国会负责;在地方一级,美国将全国划分为 12 个联邦储备区,每一个储备区设一家联邦储备银行,各联邦储备银行可以根据需要设立分行。设在华盛顿的联邦储备委员会与各联邦储备银行形式上不是总行和分行的关系,而是一个指导和协调的关系。

【阅读材料】

2. 复合式中央银行制度

复合式中央银行制度(compound central bank system)是指一个国家没有设专司中央银行职能的银行,而是由一家大银行集中中央银行职能和商业银行经营职能于一身的银行体制。这种复合制度主要存在于实行计划经济体制的国家,如前苏联和东欧等国,中国在 1983 年以前也一直实行这种银行制度。

3. 跨国中央银行制度

跨国中央银行制度(multinational central bank system)是由参加某一货币联盟的所有成员国联合组成的中央银行制度。第二次世界大战后,许多地域相邻的欠发达国家建立了货币联盟(monetary union),并在联盟内成立参加国共同拥有的统一的中央银行。这种跨国的中央银行发行共同的货币和为成员国制定金融政策,成立的宗旨则在于推进联盟各国经济的发展及避免通货膨胀。比如,西非货币联盟设立的西非国家中央银行、中非货币联盟设立的中非中央银行、东加勒比海货币管理局等。

 阅读材料 8-1

欧洲中央银行

欧洲中央银行(European Central Bank,ECB)是根据 1992 年《马斯特里赫特条约》规定成立的,其前身是设在法拉克福的欧洲货币局。欧洲央行的职能是"维护货币的稳定",管理主导利率、货币的储备和发行以及制定欧洲货币政策;其职责和结构以德国联邦银行为模式,独立于欧盟机构和各国政府之外。

1998 年 5 月 3 日,在布鲁塞尔举行的欧盟特别首脑会议上,原欧洲货币局局长维姆·德伊森贝赫(Wim Duisenberg)被推举为首任欧洲中央银行行长。26 日,11 个首批进入欧元区的国家领导人批准对他的正式任命,任期 8 年。

欧洲中央银行于 1998 年 7 月 1 日正式成立,取代了欧洲货币局,总部仍设在法兰克福。欧洲中央银行是世界上第一个管理超国家货币的中央银行。独立性是它的一个显著特点,它不接受欧盟领导机构的指令,不受各国政府的监督。它是唯一有资格允许在欧盟内部发行欧元的机构,1999

年 1 月 1 日欧元正式启动后，11 个欧元国政府失去制定货币政策的权力，而必须实行欧洲中央银行制定的货币政策。

欧洲中央银行的组织机构有两个层次，一是由行长、副行长和 4 名董事组成的央行执行董事会，负责央行的日常工作；二是由中央银行执行董事会和 11 个欧盟成员国国家银行行长组成的欧洲中央银行委员会。欧洲央行委员会的决策采取简单多数表决制，每个委员只有一票。货币政策的权力虽然集中了，但是具体执行仍由各欧元国央行负责。各欧元国央行仍保留自己的外汇储备。欧洲央行只拥有 500 亿欧元的储备金，由各成员国央行根据本国在欧元区内的人口比例和国内生产总值的比例来提供。

4. 准中央银行制度

准中央银行制度(quasi central bank system)是指有些国家或地区没有建立通常意义的中央银行，而只设置类似中央银行的机构，或由政府授权某个或几个商业银行行使部分中央银行职能的制度。新加坡、中国香港属于这种体制。

新加坡是金融业较发达的国家，是亚洲著名的离岸金融市场和国际金融中心。然而，新加坡却没有中央银行，中央银行的职能由金融管理局和货币委员会两家机构来承担。金融管理局行使除货币发行以外的所有中央银行职能，职能近乎完善，相当于中央银行。货币委员会主要负责发行货币、保管发行准备金和维护新加坡货币的完整性。

香港地区在过去长时期中并无一个统一的金融管理机构，中央银行的职能由政府、同业公会和商业银行分别承担。1993 年 4 月 1 日，香港地区成立了金融管理局(HK Monetary Authority)，集中了货币政策、金融监管及支付体系管理等中央银行的基本职能。但它又不同于一般中央银行。比如，发行钞票职能由渣打银行、汇丰银行和中国银行履行的；票据结算一直由汇丰银行负责管理；而政府的银行这项职能一直由商业银行执行。此外，斐济、沙特阿拉伯、阿拉伯联合酋长国、马尔代夫、利比里亚、莱索托等国也都实行准中央银行制度。

【拓展视频】

8.2 中央银行的性质及职能

8.2.1 中央银行的性质

1. 中央银行是特殊的国家机关

中央银行虽然是国家机关的组成部门，但又明显不同于一般的政府机关。

(1) 中央银行办理金融信用业务，如存款、贷款、再贴现、票据清算等，实行资产负债管理，有资本、有收益。这就有了普通银行的一般属性，使之与完全靠国家财政预算拨付经费的政府机关显然不同。

(2) 中央银行履行其职能主要是通过金融信用业务活动实现的。调控工具是货币政策工具等间接杠杆。这与主要依靠行政手段直接管理社会公共事务的一般政府机关有明显的不同。

(3) 中央银行对经济的调控是分层次实现的，即通过货币政策工具操作来调节金融机构的行为和金融市场运作，然后再通过金融机构和金融市场影响企业和居民等

第 8 章 中央银行

经济部门，其作用比较平缓，市场的回旋空间比较大，而一般政府机关的行政决定直接作用于各微观经济主体，且缺乏弹性。

(4) 中央银行与政府的关系是一种相对独立的关系，即中央银行既要与政府保持协调，又要有一定的独立性，可独立地制定和执行货币政策，实现稳定货币的政策目标，而一般政府机关在行为决策上必须与政府的意愿相一致。

2. 中央银行是特殊的金融机构

中央银行作为金融机构，是不同于商业银行、投资银行、保险公司、信托公司、租赁公司等各种金融企业的特殊的金融机构。

(1) 中央银行的经营活动主要是宏观金融活动，它通过运用货币政策工具，进行对经济的调节、管理和干预；而商业银行则主要从事微观经济活动，充当信用中介，直接经营货币信用业务。

(2) 中央银行的业务对象主要是政府、商业银行等金融机构；商业银行则主要面向企业和居民提供服务。

(3) 中央银行虽然也从事货币信用业务，但其经营目的不是营利，而是为了维护国家货币与金融稳定，如实现物价稳定、保障充分就业、促进经济增长、平衡国际收支、防止金融危机等。因此，经营中对来自政府的财政性存款和其他银行的存款准备金一般不计利息，且要求其资产应具有较大流动性，以便实施货币政策；而商业银行则完全是以营利为目的的金融企业。

(4) 中央银行享有货币发行的特权和维护币值稳定的责任；而商业银行和其他金融机构则没有这项特权和责任。

阅读材料 8-2

中央银行独立性

中央银行独立性是指中央银行履行自身职责时法律赋予或实际拥有的权力、决策与行动的自主程度。其实质是中央银行与政府之间的关系问题。这一关系包含两方面的含义：中央银行应对政府保持一定的独立性，同时这种独立性只能是相对的。

首先，中央银行在与政府关系上必须保持一定的独立性，能够独立地制定和实施货币政策，而不受政府的干预、影响和控制。这是由于中央银行在金融体系和国民经济中处于特殊的地位，其工作的特殊专业性和重要性要求法律授权，使中央银行具有一定的独立性，防止政府滥用职权。中央银行保持一定的独立性，这是保持经济、金融稳定和维护社会公众信心的一个必要条件。

其次，中央银行对政府的独立性又是相对的。中央银行不能完全独立于政府控制之外，不受政府的约束，也不能凌驾于政府之上，而应接受政府的一定监督和指导，并在国家总体经济政策的指导之下，独立地制定和执行国家的货币金融政策，并且与其他政府机构相互配合。

8.2.2 中央银行的职能

1. 发行的银行

所谓**发行的银行**(bank of issue)，具有两方面的含义：首先，它是指中央银行垄断银行券的发行权，是全国唯一的现钞发行机构；其次是指中央银行作为货币政策的最高决策机构，在决定一国的货币供应量方面具有至关重要的作用。

2. 银行的银行

作为银行固有的业务特征——办理"存、放、汇"，同样是中央银行的主要业务内容，只不过业务对象不是一般企业和个人，而是商业银行和其他金融机构。作为金融管理的机构，中央银行对商业银行和其他金融机构的活动施以有效的影响。作为银行的银行(bank of bank)，其职能具体表现在如下三个方面。

(1) 集中存款准备金。通常法律规定，商业银行等存款机构必须对其存款保留一定比率的准备金。这些准备金(包括一部分超额准备金)除一小部分可以库存现金的形式持有外，大部分要交由中央银行保管，即各存款机构在中央银行开立准备金账户，以在中央银行存款的形式持有其绝大部分准备金。其目的在于，一方面保证存款机构的清偿能力；另一方面有利于中央银行调节信用规模和控制货币供应量。存入准备金的多少，通常是对商业银行等存款机构所吸收的存款确定一个法定比例；有时还分别不同种类的存款确定几个比例。同时，中央银行有权根据宏观调节的需要，变更、调整存款准备金的存入比率。在多数国家，商业银行等存款机构在中央银行的存款是没有利息收入的，但在中国，中央银行对商业银行等存款机构的存款支付利息。

(2) 充当最后贷款人。当某一金融机构面临资金困难，而别的金融机构又无力或不愿对其提供援助时，中央银行将扮演最后贷款人的角色。传统上，中央银行对商业银行的贷款主要通过对商业银行办理的贴现票据进行再贴现的方式进行。此外，商业银行也可以其持有的票据或有价证券作为抵押品向中央银行办理再抵押或直接取得贷款进行融资。

【阅读材料】

(3) 组织全国的清算。由于各存款机构都在中央银行设有准备金账户，中央银行就可以通过借记或贷记它们的准备金账户来完成存款机构之间的款项支付。例如，若需要由 A 银行向 B 银行支付 100 万美元时，中央银行只需在 A 银行的准备金账户上减少 100 万美元，在 B 银行的准备金账户上增加 100 万美元即可。

3. 政府的银行

所谓**政府的银行**(state's bank)，是指中央银行代表国家制定和执行货币金融政策，代理国库收支以及为国家提供各种金融服务。这一职能主要体现在代理国库、代理政府债券的发行和兑付、为政府融通资金、制定与实施货币政策、组织与实施金融监管、保管黄金外汇储备、代表政府参与国际活动等方面。

 阅读材料 8-3

中央银行的资产负债表

中央银行在履行职能时，其业务活动可以通过资产负债表上的记载得到概括反映。由于各个国家的金融制度、信用方式等方面存在着差异，各国中央银行的资产负债表，其中的项目多寡以及包括的内容颇不一致。这里仅就中央银行最主要的资产负债项目概括如表 8-1 表所示,旨在概略表明其业务基本关系。

表 8-1 中央银行资产负债

资　　产	负　　债
国外资产	流通中通货
贴现和放款	商业银行等金融机构存款
政府债券和财政借款	国库及公共机构存款
外汇、黄金储备	对外负债
其他资产	其他负债和资本项目
合　　计	合　　计

中央银行一般是一国通货的唯一发行银行,因此,流通中的通货是中央银行负债的一个主要项目。作为银行的银行,它与商业银行等金融机构间的业务关系,主要是列于负债方的商业银行等金融机构在中央银行的存款(包括准备金存款)和列于资产方的贴现及放款;作为国家的银行,它在业务上与政府的关系,主要是列于负债方的接受国库等机构的存款和列于资产方的通过持有政府债券融资给政府,以及为国家储备外汇、黄金等项目。虽然各国中央银行资产负债表的格式和主要项目基本一致,但各项目所占的比重却有明显不同。

【阅读材料】

(资料来源:黄达.金融学.北京:中国人民大学出版社,2003.)

8.3 中国人民银行

8.3.1 中国人民银行的性质、职能与职责

1. 中国人民银行的性质

《中国人民银行法》第 2 条规定:"中国人民银行是中华人民共和国的中央银行。中国人民银行在国务院领导下,制定和执行货币政策,防范和化解金融风险,维护金融稳定。"该法第 8 条规定:"中国人民银行的全部资本由国家出资,属于国家所有。"从这些规定可以看出,在性质上,中国人民银行是我国的中央银行,是国务院组成部门,是特殊的国家机关。作为中央银行,人民银行在国务院领导下,制定和实施货币政策,承担金融宏观调控职能;拥有资本,可依法开展业务,行使发行的银行、银行的银行和政府的银行的职能;同时,它还是国家金融稳定的重要力量,在国务院领导下防范和化解系统性、整体性金融风险,维护金融稳定。

2. 中国人民银行的职能与职责

1) 中国人民银行的职能

按《中国人民银行法》第 2 条的规定,中国人民银行的基本职能是制定和执行货币政策,防范和化解金融风险,维护金融稳定。该法第 4 条又规定了中国人民银行的 13 项职责,而职责是职能的具体化。综合这两条规定看,中国人民银行具有中

央银行应当具备的一切职能,即具有发行的银行、银行的银行、政府的银行、金融调控与监管的银行等职能。

2) 中国人民银行的职责

按照《中国人民银行法》第4条的规定,中国人民银行的职责有以下13项:①发布与履行其职责有关的命令和规章;②依法制定和执行货币政策;③发行人民币,管理人民币流通;④监督管理银行间同业拆借市场和银行间债券市场;⑤实施外汇管理,监督管理银行间外汇市场;⑥监督管理黄金市场;⑦持有、管理、经营国家外汇储备、黄金储备;⑧经理国库;⑨维护支付、清算系统的正常运行;⑩指导、部署金融业反洗钱工作,负责反洗钱的资金监测;⑪负责金融业的统计、调查、分析和预测;⑫作为国家的中央银行,从事有关的国际金融活动;⑬国务院规定的其他职责。

上述规定中,第①、②、③项职责是中国人民银行调控的职能、发行的银行的具体体现;第④、⑤、⑥、⑩项职责是中国人民银行的金融监管职能的体现;第⑦、⑧、⑪、⑫项职责是中国人民银行的政府的银行及中国人民银行服务职能的体现;第⑨项职责是中国人民银行的银行的银行职能的体现;而第⑬项职责是一个兜底的规定,它使国家有权机关可以通过行政立法的形式,授予中国人民银行使某些与金融业有关的权力并履行职责。

8.3.2 中国人民银行的业务

1. 中国人民银行的法定业务

根据《中国人民银行法》的规定,中国人民银行的法定业务主要包括以下内容:①统一印刷、发行人民币;②要求商业银行等金融机构按规定比例交存存款准备金;③吸收财政性存款;④为商业银行等金融机构办理再贴现;⑤向商业银行提供贷款;⑥开展公开市场业务操作;⑦代理发行、兑付政府债券;⑧组织协调清算系统,提供清算服务;⑨确定中央银行基准利率。

上述业务中,第①、②、③项业务是人民银行的负债业务;第④、⑤、⑥项业务是人民银行的资产业务;第⑦、⑧、⑨项业务是人民银行的金融服务业务。

2. 中国人民银行的禁止性业务

为确保中国人民银行宏观调控职能的实现,《中国人民银行法》规定了中国人民银行不得进行的业务,主要包括:①不得向商业银行发放超过1年期的贷款;②不得对政府财政透支,不得直接认购、包销国债和其他政府债券;③不得向地方政府、各级政府部门和非银行金融机构提供贷款;④不得向非银行金融机构以及其他单位和个人提供贷款,但国务院决定人民银行可以向特定的非银行机构提供贷款的除外;⑤不得向任何单位和个人提供担保。

理财小窍门

网络时代如何让银行卡更安全

随着科技的不断发展与银行业务电子化程度不断深入,不法分子利用互联网技术窃取客户信息,进而盗取客户财产的事件也日益频繁。为让广大市民进一步了解金融安全知识,维护自身的财产安全,本报记

者就相关问题采访了洛阳业界权威人士,请他们给大家详细讲解下面几个规避风险的具体内容。

1. 保护好个人信息,警惕用卡安全,切断风险源头

资料显示,现在盗刷银行卡犯罪行为呈现出了集团化、智能化等特点,犯罪团伙分工越来越细,欺骗性越来越强。专家提醒消费者,在使用银行卡消费的过程中,一定要警惕用卡安全问题,并给出了以下几点建议:建议仍使用磁条卡的客户尽快到发卡行换成芯片卡,提高银行卡安全系数,降低银行卡被复制的风险;建议持卡客户要保护好银行卡的密码,不要设置过于简单的银行卡密码或者以生日信息设置银行卡密码,保护好密码;建议消费者尽量开通短信提醒等业务,适时掌握账户变动信息。

最后,专家还建议消费者不要浏览不安全的网站,不要随便点击异常链接,尤其是不要在一些不安全的网站留下个人银行卡信息,只要不让不法分子掌握你的个人信息和银行卡密码,再高明的手段也无法对您手中的银行卡下手了。

2. 及时采取措施,避免损失进一步扩大,尽可能挽回损失

即使我们尽量做到未雨绸缪,也难以避免万无一失。因此,专家提醒消费者,一旦发现自己银行卡有异常,一定不要慌乱,首先要第一时间向发卡银行进行挂失,冻结银行卡账户,防止损失进一步扩大。如发生被异地盗刷情况,消费者要及时持卡到发卡银行证明卡片真伪,拍照或录像,锁定持卡人的真实位置信息。其次,及时向公安机关报案,通过公安机关侦查明确责任方,为后续责任追究、赔偿等工作做好准备。如果遭遇银行卡盗刷,不要惊慌,及时采取合理的保护措施,银行在确认盗刷事实后也要积极配合公安机关的调查,如果确认银行负有责任,银行将相应分担损失。

3. 储户和银行的责任划分?

记者综合分析以往的判例发现,一般银行卡被盗刷,如果储户没有遗失,并能够证明银行卡在身边,却被在异地盗刷的情况,银行在确认盗刷事实后也会有相应分担损失的条款。

但银行卡存款通过网上银行被非法转移的情况则不同,网上银行和一般银行卡的不同之处在于,网银要求储户输入明确绑定手机号码接收并输入动态指令,或者指示储户在USB上插入介质确认后才能实现转账等操作,而登录用户名、密码、动态口令和USB网银介质都是由储户自行设置并掌握的。根据相关判例,妥善保存及管理自身网上银行账户的责任在于储户本身,若储户账户通过网上银行发生不明交易,则由此产生的损失由储户自负。

(资料来源:李晓波. 大河报,2016年3月29日.)

本章小结

中央银行的产生源于统一银行券发行的需要、统一票据交换及清算的需要、最后贷款人的需要和金融监管的需要。

纵观各国的中央银行制度,大致可归纳为四种类型:单一的中央银行制度、复合式中央银行制度、跨国中央银行制度和准中央银行制度。

中央银行的性质表现在它是特殊的国家机关和特殊的金融机构。中央银行的职能可以被概括为发行的银行、银行的银行和政府的银行。

中国人民银行是我国的中央银行,是国务院组成部门,是特殊的国家机关。中国人民银行的业务包括法定业务和禁止性业务。

 关键术语

中央银行　单一的中央银行制度　复合式中央银行制度　跨国中央银行制度　准中央银行制度　发行的银行　银行的银行　政府的银行

练 习 题

1. 单项选择题

(1) 1984 年以后，我国中央银行制度的类型是(   )。
    A．单一的一元式中央银行制度   B．单一的二元式中央银行制度
    C．复合式中央银行制度   D．准中央银行制度

(2) 我国最早的中央银行是(   )。
    A．1905 年满清政府的户部银行   B．1912 年成立的中国银行
    C．1928 年南京政府的中央银行   D．1948 年新中国的中国人民银行

2. 不定项选择题

(1) 下列属于中央银行"政府的银行"的职能的是(   )。
    A．代理国库
    B．代理政府债券的发行
    C．为政府融通资金，提供特定信贷支持
    D．代表政府参与国际金融活动

(2) 以下属于中国人民银行法定业务范围的是(   )。
    A．货币发行业务
    B．经营黄金外汇业务
    C．商业性证券投资业务
    D．对金融机构和金融市场的相关监督管理

3. 判断题

(1) 由于中央银行的独立性都比较集中地反映在中央银行与政府的关系上，所以各国中央银行对政府的独立性的差异不大。 (   )

(2) 在我国，法定存款准备金包括库存现金及存放在中央银行的存款。 (   )

4. 简答题

(1) 简述建立中央银行的必要性。
(2) 简述中央银行的三大基本职能。
(3) 简述中央银行集中存款准备金的目的。

5. 计算题

如果你在 A 银行存入 10 000 元现金，假设法定存款准备金率为 8%，那么 A 银行的法定存款准备金、超额存款准备金有何变化？A 银行能够增加多少贷款？

第3篇

货币均衡

第 9 章

货币需求与货币供给

教学目标

通过本章学习，了解货币需求和货币供给的概念，掌握 M_1 和 M_2 层次的货币计量、中央银行对货币供给的控制，理解货币乘数对货币供给的影响、货币均衡的调节。

本章引言

市场经济最基本的关系的供需关系。货币对经济的作用也是通过货币的供需关系及其运动而实现的。在国内外经济学界，人们对货币需求理论和货币供给理论已经进行了长期的研究，并取得了丰硕的成果。尽管现实经济运行中货币需求和货币供给总是同步的，但理论研究中人们对两者的认识却不是同步的。相比之下，人们对货币需求理论的研究要悠久得多、深入得多。20 世纪 60 年代以后，随着货币主义的兴起和货币政策日益被人们所重视，经济学家和金融学家开始重视货币供给理论的研究，使之迅速发展。本章介绍了货币需求和货币供给的含义与影响因素，并在此基础上就货币供求均衡问题进行了解读。

知识要点结构图

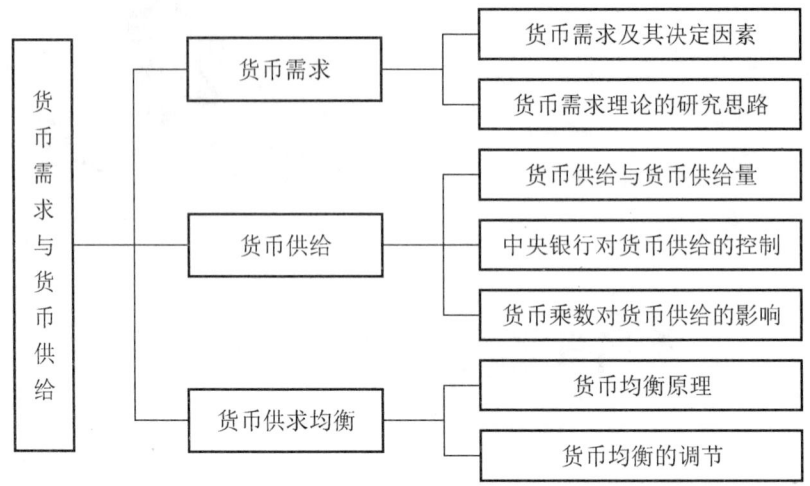

货币理论是经济学领域中最富有争论的理论之一，它由货币需求和货币供给两大理论组成。正如同其他经济理论一样，货币理论的基石也是供求规律，即运用供求分析方法来研究货币需求与供给以及其相互作用。研究货币理论的重要意义在于，我们只有在对货币供求理论深入剖析的基础上，并进一步研究货币对国民收入、就业、物价等实际经济变量的影响，我们才能够深刻认识到货币在整个经济体系中所占的地位，由此建立一个较为完整的货币理论体系。同一般经济理论以需求理论研究为起点一样，货币需求理论是研究货币理论的开端，也是制定货币政策的重要理论依据。

9.1 货币需求

9.1.1 货币需求及其决定因素

1. 货币需求的概念

货币需求(demand for money)，顾名思义，可以理解为对货币的需求。没有货币需求，经济生活中也就不会有货币。**货币需求**是指在一定时期内，社会各阶层(个人、企业单位、政府)在既定的收入或财富范围内能够而且愿意以货币形式持有的资产数量。

在现代高度货币化的经济社会里，社会各阶层需要持有一定的货币作为媒介进行交换、支付费用、偿还债务、从事投资或保存价值，因此便产生了货币需求。货币需求通常表现为一国在既定时点上社会各阶层所持有的货币量。对于货币需求概念的理解，还需把握以下几点。

(1) 货币需求是一个存量的概念。它考察的是在特定的某个时点和空间内(如 2016 年年底，中国)，社会各阶层在其拥有的全部资产中愿意以货币形式持有的数量或份额，而不是在某一段时间内(如从 2015 年年底到 2016 年年底)，社会各阶层所持有的货币数额的变化量。因此，货币需求是个存量概念，而非流量概念。尽管存量的多少与流量的多少、速度有关，但相关的货币需求理论研究的主要是存量问题。

(2) 货币需求量是有条件限制的，是一种能力与愿望的统一。它以收入或财富的存在为前提，是在具备获得或持有货币的能力范围之内愿意持有的货币量。因此，构成货币需求需要同时具备两个条件：一是必须有能力获得或持有货币；二是必须愿意以货币形式保有其财产。二者缺一不可，有能力而不愿意持有货币不会形成对货币的需求；有愿望却无能力获得货币也只是一种不现实的幻想。

(3) 现实中的货币需求不仅包括对现金的需求，而且包括对存款货币的需求。货币需求是所有商品、劳务的流通以及有关一切货币支付所提出的需求。这种需求不仅现金可以满足，存款货币也同样可以满足。如果把货币需求仅仅局限于现金，显然是片面的。

(4) 人们对货币的需求既包括了执行流通手段和支付手段职能的货币需求，也包括了执行价值贮藏手段职能的货币需求。二者差别只在于持有货币的动机不同或货币发挥职能作用的不同，它们都在货币需求的范畴之内。

(5) 宏观货币需求与微观货币需求。不同经济主体对货币的需求是不同的，可以从宏观和微观两个角度来考察。宏观货币需求是一个国家从宏观和全社会的角度出发，把货币视为交易的媒介，探讨为完成一定时期商品和劳务的交易量，需要多少货币来支撑，根据一定时期经济发展目标，确立合理的货币供给增长率。微观的货币需求是从微观经济主体角度出发，分析微观主体的持币动机、持币行为来考察货币需求变动的规律性，把货币视为众多资产(如股票、债券、保险单)的一种，持有货币是其贮藏财富的一种形式，在一定时点上，人们因生产或生活、投资需要而应该保留多少货币。在对货币需求进行研究时，需要将二者有机结合起来。一方面是因为宏观与微观的货币需求分析之间存在着不可割裂的有机联系，宏观货币需求分析不能脱离微观货币需求，而微观货币需求分析中也包含了宏观要素的作用；另一方面，因为货币需求既涉及宏观领域，又属于微观领域，单独从宏观或微观的角度进行分析都不能对货币需求进行全面系统的研究。因此，在考察货币需求时，有必要把宏观分析与微观分析结合起来。

(6) 名义货币需求与实际货币需求。这是从货币的购买力角度分析货币需求的一种方法。在现实经济生活中，通货膨胀使货币的名义购买力与实际购买力之间存在差异，这就引起经济主体对货币数量的不同需求。名义货币需求是指经济主体不考虑价格变动的货币需要量(一般用 M_d 表示)，这种货币需求可以直接按照货币的面值来衡量和计算。实际货币需求是指经济主体在扣除了物价上涨因素后对货币的需要量，即用某一不变价格为基础来计算的货币需求量。名义货币需求与实际货币需求之间存在着联系，将名义货币需求用一个充分反映价格变动的指数，(如 GDP 平减指数)进行平减后，即可得到实际货币需求，所以实际货币需求通常可记做 M_d/P。在现代经济运行中，价格波动是经常性的，区分名义货币需求与实际货币需求有利于正确理解货币需求理论。

2. 货币需求的决定因素

(1) 收入状况。收入状况是影响货币需求的主要因素之一。一般情况下，收入状况包括收入水平和取得收入的时间间隔。收入水平与货币需求正相关，当经济主体的货币收入增加时，对货币的需求也随之增加；当经济主体的货币收入减少时，对货币的需求会减少。经济主体取得收入间隔的时间也与货币需求正相关，即取得收入的间隔时间越长，货币需

求就越多；间隔时间越短，货币需求就越少。如工资总额一定，每月发一次工资和半月发一次工资相比，前者的货币需求量明显高于后者。

(2) 物价变动。物价变动与货币需求也呈正相关。因为物价趋于上升之际，即使商品劳务的总量不变，其价格相应也会增大，经济主体需要持有更多的货币用于购买和支付。而如果物价趋于下降，则会减少货币需求。

(3) 市场利率。正常情况下，市场利率与货币需求是负相关的关系。市场利率对货币的影响主要表现为两个方面：一是市场利率决定人们持有货币的机会成本；二是市场利率影响人们对未来利率变动的预期，从而影响人们对资产持有形式的选择。若某人有价值10万元的财富，如购买债券或股票，则可得到利息或股息收入或红利收入。为方便起见，假定把所有非货币资产统称为债券，则债券年利率为10%时，手持100 000元货币一年的损失或者说机会成本就是10 000元；年利率为5%时，持币一年成本即为5 000元。显然，利率越高，人们越不愿意把很多货币放在手中，或者说对货币需求量就越小。再如，有价证券的价格与市场利率反方向运动，有价证券价格上升意味着市场利率下降，而有价证券价格的下降则意味着市场利率的上升，因此，经济主体往往根据利率的变动，在持有货币还是持有有价证券之间作出选择，从而引起货币需求量的变动：若市场利率上升，经济主体将因有价证券价格低廉而大量持有以图日后谋利，使货币需求减少；若市场利率下跌，经济主体将因证券价格高而抛售以避免风险，导致货币需求增加。

(4) 信用的发达程度。在信用制度健全、信用比较发达的经济中，货币需求量较少。这是因为在一个信用发达、信用制度健全的经济中，相当一部分交易可通过债权债务的相互抵消来了结和清算。另外，经济主体比较容易获得贷款和现金，于是就减少了作为流通手段和支付手段的货币的需要量，人们的货币需求量也就因此减少。因此，信用发达程度与货币需求负相关。

(5) 货币流通速度。货币流通速度是指一定量的货币在一定时期内的平均周转次数。通常，货币流通速度与货币需求负相关。从动态角度看，一定时期货币总需求量就是货币的总流量，它是货币平均存量与流通速度的乘积。在商品劳务总量不变的情况下，货币流通速度的加快或减缓势必引起货币需求的减少或增加。

(6) 消费倾向。消费倾向是消费在收入中所占的比例，可以分为平均消费倾向和边际消费倾向。平均消费倾向是消费总额在收入总额中所占的比例。边际消费倾向是消费增量在收入增量中所占的比例。一般而言，消费倾向和货币需求呈同方向变动关系，即消费倾向越大，货币需求也越大；反之亦然。

(7) 人们的预期和偏好。预期和偏好均属于心理因素和主观意愿，具有一定程度的不确定性和复杂性。预期包括对市场利率的预期、对物价变动的预期和对投资利润率的预期。如果人们预期物价上涨，就会减少对货币的需求；预期投资利润率上升，也会减少对货币的需求。根据凯恩斯的理论，人们预期利率上升，会增加货币需求，因为利率上升意味着债券价格下降，为了在未来低价买进债券，现在就必须保有较多的货币。心理偏好也因人而异，有的人偏好货币，有的人偏好其他金融资产，那么前者是增加社会货币需求的因素，后者是减少社会货币需求的因素。

(8) 其他因素。其他因素，如人口数量、人口密集程度、产业结构、城乡关系及经济

第 9 章　货币需求与货币供给

结构、社会分工、交通运输状况等客观因素也都是影响货币需求的因素。人口密集地区，货币需求量就大，人口的就业水平提高，货币需求就会增加；生产周期长的部门占整个产业部门的比重大，资金周转慢，对货币的需求量就大，社会分工越细，进入市场的中间产品越多，经营单位也越多，货币需求就越大；交通、通信等技术条件越好，货币支付所需的时间越短，货币周转速度越快，对货币的需求量就越少，等等。

9.1.2 货币需求理论的研究思路

货币需求理论，是对决定货币需求的因素进行研究的学说，是货币政策选择的出发点。中国在古代就有货币需求思想的萌芽，全国每人平均铸造多少钱币即可满足流通需要的思路，曾经是长期控制我国铸币发行数量的主要原则。直至建国前夕，在有的革命根据地讨论钞票发行时，仍然有人均多少为宜的考虑。西方的现代货币需求理论源于货币数量论，在 19 世纪末以前，货币数量论的思想居于货币需求理论的主导地位。早在 17 世纪，英国哲学家和古典经济学家约翰·洛克(John Looke，1632—1704)就提出了商品价格决定于货币数量的学说，后来的大卫·休谟(David Hume，1711—1776)、大卫·李嘉图(David Ricardo，1772—1823)等很多古典政治经济学大家对货币数量学说进行了阐释和发展。20 世纪初，美国经济学家欧文·费雪(Irving Fisher，1867—1947)以通货和支票存款的流通为基础，提出了著名的费雪方程式，将货币数量论推向了一个前所未有的新高度。不过，与此同时，以阿弗里德·马歇尔(Alfred Marshall，1842—1924)为代表的剑桥学派提出了剑桥方程式，开创了货币需求理论研究的全新局面，以后的货币需求理论主要沿着剑桥学派所开设的方向不断拓展前进。

归纳各种货币需求理论，其研究思路大致有两种。一是从货币需求的宏观分析角度出发，将货币看作流通手段，研究在既定的货币流通速度条件下，一个国家(地区)实现一定的交易量需要多少货币数量的问题。费雪交易方程式及其以前的理论采取的就是这样一种思路。这些理论的特点是都没有反映微观主体的心理、预期等因素，不考察各种机会成本变量对货币需求的影响，而主要关心市场供给、交易量、收入这类宏观指标变化对货币需求产生的效应。二是从货币需求的微观角度出发，强调货币的资产功能，从微观主体的持币动机和持币行为，考察货币需求变动的规律性，最终将货币需求归结为一个资产选择问题，即在人们的收入或财富当中，如何选择货币资产持有量的问题。在微观的货币需求理论中，对货币需求的决定因素，通常划分为三类：一类为规模变量，如收入和财富；一类为机会成本变量，如利率、物价变动率；余下的则称之为其他变量，如制度和偏好等。从 20 世纪初的剑桥方程式开始，这种研究思路成为了货币需求理论的主流方向。如凯恩斯、弗里德曼以及其他很多有影响的货币需求理论，都属这种类型。

还需要说明的一点是，微观货币需求理论，虽然重视的是货币的资产功能，但并没有否定货币的基本职能——流通手段职能。这是因为，人们之所以持有货币资产的一个基本动因是满足交易的需要。持有量的多少与货币流通速度紧密相关，并且，具有流量性质的收入指标始终是这些理论中决定货币需求的一个重要因素。可见，货币作为流通手段和贮藏手段的职能被统一在微观货币需求理论当中了。

9.2 货币供给

9.2.1 货币供给与货币供给量

1. 货币供给

1) 货币供给的概念

货币供给(money supply),是指货币供给主体向货币需求主体供给货币的经济行为。在现代经济社会中,能够向货币需求主体提供信用货币(现金货币和存款货币)的主体有中央银行、存款货币银行以及特定的存款金融机构。全社会的货币供给量都是通过这些金融机构的信贷活动而形成的。例如,中央银行根据社会需要发行现金货币,商业银行向企业发放贷款,同时增加企业的存款货币等,流通中的货币增加,货币供给量扩大;反之,当现金货币回笼到中央银行,或商业银行收回贷款,企业存款货币减少,货币供给量收缩。现金货币供给与存款货币供给是两个相互区别又相互联系的过程,总的来说是由中央银行和商业银行共同完成的。它以中央银行供给基础货币为起点,以商业银行运用基础货币为中间环节,以非银行部门转移、结算货币为终点,形成一个复杂的货币供给系统。

2) 货币供给的内生性和外生性

货币供给的内生性或外生性问题,是货币理论研究中具有较强政策含义的一个问题。外生变量和内生变量,是典型的计量经济学语言。所谓外生变量(exogenous variables),又称为政策性变量,是指在经济体制中易受外部因素影响、由非经济因素所决定的变量,它是能够由政策决策人控制,并用作实现其政策目标的变量。而内生变量(endogenous variables),又叫非政策性变量,它是指经济体制内部由纯粹的经济因素所决定的变量,不为政策所左右。

通常,经济学家们总是用"货币供给究竟是外生变量还是内生变量"这样的命题来判断货币当局与货币供给之间的关系。如果说"货币供给是外生变量",其含义是:货币供给这个变量并不是由经济因素,如收入、储蓄、投资、消费等因素所决定的,而是由货币当局的货币政策决定的,货币当局能够有效地通过对货币供给的调节影响经济进程。如果说"货币供给是内生变量",这就是说,货币供给的变动不是由货币当局决定的,起决定作用的是经济体系中的实际变量以及微观主体的经济行为等因素。货币供给总是要被动地决定于客观经济进程,而货币当局并不能有效地控制其变动。自然,货币政策的调节作用,特别是以货币供给变动为操作目标的调节作用,有很大的局限性。

货币供给首先是一个外生变量,中央银行能够按照自身的意图运用政策工具对社会的货币量进行扩张和收缩,货币供给量的大小在很大程度上被这些政策所左右。然而,货币供给量的变动又要受制于客观经济过程,除了受到中央银行政策工具的左右外,还决定于经济社会中其他经济主体的货币收付行为,因此,货币供给同时又是一个内生变量。

货币供给是内生变量还是外生变量是个复杂的问题,并不是一个"非此即彼"的问题。这个问题复杂在货币供给的可控性程度上,而且,货币供给的可控性不是一成不变的,决定货币供给可控性的客观条件和主观认识与能力在不断变化,这就需要动态地具体分析。

目前，我国中央银行对货币供给具有强大的控制力。中央银行承担着不可推卸的调控责任。随着我国改革开放的推进和市场化程度的提高，货币供给的内生性在增强，中央银行对货币供给的调控需要适时调整并不断调高调控能力。

2. 货币供给量

货币供给量是指在企业、个人以及金融机构中的货币总存量，具体可划分为若干层次，如 M_0 是现金，M_1(即狭义货币量)是现金和活期存款；M_2(即广义货币量)是 M_1 加上准货币。货币供给量是一个静态的概念，是某一时点上流通中所存在的货币数量。常见的货币供给量的概念是名义货币供给量和实际货币供给量。名义货币供给量是指在一定时点上，不考虑物价因素影响的货币存量。实际货币供给量是指考虑到物价因素影响的一定时点上的货币存量。若将名义货币供给量用 M 表示，则实际货币供给量就是 M/P。

9.2.2 中央银行对货币供给的控制

1. 中央银行创造银行券

中央银行作为发行银行垄断了银行券的发行权，是全国唯一的现钞发行机构，流通中的现金都是通过中央银行的货币发行业务流出的。中央银行发行的银行券——现金也是基础货币的主要构成部分。

【阅读材料】

在金本位制度下，中央银行发行银行券还有一些限制，即必须有十足的准备金。而在现代不兑现的信用货币流通体制下，中央银行发行银行券要遵循三个原则：一是垄断发行原则；二是货币发行要有可靠的信用作保证；三是要具有一定弹性。

2. 中央银行对基础货币的影响

1) 基础货币的概念

基础货币(monetary base)，是指流通于银行体系之外的现金通货和商业银行的存款准备金之和。现金通货包括纸币和辅币。存款准备金包括商业银行的库存现金及其在中央银行的存款。基础货币是商业银行创造货币的基础，因此，又称为高能货币(high-powered money)、强力货币。

商业银行的存款准备金是创造存款、供给货币的基础，它的增加或减少必然引起货币供给量的多倍扩张或多倍紧缩。至于流通于银行体系之外而为社会大众所持有的通货，则实际上是一种潜在的准备金。也就是说，一旦这些通货被其持有人存入银行，它就可作为银行的准备金而成为创造存款货币的基础。

基础货币是中央银行直接控制的变量，也是银行体系存款货币的创造基础。中央银行向商业银行扩大基础货币供给，商业银行的存款货币创造能力就加强；中央银行向商业银行收缩基础货币供给，商业银行的存款货币创造能力就减弱。正因为如此，在现代银行体系中，中央银行对宏观经济活动的调节很大程度上是通过变动基础货币来实现的。

2) 中央银行通过资产业务提供基础货币的主要途径

(1) 购买政府债券。当中央银行从商业银行手中购买债券时，银行要么增加在中央银行的准备金存款,要么增加库存现金,由此,银行体系增加了基础货币。当中央银行是向非银行社会公众购买债券,要么增加流通中的现金,要么增加银行体系的存款,进而增加银行在中央银行的存款准备金。因此,无论中央银行是向银行或向非银行部门购买政府债券都增加了基础货币的供应。

(2) 再贷款及贴现。中央银行通过向商业银行提供信贷支持的方式可以直接影响基础货币。当中央银行向商业银行提供再贷款或者再贴现时,银行体系的储备存款相应增加,基础货币增加;当商业银行归还中央银行的贷款时,银行体系储备存款相应减少,基础货币收缩。

(3) 政府贷款或者透支。在有些国家,当财政部的支出超过了其在中央银行存款账户上的余额时,其差额自动转成中央银行对财政部的贷款;在另外一些国家,财政部不能直接向中央银行透支,但是可以向中央银行申请贷款。这两种方式都会造成中央银行资产业务规模的扩大,引起基础货币的增加。通常由这种中央银行对政府赤字融资而导致的货币供应增加被称为债务货币化。

(4) 购买黄金或外汇储备。购买黄金、外汇是中央银行投放基础货币的重要渠道。相对于外汇而言,中央银行的黄金买卖业务不是很频繁,一国的黄金储备比较稳定。而外汇市场是一个波动性很强的市场,一国在既定的外汇政策之下,中央银行负有稳定汇率的职责,通过买卖外汇干预汇率是中央银行经常采取的策略。中央银行在外汇市场上买进外汇就意味着本币的投放和基础货币的增加;而中央银行卖出外汇时,基础货币又会减少。

9.2.3 货币乘数对货币供给的影响

1. 货币乘数及其决定因素

基础货币供应增加后,货币存量的增加量会以基础货币增量的若干倍数扩张。反映货币供给量与基础货币之间或它们增量之间倍数关系的量称为货币乘数。**货币乘数**(money multiplier),是指中央银行创造(或减少)一单位基础货币能使货币供应量扩张(或收缩)的倍数。货币乘数与货币供应量成正比例关系,它和派生存款乘数有联系,但却是两个不同的概念。

货币乘数和派生存款乘数都是用以阐明现代信用货币具有扩张性的特点,但它们之间是有差别的。第一,二者分析的角度和要说明的问题不同:货币乘数是从中央银行的角度进行的分析,关注基础货币与全社会货币供应量之间的倍数关系;而派生存款乘数是从商业银行的角度进行的分析,主要揭示了银行体系是如何创造出存款货币的。第二,货币乘数和派生存款乘数的分子分母构成不同。第三,派生存款乘数主要是通过商业银行体系的派生存款活动所形成的,对货币供应量起重要的影响作用,而货币乘数则是通过基础货币来影响货币供应量的。第四,在基础货币的基础上,商业银行在一定条件下,通过派生存款活动,就可以多倍地扩张(或收缩)存款总额,从而也就能够多倍地扩张(或收缩)货币供应量。

由上述可知货币乘数也是决定货币供应量的重要因素。货币乘数可用公式表示为:

$$m = M/B$$

或

$$m = \Delta M / \Delta B$$

式中　m——货币乘数；

M——货币供应量；

ΔM——货币供应量的变化；

B——基础货币；

ΔB——基础货币的变化量。

又

$$M = D + C$$
$$B = R + C = R_r + R_e + R_t + C$$

式中　D——银行体系的活期存款；

C——流通在银行体系之外的现金，取决于现金漏损率 c，等于 c 与活期存款 D 之积，即 $C = cD$；

R——银行体系的准备金；

R_r——活期存款的法定准备金，取决于活期存款准备率 r_d，等于 r_d 与活期存款 D 之积，即 $R_r = r_d D$；

R_e——活期存款的超额准备金，取决于超额准备率 e，等于 e 与活期存款 D 之积，即 $R_e = eD$；

R_t——定期存款准备金，取决于定期存款准备率 r_t 以及定期存款 D_t 与活期存款 D 的比率 t，即 $R_t = r_t t D$。

因此

$$B = cD + r_d D + eD + r_t tD = D(c + r_d + e + r_t t)$$
$$M = D + cD = D(1 + c)$$

所以

$$m_1 = \frac{M}{B} = \frac{1+c}{r_d + r_t t + c + e}$$

由上式可以看出，货币乘数的大小决定了货币供给扩张能力的大小。而货币乘数的大小又由以下四个因素决定。

(1) 法定准备金率。定期存款与活期存款的法定准备金率均由中央银行直接决定。通常，法定准备金率越高，货币乘数越小；反之，货币乘数越大。

(2) 定期存款与活期存款的比率。各国中央银行都针对商业银行存款的不同种类规定不同的法定准备金率，通常定期存款的法定准备金率要比活期存款的低。这样即便在法定准备金率不变的情况下，定期存款与活期存款间的比率改变也会引起实际的平均法定存款准备金率改变，最终影响货币乘数的大小。一般来说，在其他因素不变的情况下，定期存款对活期存款比率上升，货币乘数就会变大；反之，货币乘数会变小。

(3) 现金比率。现金比率即前述的现金漏损率，是指流通中的现金与商业银行活期存款的比率。所有影响货币需求的因素，都可以影响现金比率。现金比率的高低与货币需求的大小正相关。例如，银行存款利息率下降，导致生息资产收益减少，人们就会减少在银行的存款而宁愿多持有现金，这样就加大了现金比率。现金比率与货币乘数负相关，现金比率越高，说明现金退出存款货币的扩张过程而漏入日常流通的量越多，因而直接减少了银行的可贷资金量,制约了存款派生能力,货币乘数就越小;反之,货币乘数就越大。

(4) 超额存款准备金率。事实上,银行可能为了应付各种意外情况而持有少量的超额准备金。银行持有超额存款准备金越多,用于放款的资金就会越少,银行派生存款倍数乃至货币乘数就越小;反之,货币乘数越大。

前文阐述的实际上是狭义货币供应量的货币乘数 m_1。为了方便起见,如若用定期存款代表广义存款货币中除活期存款之外的其他存款,那么,我们可容易得到广义货币供应量的货币乘数 m_2,即

$$m_2 = \frac{M}{B} = \frac{1+c+t}{r_d + r_t t + c + e}$$

除此之外,货币乘数还受社会公众行为、商业银行经营活动和中央银行的控制力等诸方面的影响,这一切给货币乘数在实际中运用添加了困难。比如,在经济停滞和预期利润率下降的情况下,即使银行愿意多贷,企业也可能不要求贷款,从而可能的派生存款规模并不一定能够实现。

一张人民币的诞生记

【拓展视频】

一提到央行,我们最熟悉的就是降准、降息等制定货币政策来进行宏观调控,其实,央行还有一个最重要的职能——发行货币。每年下半年,中国人民银行在综合判断经济形势和现金需求的基础上,制定下一年度人民币产品生产计划,并指定中国印钞造币总公司生产人民币。中国印钞造币总公司旗下的 6 家印钞厂和 3 家造币厂印制企业将合格的人民币产品生产出来以后,全部解缴到人民银行发行库。商业银行再根据客户需求,从人民银行发行库取款,向客户支付现金,这样,一张崭新的人民币就流通到我们的手里了。

(资料来源:经济信息联播.cctv2,2015 年 11 月 10 日.)

【阅读材料】

9.3 货币供求均衡

9.3.1 货币均衡原理

1. 货币均衡

所谓**货币均衡**(money equilibrium),是指一国在一定时期内货币供给与货币需求基本相适应的货币流通状态。若以 M_d 表示货币需求量,M_s 表示货币供给量,货币均衡则可表示为 $M_d = M_s$。

在理解货币均衡的概念时应注意以下三点:

(1) 货币均衡不能机械地理解为 M_d 与 M_s 绝对相等。这里的"="并非数学概念,是指货币供求基本相适应,而非绝对相等。事实上,绝对相等是不可能的。只要货币供求的变动幅度控制在客观允许的一定弹性区间内,也可以认为是均衡的,理论界称之为货币容纳量弹性。货币容纳量弹性是指货币资产、金融资产、实物资产间

的相互替代效应和货币流通速度的自动调节功能，使货币供应量可以在一定幅度内偏离货币需求量，而不至于引起货币贬值、物价上涨的性质。例如，当 $M_s>M_d$ 时，首先会引起社会成员(个人和企业等)的持币量增加，消费倾向上升。但由于商品供给量有限，不可能使大家的消费愿望都得到满足，于是，必然造成部分人持币待购或购买其他金融资产——股票、债券、存款等。前者会引起货币流通速度减慢，后者会使购买力分流，从而使名义货币供应量同实际货币需求量基本相适应。

(2) 货币均衡还是一个动态的概念，是一个由均衡到失衡，再由失衡回复到均衡的不断运动的过程。它不要求某一时点上货币供求完全相适应，它承认短期内货币供求间的不一致，但长期内货币供求之间是相互适应的。

(3) 货币均衡不能简单地理解为 M_s 与 M_d 自身相适应，还必须联系社会总供给与社会总需求(经济均衡)来分析。货币供求的均衡是实现社会总供求平衡的前提条件。当货币供求均衡时，币值稳定，货币流通正常，物价稳定，这就为经济的发展创造了良好的货币环境，为实现社会总供求的均衡提供了重要条件。同时，社会总供求的均衡也是货币供求均衡的基础。因为货币供求在根本上取决于社会总供求。社会总供求的规模决定了货币供求的总量，社会总供求的结构决定了货币量的分布与结构。因此，货币均衡实质上是社会总供求平衡的一种反映。

2. 货币非均衡

货币非均衡是与货币均衡相对应的概念，又称货币失衡，是指在货币流通过程中，货币供给偏离货币需求，从而使二者之间不相适应的货币流通状态。货币失衡可表示为 $M_d \neq M_s$。

货币失衡大致可划分为两种情况：一是货币供给量小于货币需求量，即 $M_s<M_d$，货币供给量不足；二是 $M_s>M_d$，货币供给量过大。一般来说，在现代纸币制度下，经常出现的是货币供给量过多引起的货币失衡，这种失衡必然诱发通货膨胀。但是，20 世纪 90 年代后期，也出现过世界性通货紧缩的现象。

3. 货币均衡和货币失衡的判别标志

通常衡量货币供求是否均衡的主要标志是物价水平是否基本稳定。这是因为，物价水平(总指数)能较好地反映货币供求关系的变动情况。在信用货币流通条件下，流通中货币数量与商品流通中货币的需要量不适应时，会引起币值的变化，而币值的变化又会通过物价水平变动反映出来。货币供应量如果超过商品流通的需要，单位信用货币代表的价值量就会下降，表现为商品价格水平上涨；反之，货币供应量如果低于商品流通的需要，单位信用货币代表的价值量提高，商品价格水平下跌。因此，物价总指数变动较大，则说明货币供求不均衡；如果物价总指数变动较小或基本稳定，则说明货币供求均衡。运用物价总指数衡量货币供求是否均衡，既简便、直观，又具有科学性。

9.3.2 货币均衡的调节

1. 货币供求的几种状况

中央银行总是针对具体的货币供求状况来进行调节。一般而言，货币供求状况可能有几种情况。

(1) 货币供求均衡，社会总供求也处于均衡状态。此时，社会物价稳定，生产发展，资源得到有效的利用。这是一种较为理想的状态。这种情况下，中央银行应采取一种中立的货币政策。供应多少货币，完全由经济过程中的各种力量决定，中央银行不必从外部施予调节。

(2) 货币供给不足，客观的货币需求得不到满足，整个经济必然会处于萎缩或萧条状态，资源大量闲置，企业开工不足，社会经济的发展因需求不足而受阻。这种情况下，中央银行就应采取一种扩张性的货币政策，增加货币供应，降低市场利率，刺激社会总需求的增加，从而促进生产的恢复和发展，促使货币的供求保持其均衡。

(3) 货币供给量过多，超过货币需求量，整个经济必然会处于过度膨胀的状态，生产发展很快，各种投资急剧增加，市场商品物资供应不足，大多的货币追逐太少的商品，物价上涨。这时中央银行就应采取一种紧缩的政策，缩减货币供应量，提高市场利率，抑制社会的总需求的增加，从而使物价趋于稳定，社会的货币供应与货币需求趋于均衡。

(4) 货币供给与货币需求构成不相适应，一些经济部门由于需求不足，商品积压，一些商品不能顺利实现其价值和使用价值，生产停滞。而另一些经济部门则需求过度，商品供不应求，价格上涨，生产发展速度很慢。这表明整个经济结构失调，发展畸形。这时，中央银行的货币政策应有松有紧，松紧搭配，通过调整货币供给的构成和流向，改变这种供求结构不相适应的状况，促使供求结构趋于协调，以促进整个经济的协调发展。

2. 货币供求失衡的调节

1) 供给型调节

供给型调节，即中央银行根据客观的货币需求状况，在货币供应量大于货币需求量，或小于货币需求量，或供求结构不相适应时，对货币供给总量和构成进行调节，使之符合客观的货币需求量。现以货币供给量大于货币需求量导致的货币失衡为例，具体的供给型调节措施主要包括以下几个方面。

(1) 从中央银行方面来看，一是在金融市场上通过公开市场业务卖出有价证券，直接回笼货币；二是提高法定存款准备金率收缩商业银行的贷款扩张能力；三是减少基础货币供给量，包括减少给商业银行的贷款指标，收回已贷出的款项等措施。

(2) 从商业银行方面来看，一是停止对客户发放新贷款；二是到期的贷款不再展期，坚决收回；三是提前收回部分贷款。

(3) 从财政方面来看，一是减少对有关部门的拨款，二是增发政府债券，直接减少社会各单位和个人手中持有的货币量。

(4) 从税收方面来看，一是增设税种；二是降低征税基数；三是提高税率；四是加强纳税管理。

2) 需求型调节

需求型调节，即中央银行在既定的货币供应量下，针对货币供求总量和结构失衡的情况，运用利率、信贷等措施，调节社会的货币需求的总量和构成，使之与既定的货币供应量相适应，以保持货币供求的均衡。现以货币供给量大于货币需求量导致的货币失衡为例，具体的需求型调节措施主要包括以下几个方面。

(1) 财政部门拿资金、国家物资部门动用物资后备、商业部门动用商品储备，以此增加商品供应量(这是增加货币需要量的同义语)。

(2) 银行运用黄金储备和外汇储备、外贸部门组织国内急需的生产资料的进口，以此扩大国内市场上的商品供应量。

(3) 国家物价管理部门可以提高商品价格，以此增加货币需要量来吸收过度的货币供给量。例如，零售商品价格的提高就可以很快地收到这种效应，因为商业部门的商品零售额吸收了居民可支配收入的极大部分。因此，任何时候提高商品零售价格都是增加货币需要量、吸收过剩购买力的强有力的手段。

3) 混合型调节

混合型调节，即指中央银行对货币供求总量和结构失衡的状况，不是单纯地调节货币的供应量，或单纯地调节货币需求量，而是双管齐下，既搞供应型调节，也搞需求型调节，以尽快达到货币供求均衡而又不会给经济带来太大波动的效果。

4) 逆向型调节

逆向型调节，即指中央银行面对货币供给量大于货币需求量的失衡状况，不是采取收缩货币供应量的政策，而是用"以毒攻毒"的办法，适当增加货币供应量，调整货币供给结构，以增加货币需求，从而促使货币供求恢复均衡。其具体内涵是：若货币供给量大于货币需求量，同时现实经济运行中又存在着尚未充分利用的生产要素，而且也存在着某些供不应求的短缺产品时，社会经济运行对此需求量很大，而可供能力又相对有限，那么可以通过对这类产业追加投资和发放贷款，以促进供给的增加，并以此来消化过多的货币供给，达到货币供需由失衡到均衡的调整。

银行理财要谨慎，小心落入"五陷阱"

很多消费者对银行理财产品的印象就是"风险低，收益高"，认为在银行买理财，是再安全不过的事情了。

真的是这样吗？瑞安市市场监管管理局近日发布消费警示，提醒消费者小心落入五大银行理财陷阱。

陷阱一：预期收益代替实际收益

用户选择银行理财产品是为了获取更高的收益，因此，高收益也成为了银行宣传理财产品，吸引用户眼球的一个"撒手锏"。为了吸引客户，银行在销售理财产品时往往会刻意夸大收益，不少工作人员在给客户讲解时，也会口头保证预期收益。银行会在宣传中强调此前发行的同类理财产品均达到预期收益，令客户对收益产生心理预期，把预期收益当作是实际收益。而实际情况是，有很多结构型理财产品都没有达到预期收益，有的甚至本金都亏损。

陷阱二：偷梁换柱，理财产品变身保险

据统计，有30%的用户在购买理财产品时被误导，把保险当成了理财产品。不少保险公司的销售人员会在银行内推销保险产品，而且银行的工作人员也会给用户推销其代售的保险产品，用户在银行内很容易被"忽悠"，稀里糊涂地买了保险。

市场监管部门提醒：用户买理财产品时一定要注意产品认购书上，写的是理财产品还是保险。如果被告知想要购买的理财产品已售完，而工作人员又推荐了另一款产品时，用户就需要小心了，这个时候是最容易被销售人员"忽悠"，错把保险当成理财产品。

陷阱三：延长募集期，导致收益缩水

理财产品在发售时都会有募集期，时间从两三天到半个月不等。在募集期这一段时间里，用户的资金是没有收益的，最多也只是按照活期利率计息。对于理财产品来说，募集期越长，实际收益率就会越低。这在一些短期理财产品上体现得非常明显。例如某一款理财产品的预期收益率为6%，时间为30天，募集期为5天，如果用户在募集期的第一天就购买该产品，那么最后的实际收益率为 $6\% \times 30 \div 35 = 5.14\%$，明显低于6%的预期收益率。

市场监管部门提醒：由于理财产品都有额度限制，不少用户为了抢额度，往往在产品募集的第一天就购买。而在募集期内，资金一般按照活期计算利息或者根本不计利息，这就会导致用户的收益被摊薄，所以用户在选择理财产品时不要被名义上的高收益率所迷惑。

陷阱四："霸王条款"赚取超额收益

在理财产品的说明书中，有些条款明显偏向银行。如，某些浮动收益型理财产品的说明书中会规定"超过预期年化收益率的最高部分，将作为银行投资管理费用"。也就是说，如果某产品的预期收益率为8%，但最后的实际收益率为10%，那么多出的2%就归银行所有。

市场监管部门提醒：浮动收益型理财产品如果发生亏损，需要用户自己承担风险，但是产生的超额收益却归银行。用户在购买理财产品时要尽量远离这些带有"霸王条款"的产品。

陷阱五：避重就轻，信息披露不完整

银行工作人员在推销理财产品时，往往只强调收益，刻意淡化风险。产品说明中关于风险的表述有大量专业术语，普通用户很难看懂。不披露或者选择性披露信息、产品信息不完整、资金投资用途不明、收费项目不明、信息更新不及时等是很多理财说明书存在的问题。消费者在投资前务必要看清事实，保持理性，谨慎投资。

另外，消费者还要看清相关理财产品合同条款。在银行售卖的理财产品，也有可能是投资公司的理财产品。这类理财产品合同上也会印有银行的标志，但合同与银行无关。

市场监管部门提醒：凡是银行自主发行的理财产品，均具有唯一的产品编码，消费者可依据该编码在"中国理财网"查询到产品信息。凡无法通过中国理财网、公示代销清单查询到的产品，均非银行正规产品，应予高度警惕。

(资料来源：周雪芬. 市场导报，2016年4月1日.)

本章小结

货币需求是指社会各阶层(个人、企业单位、政府)在既定的收入或财富范围内能够而且愿意以货币形式持有的资产数量。

货币供给是指货币供给主体向货币需求主体供给货币的经济行为。在现代经济社会中，能够向货币需求主体提供信用货币(现金货币和存款货币)的主体有中央银行、存款货币银行以及特定的存款金融机构。全社会的货币供给量都是通过这些金融机构的信贷活动而形成的。

基础货币是指流通于银行体系之外的现金通货和商业银行的存款准备金之和。基础货币供应增加后，货币存量的增加量会以基础货币增量的若干倍数扩张。反映货币供给量与基础货币之间或它们增量之间倍数关系的量称为货币乘数。货币乘数是指中央银行创造(或减少)一单位基础货币能使货币供应量扩张(或收缩)的倍数。

货币乘数的大小决定了货币供给扩张能力的大小。而货币乘数的大小又由以下四个因素决定：法定准备金率；定期存款与活期存款的比率；现金比率；超额存款准备金率。

所谓货币均衡是指一国在一定时期内货币供给与货币需求基本相适应的货币流通状态。货币非均

第 9 章 货币需求与货币供给

衡是与货币均衡相对应的概念，又称货币失衡，是指在货币流通过程中，货币供给偏离货币需求，从而使二者之间不相适应的货币流通状态。通常衡量货币供求是否均衡的主要标志是物价水平是否基本稳定。

货币供求失衡的调节包括：供给型调节、需求型调节、混合型调节和逆向型调节。

 关键术语

货币需求　货币供给　外生变量　内生变量　货币供给量　基础货币　货币乘数　货币均衡　货币非均衡　供给型调节　需求型调节　混合型调节　逆向型调节

练 习 题

1. 单项选择题

(1) 在正常情况下，市场利率与货币需求成(　　)。
　　A．正相关　　　　　　　　　　B．负相关
　　C．正负相关都可能　　　　　　D．不相关

(2) 现实中的货币需求不仅包括对现金的需求，而且包括对(　　)的需求。
　　A．宏观的货币　　　　　　　　B．存款货币
　　C．微观的货币　　　　　　　　D．名义货币

2. 不定项选择题

(1) 以下关于基础货币的论述，正确的是(　　)。
　　A．基础货币是存款货币得以数倍扩张的源泉所在
　　B．基础货币是由中央银行、金融机构和社会公众的行为共同决定的
　　C．基础货币指的是流通在银行体系内的资金，因此不包括现金漏损的数量
　　D．派生倍数是货币供给和基础货币之比

(2) 影响货币乘数的因素有(　　)。
　　A．法定存款准备率
　　B．超额准备率
　　C．现金漏损率
　　D．活期存款与定期存款转化率

3. 判断题

(1) 当央行为维持汇率稳定而买卖外汇时，常导致基础货币的变动。　　(　　)
(2) 一般地说，央行降低再贴现利率，则货币供应量一定扩张。　　　　(　　)

4. 简答题

(1) 什么是货币乘数？货币乘数与派生存款乘数有何区别？
(2) 如何从货币失衡到货币均衡？

5. 计算题

某国商业银行体系共持有准备金 300 亿元，公众持有通货数量 100 亿元。中央银行对活期存款和定期存款的法定存款准备率分别为 15%和 10%。据测算，流通中的现金漏损率为 25%，商业银行超额准备金率为 5%，定期存款比率为 50%，试求：①货币乘数(这里指狭义货币乘数)；②狭义货币供应量。

第10章 货币政策

教学目标

通过本章学习，了解货币政策的含义和内容，了解货币政策目标体系的构成，掌握货币政策的最终目标、中介目标和一般性货币政策工具的作用机理及其优缺点，理解货币政策的传导机制和货币政策效果的衡量。

本章引言

当地时间3日下午，也就是北京时间2010年11月4日凌晨两点半左右，美国联邦储备委员会结束了为期两天的货币政策决策例会，正像此前市场普遍预测的那样，美联储在会上通过了推出新一轮量化宽松货币政策的决议，希望借此来增加市场流动性，以提振美国经济。美联储在会后的声明中宣布，在2011年6月底前购买6 000亿美元、(约合4万多亿元人民币)的美国长期国债，这一计划将在之后的各月中逐步实施，预计每月的购买量将达到750亿美元(约合5 000亿元人民币)，这标志着美联储正式启动了第二轮"量化宽松"货币政策。所谓"量化宽松"指的就是某个国家的中央银行在实行零利率或近似零利率政策后，通过购买国债等中长期债券增加基础货币供给，向市场注入大量流动性的干预方式。与利率杠杆等传统工具不同，"量化宽松"被视为一种非常规的工具。为应对金融危机和由此引发的经济衰退，美联储几年前开始不断降息，将联邦基金利率由2007年9月的5.25%一路降至2008年12月的0~0.25%，此后，联邦基金利率就一直保持在这一历史最低水平。如今，金融危机的狂潮虽然已经过去，但美国经济却并没有完全康复。美联储在3号的声明中指出，当前美国的生产和就业状况的改善步伐一直非常缓慢，但此时，美联储在传统货币政策上已经几乎没有了调控空间，在这种情况下，美联储只能选择非常规货币政策工具，其中最主要的就是购买国债、抵押贷款支持证券等，也就是"量化宽松"政策。2009年3月美联储启动了第一轮"量化宽松"政策，通过购买 1.7 万亿美元的中长期国债和抵押贷款支持证券，拉动投资，刺激经济，但这一轮"量化宽松"政策，并没有将美国经济拉出增长动能衰竭的尴尬时期。2010 年美国的失业率仍停留在 9.6%的高位，经济增长也没有明显提速，联储不得不再次开闸放水，向市场注入资金，增加市场的流动性。

既然"量化宽松"的货币政策是货币政策中的一种，那么，什么是货币政策？货币政策的目标如何？如何运用货币政策？它的传导机制是怎样的？本章就来阐述这些问题。

知识要点结构图

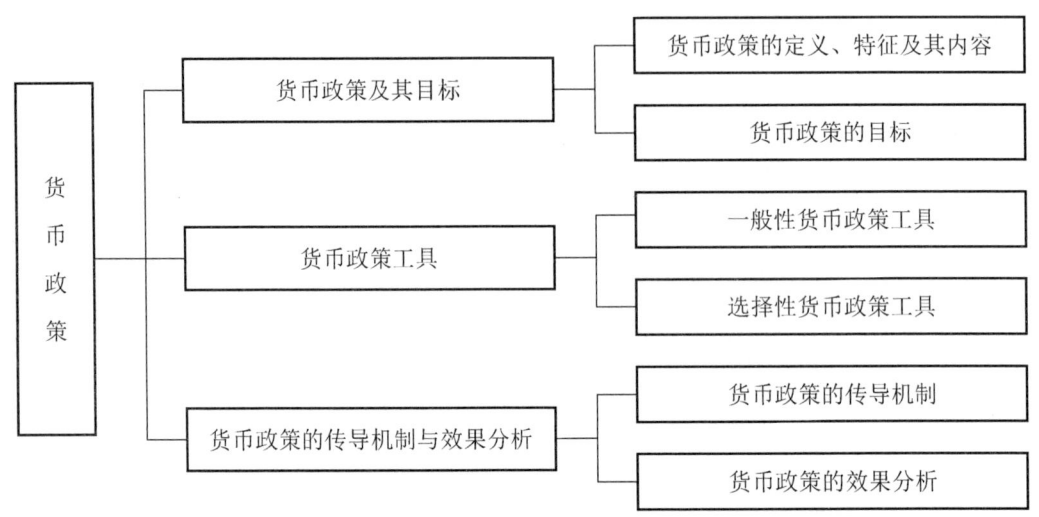

从宏观角度看，金融运行的结果必然表现为货币供给与货币需求的平衡问题，金融运行的常态要么是通货膨胀、要么是通货紧缩，货币供给和货币需求的均衡是人们追求的理想目标。在实现这一理想目标的过程中，货币政策是人们常常采用的一种工具。在当今世界各国，无论政治制度、经济制度和经济结构有何种差异，无一例外地都采取了一定形式、不同内容的货币政策来管理本国的货币流通和控制信用规模，以求实现货币均衡。作为一种直接管理总需求，间接调控总供给的政策，货币政策是一个国家十分重要的宏观经济调控手段。

10.1 货币政策及其目标

10.1.1 货币政策的定义、特征及其内容

1. 货币政策的定义

货币政策(monetary policy)的范围，有广义、狭义之别。从广义上讲，货币政策包括政府、中央银行和其他有关部门所有有关货币方面的规定和所采取的影响货币供给数量的一切措施。按照这个含义说来理解，货币政策包括有关建立货币制度的种种规定；包括所有旨在影响金融系统的发展、利用和效率的措施；甚至可进一步包括如政府借款、国债管理乃至政府税收和开支等可能影响货币支出的行为。

当代，通常说的货币政策，较之上述口径，要窄得多。在西方国家，比较概括的提法如：中央银行在追求可维持的实际产出增长、高就业和物价稳定所采取的用以影响货币和其他金融环境的措施。通俗一些，也可以说**货币政策**指的是货币当局或中央银行为实现给定的经济目标，运用各种工具调控货币供给量和利率等中介指标，进而影响宏观经济的诸多方针和措施的总和。

由于金融业涉及银行、证券、保险、信托、租赁等十分宽泛的内容，所以在我国，金融政策(financial policy)是个含义甚广的概念，它不仅包括货币政策、信贷政策、外汇政策，还包括与证券市场和保险市场等运行和发展相联系的所有政策和法规，以及各种金融子市场的监管政策和协调政策等。基于此，货币政策可以说是金融政策的一部分，并居于核心的地位。此外，货币政策与金融政策还主要有以下两点不同之处：

(1) 调节对象不同。货币政策是以货币需求总量为调节对象，而金融政策是以整体金融活动为调节对象。

(2) 调节手段不同。货币政策的调节手段主要有两类：一是数量调节，如运用法定准备金政策和公开市场业务来进行货币供给量的调节；二是价格调节，如运用利率、汇率等手段直接或间接影响市场参与者的行为。而金融政策不但包含了货币政策的调节手段，还包括以政府直接干预为主要表现形式的行政调节、法规调整和制度变革等多种手段。

2. 货币政策的基本特征

(1) 货币政策是宏观经济政策。货币政策一般涉及的是国民经济运行中的货币供应量、信用总量、利率、汇率等宏观经济总量问题，而不是银行或厂商等经济单位的微观经济个量问题。

(2) 货币政策是调节社会总需求的政策。货币政策是通过货币的供给来调节社会总需求中的投资需求、消费需求、出口需求，并间接地影响社会总供给的变动，从而促进社会总需求与总供给的平衡。

(3) 货币政策主要是间接调控政策。货币政策一般不采用或较少采用直接的行政手段来调控经济，而主要运用经济手段、法律手段调整"经济人"的经济行为，进而调控经济。

(4) 货币政策是长期连续的经济政策。货币政策的最终目标一般为稳定物价、经济增长、充分就业和国际收支平衡。这些都是长期性的政策目标，短期内难以实现。而货币政策的具体操作和调节措施又具有短期性、实效性的特点。因此，货币政策的各种具体措施是短期的，需要连续操作才能逼近或达到货币政策的长期目标。

3. 货币政策的内容

从表面上看，整个货币政策主要涉及两个问题，即货币政策目标和货币政策工具。但是从实质上看，货币政策一经实施，必然要涉及货币政策如何发生作用，如何有效地控制正确的政策方向，以及货币政策能否有效地影响到实际经济生活中总需求和总供给的平衡问题。因此，货币政策的主要内容包括五方面的问题：货币政策目标、货币政策工具、货币政策的中介指标、货币政策的传导机制和政策效果等内容。这些基本内容紧密联系，构成一个国家货币政策的有机整体。在制定和实施货币政策时，必须对这一有机整体进行统筹考虑。

10.1.2 货币政策的目标

1. 货币政策目标与最终目标

制定货币政策,首先必须明确货币政策的方向和所要达到的目标。货币政策目标(goal of monetary policy)是由最终目标、中介目标和政策工具三个层次有机组成的目标体系,如图 10.1 所示。

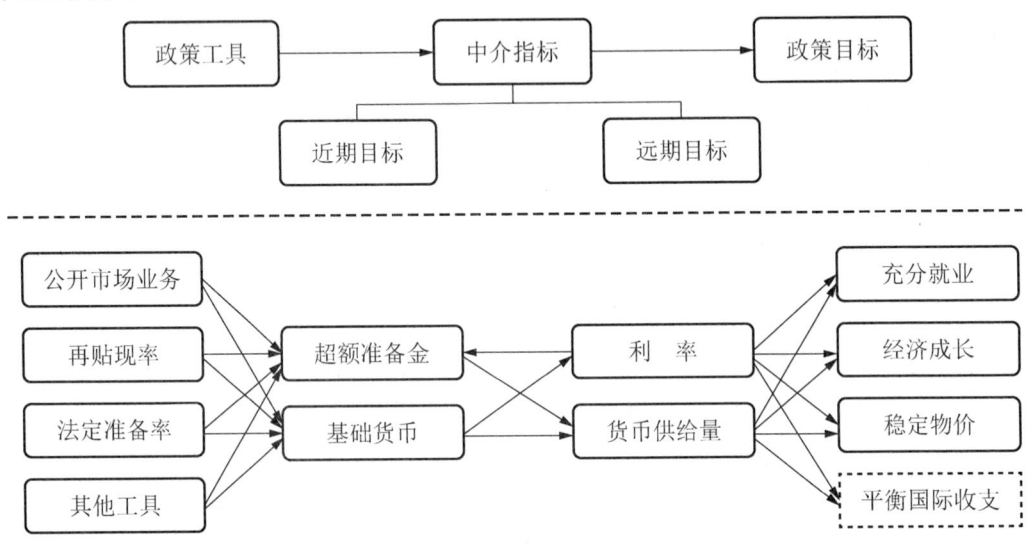

图 10.1 货币政策目标体系

最终目标是中央银行通过货币政策操作而最终要达到的宏观经济目标,如稳定币值、经济增长、充分就业和国际收支平衡等。但是,中央银行并不能对这些目标加以直接控制,而只能通过货币政策工具对它们施加间接的影响调节,使之进入中央银行的目标区。由于这个过程具有较长的时滞,如果中央银行等到这些影响和效果在最终目标上反映出来后再对政策进行修正,可能已经为时太晚,因而其错误也将是难以挽回的。因此,为了及时准确地监测和控制货币政策的力度和效果,中央银行需要有一套便于决策和控制的中介指标,将货币政策工具的操作与货币政策最终目标联系起来。

2. 货币政策的最终目标

1) 货币政策目标的发展

20 世纪 30 年代以前,西方各国普遍信奉"自由放任"原则,认为资本主义市场经济是一架可以自动调节的机器,能够自行解决经济运行中的矛盾。当时西方社会普遍存在各种形式的金本位制度,维持金本位制,被认为是稳定货币的基础。因此,维持货币币值的稳定及物价稳定成为当时各国货币政策的主要目标。

20 世纪 30 年代世界经济大危机震撼了世界。在这场大危机中,美国的物价水平下跌 20%,实际国民生产总值减少了 31%,失业率高达 22%。各国政府及经济学家开始怀疑金本位的自动调节机制,纷纷放弃金本位制度,采取货币贬值、关税壁垒、刺激出口等措施,以促进国内就业水平。1936 年,凯恩斯的《就业、利息和货币通论》问世,这为国家调节经济、摆脱危机和失业困境提供了理论依据。1946 年,美国国会通过就业法案,正式将充分就业列入经济政策的目标。于是,货币政策目标从原来的单一目标发展成为稳定币值和充分就业的双重目标。

20 世纪 50 年代以后,世界各国的经济发展变得很不平衡。许多国家为了保持自身的经济实力和国际政治地位,纷纷把发展经济、促进经济增长作为货币政策目标的重点。进入 70 年代后,由于长期推行凯恩斯主义的宏观经济政策,各国均不同程度地出现了通货膨胀,国际收支状况也日益恶化。特别是美国的经济实力削弱,国际收支不断出现巨额逆差,以美元为中心的国际货币制度受到严重威胁,并且先后爆发了两次美元危机。许多国家密切注意这种态势的发展,相应提出了平衡国际收支的经济目标。至此,货币政策的目标已经发展演变成为稳定币值、充分就业、经济增长和国际收支平衡这样的综合性目标体系。布雷顿森林体系之后,黄金失去了作为货币价值实体的功能,于是,许多国家便把稳定币值这一目标改为稳定物价。

2) 货币政策目标的内容

(1) 稳定币值。稳定币值就是指稳定货币的价值,它是中央银行货币政策的首要目标。在西方各国普遍采取金本位制度时,货币流通的数量受制于黄金的自动调节机制,保持货币价值稳定就是货币政策唯一的目标。20 世纪 30 年代世界经济大危机之后,信用货币取代了金本位制,在信用货币流通的条件下,货币流通量的多少直接决定着货币的价值。在信用货币流通条件下,流通中的货币本身并没有价值,这样,稳定币值就成了稳定货币购买力的简称。货币购买力是用单位货币所能够买到的商品(或劳务)来衡量的,稳定货币购买力即是单位商品所能换到的货币数量保持不变,也就等于稳定物价,避免出现通货膨胀和通货紧缩。各国中央银行无不将物价水平的稳定当作货币政策的首要目标(如《中国人民银行法》规定,中国人民银行货币政策的目标就是要保持物价水平的稳定,并以此促进经济增长)。那么,中央银行究竟应该把一般物价控制在什么水平上才算稳定呢?经济学家们有不同的见解。有的认为物价每年上涨 3%是可取的,也有的认为物价每年上涨 5%也是可取的。这个问题要依据各国的具体情况和本国人民对物价变动的承受能力而定。但是,抑制通货膨胀的目标并非通货膨胀率越低越好,价格总水平的绝对下降,即负通胀率,将会带来通货紧缩,它对经济的破坏力更大。20 世纪 80 年代,西方国家普遍经历了严重的通货紧缩和经济衰退。通货紧缩将严重影响企业和公众的投资和消费预期,制约其有效投资需求和消费需求的增长,企业倒闭,失业率上升,经济增长停滞甚至严重衰退。因此,在讨论稳定币值这一货币政策目标时,应把其理解为一般物价水平的相对稳定。物价稳定并不意味着物价冻结。价格波动是商品经济的基本特征之一。保持物价稳定,是指把一般物价水平控制在一定范围内,即控制在不危害经济增长且社会大众心理又能承受的范围之内。所以,在货币政策的实践中,中央银行将在通货膨胀时期实行相对紧缩的货币政策,以减少货币流通量,从而遏制通货膨胀;在通货紧缩时期实行相对宽松的货币政策,以适当增加货币流通量,从而抑制通货紧缩。

(2) 充分就业。在西方经济学中,所谓"充分就业(full employment)",一般是指消除一国经济中的非自愿失业。所谓"非自愿失业",是指愿意接受现行的工资水平和工作条件,但仍然找不到工作,从而造成的失业。失业不仅是一个经济问题,而且也会产生很多的社会问题,如心理畸形和犯罪等,也会给家庭生活带来不和谐。此外,大量的失业还是社会动荡的直接根源。因此,充分就业一度是各国货币政策所要追求的一个目标。但是,充分就业并不等于失业率为零(所谓失业率是指失业人口占劳动人口的比率)。我们的社会中也总是存在着一些无法消除的失业,包括摩擦性失业、季节性失业和自愿失业等。如果你对目前的工作很不满意,你决定辞职重新找一份工资更高、工作环境更理想的工作,那么,在你辞职后到重新找到另一份工作的这段时间里,你就是一位摩擦性失业者。季节性失业则是因为季节性的变动而产生的失业,这类失业在与农业生产相关性较高的部门最普遍。另外,还有一些所谓的自愿失业者,不管你给他提供多好的工作环境,给他多高的待遇,他对这些都不屑一顾。而这些自愿失业者,是无法通过货币政策来消除的。当然,一定水平的失业率对经济发展和结构调整也是有利的。这就恰如在没有空置的出租房时,你到一个新地方去工作,想找一个自己合意、独立而又较为经济的生活空间就很难了,但一定的房屋空置可以较容易地满足你的这一心愿。因此,货币政策也允许存在可以接受的失业率,在这个失业率水平下,劳动力市场上的需求与供给是相等的,即劳动力市场处于均衡状态,这时的失业率就叫自然失业率。相应地,失业率究竟为多少时可称之为充分就业呢?对于这一问题,同样没有一个统一的标准,有人认为3%,有人认为4%~5%。一般地,各国只能根据不同的社会经济条件和发展状况来做出判断。

(3) 经济增长。经济增长(economic growth),是指一国在一定时期内所生产的商品和劳务总量的增加,或者指一国人均国民生产总值的增加。经济增长既是提高一国国民的社会物质生活水平的必要保障,也是保持一国经济实力和国际地位乃至国家安全的必要条件。当然,这种增长绝不是过度追求高速度的增长,而是保持国民经济长期持续稳定的增长,否则会导致经济比例严重失调、经济剧烈波动。如何准确地衡量一国的经济增长状况,特别是以何种指标来衡量一国经济的增长速度,这是一个较有争议的问题。但是,目前世界上大多数国家都以人均实际国民生产总值或人均实际国民收入的增长率作为衡量经济增长速度的指标。

(4) 国际收支平衡。国际收支是指一国在一定时期(通常为一年)内对其他国家或地区之间由于政治、经济、文化往来所引起的全部货币收支。这种收入和支出不可能正好完全相等,要么收大于支(即顺差),要么支大于收(即逆差)。国际收支平衡(balance of payment),是指一国对其他国家或地区的全部货币收入和货币支出大体平衡的一种状态。国际收支平衡是保证国民经济持续稳定增长和经济安全甚至政治稳定的重要条件。一国国际收支平衡,无论是逆差还是顺差,都会给该国经济带来不利影响。巨额的国际收支逆差可能导致外汇市场对本币信心急剧下降,资本大量外流,外汇储备急剧下降,本币大幅贬值,并导致严重的货币和金融危机。20世纪90年代的墨西哥金融危机和亚洲金融危机的爆发就是这方面的最好例证。而长期的巨额国际收支顺差,既使大量的外汇储备闲置,造成资源浪费,又使国家为购买大量的外汇储备而增发本国货币,很可能导致或加剧国内通货膨胀。正是基于以上的这些原因,大多数国家都把国际收支平衡作为货币政策的最终目标之一。

3) 货币政策目标之间的关系

货币政策各个目标之间是即统一又矛盾的关系。从长期来看,这些目标之间是统一的、相辅相成的。但从短期来看,除了经济增长与充分就业存在正相关的关系外,其他各目标之间都存在着矛盾和冲突。因此,在特定时期或特定经济条件下,各国的货币政策目标选择是有所取舍或侧重的,货币政策目标选择的基本原则是:趋利避害,两利相权取其重,两弊相权取其轻。

3. 货币政策的中介目标

1) 货币政策中介目标的选择

(1) 设置中介目标的意义。中央银行操作货币政策工具后,并不能直接达到最终目标,只是改变了商业银行的准备金、流通中的现金或短期利率。此外,中央银行从启用货币政策工具到货币政策的最终目标的实现,往往需要经过一个相当长的"时间差",如果等到货币政策的最终目标发生变化后再来调整货币政策工具,很有可能已经时过境迁,使中央银行陷于被动的地步,不能有效地调控经济。为此,中央银行在制定、实施货币政策时,往往在货币政策工具与最终目标之间设置一些适宜的中介目标,既使货币政策工具能够直接对这些中介目标施加作用或产生影响,又能够在短期内显现出来,还与货币政策的最终目标高度相关。这些能为中央银行所控制和观测的指标,就是我们通常所说的货币政策的中介目标。该目标是货币政策工具和货币政策的最终目标之间的中介或桥梁,在货币政策的传导中起着承上启下的作用。

(2) 中介目标的选择标准。一般来讲,作为一个性能良好的货币政策的中介目标 (intermediate target of monetary policy) 必须满足四个基本标准,即相关性、可测性、可控性和抗干扰性。①相关性是指被作为货币政策中介目标的变量与货币政策的最终目标有着紧密的关联性。中央银行通过对具有相关性的中介指标的控制和调节,能够促使货币政策的最终目标的实现。②可测性是指中央银行能够对这些被作为货币政策中介目标的变量加以比较精确的统计,以便于进行定量分析和科学预测。③可控性是指中央银行可以较有把握地将选定的中介目标控制在确定的或预期的范围内。所以,中央银行所选择的货币政策的中介目标必须与他所运用的货币政策工具具有较密切的、稳定的联系。④抗干扰性是指作为中介目标的变量应能较准确地反映政策效果,并且较少受外来因素的干扰。只有排除干扰才能通过货币政策工具的操作达到最终目标。

2) 货币政策的近期中介目标

(1) 超额准备金。超额准备金是商业银行扩大贷款和投资的基础,也是判断银根收紧、市场利率高低、货币供给量大小的良好指示器,而且资料也容易取得。但作为中央银行的操作目标,其增减和使用主要由商业银行自身的利益最大化、风险偏好等因素来决定的,因此,中央银行对商业银行超额准备金比率的可控性并不是特别强。

(2) 基础货币。基础货币是流通中现金和银行体系的存款准备金之和,作为中央银行的负债,中央银行可以通过各种资产业务直接控制,并且资料易得,能够满足可测性的要求。同时,从相关性来看,基础货币与货币供给量之间通过货币乘数联系起来,而货币供给量的变动又可影响市场利率、价格及全社会的经济活动,并与货币政策的最终目标相联系。因此,基础货币作为中介目标,具有重要意义。但要注意,如果货币乘数不稳定,基础货币就失去了观测和控制的价值。

3) 货币政策的远期中介目标

(1) 利率。将利率作为货币政策的远期中介目标的理由是:从可测性来看,利率是可量化的,中央银行可及时得到利率变动的有关数据,比如,看看每天的金融报纸,基本上都可以找到有关利率的数据;从可控性来看,中央银行能够运用各种货币政策工具进行较为有效的控制;从相关性来看,作用力大,影响面广,与货币政策的最终目标的相关性强。但是,把利率作为中介目标也有缺点:中央银行能够控制的是名义利率,对经济产生实际影响的是预期实际利率,而预期实际利率很难准确计量,通货膨胀率数据的获得又比较费时;利率的抗干扰性较差,容易受政策性因素、非政策性因素、心理预期、金融市场投机活动等诸多因素的影响而降低其真实性。

(2) 货币供给量。将货币供给量作为货币政策的远期中介目标的理由是:货币供给量按流动性标准划分为 M_0、M_1、M_2 等层次,只要中央银行控制住这些指标,就能控制全社会的货币供应总量。因为这几项指标都反映在中央银行、商业银行及其他金融机构的资产负债表内,资料易于取得,且中央银行能够通过各种货币政策工具加以控制,货币供给量与货币政策的最终目标的相关程度较高,不容易发生信号误导。但货币供给量的受控因素非中央银行完全可控的,如现金漏损率、超额准备金率等主要受公众和银行行为的影响。

一般来说,在一个实行利率市场化制度的国家,中央银行只能就货币供给量与利率任选其一为主要的中介目标。如果选择利率为中介目标,则货币供给量不可控制;如果选择货币供给量为中介目标,则利率不可控制。究竟是选择利率,还是选择货币供给量,都要视具体条件而定,并且也只有根据经验的积累才能判断选择哪种指标较为理想。20 世纪 70 年代中期以前,凯恩斯主义盛行,货币资产观点得到广泛的认同,与此相关的利率成为西方各国中央银行的货币政策操作的中介目标;70 年代中期以后,西方国家通货膨胀严重,市场自由主义思潮重新占据上风,货币主义受到重视,各国纷纷将中介目标由利率改为货币供给量;而进入 90 年代,一些发达国家又先后放弃以货币供给量作为中介目标,转而采用利率。究其原因是 80 年代以来的金融创新、金融放松管制和全球金融市场一体化使得货币供给量各层次之间的界限更加不易确定,货币供应量变得难以控制,货币总量同货币政策的最终目标的关系变得更难把握。此外,金融市场发展程度较低的国家可以选择贷款量,而一些实行本币与某外国货币挂钩的国家,把汇率作为中介目标。

(3) 其他中介目标。有一些国家和地区由于特定经济金融条件,将汇率作为货币政策中介指标,比如新加坡、中国的香港地区,它们具有高度外向型经济特征,对外依存度很高,国际经济对其经济稳定十分重要,才会选择汇率作为中介指标。还有一些发生恶性通货膨胀的国家也利用将本国货币与硬通货强行挂钩的方式克服通胀,增强对本国货币的信心,也就采取汇率作为中介指标了。除了汇率之外,贷款量也可以充当货币政策中介指标,它适用于金融市场发育水平较低的国家和地区,控制了贷款量,也就控制了货币供应总量。但是,它也存在一些缺点,在金融发达的国家和地区,贷款量与最终目标的相关性较弱,而控制贷款量的主要是行政手段,而非经济手段,不利于市场机制发挥作用。

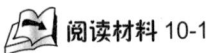
阅读材料 10-1

货币政策新框架趋于形成

"十三五"规划在诸多方面相对"十二五"有了新提法。其中,最值得期待的之一,就是货币政策新框架的出现。在这方面,"十三五"规划的要求是:"完善货币政策操作目标、调控框架和传导机制,构建目标利率和利率走廊,推动货币政策由数量型为主向价格型为主转变。"

第10章 货币政策

这种新的货币政策框架之所以有可能在"十三五"期间正式趋于形成,有赖于如下几个背景:

首先,市场化约束主体基本塑造完成。截至"十二五",我国已基本建立起了市场化约束的、"商业性金融、开发性金融、政策性金融、合作性金融"四足鼎立的金融机构体系,由此,在"十三五"期间的重点任务,一是对大型金融机构"积极稳妥"推进综合化经营,二是要"丰富金融体系",重点发展民营、中小微金融机构等。

其次,多层次金融市场已基本建成。"十二五"规划提出"加快多层次金融市场体系建设",而"十三五"规划已从"建设"调整为"健全金融市场体系"。这意味着,"十二五"期间已基本上让该有的金融市场都有了,而"十三五"期间的重点就在于"健全",让这些市场本来该有的功能能够正常全面发挥好。由此,"十三五"规划在一级市场层面的部署就是祛除各类行政审批,推出让企业真正能够依照市场原则自主融资的"注册制"(股票市场和债券市场的);在二级市场层面就是市场化的曲线和定价机制,包括通过衍生品的创新,形成金融现货和衍生品市场的良性互动、彼此完善。

最值得关注的是,在人民币汇率方面,"十二五"规划的表述是"完善以市场供求为基础的有管理的浮动汇率制度",而此次"十三五"规划已悄然调整为"健全利率、汇率市场决定机制",此中意味值得细细体会。

再次,汲取了2008年国际金融危机后全球反思的成果。2008年国际金融危机诱发了全球对于过去政策的全面检讨,其中,对系统性风险和宏观审慎的关注,成为最受重视的领域。对这种思想的汲取,也清晰反映在"十三五"规划的要求之中,如"加强金融宏观审慎管理制度建设……构建货币政策与审慎管理相协调的金融管理体制。"

最后,更加强调法治化。与"十二五"规划只是在"加强金融监管"一节的标题下提到"完善金融法律法规"不同,此次"十三五"规划则是在"完善政策制定和决策机制"一节的标题下,首次明确要求"加快推进宏观调控立法工作",不再是谈"监管"的法律问题,而是"宏观调控"的法治化。这一点,必将对未来新货币政策框架的形成产生深远的影响。

在这种大背景下,根据"十三五"规划的要求和目前的发展态势,预计未来的货币政策框架将呈现以下几个方面的新特征:

首先,政策目标顺序优化。虽然"十三五"规划对宏观调控给出了相当多样化的目标——"扩大就业、稳定物价、调整结构、提高效益、防控风险、保护环境",但过去一直被列在首位的"经济增长"却不见了,取而代之的是就业和通胀,而这正是现代成熟市场经济体系中货币政策的共同目标。虽然从逻辑上说,就业和通胀与经济增长之间存在密切关系,但在短期经济运行中不一致是常见的,甚至还常常会彼此冲突。"十三五"规划将就业和通胀前置,不仅折射出关注民生的理念,更为重要的是,其与金融市场的运行逻辑更为一致。因为在任何金融产品的定价中,一个不可或缺的因子就是贴现率,这个贴现率实际上是市场化形成的收益率曲线上的利率,而预期通胀率对市场利率有着决定性的影响。强化货币政策的市场化传导,本质上就是要通过央行政策对通胀预期的引导来影响利率和整个金融体系的定价,最终反过来实现政策目标。正因为如此,诸多成熟市场经济体都以法律的形式,明确规定了央行的使命就是确保充分就业和物价稳定,不少经济体甚至还通过法律明确要求央行必须把中期通胀目标维持在给定的数量目标附近。也正是在这个意义上,在未来的宏观调控立法中,就业和通胀也不排除可能成为中国央行的法定目标。

其次,政策工具基本就位。在成熟的市场经济体,央行日常最主要的调控工具就是宣布货币市场的政策目标利率,并通过公开市场操作的货币吞吐,将其维持在目标水平附近。这种操作模式也被写入了"十三五"规划中:"构建目标利率和利率走廊机制"。实际上,在此之前,人民银行已从2015年6月开始一改过去不连续的零星操作状态,开始每个公开市场操作日都进行七天逆回购操作,除非对经济形势的看法发生变化,否则利率也是稳定的,七天逆回购利率由此逐渐成为市场的"利率锚",由此也带动了整个货币市场利率变得比过去更加平稳。自2016年2月14日后,这种操作进一步调整为每日可操作,央行公开市场操作指标利率由此渐趋成型,而自2015年初开始出现的利率走廊,也不断收窄。

然而，与西方成熟市场经济的一个重大不同，是目前我国仍然存在诸多预算软约束主体，这些主体往往对单纯的利率调控并不那么敏感，因而，简单照搬西方成熟经济体"利率一招治天下"的模式可能会出现失控。由此，在2016年初，人民银行公布了涵盖商业银行资产和负债两端(特别是对资产方全面覆盖)的宏观审慎政策框架(MPA)，它确保了在利率调控无法实现预期目标的情况下，社会的信用规模能够始终处于政策当局认为合意的水平上。一句话，"利率锚＋MPA"已成为央行紧密耦合的两大常规操作工具。

再次，预期引导成为常规工具。在20世纪90年代之前，语焉不详、含糊不清、保持神秘被全球的央行行长们奉为圭臬，这种状态尤其以前美联储主席格林斯潘那句"如果你认为已明白了我的意图，那我可以告诉你：你一定误解了我的话"而令人印象深刻。然而，随着央行调控经验教训的不断积累，沟通和引导市场预期的重要性已受到越来越多的关注。比如，在对2008年国际金融危机的检讨中，前美联储副主席布林德就尖锐地指出："缺乏有效沟通导致缺乏了解，从而造成混乱四处蔓延。"而临危受命、拯救美国于水火之中的美联储主席伯南克对自身成功实践的总结就是：沟通策略有助于公众更好地理解美联储政策背后的逻辑和意图，从而能使货币政策更好地发挥作用。其继任者耶伦更是明确表示：声音(voice)本身就是一种政策工具。

与这种国际经验相一致，"十三五"规划要求："更加注重引导市场行为和社会预期"，"改善与市场的沟通，增强可预期性和透明度"。当然，沟通不仅是一个认识问题，同样重要的是还必须有在权责对等情况下对央行职责边界的明确界定，只有市场相信"你说的事情你是能够负责的，你是有能力做到的"，这种沟通才能够起到预言自我实现的效果。而"十三五"规划中宏观调控立法的推进，有望最终令预期引导登堂入室，成为央行新的常规工具。

(资料来源：鲁政委. 金融时报，2016年4月12日.)

10.2　货币政策工具

10.2.1　一般性货币政策工具

中央银行为实现其货币政策目标，必须借助一些有效的货币政策工具。**货币政策工具**就是中央银行为实现货币政策最终目标而采取的调节、控制中介目标的具体手段和措施，可分为一般性货币政策工具、选择性货币政策工具和其他货币政策工具三类。一般性货币政策工具是指对货币和经济体系具有全局影响的政策工具，主要包括法定存款准备金政策、再贴现政策和公开市场操作，也就是通常所说的中央银行的"三大法宝"；而选择性货币政策工具的影响只是局部而非全局性的；中央银行还可以根据本国的具体情况和实际需要，采用其他货币政策工具。

1. 法定存款准备金政策

1) 存款准备金的构成

存款准备金是存款货币银行按吸收存款的一定比例提取的准备金。它由两部分组成：一部分是自存准备，通常以库存现金和在中央银行的超额准备金两种形式存在；另一部分是法定准备金，即根据法律规定，商业银行必须按某一比例转存中央银行的部分。

2) 法定存款准备金政策的定义

法定存款准备金政策(legal reserve policy)，是指中央银行在法律所赋予的权力范围内，通过规定或调整商业银行缴存中央银行的存款准备金比率，以此改变商业银行持有的实有准备金数量和货币乘数，从而控制商业银行的信用创造能力，间接地控制社会货币供应量的政策措施。

3) 法定存款准备金政策的基本内容

(1) 规定法定存款准备金比率。根据存款种类、金额、期限及银行类别，规定具体存款准备金率。该比率规定一般根据不同存款的种类、金额及银行规模和经营环境而有所区别。也有采用单一比率的，如1953年后建立法定存款准备金制度的国家大多对所有存款按统一比率计提准备金。

(2) 规定可充当法定存款准备金的资产种类。一般地，作为法定存款准备金的资产，只能是商业银行在中央银行的存款。在某些国家，一些高度流动性的资产(如库存现金和政府债券等)也可以作为法定存款准备金。

(3) 规定存款准备金的计提基础，包括存款余额的确定及缴存基期的确定等。

(4) 规定存款准备金比率的调整幅度等。一般而言，经济过度繁荣、通货膨胀，中央银行就应提高法定存款准备金率，以维护金融稳定和抑制通货膨胀；反之，则应降低法定存款准备金率。

4) 法定存款准备金政策的作用

(1) 保证商业银行等存款货币银行资金的流动性。存款货币银行为了应付客户的提现需要，都保持一定的现金准备。但是，保持现金准备对存款货币银行来说是一种负担。因为保持现金准备没有利息收入，还要为此支付保管费用、存款利息和员工的工资等，所以作为以营利为目的的金融机构来说，理性的行动是尽量减少现金准备，特别是当存在良好的投资机会的时候更是如此。一部分存款货币银行就会理性地减少现金准备，其结果是常常发生流动性危机，历史上这种例子比比皆是。因此，各国普遍设立了法定存款准备金制度，强制存款货币银行将准备金存入中央银行，保证存款货币银行资金的流动性和清算能力。

(2) 调整法定存款准备金率从两个方面影响货币量。第一，中央银行降低法定存款准备金率，商业银行体系部分法定准备金就会转化超额准备金，商业银行就可以利用这部分超额准备金创造更多的派生存款货币；反之，中央银行提高法定存款准备金率，银行体系原先持有的一部分超额准备金就会转为法定准备金，从而降低了银行体系创造派生存款的基础。第二，法定存款准备金率是影响货币乘数值的重要因素。降低法定存款准备金率会提高货币乘数值；相反，提高法定存款准备金率则会降低货币乘数值，从而降低了银行体系创造信用和扩大信用规模的能力，其结果是社会的银根抽紧，利率提高，投资及社会支出相应缩减。

(3) 调整法定存款准备金率还可以影响市场利率的变化。当中央银行降低法定存款准备金率时，商业银行的超额准备金增加，银行拆出资金增加，而拆入资金减少，同业拆借利率下调；同时，商业银行还会用增加的超额准备金购买国债，从而使作为基准利率的国债收益率下降，进一步引起其他利率下降；另外，法定存款准备金率下调后，银行可用资金增加，迫使银行下调贷款利率以争取更多客户，反之亦然。

5) 法定存款准备金政策的优缺点

如上所述，法定存款准备金政策的优点是非常明显的。首先，对货币供应量具有极强的影响力，力度大，速度快，效果明显，是中央银行收缩和放松银根的有效工具。其次，对所有存款货币银行的影响是均等的。这不像公开市场操作或再贴现政策，只对参与市场操作或申请中央银行贷款的银行才发生作用。但是上述优点同时也是缺点，因为存款准备金率的微小调整，都会使货币供应量和社会需求成倍地扩大或收缩，其效果太过猛烈，对经济震动太大，告示效应太强，很不利于货币的稳定，也使中央银行很难确定调整时机和调整幅度，因而不宜随时使用，难以成为日常使用的政策工具。另外，也可能使超额准备金比率较低的银行立即陷入流动性困境，造成金融不稳定。如果小银行持有与大银行相同的超额准备金，法定存款准备金率的调高，极易造成小银行的流动性危机。从某种意义上来说，存款准备金制度对于小银行很不公平。因此，美国对小银行要求的法定存款准备金比率较低。

2. 再贴现政策

1) 再贴现政策的定义

当商业银行资金不足时，可以将自己持有的未到期的贴现票据转卖给中央银行，这称为**再贴现**(rediscount)。再贴现率是中央银行对商业银行贴现时收取的利率，它实际上是商业银行从中央银行贴现贷款时所支付的必要的成本。

所谓**再贴现政策**(rediscount policy)，就是中央银行通过制定或调整再贴现利率来干预和影响市场利率，从而调节市场货币供应量的一种金融政策。

2) 再贴现政策的基本内容

一般来说，再贴现政策内容包括两方面：一是再贴现率的调整；二是规定何种票据具有向中央银行申请再贴现的资格。前者主要是影响商业银行的融资成本及市场利率，进而影响基础货币的投放和货币供应量；后者主要是影响商业银行及全社会的资金投向，促进资金的高效流动。

3) 再贴现政策的作用

中央银行调整再贴现率会产生四种影响。

第一，影响商业银行的准备金和资金成本，从而影响它们的贷款量和货币供应量。具体来说，当中央银行需要适当收紧银根时，中央银行可提高再贴现率，并使之高于市场利率，这样商业银行向中央银行借款或申请再贴现的融资成本就会上升，从而减少向中央银行的借款或贴现，商业银行准备金数量的增加就受到了限制。如果准备金不足，商业银行就只能收缩对客户的贷款和投资规模，进而也就缩减了市场的货币供应量。随着市场货币量的缩减，银根紧俏，市场利率也就相应上升，社会对货币的需求也相应减少，整个社会的投资支出也减少，最终实现了货币政策目标。反之，效果则相反。

第二，再贴现政策可通过两个途径影响和调整信贷结构，即规定再贴现票据的种类和对再贴现票据实行差别再贴现率。例如，货币当局如果想扶持农业的发展，就可以对农业再贴现票据实行较低的再贴现率，以鼓励商业银行的资金多流向农业部门。

第三，再贴现率的升降可产生货币政策变动方向和力度的"告示效应"，影响商业银行或社会公众的预期。中央银行提高再贴现率时，人们可能认为中央银行要紧缩货币供应，通货膨胀率会下降。如果真如此，那么，在高通货膨胀时期人们因物价水平的上涨而抢购的动机会减弱。反之,若中央银行降低再贴现率,则公众可能会认为这是中央银行扩张性货币政策的一个信号,物价水平会上升,支出意愿也会相应增强。但是,"告示效应"也完全可能起到相反的作用,引起公众预期的混乱。比如,当中央银行降低再贴现率时,公众认为这是中央银行面对经济衰退的自然反应,如果公众认为中央银行的货币政策并不足以刺激经济景气的回升,他们的预期收入会减少,反而会进一步削减支出,其效果却是紧缩性的了;当中央银行提高再贴现率时,公众可能会认为社会上已出现了较严重的通货膨胀,于是就会产生通货膨胀预期,这种预期指导下的反应就是当前多借入资金,等到出现更高的通货膨胀时再还,于是,中央银行提高再贴现率不但没有减少公众的资金需求,反而可能会刺激公众的借款欲望。

第四,通过再贴现政策,可使中央银行发挥最后贷款人的作用,增加金融系统的信用和稳定。

4) 再贴现政策的局限性

(1) 在再贴现政策实施过程中,中央银行处于被动的地位。虽然中央银行可以规定再贴现的各种条件,但商业银行是否愿意到中央银行申请再贴现,或贴现数量的多少、何时申请贴现都取决于商业银行的意愿。如果商业银行有更好的筹资渠道,它就完全可以不依赖于中央银行。有一句话可以很好地概括这一点:"你可以把马牵到水边,但你不能强迫马喝水。"

(2) 中央银行调整再贴现利率,通常只能影响利率的总水平,而不能改变利率的结构。

(3) 由于再贴现政策缺乏弹性,因此,不宜随时调整再贴现率,否则商业银行或社会公众无所适从,不能形成稳定的预期。

3. 公开市场操作

1) 公开市场操作的定义

公开市场操作(open-market operation),又称公开市场业务,是指中央银行在金融市场上买进或卖出有价证券,影响银行体系的准备金,从而调节货币供应量和利率的一种政策措施。中央银行在公开市场上买卖的证券主要是政府公债和国库券,在某些国家,中央银行也可买卖地方政府债券、金融债券等。

2) 公开市场操作的分类

公开市场操作可以分为主动性的和防御性的两类。主动性公开市场操作旨在改变银行体系的准备金和基础货币;防御性的公开市场操作则旨在抵消影响基础货币的其他因素变动的影响,从而使基础货币保持相对稳定。如果宏观经济出现了衰退的迹象,投资减少、消费不振,中央银行为了扩大货币供应量,就会采取主动性的公开市场操作,大量买入政府证券,增加银行体系的准备金。再比如,政府存款的增加会减少基础货币。如果中央银行不希望政府存款的增加减少基础货币,也可以通过在公开市场购买政府证券来冲销基础货币的减少。这就是防御性的公开市场操作。

公开市场操作通常是以正回购或逆回购的方式进行的。当然,有时也采取买进或卖出现券交易的公开市场操作。正回购是指中央银行与金融机构在签订协议时,首先以议定的价格将其手中所持有的国债暂时让渡给后者,并同时约定中央银行同意在未来某一天按协

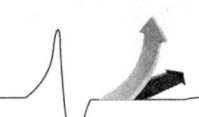

商好的价格再重新如数买回这些债券。在正回购中,中央银行将其持有的国债让渡给商业银行,在中央银行的资产负债表上就反映为政府债券的减少,同时负债方则表现为金融机构准备金等额地减少。因此,中央银行的正回购操作主要是为了回收基础货币。相反,如果中央银行要投放基础货币,就可以采取逆回购式的公开市场操作。公开市场逆回购则是指中央银行与商业银行等金融机构签订协议时,后者将其手持的国债以议定的价格暂时让渡给中央银行,同时约定中央银行在未来某一天按协商好的价格如数卖给原来的金融机构。

3) 公开市场操作的作用

(1) 公开市场操作可以调控存款货币银行的准备金和货币供给量。中央银行通过在金融市场上买进或卖出有价证券,可直接增加或减少流通中现金或银行的准备金,从而达到控制、调节信贷规模和货币供应量的作用。

(2) 公开市场操作可以影响利率水平和利率结构。中央银行在金融市场上买卖有价证券可从两个方面影响利率水平:当中央银行买进有价证券时,一方面,证券需求增加,证券价格上升,引起市场利率下调;另一方面,商业银行超额准备增加,通过货币乘数作用导致货币供给增加,进一步引起市场利率水平的下降。当中央银行卖出有价证券时,通过这两个途径的传导,市场利率将上升。此外,中央银行可以根据需要同时购入或卖出不同期限的有价证券,可直接改变市场对不同期限证券的供求状况,从而使利率结构发生变化。

4) 公开市场操作的优点

与法定存款准备金政策和再贴现政策相比,公开市场操作有明显的优越性,主要表现在以下几方面。

(1) 主动性。通过公开市场操作,中央银行可以主动出击,既可以用高于市场价格的价格买进,也可以用低于市场价格的价格卖出,而不像再贴现政策那样处于被动地位。

(2) 灵活性。公开市场业务使中央银行能够随时根据金融市场的变化,进行经常性、连续性及试探性的操作,也可以进行逆向操作,以灵活调节货币供给量。

(3) 微调性。由于公开市场操作的规模和方向可以灵活安排,中央银行可以运用它对货币供应量进行微调,而不会像调整法定存款准备金率那样产生震动性影响。

(4) 政策意图的告示效应较弱。因为公开市场操作的告示效应较弱,不会引起社会公众对货币政策意向的误解,所以不会造成经济的紊乱。

然而,公开市场操作要有效地发挥其作用,必须具备以下条件:

(1) 中央银行必须具有强大的、足以干预和控制整个金融市场的资金实力。

(2) 可供交易的证券种类必须齐全并达到必需的规模。

(3) 金融市场机制应健全和完善。

(4) 必须有其他政策工具的配合。如果没有存款准备制度,这一工具也无从发挥作用。

第10章 货币政策

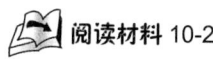

一般性的货币政策工具及其基本操作

政策工具＼经济形势	通货膨胀 (总需求＞总供给)	经济萧条 (总需求＜总供给)
法定存款准备金政策	提高法定存款准备金比率	降低法定存款准备金比率
再贴现政策	提高再贴现率	降低再贴现率
公开市场操作	卖出证券，回笼基础货币	买进证券，投放基础货币

10.2.2 选择性货币政策工具

传统的三大货币政策工具，都属于对货币总量的调节，以影响整个宏观经济。在这些一般性货币政策工具之外，还有可选择地针对某些特殊经济领域或特殊资金用途的信用加以调节和影响的工具——**选择性货币政策工具**(selective tools of monetary policy)，其中有消费者信用控制、证券市场信用控制、不动产信用控制、优惠利率和预缴进口保证金。选择性货币政策工具的采用取决于特定的经济金融形势和条件，一般期限较短，属于补充性货币政策工具。

1. 消费者信用控制

消费者信用控制(credit control of consumer)，是指中央银行对不动产以外的各种耐用消费品的销售融资予以控制。其主要内容是：规定用分期付款购买耐用消费品时第一次付款的最低金额；规定用消费信贷购买商品的最长期限；规定可用消费信贷购买的耐用消费品种类，对不同消费品规定不同的信贷条件等。为了降低因消费需求的波动而带来经济的周期波动(比如，当消费需求增长过快时，就可能引发或加剧通货膨胀；反之，如果消费需求严重不足，就会造成企业的库存增加，打击企业的投资意愿，使经济陷于衰退之中)，中央银行可进行消费者信用控制。当经济过热、通货膨胀率较高时，中央银行采取紧缩的消费信贷；反之，当经济增长乏力，消费需求不振时，中央银行则采取措施扩大消费信用。

消费者信用控制最早始于美国，以后逐渐为许多国家所采用。实践证明，在消费信用膨胀和通货膨胀的情况下，控制消费信用可以起到控制消费需求和抑制物价上涨的作用。

2. 证券市场信用控制

证券市场信用控制(credit control of securities business)，是中央银行对有关证券交易的各种贷款进行限制，目的在于抑制用贷款进行过度投机的行为。例如，规定一定比例的证券保证金比率，并随时根据证券市场的状况加以调整。

实践证明，中央银行对证券市场进行信用控制既可以影响证券市场的资金供求、抑制过度投机、稳定金融市场，又可以控制信贷资金流向、改善宏观金融结构。

3. 不动产信用控制

不动产信用控制(credit control of realty)，是指中央银行对商业银行等金融机构在房地

241

产方面放款的限制措施,以抑制房地产的过度投机。例如,对金融机构的房地产贷款规定最高限额、最长期限以及首次付款和分摊还款的最低金额等。

4. 优惠利率

优惠利率(preferential interest rate),是中央银行对国家重点发展的经济部门或产业,如出口工业、农业等,所采取的鼓励措施,目的在于刺激这些部门的生产,调动它们的积极性,实现产业结构和产品结构的调整。实行优惠利率有两种方式:其一,中央银行对这些需要扶持发展的行业、企业和产品规定较低的贷款利率,由商业银行执行;其二,中央银行对这些行业和企业的票据规定较低的贴现率,引导商业银行的资金投向和资金投量。优惠利率不仅在发展中国家多有采用,发达国家也普遍采用。

5. 预缴进口保证金

预缴进口保证金,类似证券保证金的做法,即中央银行要求进口商预缴相当于进口商品总值一定比例的存款,以抑制进口的过快增长。预缴进口保证金多为国际收支经常出现赤字的国家所采用。

【阅读材料】

10.2.3 其他货币政策工具

除了上述两类货币政策工具之外,中央银行还可以根据本国的具体情况和实际需要,采用其他货币政策工具。其他货币政策工具可分为直接信用控制工具和间接信用控制工具两种。

1. 直接信用控制

1) 直接信用控制的定义

直接信用控制(direct credit control),是指从质和量两个方面,以行政命令或其他方式,直接对金融机构尤其是商业银行的信用活动所进行的控制。其手段包括利率最高限、信用配额、流动性比率和直接干预等。

2) 直接信用控制工具

(1) 规定存贷款最高利率限制。规定存贷款最高利率限制,是最常使用的直接信用控制工具。如在1980年以前,美国有Q条例规定,活期存款不准付息,对定期存款及储蓄存款则规定利率最高限。其目的是为了防止银行用抬高利率的办法竞相吸收存款和为谋取高利而进行高风险存贷。因此,存贷款最高利率限制有利于银行的正常经营,并控制银行的贷款能力,限制货币供应量。但是,存贷款最高利率限制扭曲了资金的真实供求状况,阻碍了利率自动调节资金供求作用的正常发挥,不利于资源的合理配置。

(2) 信用配额。信用配额,或信贷分配(credit allocation),是指中央银行根据金融市场状况及客观经济需要,分别对各个商业银行的信用规模加以分配,限制其最高数量。这种信用分配方式在市场需求旺盛和资金短缺时期,单纯依靠市场机制不能达到控制效果时最适采用。当今,在多数发展中国家,由于资金供给相对于需求来说极为不足,这种办法相当广泛地被采用。

第10章 货币政策

(3) 规定商业银行的流动性比率。规定商业银行的流动性比率也是限制信用扩张的直接管制措施之一。商业银行的流动性比率(liquidity ratio)，是指流动资产对存款的比重。一般说来，流动性比率与收益率成反比。为保持中央银行规定的流动性比率，商业银行必须缩减长期放款、扩大短期放款和增加易于变现的资产持有等措施。

(4) 直接干预。直接干预是中央银行利用其"银行的银行"的身份，直接对商业银行的信贷业务、放款范围等加以干预。例如，对业务经营不当的商业银行拒绝再贴现或采取高于一般利率的惩罚性利率；以及直接干涉商业银行对存款的吸收等。

2. 间接信用控制

间接信用控制(indirect credit control)，是指中央银行利用其特殊地位，用各种间接措施对商业银行的信用创造施以影响，其主要措施有道义劝告、窗口指导等。间接信用控制的优点是较为灵活，但它要起作用，必须是中央银行在金融体系中有较强的地位、较高的威望和拥有控制信用的足够的法律权力和手段，因此，间接信用控制只能是一项辅助性的货币政策工具。

(1) **道义劝告**(moral suasion)，指的是中央银行利用其声望和地位，对商业银行和其他金融机构发出通告、指示或与各金融机构的负责人举行面谈，劝告其遵守政府政策并自动采取贯彻政策的相应措施。例如，在国际收支出现赤字时劝告各金融机构减少海外贷款；在房地产与证券市场投机盛行时，要求商业银行减缩对这两个市场的信贷等。

(2) **窗口指导**(window guidance)的内容是，中央银行根据产业行情、物价趋势和金融市场动向，规定商业银行每季度贷款的增减额，并要求其执行。如果商业银行不按规定的增减额对产业部门贷款，中央银行可削减向该银行贷款的额度，甚至采取停止提供信用等制裁措施。虽然窗口指导没有法律约束力，但其作用有时也很大。第二次世界大战结束后，窗口指导曾一度是日本货币政策的主要工具。

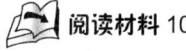
阅读材料 10-3

货币政策三大工具各有功用

在我国，央行的货币政策工具主要有存款准备金率、利率和公开市场操作三大手段。

首先，值得关注的是存款准备金，它是指包括各大银行在内的金融机构为了保证客户提取存款和自身资金清算的需要，而缴纳到中央银行的存款。中央银行要求的存款准备金占银行存款总额的比例就是存款准备金率。从理论上说，存款准备金率是最直接、最有效的调节市场上货币流动总量的一个工具。提高银行的存款准备金率，可以直接回收银行手中的资金。比如，2010年11月以来，央行宣布三次提高存款准备金率共1.5个百分点，这一个动作就回收了市场上超过一万亿元的资金。央行通过这个货币政策工具可以调节市场上资金的总额，控制银行的资金水平，从而实现调节市场的作用。

其次，是利率的手段，利率说得直白一点，就是市场资金的价格。利率如果上升，企业借钱的成本就会增加，因为它要向借钱给自己的人多付出利息，因此，央行调节货币的利率就是在控制市场上资金的价格，把利率提高，企业在借钱的成本压力下就会降低贷款的需求，起到银行控制贷款额度增长过快的目的。此外，利率上升后，老百姓存款利息的收益就会增加，大家存钱的积极性就会提高，因此，流进银行的钱就会增多；买东西的钱少了，就能帮助社会降低通胀预期，缓解通胀的压力。而相反，央行把利率下调，

243

则会促进企业贷款需求的增长,增加银行向外贷款的数量;企业有钱了,生产就会旺盛,经济就能得到刺激发展。在我国,存贷款基准利率的调整主要参考经济增长、物价变化、资产价格和国外特别是美国利率情况,其中,社会物价的变化是这个货币调控工具最关键的参考因素。

央行的最后一项货币调控工具是公开市场业务,它属于短期货币调控手段,是指中央银行通过买进或卖出国债等有价证券,吞吐基础货币,调节货币供应量的活动,目前主要包括国债回购交易、国债现券交易和发行中央银行票据。当社会上的钱多了,也就是所谓的流动性过多出现时,央行认为需要收缩银根的时候,它就会卖出国债或央行票据收回基础货币;相反,当流动性偏紧时,央行就买进,扩大基础货币供应。

(资料来源:经济信息联播.cctv2,2010年12月13日.)

阅读案例

央行召开"窗口指导"会议 要求把握信贷投放进度

为贯彻落实国务院第 132 次常务会议精神,把好信贷"闸门",控制货币信贷过快投放,优化贷款结构,中国人民银行于 2006 年 4 月 27 日召集政策性银行、国有商业银行、股份制商业银行及部分人民银行分支机构召开了"窗口指导"会议。会议由时任人民银行行长助理的易纲主持,会上对当前经济金融形势及存在的问题进行了分析和讨论。

时任人民银行副行长的吴晓灵就落实科学发展观、做好下一阶段货币信贷工作提出了六项具体要求:一是要注意把握信贷投放进度,防止大起大落;二是要强化资本约束,树立持续稳健经营理念;三是要进一步改善金融服务,着力调整信贷结构,坚持"有保有压",既要严格控制对过度投资行业的贷款,又要加强对经济薄弱环节的信贷支持;四是要加强业务创新力度,防范利率风险;五是要关注经济结构调整过程中的信用风险,提高辨别风险的能力;六是要发挥票据融资在支持中小企业和流动资金贷款中的积极作用,防范票据融资风险,促进票据业务健康发展。

(资料来源:新华网,2006年4月27日.)

10.3 货币政策的传导机制与效果分析

10.3.1 货币政策的传导机制

1. 货币政策的传导机制的含义

货币政策的传导机制(conduction mechanism of monetary policy),是指货币当局从选用一定的货币政策工具进行操作开始,到实现货币政策的最终目标之间,所经过的各种中间环节相互之间的有机联系及其因果关系的总和。中央银行在实施货币政策的过程中,要不断地通过对中介目标的监测、分析来判断货币政策的有效性,以便中央银行及时调整货币政策的方向、力度和时机,加强与其他宏观经济政策特别是财政政策的配合,从而提高货币政策的有效性。

货币政策传导途径一般有三个基本环节,其顺序是:第一步,从中央银行到商业银行等金融机构和金融市场。中央银行的货币政策工具操作,首先影响的是商业银行等金融机构的准备金、融资成本、信用能力和行为,以及金融市场上货币供给与需求的状况。第二步,从商业银行等金融机构和金融市场到企业、居民等非金融部门的各类经济行为主体。商业银行等金融机构根据中央银行的政策操作调整自己的行为,从而对各类经济行为主体的消费、储蓄、投资等经济活动产生影响。第三步,从非金融部门经济行为主体到社会各经济变量,包括总支出量、总产出量、物价、就业等。

金融市场在整个货币的传导过程中发挥着极其重要的作用。首先,中央银行主要通过市场使用货币政策工具,商业银行等金融机构通过市场了解中央银行货币政策的调控意向。其次,企业、居民等非金融部门经济行为主体通过市场利率的变化,接受金融机构对资金供应的调节,进而影响投资与消费行为。最后,社会各经济变量的变化也通过市场反馈信息,影响中央银行、各金融机构的行为。

中央银行实施货币政策的目的是通过货币政策工具的运用达到货币政策的目标,而从手段实施到目标的实现还有一个过程,即货币政策的实现存在一个传导机制。由于货币政策工具的运用不可能直接作用于最终目标,而必须借助中间性的或传导性的金融变量,这个中间变量称为中央银行的中介目标。中介目标是最终目标与货币政策工具之间的桥梁。中央银行通过货币政策工具的运用,调控中介目标,以实现货币政策的最终目标。

2. 西方货币政策传导机制理论

1) 凯恩斯学派的货币政策传导机制理论

现代经济学家对货币政策传导机制的研究是从凯恩斯开始的。凯恩斯认为,货币政策发挥作用主要通过两个途径:一是货币与利率之间的关系,即流动性偏好;二是利率与投资之间的关系,即投资的利率弹性。他的具体思路是:货币供给相对于需求而突然增加后,首先发生影响的是利率下降,后又促使投资增加。如果消费倾向为已知量,则通过乘数作用,又可促使国民收入增加。具体说来,当中央银行采取扩张性货币政策时,商业银行体系的超额准备金必然增加,商业银行体系的放款能力增强;随着放款增加,货币供给量增加,打破货币市场均衡,货币供给大于货币需求,使利率降低;而利率降低,则意味着资本边际效益提高,使投资有利可图,从而使投资增加;通过乘数效应,直接增加了社会总需求,最终导致收入增加。如采取紧缩性货币政策,传导机制则与上述情况相反。在凯恩斯学派的货币政策传导机制中,关键环节是利率,他们特别重视利率所在环节。

2) 后凯恩斯学派的货币政策传导机制理论

(1) q 理论中的货币政策传导机制。詹姆斯·托宾根据经济学家关于货币政策通过普通股票价格的影响也能影响投资的思想,发展出 q 理论。按照托宾的定义:$q=$ 企业的市场价值 $\div$ 资本的重置成本。如果 $q>1$,说明企业的市场价值相对高于企业重新建置的重置成本,这种情况下,公司可能发行股票,而且在股票上得到的价值将高于现有重置资本,所以,厂商发行较少股票筹资就可以争取到较多新的投资,这意味着投资支出将会增加。若 $q<1$,表明企业市场价值相对低于企业的资本成本,他们便不会通过发行股票筹资来购买新投资品。他们在这种情况下可以通过廉价购买其他公司,获取旧资本作为替代。从而,作为对新投资品购买的投资支出将会处于十分低的水平。可见,托宾认为,q 值是决定是否产生新投资的主要因素,货币供给的变动会通过利率结构和金融资产结构的调整影响股票价格并进而影响 q 值,货币供给增加将导致股票价格上升,从而 q 值升高,进而刺激投资的扩

大，最终给引起收入增加；反之，则情况相反。

(2) 米什金的货币政策传导机制。米什金在论述货币的流动性效应时认为，当货币增加导致个人的财富增加时，不一定会增加耐用消费品的支出。因为，如果他突然需要现金，就只有卖掉耐用消费品，变现成本高。相反，如果他持有金融资产，比如银行存款、股票、债券等，就能很容易地按市场价值将他们变现，变现成本低。因此，当个人财富增加时，会增加金融资产的持有，以此减少财务困难的可能性。在此前提下，消费者才会增加耐用消费品支出，从而使社会总收入增加。米什金认为，上面的分析也适用于对住宅的需求，住宅如同耐用消费品，流动性弱。

3) 货币学派的货币政策传导机制理论

以米尔顿·弗里德曼为代表的货币主义认为，货币需求对利率变动是不敏感的，货币供应是决定名义收入的主要因素，所以，货币供应对总支出作用重大。在此基础上，提出了他们的货币政策传导模式：货币数量的变动引起总支出水平的变化，进而影响总产出。如果中央银行采取扩张性的货币政策，导致货币供应量扩大，商业银行的贷款能力就会增加，利率就会降低，就会引起人们投资和消费支出即总支出水平的增加，总支出的增加会带动总产出的增加。由于货币主义没有揭示货币供应量影响总支出变化的渠道，而是仅仅指出货币供应量的变化会引起总支出变动，货币对国民收入影响的途径是多种多样和不断变化的，要想弄清楚货币政策的全部传导机制是不可能的，实际上也没有必要搞清楚全部传导机制，只要能够证明货币变动与国民收入变动的相关性，也就为货币政策找到了依据，所以，人们又把货币主义的货币政策传导理论称为"黑箱理论"。

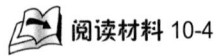 阅读材料 10-4

中国央行救市是中国版量化宽松？

最近几天，中国央行采取了史无前例的措施以使中国暴跌的股市企稳，这被部分人称为具有中国特色的量化宽松。

然而，分析师表示，中国的举措更类似于 2008 年金融危机最严重时西方央行为稳定信贷市场而推出的紧急措施，与后来逐步推出的、旨在刺激实体经济的大规模债券购买计划明显不同。

在金融危机最严重的时候，美联储(Fed)曾创设了新的借贷便利，允许银行把抵押贷款支持证券(MBS)及其他"有毒资产"用作抵押品，而当时，对这类资产的正常需求已经崩盘。

与此类似，在中国央行向中国证券金融公司(China Securities Finance Corporation，证金公司)发放贷款为购股提供资金的过程中，央行也扮演了资产最后买家的角色，而这些资产正是公开市场投资者不愿买入的。上述两种干预手段，都扩大了货币的供应量。

瑞士信贷(Credit Suisse)亚洲经济(日本除外)研究主管陶冬表示："这与美联储式的量化宽松并不完全一样，不过它同样是通过非常规政策和市场干预行为，来达到遏止市场恐慌情绪及阻断抛售行为连锁反应的目的。

"考虑到这关乎社会稳定，而系统性金融风险也十分明显，我们预计如果市场状况没有稳定下来，中国政府会发出'不惜一切代价'的声明。"

2008 年金融危机爆发后，在欧美实体经济复苏依然乏力之际，各国央行曾采取过一种不同形式的量化宽松计划：买入长期国债。在欧元区，债券买入仍在进行当中。不过，这种量化宽松计划与中国央行采取的措施存在显著不同。

西方央行买入债券旨在刺激实体经济。通过压低长期利率,当局希望能促使居民和企业买房和扩建厂房。相反,中国央行的举措则明确针对股市。

麦格理证券(Macquarie Securities)中国经济学家胡伟俊(Larry Hu)表示:"如果中国央行确实从投资者手中买入股票,这么做绝对会向实体经济注入资金,实质上无疑是一种量化宽松。"

"但中国央行头脑中考虑的是救市,而不是像(时任美联储主席的)本·伯南克(Ben Bernanke)推出量化宽松时那样,考虑的是刺激经济。"

另一个区别在于背景。西方央行是在它们的标准货币政策工具——短期利率——已处于或接近为零、无法进一步下调利率的情况下,才开始买入债券。

中国央行2014年11月以来已经四次下调基准利率,但目前为4.85%的一年期贷款基准利率还有进一步下调空间。然而,在股价暴跌的背景下,借款成本下降无法说服投资者买入股票。

此外,不同于西方央行的债券购买,中国央行没有将股票直接纳入其资产负债表,而是以证金公司为渠道向市场注入资金。经济学家表示,实际上二者的效果大体是相同的,因为向证金公司借出资金也创造了新的货币并提振了对股票的需求。

不过,利用证金公司确实给中国央行的资产负债表提供了一些保护。尽管中国央行提供给证金公司的贷款的安全性与股价密切相关,但证金公司拥有可以弥补部分损失的股本。即使证金公司买入的股票价格下跌,证金公司也能够向中国央行偿还贷款。

一家央行无论是直接持股还是间接持股,它面临的更大难题都是如何退出。正如批评西方政府债券购买计划的人担心发达经济体现在对量化宽松"上瘾"一样,中国也面临着类似的风险:一旦证金公司试图脱手其积存的股票,市场动荡会迅速重现。

中国央行并未披露其向证金公司放出的贷款的规模,只是表示提供的贷款是"充足"的。这使得中国央行的举措与西方的量化宽松难以进行直接比较。不过,既然通过证金公司向股市注入新创造的资金的机制已经就位,中国央行显然已准备好在必要时大显神威。

"核心举措将是中国央行通过证金公司加大或直接加大流动性支持,使之成为一个事实上的量化宽松计划,"中国经济学家姚炜写道,"但我们并不确定拥有改革思维的中国央行愿朝这个方向走多远。"

【阅读材料】

"如果股市不能迅速企稳,政府应当谨慎行事,不要向这个目标投入太多资源。"

(资料来源:吴佳柏.FT中文网,2015年7月10日.)

10.3.2 货币政策的效果分析

1. 货币政策效果的衡量

货币政策效果即有效性问题,是货币政策的最终目标与实际运行效果之间的偏差。这种偏差有时较小,则货币政策有效性较高;这种偏差有时又明显偏大,则货币政策的有效性较低。这就现实地提出了货币政策效果如何衡量的问题。

货币政策效果可以从两个方面来衡量:一是从数量方面看货币政策发挥作用的大小,即货币政策的数量效果;二是从时间方面看货币政策发挥作用的快慢,即货币政策的时间效果。也就是说,衡量货币政策效果,就是分析和测算货币政策解决社会经济问题的效力强弱程度,以及这个效力在货币政策实施后多长时间才会发挥出来。

对货币政策的数量效果大小的判断,一般着眼于实施的货币政策所取得的效果与预期所要达到的目标之间的差距。以评估为了实现物价稳定和经济增长为目标而实施的紧缩性货币政策为例,如果通货膨胀是由社会总需求大于社会总供给造成的,而货币政策正是以纠正供求失衡为目标,那么这项紧缩性货币政策是否有效以及效应的大小,可以从这样几个方面考察:如果通过货币政策的实施,紧缩了货币供给,并从而平抑了价格水平的上涨,或者促使价格水平回落,同时又不影响产出或供给的增长率,那么可以说这项紧缩性货币政策的有效性最大;如果通过货币供应量的紧缩,在平抑价格水平上涨或促使价格水平回落的同时,也抑制了产出数量的增长,那么货币紧缩政策有效性的大小,则要视价格水平变动与产出变动的对比而定。若产出数量虽有减少,但减少规模还不算大,而抑制价格水平的目标接近实现,可视为货币紧缩政策的有效性较大;若产出量的减少非常明显,而价格水平目标的实现并不理想,货币紧缩政策的有效性只能判定较小;如果货币紧缩政策无力平抑价格上涨或促使价格回落,却抑制了产出的增长、甚至使产出的增长为负,则可判定货币紧缩政策无效。衡量其他类型的货币政策的效果,也可采用类似的思路。

在现实生活中,宏观经济目标的实现往往有赖于多种政策如收入政策、价格政策等方面的配套进行。因此要准确地检验货币政策的效果,必须结合与其他政策之间的相互租用及作用大小进行分析。

2. 货币政策效果的影响因素

货币政策的效果主要受到货币政策的时滞、货币流通速度、微观主体的心理预期以及其他经济政治因素的影响。

1) 货币政策的时滞

任何政策从制定到获得主要的或全部的效果,必须经过一段时间,这段时间叫做"时滞(time lag)"。如果收效太迟或难以确定何时收效,则货币政策的有效性就成了问题。仔细观察一下十字路口的红绿灯变化后的车流变化情况,就很容易理解时滞了。并不是红灯一变成绿灯,在那里排队的汽车就可马上启动过十字路口的,越排在后面,等候的时间就越长。这就是时滞的一个类比。货币政策的时滞(time lag of monetary policy)是决定货币政策效果中发挥作用时间长短问题的决定性因素,它可分为内部时滞和外部时滞。

内部时滞(inner time lag),是指从政策制定到货币当局采取行动的这段时间。它可再分为两个阶段:从形势变化需要货币当局采取行动到它认识到这种需要的时间距离,称为认识时滞(这段时滞之所以存在,主要有两个原因:一是搜集各种信息资料需要耗费一定的时间;二是对各种复杂的社会经济现象进行综合性分析,作出客观的、符合实际的判断需要耗费一定的时间);从认识到需要改变政策,到提出一种新的政策所需耗费的时间距离,称为决策时滞(这段时滞之所以存在,是因为货币当局根据经济形势研究对策、拟定方案,并对所提方案做可行性论证,最后获得批准,整个制定过程的每一个步骤都需要耗费一定的时间)。内部时滞的长短,取决于货币当局对作为决策依据的各种信息资料的占有程度和对经济、金融形势的分析、判断能力,体现了货币当局决策水平的高低和对金融调控能力的强弱以及货币当局的独立性的大小。

外部时滞(outer time lag),又称影响时滞,是指从货币当局采取行动开始直到对

政策目标产生影响为止的这段过程。它可再分为两个阶段：从调整政策工具到其对中介目标发生作用所耗费的时间，称为操作时滞；从中介变量发生反应到其对目标变量产生作用所需耗费的时间，称为市场时滞。外部时滞的长短，主要取决于政策的操作力度和金融部门、企业部门对政策工具的弹性大小。外部时滞较为客观，它不像内部时滞那样可由货币当局掌握，是一个由社会经济结构与产业结构、金融部门和企业部门的行为等多种因素综合决定的复杂变量。因此，货币当局很难对这段时滞进行实质性控制。

2) 货币流通速度

对货币政策有效性的另一主要限制因素是货币流通速度。对于货币流通速度一个相当小的变动，如果政策制定者未曾预料到或在估算这个变动幅度时出现偏差，都可能使货币政策效果受到严重影响，甚至有可能使本来正确的政策走向反面。假设，在预测的年度，GNP 将增长 20%；再假设，根据以前一些年份有关数据的实证规律，只要包括货币流通速度在内的其他条件不变，货币供给等比增加即可满足 GNP 增长对货币的追加需求。如果货币流通速度在预测的期间加快了 10%，不考虑其他条件的变化，货币供给则只需增加 9.1% 即可。要是货币当局没有预见到货币流通速度的变化，而是按流通速度没有多大变化的考虑决定增加货币供给 20%，那么新增的货币供给量则将成为助长经济过热的因素。但是，在实际生活中，对货币流通速度变动的估算，很难做到不发生误差。因为使之发生变动的因素太多。这当然也就限制了货币政策的有效性。

3) 微观主体的预期

对货币政策有效性构成挑战的另外一个因素是微观主体的预期。当一项货币政策提出时，微观经济行为主体，会立即根据可能获得的各种信息预测政策的后果，从而很快地做出对策，而且极少有时滞。面对微观主体广泛采取的对消其作用的对策，货币当局推出的政策很可能归于无效。例如，当货币当局拟采取扩张性货币政策时，人们通过各种信息预期社会总需求会增加、物价会上涨，在这种情况下，工人会通过工会与雇主谈判，要求提高工资，企业因预期工资成本将增大而会及时提高产品价格，却不愿进一步扩展经营。最后的结果是只有物价的上涨而没有产出的增长。鉴于微观主体的预期，似乎只有在货币政策的取向和力度没有或没有完全为公众知晓的情况下才能生效或达到预期效果。但是货币当局不可能长期不让社会知道他所要采取的政策；即使采取非常规的货币政策，不久之后也会落在人们的预期之内。假如货币当局长期采取非常规的货币政策，则将导致微观经济主体做出错误判断，并会使经济陷入混乱之中。但实际的情况是，公众的预测即使是非常准确，实施对策即使很快，其效果的发挥也要有个过程。这就是说，货币政策仍可奏效，只是公众的预期行为会使其效果打很大的折扣。

4) 其他经济政治因素

除货币政策的时滞、货币流通速度和微观主体的预期等因素的影响外，货币政策的效果也会受到其他外来的或体制的因素所影响。

在一项既定的货币政策出台后的一段时间内，如果客观经济条件发生了变化，而货币政策又难以做出相应的调整时，就可能出现货币政策效果下降甚至失效的情况。比如，在实施扩张性货币政策中，生产领域出现了生产要素的结构性短缺。这时纵然货币、资金的供给很充裕，由于瓶颈部门的制约，实际的生产也难以增长，扩张的目标即无从实现。再如，实施紧缩性货币政策以期改善市场供求对比状况，但在过程中出现了开工率过低、经

济效益指标下滑过快等情况。这就是说，紧缩需求的同时，供给也减少了，改善供求对比的目标也不能实现。

政治因素对货币政策效果的影响也是巨大的。由于任何一项货币政策方案的贯彻，都可能给不同阶层、集团、部门或地方的利益带来一定的影响。这些主体如果在自己利益受损时做出强烈的反应，就会形成一定的政治压力。当这些压力足够有力时，则会迫使货币政策进行调整。

3. 货币政策与财政政策的配合

1) 财政政策与货币政策目标、手段、功能差异性

财政政策是围绕着经济增长、物价稳定、充分就业等目标而展开活动，而货币政策目标是通过对货币供给量及结构的影响，进而影响社会最终支出及总需求，从而影响经济总体的运行。

财政政策所采取的手段主要是税收、国债、公共支出、投资、补贴、预算等方面，当流通中货币过多时，则通过减少财政支出，影响社会的货币流通量；反之，则增加财政支出。货币政策所采取的手段是银行存款准备金、再贴现、再贷款、利率、公开市场操作等方面，当社会流通中货币量过多时，则通过减少货币支出，影响流通中的货币量；反之，则增加货币支出。二者都是国家需求管理政策，其终极目标具有一致性。

财政政策功能是通过财政收支活动和再分配直接参与投资和生产调节的政策，所面对的是总产出水平，在商品市场中影响经济结构和资源配置，是一种直接调控的经济手段，具有行政性和强制性的特点。货币政策功能是通过调节货币供给量直接作用于价格水平，在金融市场中影响融资主体的借贷成本和资产选择行为，是一种间接调控经济的手段，具有伸缩性和灵活性的特点。

2) 财政政策和货币政策的组合模式

财政政策和货币政策是国家调控宏观经济的两个基本手段，由于两者在调节经济活动中发挥的作用不同，所以要达到理想调控效果，需要将财政政策和货币政策协调组合运用。两者的具体组合方式有以下四种。

(1) 双松政策模式：扩张性财政政策和扩张性货币政策。当社会总需求不足，生产资源大量闲置，解决失业和刺激增长成为宏观调控的首要目标时，适宜采取以财政政策为主的双松财政货币配合模式。当经济萧条时，可用膨胀财政增加总需求，可用扩张货币降低利率以克服"挤出"效应。当社会有效需求严重不足时，可选择双松政策，通过财政增支减税和降低利率、扩大信贷、增加货币供应量等政策组合会对经济产生整体的扩张效应。

(2) 双紧政策模式：紧缩性财政政策和紧缩性货币政策。当社会总需求极度膨胀，社会总供给严重不足和物价大幅度上升，抑制通货膨胀成为首要调控目标时，适宜采取双紧(或适度从紧)的财政货币配合模式，通过增加税收和减少支出的财政政策压缩社会需求和提高存款准备金率、提高利率、减少贷款和再贴现等货币政策减少货币供应量。当经济发生严重通货膨胀时，可用紧缩货币来提高利率，降低总需求水平，再紧缩财政以防止利率过分提高，两者配合会对经济产生整体的紧缩效应。

(3) 紧财政松货币模式：紧缩性财政政策和扩张性货币政策。当政府开支过大，价格基本稳定，但企业投资不十分旺盛，经济不十分繁荣，促进经济较快增长成为经济运行的

主要目标时,适宜采取"紧财政,松货币"。当经济中出现通货膨胀但又不太严重时,可用紧缩财政政策压缩总需求,再用扩张性货币政策降低利率,以免财政过度紧缩而可能引起衰退。

(4) 松财政紧货币模式:扩张性财政政策和紧缩性货币政策。当社会运行表现为通货膨胀与经济停滞并存,产业结构和产品结构失衡,治理"停滞"、刺激经济增长成为政府调节经济的首要目标时,适宜采取松财政紧货币的配合模式。当经济萧条但又不太严重时,可用扩张性财政政策刺激总需求,再用紧缩性货币政策控制通货膨胀。

【阅读材料】

当然,财政货币政策的组合并没有排除单独使用货币政策或财政政策的情况,也没有排除中性的政策运用。此外,财政政策与货币政策的合理搭配不仅要根据本国经济的自身情况,还要根据国际经济金融形势的变化适时调整、灵活运用,以期达到政策最佳效果。

 **理财小窍门**

收藏邮票的十个忌讳

1. 忌票面污染

整理邮票时,要注意清洁,有的人在浸洗、整理过程中不注意,即印色、墨水、油污、灰尘等弄到邮票上,这些不洁之物使邮票受到污染,影响图案的清晰和票面的美观。

2. 忌接近酸碱物质

邮票不宜与酸性或碱性物质接触,同时也怕受到煤气、沼气及化学药品的侵蚀。浸洗邮票时,不能用含有酸性、碱性及其他易起化学作用的洗涤剂。邮票存放也应远离这些物质。

3. 忌长期闭藏重压

将邮票久藏在箱子里,不轻易拿出来翻看,日子久了,因空气不流通,箱内潮气散不出,会使邮票受潮,发生粘连,甚至虫蚀。同时装满邮票的贴簿、插簿或袋装邮票,都怕挤压,尤其是刷胶票,长期挤压会粘连。所以不要将邮票长期闭藏在箱子里不去过问,而应该经常翻弄、检查。箱子还应放一包生石灰,吸收潮气。邮册存放宜直立,且不要过挤,平放时不要重压。

4. 忌胡粘乱贴

粘贴邮票不能用浆糊往邮票册上贴,这样就不便移动,还容易霉变起斑点,遭虫蚀鼠咬,所以粘贴邮票应用护邮袋或胶水纸。

5. 忌日光暴晒

邮票受阳光照射过久,会褪色或变色。夏季气温较高,不宜在阳光下翻看邮册,以免邮册和护袋变形,背胶溶化。

6. 忌杂乱无章

搜集邮票要加以整理,切忌杂乱无章。邮票要按照专题或国别放在一起,一套套不要打乱。如果乱七八糟放在一起,越积越多,则不便整理、欣赏和研究。

7. 忌拿手指摸

有的人图方便省事,不用镊子取邮票,而用手;有的人在欣赏邮票时,用手摸弄邮票,这容易使票齿受到损失,同时手上的汗渍、油污会将票面弄脏而失去原来的光泽。拿取邮票一定要用邮票镊子。 整理欣赏邮票时,手要洗净,桌面要擦抹乾净,以免邮票受污。

金融学基础与实务

8. 忌受潮

邮票受潮，会发生霉变和斑点，甚至纸张霉烂，刷胶票则会粘连。邮册应放在乾燥通风的地方，在雨季和空气湿度较大时，不宜整理、欣赏邮票，但应适当翻弄散潮。

9. 忌硬撕蛮揭

有的搜集旧邮票从信封上硬撕揭，造成撕烂、揭薄或损坏票齿。应该从信封上剪下，放在清洁的温水中浸泡。浸脱的邮票，用棉球将背面残留的糨糊、胶水、纸屑轻轻洗净，再用吸水纸吸乾、晾干。

10. 忌鼠咬虫蚀

老鼠、蟑螂、蛀虫都会咬坏邮册和邮票，尤其是用糨糊粘贴的，更容易发生鼠咬虫蚀的现象。所以粘贴邮票一定不要用糨糊，而用胶水纸。邮册、邮票的存放，要选择鼠虫不易侵扰的地方。

(资料来源：至诚财经网.)

 本章小结

货币政策指的是货币当局或中央银行为实现给定的经济目标，运用各种工具调控货币供给量和利率等中介指标，进而影响宏观经济的诸多方针和措施的总和。货币政策可以说是金融政策中的一部分，并居于核心的地位。

货币政策的主要内容包括五方面的问题：货币政策目标、货币政策工具、货币政策的中介指标、货币政策的传导机制和政策效果等内容。这些基本内容紧密联系，构成一个国家货币政策的有机整体。

中央银行为实现其货币政策目标，必须借助一些有效的货币政策工具。货币政策工具就是中央银行为实现货币政策最终目标而采取的调节、控制中介目标的具体手段和措施，可分为一般性货币政策工具、选择性货币政策工具和其他货币政策工具三类。

货币政策的传导机制是指货币当局从选用一定的货币政策工具进行操作开始，到实现货币政策的最终目标之间，所经过的各种中间环节相互之间的有机联系及其因果关系的总和。西方货币政策传导机制理论主要有凯恩斯学派的货币政策传导机制理论、后凯恩斯学派的货币政策传导机制理论和货币学派的货币政策传导机制理论。

货币政策效果即有效性问题，是货币政策的最终目标与实际运行效果之间的偏差。货币政策的效果主要受到货币政策的时滞、货币流通速度、微观主体的心理预期以及其他经济政治因素这四大因素的影响。

财政政策和货币政策是国家调控宏观经济的两个基本手段，由于两者在调节经济活动中发挥的作用不同，所以要达到理想调控效果，需要将财政政策和货币政策协调组合运用，以期达到政策最佳效果。

 关键术语

货币政策　最终目标　充分就业　经济增长　国际收支平衡　中介目标　货币政策工具　法定存款准备金政策　再贴现政策　公开市场操作　直接信用控制　间接信用控制　消费者信用控制　证券市场信用控制　不动产信用控制　间接信用指导　道义劝告　窗口指导　货币政策的传导机制　内部时滞　外部时滞

第10章 货币政策

练 习 题

1. 单项选择题

(1) 属于货币政策远期中介目标的是( )。
    A．利率   B．超额准备金
    C．基础货币   D．汇率

(2) ( )不是货币政策的最终目标。
    A．充分就业   B．经济增长
    C．物价稳定   D．国际收支顺差

2. 不定项选择题

(1) 货币政策时滞中的内部时滞可分为( )。
    A．认识时滞   B．决策时滞
    C．行动时滞   D．作用时滞

(2) 一般说来，货币政策的特征有( )。
    A．货币政策是一种宏观经济政策
    B．货币政策是一种直接的控制措施
    C．货币政策是一种调整社会总需求的政策
    D．货币政策是一种较长期的经济政策

3. 判断题

(1) 公开市场业务是发达国家最常用的，也是最强有力的货币政策工具。 ( )
(2) 币值稳定与物价稳定是同一个概念。 ( )

4. 简答题

(1) 货币政策的最终目标有哪些，其具体含义是什么？
(2) 试比较三种一般性货币政策工具的优、缺点。
(3) 影响货币政策效果的因素有哪些？

第 11 章

通货膨胀

教学目标

通过本章学习,了解通货膨胀的类型,掌握通货膨胀的定义及度量,掌握通货膨胀的社会经济效应,理解通货膨胀的成因及其治理措施。

本章引言

津巴布韦一度曾是世界上通货膨胀率最高的国家。根据 2008 年 7 月官方公布的统计数据,当时该国通货膨胀率高达 2.31 亿%,2009 年 1 月 16 日,津巴布韦储备银行发行了面值为 100 万亿的津元纸币,创下了人类历史的货币面值纪录。据报道,按照 2009 年 1 月 15 日自由市场的兑换价格,10 万亿津元约合 30 美元。人人都是亿万富翁,可是却依然贫穷挨饿、疾病缠身。亿元大钞一夜之间可能就变成废纸一张,人们怀抱着大捆现金出门在街上只能买到几个橘子,更多的人却只能吃甲虫蟋蟀充饥。津巴布韦,这个非洲曾经的最富裕国家到底怎么了?那么,究竟什么是通货膨胀?为什么会产生通货膨胀?它对经济到底会产生什么影响呢?面对通货膨胀,有什么可以采取的措施呢?本章就相关问题将进行详细阐述。

第 11 章 通货膨胀

知识要点结构图

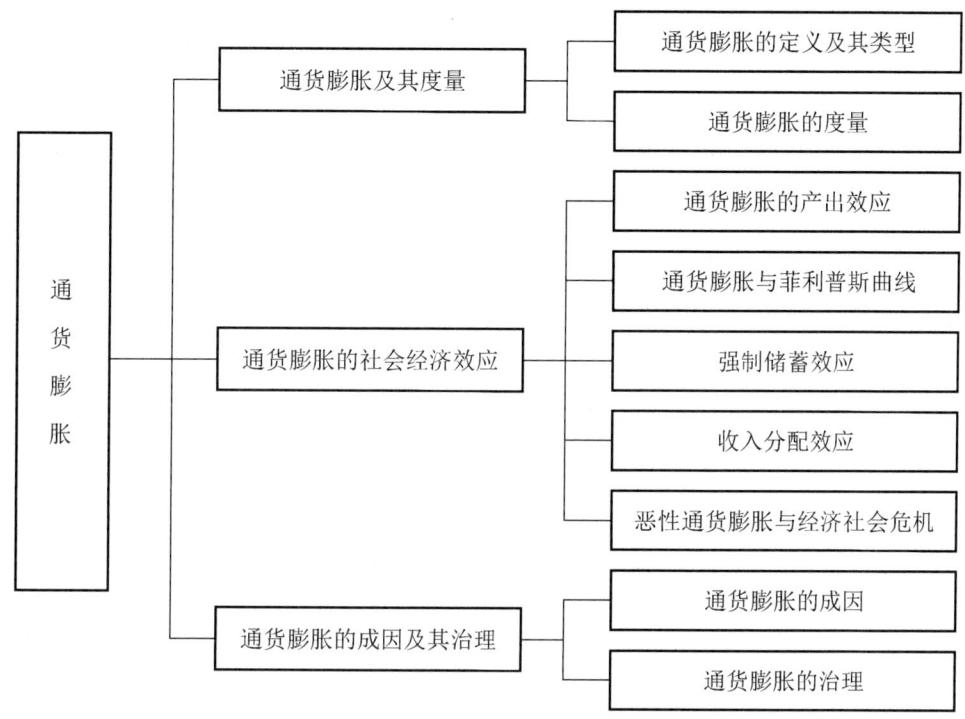

在纸币制度下，货币失衡的后果，或是经济衰退和通货紧缩，或是经济过热和通货膨胀，无论哪种情况，对经济的健康发展都是不利的。本章将分析通货膨胀与通货紧缩的成因及其对经济的消极影响，在此基础上提出有效治理的经济政策。

11.1 通货膨胀及其度量

11.1.1 通货膨胀的含义及其类型

1. 通货膨胀的含义

"通货膨胀"(inflation)是当代经济学和日常生活中使用频率很高的词汇。在很多时候，人们通常将通货膨胀等同于价格水平上涨。但准确地说，价格水平的上升并不意味着发生了通货膨胀。一般把通货膨胀表述为：在不兑换纸币制度和物价自由浮动的条件下，由于货币供给过多、超过流通中对货币的客观需要量，而引起货币贬值、物价持续上涨的现象。不同的经济学家对通货膨胀有着不同的看法。比如，哈耶克认为，通货膨胀的原意是指货币数量的过度增长，以致"太多的货币追逐太少的商品"，从而合乎规律地导致物价上涨；弗里德曼认为，物价的普遍上涨就叫做通货膨胀；萨缪尔森则加上"时期"的概念，他认为，物价和生产要素的价格普遍上升的时期，面包、汽车、理发的价格上升，工资、租金等也都上升；琼·罗宾逊认为，通货膨胀是由于对同样经济活动的工资报酬率的日益增长而引起的物价直升变动；等等。这些定义强调的角度不完全相同，有的强调通货膨胀的原因，有的强调通货膨胀的结果或过程特征。

但目前普遍被大家接受的是把**通货膨胀**定义为：商品和服务的货币价格总水平的持续明显上涨的现象。这个定义包含以下几个关键点：

第一，强调把商品和服务的价格作为考察对象，目的在于与股票、债券以及其他金融资产的价格相区别。

第二，强调"总水平"，说明关注的是普遍的物价水平波动，而不仅仅是地区性的或某类商品及服务的价格波动。因为货币作为一般等价物，是面对所有商品的；币值是指对一般商品的购买力，而不是与某一具体的商品和劳务相对应的。

【阅读材料】

第三，关于"持续上涨"，是强调通货膨胀并非偶然的价格跳动，而是一个"过程"，并且这个过程具有上涨的趋向。季节性、偶然性或暂时性的物价上涨并不能被视为通货膨胀，只有当价格持续的上涨成为不可逆转时，才可称为通货膨胀。

第四，强调通货膨胀是价格总水平的"明显"上升，轻微的价格水平上升，比如说 0.5%，就很难称之为通货膨胀。不过，通货膨胀是一个主观性较强的概念，价格总水平增长率达到多少可以称为通货膨胀，取决于人们对通货膨胀的敏感程度。

2. 通货膨胀的类型

(1) 公开型通货膨胀和隐蔽型通货膨胀。

按市场机制是否发挥作用，可以分为公开型通货膨胀(open inflation；evident inflation)和隐蔽型通货膨胀(hidden inflation)。**公开型通货膨胀**是指物价总水平明显的、持续的上涨；而**隐蔽型通货膨胀**则是指货币工资水平没有下降，物价总水平也未提高，但居民实际消费水准却程度不同地有所下降的一种情况。

某些时候，由于政府对价格的直接管制，使通货膨胀并未能公开表现出来，即不能为物价指数所反映，这种情况就是隐蔽型的通货膨胀，它的具体表现是商品紧缺、排队购物、凭证限量供应、黑市猖獗等这些商品流通领域的现象，反映了商品相对于购买力的普遍稀缺。一旦消除价格管制，就会立刻出现物价普遍上升，即转为公开型的通货膨胀。前苏联、东欧国家和我国都曾出现过隐蔽型的通货膨胀。

(2) 爬行通货膨胀、温和通货膨胀、奔腾式通货膨胀和恶性通货膨胀。

按价格水平的上涨速度，可以分为爬行通货膨胀(creeping inflation)、温和通货膨胀(moderate inflation)、奔腾通货膨胀(runaway inflation)和恶性通货膨胀(hyperinflation)。事实上，关于这四种通货膨胀并没有一个严格的界定，通常认为，**爬行通货膨胀**是指物价总水平上涨的年率不超过 2%～3%，物价较为稳定，货币不会有明显的贬值，爬行的通货膨胀对经济的发展和国民收入的增加都有积极的刺激作用；**温和通货膨胀**的物价总水平上涨的年率高于爬行式通货膨胀，通常小于10%；**奔腾式通货膨胀**的物价总水平上涨的年率在两位数以上，且发展速度较快，人们对本国货币失去信任，而开始抢购商品、挤提存款或寻找其他保值方式；**恶性通货膨胀**或称超级通货膨胀，它是指物价水平最为猛烈的上升，且呈加速趋势，这时货币购买力急剧下降，完全丧失了贮藏功能，也部分地丧失了交易媒介功能，货币形同废纸，人们则觉得货币成为了"烫手山芋"，货币持有者争先恐后将其抛出，货币制度面临崩溃的危险。

第11章 通货膨胀

美国著名经济学家菲利普·卡甘在他关于通货膨胀的权威研究中，把物价水平以每月超过 50%的速度大幅度持续上涨定义为恶性通货膨胀。目前，公认的恶性通货膨胀在世界范围内只出现过 3 次。第一次发生在 1923 年的德国，当时第一次世界大战刚结束，德国的物价在一个月内上涨了 2 500%，一个马克的价值下降到仅及第一次世界大战前价值的一万亿分之一。第二次发生在 1946 年的匈牙利，第二次世界大战结束后，匈牙利的一个便哥价值只相当于第二次世界大战前的 828×1 027 分之一。第三次发生在中国，从 1937 年 6 月到 1949 年 5 月，伪法币的发行量增加了 1 445 亿倍，同期物价指数上涨了 36 807 亿倍。2009 年，津巴布韦通货膨胀高达 231 000 000%，经济已陷入崩溃的边缘。

(3) 预期型通货膨胀和非预期型通货膨胀。

按通货膨胀是否被预期，可以分为预期型通货膨胀和非预期型通货膨胀。**预期型通货膨胀**是指在事先已经被人们合理预期到了的通货膨胀；而**非预期型通货膨胀**是指未被人们预见的、不知不觉中出现的物价上升。

这种划分与传统的通货膨胀理论的不同之处在于，认为一旦人们产生了所谓的"通货膨胀预期"，就会在各种交易、合同、投资中都将未来的预期通货膨胀率计算在内，从而可能使政府的各种政策措施失去效力，并在无形中加重了市场通货膨胀的压力，引起物价的进一步上涨。

(4) 需求拉上型通货膨胀、成本推进型通货膨胀、供求混合推进型通货膨胀和结构型通货膨胀。按通货膨胀的成因，可以分为需求拉上型通货膨胀、成本推进型通货膨胀、供求混合推进型通货膨胀和结构型通货膨胀。这四种类型的通货膨胀将在后文中讨论。

 阅读材料 11-1

通货膨胀的政治经济意义

列宁说过，摧毁资本主义制度的最好方法是破坏其通货。凯恩斯也说过，没有什么手段比毁坏一个社会的通货能更隐蔽、更可靠地颠覆这个社会的基础了。货币主义学派的大师弗里德曼认为，1934 年远在大洋彼岸的美国通过的《白银收购法案》是在经济上及政治上削弱中国、导致蒋介石政权覆灭的一个重要因素。尽管他们是不同阶级的代表，但都肯定了通货膨胀对一个社会的破坏性作用。第二次世界大战期间，德国曾经印制假英镑，英国也曾经印制假马克，看来对立的双方都懂得运用货币这种武器。

因为引起通货膨胀的原因尽管很多，但最根本原因还在于流通中的货币量相对于商品可供量太多，故有货币量增长率决定通货膨胀率的因果关系和正相关关系。历史资料表明：世界上任何一次极其严重的通货膨胀都源于货币量的迅速增加，典型的例子是 20 世纪 20 年代和二战后的德国以及 90 年代的南斯拉夫。因此，制造敌对国的假币，使货币量突然增加，以引起超速通货膨胀，就被作为一种作战武器使用。如果短视的政府大量发行货币引起自己国内超速通货膨胀，那也无异于自掘坟墓。新中国成立前夕国民党大量发行货币，引发的超速通货膨胀，正是其垮台的直接原因。人民首先对国民党的货币失去了信心，进而对这个政府本身失去信心。

(资料来源：宋玮. 金融学概论. 北京：中国人民大学出版社，2007：260.)

11.1.2 通货膨胀的度量

通货膨胀既然表现为物价总水平的持续明显上涨，那么用物价上涨的幅度来度量通货膨胀的程度就是顺理成章的了。在衡量通货膨胀时，通常不能用一种商品的价格上涨率，而要用反映多种商品和劳务价格变动的物价指数。因此，从世界各国的实际做法来看，通常采用的物价指数主要有居民消费价格指数、生产者物价指数和国民生产总值平减指数。通常说通货膨胀率(inflation rate)多大，实际就是指物价指数上涨了多少。如物价指数上升了 5%，通货膨胀率就是 5%；如果物价下跌，就用通货膨胀率"负"百分之几来表示。

1. 居民消费价格指数

居民消费价格指数(consumer price index，CPI)，它是综合反映一定时期内与居民生活有关的产品和劳务价格变动的幅度的指标。

举个简单的例子来说，假设你今天到超市去购买了 5 瓶可口可乐，单价为 2 元，4 盒德芙巧克力，每盒的价格为 18 元，3 袋喜之郎果冻，每袋的价格为 14 元，你购买这些东西的总支出为 124 元。而在去年的今天你购买了同样多的可口可乐、德芙巧克力和喜之郎果冻，支出为 115 元，那么，相对于去年的今天而言，你购买这些消费品的价格指数就是：124/115×100%＝107.8%。这即表明，相对于去年的今天而言，购买同样多的消费品，你今天的支出就多了 7.8%。当然，这只是一个极其简单的例子。在统计上，计算居民消费价格指数时所选择的消费品种类要多得多。

居民消费价格指数的优点是资料容易收集，公布次数较频繁，能迅速和直接地反映公众生活费用的变化。由于它与社会公众的生活密切相关、在检验通货膨胀效应方面有其他指标难以比拟的优越性，所以，该指数备受关注。其缺点是包括的范围较窄，它只包括了社会最终产品中的居民消费品这一部分，不包括公共部门的消费、生产资料和资本产品以及进出口商品，从而不足以说明全面的情况。特别是由于 CPI 是按照固定权数来计算的，因此，无法考虑商品替代、质量变化与新产品的采用对消费者生活福利的影响，从而往往会高估实际的通货膨胀率。

【拓展视频】

2. 生产者价格指数

生产者价格指数(producer price index，PPI)，也叫工业品出厂价格指数，是根据企业所购买的产品的价格变化状况编制，反映了包括原材料、中间产品及最终产品在内的各种产品的批发价格的变动指数，可以衡量各种产品在不同生产阶段的价格变化情形。如果生产者价格指数上涨了，则企业要购买同样多的投入品，就需要更多的货币支出，这表明生产同样多的产品或服务的成本上升了；反之，如果生产者价格指数下降了，则表明生产同样多的产品或服务的投入成本会下降。

以生产者价格指数度量通货膨胀，其优点在于能较灵敏地反映企业生产成本的变化，并能在一定程度上预示着居民消费价格指数的变动趋势，但缺点是没有将各种劳务价格包括在内。因而，在使用该指数判断总供给与总需求的对比关系时，可能会出现信号失真的现象。

3. 国民生产总值平减指数

国民生产总值平减指数(GNP deflator),是按当年价格计算的国民生产总值与按固定价格计算的国民生产总值之间的比率。所谓按固定价格计算,实际上是按照某一基年的价格进行计算。例如,假定按照 2001 年各类商品的价格计算的国民生产总值为 10 万亿元,而按这些商品在 2000 年的价格计算的国民生产总值为 9 万亿元,那么,2001 年对 2000 年的国民生产总值平减指数为(100 000/90 000)×100%=111.1%,这就是说,2001 年与 2000 年相比,物价总水平上涨了 11.1%。

相对于居民消费价格指数和生产者价格指数而言,国民生产总值平减指数的优点在于,在统计上它包含了消费品、资本品和原材料等价格的变动,因此,它能够更为综合、全面地反映全社会所有商品和劳务的一般物价水平变动情况。其缺点是容易受到价格结构因素的影响,同样会出现信号失真;并且该指数所需资料的收集有一定难度,多数国家一般一年只能公布一次,即使在像美国这样国民所得统计制度完善的国家,目前也只能做到每季一次,因而不能及时反映物价的变动趋势。

11.2 通货膨胀的社会经济效应

11.2.1 通货膨胀的产出效应

通货膨胀作为一种复杂的经济现象,其产出效应反映的是通货膨胀与经济增长之间的关系。对通货膨胀的产出效应,西方经济学界在 20 世纪曾有过激烈争论,并形成三种不同的观点:①促进论,认为通货膨胀具有正的产出效应,能促进经济增长;②促退论,认为通货膨胀具有负的产出效应,会降低效率、阻碍经济增长;③中性论,认为通货膨胀对经济增长不产生任何影响,两者之间没有必然的联系。

1. 促进论

促进论的基本观点是:西方国家经济长期处于有效需求不足、实际经济增长率低于潜在经济增长率的状态,政府实施通货膨胀政策,扩张财政支出,增加货币供给量,刺激投资支出,就能达到增加有效需求、促进经济增长的目的。持这种论点的学者认为,通货膨胀具有三种有利于投资的效应。一是政府通过大量增发货币可以获得追加的财政收入,如果政府将通过通货膨胀获得的收入全部用于实际投资,并采取相应措施保证民间投资不因政府投资的增加而减少,那么,这种通货膨胀的政策就会因增加了总投资而增加产出,促进经济增长;二是在存在通货膨胀的情况下,工资增长幅度通常要落后于物价上涨速度,企业的利润率相应提高,而这又会刺激企业扩大投资,从而促进经济增长;三是通货膨胀实质上是通过价格上涨实行国民收入再分配,这种再分配有利于高收入阶层,而高收入阶层的边际储蓄率和投资率相对较高,从而有利于促进经济增长。

2. 促退论

促退论的观点则认为:通货膨胀会降低借款成本,从而诱发过度的资金需求,迫使金融机构加强信贷配额管理,从而削弱金融体系的运营效率,甚至导致正常融资活动的瘫痪;

较长时期的通货膨胀会增加生产性投资的风险和经营成本,使投资不如投机、生产囤积的现象普遍出现,从而,一部分工业资本从生产领域转向流通领域,服务于投机活动,生产资本减少,经济衰退;持续的通货膨胀,会使得市场的不确定性增大,价格信号的准确性降低,市场的价格机制遭到严重破坏,正常的生产秩序被打乱,从而使资源配置效率降低。而这些都不利于生产性投资和经济的增长。

3. 中性论

中性论的观点认为,如果预期是理性的和完全的,价格是灵活的和有弹性的,则通货膨胀率的高低对经济活动并没有任何实质性的影响。这主要是因为,由于公众存在合理预期,他们可以及时、准确地调整其行动和决策,从而使通货膨胀的各种效应相互抵消。相反,如果特别对通货膨胀采取措施,反而会影响经济活动的正常进行。例如,诺贝尔经济学奖得主维克利就特别强调,在温和的通货膨胀环境中,"罪恶不在于通货膨胀本身,而在于抑制通货膨胀的不适当的手段。"

我国大部分经济学家认为,通货膨胀对经济的促进作用只是存在于开始阶段极短的时间内,并且只有在有效需求严重不足时,爬行式或温和式通货膨胀才能对经济发展起到一定的促进作用。若从长期看,通货膨胀对经济发展弊大于利,特别是在总需求大于总供给时,通货膨胀的不良影响极大,危害面很广,对生产、流通、分配、消费都有破坏性作用。因此,应该避免发生通货膨胀,一旦出现严重的通货膨胀,必须坚决制止。

11.2.2 通货膨胀与菲利普斯曲线

1. 原始的菲利普斯曲线

关于通货膨胀与就业相互关系的最经典论述莫过于菲利普斯曲线(phillips curve),他是由新西兰经济学家菲利普斯(A.W.Phillips)于1958年发表的《1861—1958年英国的失业率与货币工资率的变化率之间的关系》一文中,通过对英国近百年的统计资料的分析得到的,反映了在失业率与货币工资上升率之间存在一种比较稳定的此消彼长的替代关系,即失业率较低时,货币工资上升较快;而失业率较高时,货币工资上升较慢。这种替代关系可以用一条向右下方倾斜的曲线表示。

2. 菲利普斯曲线的修正

菲利普斯的发现最初是统计研究的成果,并无理论上的根据,但却引起了西方经济学家的高度重视。加拿大经济学家利普塞(R.G.Lipsey)和美国经济学家萨缪尔森、索洛等纷纷撰文,对菲利普斯曲线进行了理论解释,并将菲利普斯曲线应用于经济政策的分析,由此引申出大量的理论研究和经验分析,从而使菲利普斯曲线盛极一时。根据萨缪尔森和索洛修正的菲利普斯曲线,可知通货膨胀率和失业率之间存在此消彼长的关系。他们的依据是现实中普遍运用的成本加成定价法,这使得产品价格的变动率,也就是通货膨胀率,就等于货币工资的变动率。

与原来的形式相比,修正后的菲利普斯曲线具有更强的现实意义,因为通常政策制定者更加关注通货膨胀率而不是货币工资的变动率。这条曲线表明,当失业率降低时,通货膨胀加重,而当通货膨胀率降低时,就业将变得更加困难。因此,物价稳定和充分就业这两个宏观经济政策目标是不可能同时达到的,政策制定者必须有所抉择,根据现实的经济状况选择合适的组合。这样,修正后的菲利普斯曲线就为政策制定者制定和执行适当的经济政策提供了一个很好的工具。

3. 短期和长期的菲利普斯曲线

1967年,弗里德曼和菲尔普斯分别撰文对菲利普斯曲线做出进一步的修正,在考虑通货膨胀预期对经济决策的作用后,菲利普斯曲线的失业率与通货膨胀率之间的逆相关只能在短期存在,而长期菲利普斯曲线是一条与纵轴平行的直线,即无论通货膨胀的程度如何,失业率总是保持在其自然失业率水平。他们对自然失业率的定义是:只要通货膨胀率已经被完全预期到,在任何一个通货膨胀率水平上,自然失业率将为一常数,也就是说完全预期的通货膨胀是无真实效应的。

然而,到了20世纪70年代,西方国家都出现了高失业率与高通货膨胀同时并存的"滞涨"现象。"滞涨"现象的菲利普斯曲线成为一条斜率为正值的曲线,这是因为,通货膨胀的出现会削弱市场信号的功能,从而降低生产效率,而且,由此引起的政府干预又会加深经济的机能失调而提高自然失业率。

对于菲利普斯曲线的讨论,虽然至今还没有一个令大多数经济学家所共同接受的理论解释,但其发展过程既反映了经济现实的变化,也反映了通货膨胀理论的深化。

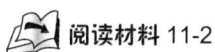

对"滞胀"成因的解释

经济停滞与通货膨胀并存的"滞胀"局面用凯恩斯的宏观经济分析法从需求方面已无法做出解释,于是以萨缪尔森、托宾为首的后凯恩斯学派转而采用微观经济分析法并着重从供给方面来研究"滞胀"问题。他们的解释主要有以下三种:

(1) 部门供给说:认为"滞胀"是某些部门产品供给异常变动所致。当某一部门产品供不应求时或稀缺性增强时价格上涨,由此导致相关部门因成本上升而不得不提高售价,结果使得销路锐减,生产收缩,就业下降,致使通货膨胀与失业同时并存。

(2) 财政支出说:认为"滞胀"是由于财政支出结构变化所致。在当代"混合经济"中,各执政党派为了政治上的需要,都把建立国家福利制度作为争取选民的一种手段,财政支出中的福利费用大大增加,特别是失业补助金之类的转移性支付占总财政支出的比重很大。财政支出的这种结构性变化,不仅失去了刺激生产、扩大就业的作用,而且使得失业者不急于找工作,从而保持了庞大的失业大军。因为有失业补助金,即使失业工人一年不工作,收入也不会减少太多。与此同时,财政支出中福利费用上升使得财政赤字有增无减,加剧了通货膨胀。

(3) 市场结构说:认为"滞胀"是由于劳工市场结构的不平衡所致。这是由于劳工市场的均衡是暂时的,而失业与空位并存是经常的和大量的。在不断的失衡中,失业对货币工资增长速度的减缓不及空位对货币工资增长的加速,于是出现以下情况:

第一,当失业与空位并存时,连续的失业增量对降低通货膨胀率的影响递减,这是因为存在着的空位抵制了货币工资的下降,从而使物价仍然上升不止。

第二,当空位多于失业时,劳工市场的过度需求刺激了工资膨胀,势必增加货币工资的增长而导致通货膨胀。

第三，即使空位总额等于实业总额，由于劳工市场的分散性和市场结构的不断变化，劳工市场的失衡状态依然存在，并因空位促使货币工资上升的幅度大于失业导致的货币工资下降的幅度而引起物价上涨。

因此，托宾认为，在空位和失业相等意义上的充分就业是与稳定物价相矛盾的。要保证无通货膨胀就需要失业多于空位，若失业不多于空位，就必然带来通货膨胀。即使在均衡的劳工市场上，由于其工资增长率取决于在别处可以比较的劳动工资变化趋势，雇主们为维持有力的就业份额，宁愿付出竞争性工资，由此将提高货币工资的水平。

(资料来源：张庆君，朱方圆. 货币银行学[M]. 大连：东北财经大学出版社，2015: 269.)

11.2.3 强制储蓄效应

这里所说的储蓄，不同于我们对储蓄概念的传统用法，而是指用于投资的货币积累。这种积累的主要来源有三：一是家庭，二是企业，三是政府。在正常情况下，上述三个部门的储蓄有各自的形成规律：家庭部门的储蓄由收入剔除消费支出构成；企业储蓄由用于扩张生产的利润和折旧基金构成；政府储蓄从来源上说则比较特殊。如果政府用增加税收的办法来筹资搞生产性投资，那么，这部分储蓄是从其他两部门的储蓄中挤出的，因而全社会的储蓄总量并不增加。如若政府向中央银行借债，从而造成直接或间接增发货币，这种筹措建设资金的办法就会强制增加全社会的储蓄总量，结果将是物价上涨。在公众名义收入不变的条件下，按原来的模式和数量进行的消费和储蓄，两者的实际额均随物价的上升而相应减少，其减少部分大体相当于政府运用通货膨胀强制储蓄(forced saving)的部分。

上面的分析是基于经济已达到充分就业水准的假定，进行的，因此，用扩张货币的政策来强制储蓄会引起物价总水平的上涨。在实际经济运行中，可能尚未达到充分就业水平，实际 GNP 大大低于潜在 GNP，生产要素大量闲置。这时政府运用财政政策或货币政策来扩张有效需求，虽然也是一种强制储蓄，但并不会引发持续的物价上涨。

11.2.4 收入分配效应

在通货膨胀期间，人们的名义货币收入与实际货币收入之间会产生差距；只有剔除物价的影响，才能看出人们的实际收入的变化。当人们忽视货币实际购买力的变化，而仅仅满足于货币名义价值(如名义收入)时，通常称之为货币幻觉(money illusion)。在通货膨胀下，由于货币贬值，名义货币收入的增加往往并不意味着实际收入的等量增加，有时甚至是实际收入不变乃至下降。如果满足于名义收入的增加而却忽视币值的变化，那就是货币幻觉起作用。

由于社会各阶层收入来源极不相同，因此，在物价总水平上涨时，有些人的收入水平会下降，有些人的收入水平却反而会提高。这种由物价上涨造成的收入再分配，就是通货膨胀的收入分配效应(distributional effect of income)。

通常情况下，通货膨胀对浮动收入者有利，对固定收入者(如工薪阶层和依靠养老金、救济金或 转移支付维持生活的人员)不利；对实际财富(如不动产、贵金属、珠宝、古董、艺术品等)持有者有利，对货币财富(如现金、银行存款、债券等)持有者不利；对债务人有利，对债权人不利；对政府有利，对公众不利。

11.2.5 恶性通货膨胀与经济社会危机

前文分析的通货膨胀效应，都是以它的严重程度保持在一定限度之内为假定前提的。当物价总水平的持续上涨超过一定界限从而形成恶性通货膨胀时，就有可能引发社会经济危机。

恶性通货膨胀会使正常的生产经营难以进行。在物价飞涨时，产品销售收入往往不足以补进必要的原材料；在物价迅速上涨的过程中，地区之间上涨幅度不均衡是必然现象，这就会造成原有商路的破坏，流通秩序的紊乱；迅速上涨的物价，使债务的实际价值下降，如果利息率的调整难以弥补由物价上涨所造成的货币债权损失，正常信用关系也会极度萎缩。恶性通货膨胀只是投机盛行的温床，而投机是经济机体的严重腐蚀剂。

恶性通货膨胀会引起突发性的商品抢购和挤兑银行的风潮。它所造成的收入再分配和人民生活水准的急剧下降则会导致阶级冲突的加剧。这一切的后果往往是政治的动荡。

最严重的恶性通货膨胀会危及货币流通本身：纸币流通制度不能维持；金银贵金属会重新成为流通、支付的手段；经济不发达地区则会迅速向经济的实物化倒退。

所以，各国政府在未遇到特殊政治麻烦的情况下，总是把控制通货膨胀作为自己的施政目标。

【阅读材料】

11.3 通货膨胀的成因及其治理

11.3.1 通货膨胀的成因

从本质上看，通货膨胀是货币供大于求的一种失衡状况。尽管各国的通货膨胀和一国在不同时期的通货膨胀的具体成因多种多样，但最直接原因却只有一个，那就是货币供应过多。而要说明为什么会发生货币供应过多的问题，则需要从深层次上寻找原因。西方经济学界侧重于从需求或供给方面分析通货膨胀的形成原因和机理，较有代表性的有需求拉上说、成本推动说和供求混合推动说。此外，关于通货膨胀的成因还有其他多种理论剖析，如对结构性通货膨胀和输入型通货膨胀的理论剖析等。与此对应就有了通货膨胀的不同解释。

1. 需求拉上说

关于需求拉上或需求拉动型通货膨胀(demand-pull inflation)说，这是一种比较"古老"的思路。它是用经济体系存在对产品和服务的过度需求来解释通货膨胀形成的机理。其基本要点是当总需求与总供给的对比处于供不应求状态时，过多的需求拉动价格水平上涨。由于在现实生活中，供给表现为市场上的商品和服务，而需求则体现在用于购买和支付的货币上，所以对这种通货膨胀也有通俗的说法——"过多的货币追求过少的商品"。具体而言，当货币供给量、政府支出、净出口增加和消费者的消费倾向提高时，以及当企业对经济前景的预期比较乐观时，过多的需求拉动价格水平上涨的通货膨胀就会发生。

进一步分析，能对物价水平产生需求拉上作用的有两个方面：实际因素和货币因素。实际因素，西方经济学主要分析其中的投资。如果由于利率、投资效益的状况有利于扩大投资，则投资需求增加。由于投资需求增加，总供给与总需求的均衡被打破，物价水平上升。从货币因素考察，需求拉上通货膨胀可能通过两个途径产生：经济体系对货币需求大大减少，即使在货币供给无增长的条件下，原有的货币存量也会相对过多；在货币需求量不变时，货币供给增加过快。大多数情况是货币供给增长过快。货币供给过多所造成的供不应求，与投资需求过多所造成的供不应求，他们的物价水平上涨效果是相同的。抽象分析，两者也有区别。如投资需求过旺必然导致利率上升，而货币供给过多则必然造成利率下降。不过，这两者往往是结合在一起的：过旺的投资需求往往要求追加货币供给的支持；增加货币供给的政策也往往是为了刺激投资，等等。

上面的分析是以总供给给定为假定前提的。如果投资的增加引起总供给同等规模的增加，物价水平可以不动；如果总供给不能以同等规模增加，物价水平上升较缓；如果丝毫引不起总供给增加，需求的拉动将完全作用到物价上。

阅读案例 11-1

需求拉上——1921—1923 年德国恶性通货膨胀

1921 年，德国在偿付战争赔款和恢复经济的压力下，其财政支出大大超过收入。为了缓解财政危机，政府可以采用提高税收的办法，当然这种做法在政治上不受欢迎，且需很长时间；政府还可以通过向公众借款办法来筹措资金，但由于资金需求过大，这种做法不过是杯水车薪。因此，唯一的做法就是印发钞票。当时德国通过多发行通货来对个人和企业进行支付，导致货币供应量急剧上升，物价水平也急剧提高。

1923 年，德国财政状况不但没有好转，反而更加恶化。在这一年初，由于德国未能按期支付战争赔款，法国侵占了鲁尔区。鲁尔工人以罢工来反对法国的行径，德国政府则以对罢工工人提供资金以支持他们的罢工行为。结果政府支出大幅增加，政府又只能通过印发更多的钞票来支持高额支出，结果物价爆发性上升，1923 年德国通货膨胀率达 1 000 000%。

对鲁尔区的侵占和印制钞票支付给罢工工人恰好满足外生性条件。因此不会发生颠倒因果的情况(物价水平的升高是法国入侵行为引起)，也不会有外部的其他因素对通货膨胀和货币供应量有同时的推动作用。因此，德国的恶性通货膨胀可以描述为一次"可控实验"它能证明弗里德曼认为通货膨胀是货币现象的论断是正确的，它是典型的货币供给过多导致的需求拉上型通货膨胀。

(资料来源：Frank D.Graham. Germany, 1920‐1925. Princeton: Princeton Univercity Press, 1930: 105-106.)

2. 成本推动说

从 20 世纪 50 年代后期起，世界经济情况发生变化，一些国家出现了物价上涨与失业并存的新现象。对此，需求拉上说显然无法解释。于是，就有经济学家从供给方面寻找解释。成本推动型通货膨胀(cost-push inflation)，也称成本推进型通货膨胀。由供给因素变动形成的通货膨胀可以归结为两个原因：一是工会力量对于提高工资的要求；二是垄断行业中企业为追求利润制定的垄断价格。

1) 工资推进通货膨胀论

这种理论是以存在强大的工会组织，从而存在不完全竞争的劳动市场为假定前提的。

第11章 通货膨胀

在完全竞争的劳动市场条件下，工资率取决于劳动的供求；而不完全竞争的劳动市场条件下，工资则由工会和雇主集体议定，这种工资往往会高于竞争的工资。由于工资的增长率超过劳动生产率，企业就会因人力成本的加大而提高产品价格，以维持盈利水平。这就是从工资提高开始而引发的物价上涨。工资提高引起物价上涨后，工人在强大的工会力量支持下又要求增加工资，从而再度引发物价上涨，在西方经济学中，称为工资-价格螺旋上升(wage-price spiral)。

需要指出的是，尽管货币工资率的提高有可能成为物价水平上涨的原因，但绝不能由此认为，任何货币工资率的提高都会导致工资推进型通货膨胀。如果货币工资率的增长没有超过边际劳动生产率的增长，那么，工资推进通货膨胀就不会发生。而且，即使货币工资率的增长超过了劳动生产率的增长，如果这种结果并不是由于工会发挥作用，而是由于市场对劳动力的过度需求，那么，它也不是工资推进型的通货膨胀，而只能是需求拉上型的通货膨胀。

2) 利润推进通货膨胀论

成本推动型通货膨胀的另一成因是利润的推进。其前提条件是存在着物品和服务销售的不完全竞争市场。这是因为在完全竞争市场上，商品价格由供求双方共同决定，没有哪一方能任意操纵价格。但在垄断存在的不完全竞争市场条件下，垄断企业为了追求高额垄断利润，可以通过其市场地位操纵产品价格，从而使价格上涨速度大大超过成本支出的增加速度。如果这种行为的作用大到一定程度，就会形成推进型通货膨胀。

此外，现代企业为了加强竞争，扩张市场，必然会增加许多间接成本开支(如技术改进费、广告费、新产品开发费等)，这种增加的间接成本转嫁到商品价格上去，也会引起物价上涨；由于汇率变动引起进出口产品和原材料成本上升以及石油危机、资源枯竭、环境保护政策不当等造成原材料、能源生产成本的提高也会引起成本推动型通货膨胀。

无论是工资推进型还是利润推进型，提出这类理论模型，目的都在于解释：不存在需求拉上的条件下也能产生物价上涨。所以，总需求给定是假设前提。既然存在这样的前提，当物价水平上涨时，取得供求均衡的条件只能是实际产出的下降，相应的则必然是就业率的降低。因而这种条件下的均衡是非充分就业的均衡。成本推动型通货膨胀旨在说明，在整个经济尚未达到充分就业条件下物价上涨的原因。这种理论也试图用来解释"滞涨"。

成本推动型的通货膨胀主要侧重从供给或成本方面分析通货膨胀形成机理的假说，它与需求拉上型的通货膨胀的区别在于：前者更注重在生产领域中形成的物价上涨压力，后者则强调在流通领域直接增加的有效需求，使原有商品和货币的均衡关系被打破。在现实中，需求拉上和成本推进这两个因素往往不是截然分开的，而是相互作用、相互影响、难分彼此的。其主要表现为：需求膨胀促使物价上升，物价上升又使企业的产品成本增加，转化为下一轮的成本推动；而成本推动往往又以总需求的不断扩张为先导。

3. 供求混合推动说

供求混合推动型通货膨胀的论点是将供求两个方面的因素综合起来，认为通货膨胀是由需求拉上和成本推进共同起作用而引发的。这种观点认为，在现实经济社会中，通货膨胀的原因究竟是需求拉上还是成本推动很难分清：既有来自需求方面的因素，又有来自供给方面的因素，即所谓"拉中有推，推中有拉"。例如，通货膨胀可能从过度需求开始。但由于需求过度所引起的物价上涨会促使工会要求提高工资,因而转化为成本(工资)推动的因素。另一方面,通货膨胀也可能从成本方面开始,如迫于工会的压力而提高工资等。但如果不存在需求和货币收入的增加,这种通货膨胀过程是不可能持续下去的。因为工资上升会使失业增加或产出减少,结果将会使"成本推动"的通货膨胀过程终止。

可见,"成本推动"只有加上"需求拉上"才有可能产生一个持续性的通货膨胀。现实经济中,这样的论点也得到了佐证。当经济处于分充分就业均衡时,政府不会袖手旁观,为了避免失业和经济萧条恶化,必然会采取扩张性的货币政策和财政政策,以扩大总需求。逐渐地,失业率和产出可以恢复到充分就业水平,但物价则进一步上升。这说明成本推动与需求拉上并存的供求混合推动型通货膨胀在经济生活中的确是存在的。

4. 结构性说

一些经济学家从经济部门的结构方面来分析通货膨胀的成因,发现即使整个经济中总供给和总需求处于均衡状态,由于经济部门结构方面的变动因素,也会发生一般物价水平的上涨,即所谓的结构性通货膨胀(structural inflation)。

结构性的通货膨胀的形成原因是:从生产率提高的速度来看,社会经济结构的特点是一些部门生产率提高的速度快,而另一些部门生产率提高的速度慢;从经济发展的过程看,社会经济结构的特点是一些部门正在迅速发展,而另一些部门渐趋衰落;从同世界市场的关系看,社会经济结构的特点是一些部门(开放部门)同世界市场的关系联系十分密切,而另一些部门(非开放部门)同世界市场没有密切的联系。

当生产率提高慢的部门、正在渐趋衰落的部门以及非开放部门在工资和价格问题上都要求向生产率提高快的部门、正在迅速发展的部门以及开放部门"看齐"时,结果会使得全社会的工资增长速度超过生产率增长速度,导致一般物价水平的上涨,从而形成所谓结构性的通货膨胀。

5. 输入型说

输入型通货膨胀(import of inflation),是指在开放经济条件下,由国际经济交往而导致的通货膨胀。在这一理论研究方面,尤以挪威经济学家奥德·奥克鲁斯特(Odd Aukrust)针对开放经济条件下的小国家所创立的"斯堪的纳维亚小国开放模型"最为著名。所谓"小国",不是根据国土和人口因素而言的,而是指该国在世界市场上只是价格接受者,而不能决定商品的国际价格。"斯堪的纳维亚小国开放模型"所要研究的是处于开放经济条件下的这样一个"小型国家"如何受世界通货膨胀的影响而导致国内通货膨胀的。

简言之,由于小国在世界市场上是价格接受者,因此,当世界市场上的价格上涨时,开放经济部门的产品价格会随之上涨,结果也会使开放经济部门的工资相应上涨。一旦开放经济部门的工资上涨后,非开放经济部门也必然受影响而相应提高工资,结果是开放经济部门的生产成本上升,其产品价格也随之上升,这样,就导致小国的物价全面上涨、通货膨胀发生。

输入型通货膨胀的主要着眼点有两个:一是剖析进口品价格的提高、费用的提高对国内物价水平的影响对一个主要依靠对外贸易的经济来说,这样的影响往往有

【阅读案例】

决定意义。二是剖析通货膨胀通过汇率机制的国际之间传递。这方面的分析涉及不同的汇率制度——固定汇率制和浮动汇率制，是国际金融学科的专门研究对象。

11.3.2 通货膨胀的治理

鉴于通货膨胀对国民经济的不利影响和后果，严重的甚至会引起社会动荡、政局不稳乃至国民经济的崩溃，所以，当通货膨胀出现时，各国政府都将其作为重要课题来加以治理。通常用于治理通货膨胀的工具主要有以下几种：调节和控制需求、抑制收入、增加有效供给、调整结构和其他一些诸如限价、币制改革、指数化等政策。

1. 需求政策

对于需求拉上型通货膨胀，由于形成原因来自于总需求的过度增长，因此采取紧缩性的需求调节政策通常会比较有效。具体的措施主要有两种：紧缩性货币政策和紧缩性财政政策。

(1) **紧缩性货币政策**(tight monetary policy),在我国习惯上也称为抽紧银根的政策，即中央银行通过运用三大货币政策工具及其他可供选择的政策手段，减少货币供应量、提高利率，进而达到控制社会总需求、抑制物价上涨的目的。具体政策工具和措施主要包括：通过公开市场业务出售政府债券，以相应地减少经济体系中的货币存量；提高再贴现率，用以影响商业银行的借款成本，进而影响市场利率(存在直接控制市场利率体制的国家，也有的直接提高利率，以紧缩信贷)；提高商业银行的法定准备率，用以缩小货币扩张乘数。

(2) **紧缩性财政政策**主要是通过削减政府支出和增加税收的办法来治理通货膨胀。在财政收入一定的条件下，削减财政支出可相应地减少财政赤字，从而减少货币发行量，并可减少总需求，对于抑制财政赤字和需求拉动引起的通货膨胀比较有效。但是，财政支出有很大的刚性，如教育、国防和社会福利的削减往往困难重重，并非完全由政府控制。因此，增加税收就成为另一种常用的紧缩性财政政策。如提高个人所得税或增开其他税种可使个人可支配收入减少，降低个人消费水平；提高企业所得税和其他税率则可降低企业的投资收益率，抑制投资支出。

2. 收入政策

收入政策主要是针对成本推动型通货膨胀采取的政策措施，它又称为工资-物价管制政策，即由政府拟定物价和工资标准，由劳资双方共同遵守，借以限制物价和工资率的上涨，同时又不造成大规模的失业。

从一些国家的实践经验看，**收入政策**一般包括以下几个方面：

(1) 确定工资-物价指导线(voluntary wage-price guide lines)。所谓"指导线"，就是政府当局根据生产率的提高幅度等因素，确定货币总收入增长的目标数值线，并据此相应地采取控制每个部门工资增长率的措施。

(2) 工资和物价的强制性限制，即由政府颁布法令，强行规定工资和物价的上涨幅度，甚至暂时冻结工资和物价。

(3) 运用税收手段，即通过对过多增加工资的企业按工资超额增长比率征收特别税等办法来抑制收入增长速度。

但是，收入政策也存在如下缺陷：①如果是保守性的指导性政策或税收政策，效果就取决于劳资双方与政府能否通力合作；②强制性的收入政策会妨碍市场机制对资源的有效配置，如果禁止价格上涨，价格配置资源的机制也就失去意义；③如果在价格管制的同时没有采取相应的紧缩需求的措施，公开型的通货膨胀就转变为隐蔽型的通货膨胀，收入政策的效果就大打折扣。因此，收入政策并不是治理通货膨胀的"灵丹妙药"，将其作为一种辅助政策似乎更为合适。

3. 供给政策

治理通货膨胀，需求政策是希望通过压缩总需求来实现总需求与总供给的平衡，而供给方面的经济政策则是立足于既压缩总需求，又运用刺激生产增长的方式来改善总供给。例如，1981年美国里根政府为控制通货膨胀所采取的政策，就综合了需求管理与增加供给两个方面的内容：里根政府希望通过减税、减少干预来提供工作、储蓄和投资的诱因，从而在供给方面提高生产率；在需求方面，则以削减政府开支和限制货币量来抑制总需求。

供给政策具体的措施主要包括：削减政府开支，以降低总需求；降低所得税税率，并提高机器设备折旧率，以促进生产，刺激投资，增加供给；取消政府对工商界的不必要的管制；限制货币量的增长率，压缩总需求。

供给政策的实施为解决通货膨胀问题提供了一个全新的思路，它改变了过去只着眼于解决过度需求的做法，从压缩需求和增加供给两个方面来平抑物价，缓解通货膨胀。

4. 结构调整政策

上述的几种政策都是从总需求或总供给的角度提出的通货膨胀治理措施，因此，它们对于需求拉上型和成本推动型的通货膨胀具有相对较明显的效果。与之相对应，结构调整政策则是针对结构性通货膨胀提出的治理措施。

考虑到通货膨胀的结构性，一些经济学家认为，应当使各产业部门之间保持一定的比例，以避免某些产品的供求因结构性失衡而导致一般价格水平的上涨。**结构调整政策**具体的措施主要包括：政府在财政方面可以调整税收和政府支出的结构；在货币方面则可以调整利率结构和信贷结构。

5. 其他政策

1) 限价政策

在通货膨胀形成过程中，垄断高价常能起到推波助澜的作用，因此，通过制定反托拉斯法限制垄断高价，是不少发达工业国家价格政策的基本内容。例如在美国，大多数公用事业领域，包括煤气、电力、电话、铁路、通信等部门，都存在着垄断经营的情况。为了控制垄断高价和保护消费者利益，美国政府通过各公用事业委员会对公用事业的价格进行管理。此外，美国还采取过例如冻结物价、同企业签订反涨价合同等措施。英国政府对于国营企业的产品和服务的价格有直接管理办法，对其他由市场供求决定的商品和劳务价格，也有相应的法律、法规，禁止胡乱涨价和哄抬物价行为。

2) 币制改革

如果一国的通货膨胀已经达到难以扼制的状况，而上述任何一种措施都不能使情况好转，政府还在被迫不断地发行货币、整个货币制度已经接近或处于崩溃的边缘时，那么可以采取的措施就是实行币制改革。币制改革的一般做法是废除旧货币、发行新货币，并对新货币制定一些保证币值稳定的措施。例如，20世纪90年代，前苏联及东欧诸多转型国家发生巨变后，也大都为了抑制连年的恶性通货膨胀，采取过类似的币制改革措施。

实行币制改革的目的就在于增强居民对货币的信任，增加银行储蓄，恢复货币职能。如果发行新货币后，通货膨胀仍得不到控制，甚至继续恶化，则新发行的货币的信誉就会迅速下降，币制改革就会以失败而告终。实际上，这种政策是一种治标不治本的权宜之计，历史上不乏失败的先例。

3) 指数化政策

指数化政策是指将主要经济变量(如收入、利率等)与通货膨胀率挂钩的政策。例如，中国在1988年开办的保值贴补储蓄，实际上就是一种利率指数化措施，它对于控制20世纪80年代末期的那次通货膨胀发挥了重要作用。

指数化政策中最重要的是收入指数化。收入指数化是按物价变动情况自动调整收入的一种分配方案。指数化的范围包括工资、政府债券和其他货币性收入。实施的办法是使各种收入按物价指数滑动或根据物价指数对各种收入进行调整。这种指数化措施主要有三个功效：一是能借此剥夺政府从通货膨胀中所获得的收益，杜绝其制造通货膨胀的动机；二是可以借此抵消或缓解物价波动对个人收入水平的影响，克服由通货膨胀造成的分配不公；三是借此还可以稳定通货膨胀环境下的微观主体行为，避免出现抢购商品、储物保值等使通货膨胀加剧的行为。瑞典学派经济学家还认为，收入指数化方案对面临世界性通货膨胀的小国更有积极意义。因为在开放经济条件下，小国很难阻止世界性通货膨胀的输入，常常会发生结构性通货膨胀。在世界性通货膨胀没有得到抑制之前，正确的选择只能是寻求与通货膨胀适应或共处的手段，而收入指数化是可用的办法之一。

早在20世纪20年代，比利时等国就实行过收入指数化政策。第二次世界大战后，这种政策的采用极其广泛。不只发展中国家及一些通货膨胀问题突出的工业化国家采用，20世纪60年代初美国也曾实施过这种制度。

对于收入指数化方案，也有强烈的否定意见。这类意见指出：全面实行收入指数化会提出很高的技术性要求，因此任何政府都难以实施包罗万象的指数化政策；收入指数化会造成工资-物价的螺旋上升，进一步加剧通货膨胀。

阅读案例 11-2

日本：通缩困扰经济重新起飞

20世纪80年代末到21世纪初，是日本通缩最为严重的时期，被称为"失去的15年"。这期间，日本的物价总体水平基本处于负增长，平均约在-0.34%，最糟糕的时候超过-1%。持续15年以上的通缩让日本饱尝了经济低迷不振，增长缓慢乏力的苦果。时至今日，日本仍未能摆脱通缩的困扰。

有关"日本式通缩"的成因，国际社会和日本国内说法很多，但比较一致的看法是：房地产和股票的价格严重高估造成"虚拟经济"的过度膨胀，而"虚拟经济"的泡沫迅速崩溃使企业、家庭和金融机构的资产快速和持续地缩水，并形成恶性循环，进而拖累整体经济进入紧缩的状态。这其中，房地产和股市的疯狂膨胀是罪魁祸首。然而，究其根源，日本政府和货币当局宏观调控的严重失误难逃其责。在经济扩张期，日本政策当局盲目地实行超低利率和扩大货币供应量的措施，导致大量流动性进入房地产和股市，推高了"虚拟经济"的泡沫,造成经济的虚假繁荣。当泡沫即将崩溃,日本政策当局又未能采取适当的宏观政策,引导经济"软着陆",反而连续紧缩银根,致使社会资产迅速缩水,形成全社会难以解决的资产债务,从而影响经济的重新起飞。

日本最初对通缩问题的严重性认识不足,多年后才意识到通缩对经济发展的影响是长期的、多重的和结构性的。首先,通缩使企业的经营环境恶化。一方面,物价下跌导致企业创造同等规模的生产量时,却只能获得更少的销售收入,从而在生产成本不变的情况下导致企业的收益减少。另一方面,物价下跌致使实际利率提高,加重企业的债务负担。收益减少和债务负担增大都给企业生存和发展造成更大的困难。其次,通缩加剧消费的低迷。一方面,在经营困难的情况下,企业会采取各种方法压缩给职工的薪金,导致职工的家庭收入减少。另一方面,物价下跌又促使人们的消费预期下降,采取紧缩消费的行为。两者相加导致消费市场萧条。第三,通缩加重了日本的财政危机。一方面,生产和消费的下降导致政府税收的减少,另一方面,实际利率提高又使政府的债务负担增加。"失去的15年"期间,日本政府财政收入下降15.3%,而债务却增加了近两倍。

"日本式通缩"并非简单的货币问题,而是资产价格的持续下跌,产业结构失调,日元升值和企业及金融机构债务累积等多重原因造成的。因此,目前日本央行使用大规模扩大基础货币的办法很难从根本上解决通缩的痼疾。相反,过度的宽松政策反而会导致房地产和股市的再度膨胀,而实体经济依旧增长乏力。日本政府多年来过度依赖货币扩张政策解决通缩问题,而忽视经济和产业结构的调整,以及通过科技革新促进产业升级。

(资料来源:闫海防.经济日报,2014年11月27日.)

5个投资经验

1. 合适的节约

如果你想要长久的赚钱,其中一个很重要的方面,你要懂得"节约"。节约是一项神奇的生产力,可以帮助你获得更多的本金用来投资。像巴菲特这些人,别看坐拥上百亿美元财产,可平时生活以及对事业,同样很节约,一辆破车,都开了很多年。平时节约的钱,则拿来进行投资。故要获得财富上的成功,你需要一定的保证源头活水的持续不断的"供应",以便让水池能稳定地壮大。当然,过分的节约也不必,适度就行。

2. 谨慎的投资

投资是必需的,但需要谨慎的投资。很多人,由于性格方面的原因,做事情都是大大咧咧、马马虎虎,对于投资也是如此。嘉丰瑞德的 Victor 认为,这可不行。投资,在对金钱的事时候,一定要谨慎,保持谨慎的态度,并识别投资的风险,做出理性的决策。

3. 合适的投资方式

另外,投资也要选对方式。自己可以投资,也可以选择利用别人的优势来进行投资理财,即委托理财。像很多人炒股,其实在 Victor 看来,散户过多并不是件好事,假如自己不是一个专业投资人员或者是缺乏时间、精力的话,可能间接投资参与的形式会比直接炒股还更好。有时候,自己操劳却还一无所获,这很可惜。

4. 长远的投资从现在开始

在投资中,有一个时间的成本概念,以及用时间来赚钱的概念。对于后者,时间的赚钱,即如果早投资的话,就越有时间获得投资本金、利息的滚动增长。时间越长,这些滚动效应便越明显。因此，要长远的赚钱，最好尽早一些开始投资。你早别人10年投资，到头来的收益，可能要多出很多，赚钱的数字到后头，是越翻越大。

5. 懂得保险

投资，总是跟风险息息相关。而保险则是降低、去除、和确保风险无伤害或减少其伤害的方式。一份保险对于投资人来说，是很有必要的。最近这两年，据嘉丰瑞德的Victor介绍，保险的投资配置中香港保险正在异军突起，越来越得到内地人士的认可。比如其保障高、更全面及缴费要更便宜(平均大约便宜30%以上)等原因，因此吸引了很多大陆投保人的目光。不过，Victor也提醒，由于香港保险的专业性比较强，故建议在配置前，应跟专业人士进行好仔细沟通，如此才能买到符合自身情况以及配置需求的保险品种和保额。

(资料来源：金融界网站.)

本章小结

西方经济学家对通货膨胀没有完全一致的看法，但目前普遍被大家接受的是把通货膨胀定义为：商品和服务的货币价格总水平的持续明显上涨的现象。

按照不同的角度，通货膨胀可以分为不同的种类：公开型通货膨胀和隐蔽型通货膨胀、爬行通货膨胀、温和通货膨胀、奔腾通货膨胀和恶性通货膨胀、预期型通货膨胀和非预期型通货膨胀、需求拉上型通货膨胀、成本推进型通货膨胀、供求混合推进型通货膨胀和结构型通货膨胀。

通货膨胀既然表现为物价总水平的持续明显上涨，那么用物价上涨的幅度来度量通货膨胀的程度就是顺理成章的了。从世界各国的实际做法来看，通常采用的物价指数主要有居民消费价格指数、生产者物价指数和国民生产总值平减指数。

通货膨胀的社会经济效应可以从五个方面来看：一是通货膨胀的产出效应；二是通货膨胀与就业；三是强制储蓄效应；四是收入分配效应；五是恶性通货膨胀与经济危机。

西方经济学界侧重于从需求或供给方面分析通货膨胀的形成原因和机理，较有代表性的有：需求拉上说、成本推动说和供求混合推动说。此外，关于通货膨胀的成因还有其他多种理论剖析，如对结构性通货膨胀和输入型通货膨胀的理论剖析等。与此对应就有了通货膨胀的不同解释。

通常用于治理通货膨胀的工具主要有以下几种：调节和控制需求、抑制收入、增加有效供给、调整结构和其他一些诸如限价、币制改革、指数化等政策。

 关键术语

通货膨胀　居民消费价格指数　生产者价格指数　国民生产总值平减指数　需求拉上型通货膨胀　成本推动型通货膨胀　供求混合推动型通货膨胀　结构性通货膨胀　输入型通货膨胀　紧缩性货币政策　紧缩性财政政策　收入政策　供给政策　结构调整政策　指数化政策　通货紧缩

练　习　题

1. 单项选择题

(1) 下列关于通货膨胀的表述中，不正确的是(　　)。
　　A. 通货膨胀是物价持续上涨　　　　B. 通货膨胀是物价总水平的上涨
　　C. 通货膨胀是纸币流通所特有的　　D. 通货膨胀是指物价的上涨

(2) 通货膨胀时期,债权人将( )。

  A．增加收益   B．损失严重

  C．不受影响   D．短期损失长期受益更大

2. 不定项选择题

(1) 有关通货膨胀描述,正确的是( )。

  A．在纸币流通条件下的经济现象   B．货币流通量超过货币必要

  C．物价普遍上涨   D．货币贬值

(2) 治理通货膨胀的对策包括( )。

  A．宏观扩张政策   B．宏观紧缩政策

  C．增加有效供给   D．增加收入政策

3. 判断题

(1) 使用国民生产总值平减指数衡量通货膨胀的优点在于其能度量各种商品价格变动对价格总水平的影响。( )

(2) 通货紧缩时,物价下降,使货币购买力增强,使居民生活水平提高,对经济有利。( )

4. 名词解释

(1) 通货膨胀   (2) 居民消费价格指数   (3) 生产者价格指数

(4) 国民生产总值平减指数   (5) 指数化政策

5. 简答题

(1) 通货膨胀与物价上涨是一回事吗?

(2) 使用居民消费价格指数、生产者价格指数和国民生产总值平减指数度量通货膨胀时,各有什么优缺点?

(3) 需求拉动型通货膨胀的形成机理如何解释?

(4) 治理通货膨胀的主要对策有哪些?

第 4 篇

金融危机与金融监管

第12章 金融危机与金融监管

教学目标

通过本章学习,了解金融危机的定义及其类型、世界各国的金融监管体制,掌握金融监管的定义与原则、我国金融监管机构的监管职责,理解金融危机的防范措施。

本章引言

随着金融国际化、金融证券化的发展,金融风险也在不断加大。20世纪90年代以来,地区性金融危机频频爆发,对地区经济乃至整个世界经济都产生了巨大的影响。由于金融是现代经济的核心,发生金融危机不仅使金融运行的秩序遭到破坏,还使国民经济的发展受到严重的阻碍,比如,2008年美国次级房屋抵押贷款债券危机的不断蔓延已经逐步演变成为自21世纪以来全球最为严重的一次金融危机,它给全球金融市场和金融机构造成的直接损失已经超过千亿美元。因此,世界各国都加大了对金融的监管力度,金融监管已经成为各国金融体系的重要组成部分。

金融学基础与实务

知识要点结构图

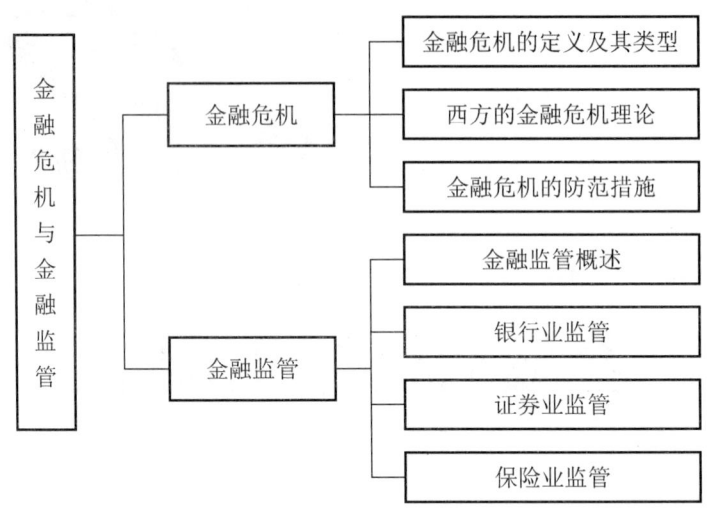

　　一谈到危机，人们很快就会联想到危机的破坏性，就如婚姻的危机会破坏家庭的幸福一样。自18世纪以来，金融危机总是在不同时期改头换面，以不同的姿态出现在人类社会，给经济发展和人民生活带来了极大的破坏性。虽然我国迄今还未曾发生金融危机，但是这并不意味着我国的经济结构和金融体系有多么健全，而更多地可归结为我国先前所处的封闭状态。因此，在金融开放已成为趋势的当前，要防范危机，首先必须深入了解造成危机的原因，然后才能采取各种措施防患于未然。

12.1　金融危机

12.1.1　金融危机的定义及其类型

1. 金融危机的定义

　　一位西方经济学者曾经幽默地指出，如同西方文化中的美女一样，金融危机(financial crises)难以定义，但一旦相遇却极易识别。所以我们可以根据一些现象来定义金融危机，就像人们可以根据亭亭玉立的身材、姣好标志的长相等特征来判断美女一样。《新帕尔格雷夫经济学大辞典》的定义最具有权威性：**金融危机**是指全部或大部分金融指标——短期利率、汇率、资产(证券、房地产、土地)价格、企业偿债能力和金融机构倒闭数——的急剧、短暂和超周期的恶化。其特征是基于预期资产价格下降而大量抛出不动产或长期金融资产，将其换成货币。这与金融繁荣或景气时的特征——基于预期资产价格上涨而大量抛出货币，购置不动产或长期金融资产——正好相反。例如，股票市场的暴跌使本来腰缠万贯的富翁一夜之间倾家荡产；利率的突然大幅飙升导致债券价格急剧下跌，使持有大量债券的机构遭受巨额损失。这些都会极大地扰乱原来的金融秩序。

2. 金融危机的类型

"金融"一词涵盖范围极广，金融危机也就有不同的类型，如货币危机、银行危机、债务危机、资本市场危机和系统性金融危机等。近年来的金融危机越来越呈现出混合的形式。

货币危机是指投机冲击导致一国货币的对外比值大幅度贬低；或同时迫使该国金融当局为保卫本币而动用大量国际储备或急剧提高利率。例如，1994 年墨西哥比索与美元的汇率和 1997 年泰国铢兑美元的汇率骤然下跌，都属于典型的货币危机。

银行危机是指现实的或潜在的银行破产致使银行纷纷终止国内债务的清偿，或同时迫使政府提供大规模援助以阻止事态的发展。银行危机很容易通过社会公众信心的传递引发全社会对各类金融机构的挤提风潮，从而危及整个金融体系。

债务危机是指一国处于不能支付其外债本息的情形，不论这些债权是属于外国政府还是非居民个人。例如，20 世纪 80 年代拉丁美洲就爆发了债务危机。1982 年，墨西哥宣布无力偿还当年到期的国际债务，由此爆发了一场国际债务危机。

资本市场危机是指人们丧失了对资本市场的信心，争先恐后地抛售所持有的股票或债券等，从而使股票或债券市场价格急剧下跌的金融现象。例如，1929 年华尔街股票市场的崩溃，道琼斯指数在短短的时间里下跌了 80%；1999 年后，美国纳斯达克股票市场的指数也急剧下跌，从原来的 6 000 多点跌至 2002 年 9 月底的 1 150 点。

系统性金融危机，可以称为"全面金融危机"，是指主要的金融领域都出现严重混乱，如货币危机、银行危机、债务危机及资本市场危机同时或相继发生，从而对实体经济产生较大的破坏性影响。例如，1997 年的亚洲金融危机就是典型的系统性金融危机。当时，泰国、印度尼西亚、马来西亚、韩国等国的货币汇率大幅度贬值，同时股票及债券价格也暴跌，许多银行都纷纷陷入破产的境地。

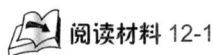

金融危机与经济危机的区别联系

首先，金融危机与经济危机是有区别的。

理论上而言，"金融"与"经济"本身就存在较大差别。"金融"是以货币和资本为核心的系列活动总称，与它相对应的主要概念有"消费"和"生产"，后两者则主要是围绕商品和服务展开。所谓金融危机，就是指与货币、资本相关的活动运行出现了某种持续性的矛盾，比如，票据兑现中出现的信用危机、买卖脱节造成的货币危机等。就美国次贷危机而言，其根本原因在于资本市场的货币信用通过金融衍生工具被无限放大，在较长的时期内带来了货币信用供给与支付能力间的巨大缺口，最后严重偏离了现实产品市场对信用的有限需求。当这种偏离普遍地存在于金融市场的各个领域时，次贷危机，也就是局部金融矛盾，向金融危机的演化就不可避免了。

"经济"的内涵显然比"金融"更广泛，它包括上述的"消费""生产"和"金融"等一切与人们的需求和供给相关的活动，它的核心在于通过资源的整合，创造价值、获得福利。就此而言，"经济"是带有价值取向的一个结果，"金融"则是实现这个结果的某个过程。因此，经济危机，是指在一段时间里价值和福利的增加无法满足人们的需要，比如，供需脱节带来的大量生产过剩(传统意义上的经济萧条)，比如，信用扩张带来的过度需求(最近发生的经济危机)。通过比较可以发现，经济危机与金融危机最大的区别在于，它们对社会福利造成的影响程度和范围不同。金融危机某种意义上只是一种过程危机，而经济危机则是一种结果危机。

其次，金融危机与经济危机是有联系的。

从历史上发生的几次大规模金融危机和经济危机来看，大部分经济危机与金融危机都是相伴随的。也就是说，在发生经济危机之前，往往会先出现一波金融危机，最近的这次全球性经济危机也不例外。这表明两者间存在着内在联系。其主要缘由在于，随着货币和资本被引入消费和生产过程，消费、生产与货币、资本的结合越来越紧密。以生产过程为例，资本在生产过程的第一个阶段——投资阶段，便开始介入，货币资本由此转化为生产资本；在第二个阶段里，也就是加工阶段，资本的形态由投资转化为商品；而在第三个阶段里，也就是销售阶段，资本的形态又由商品恢复为货币。正是货币资本经历的这些转换过程，使得货币资本的投入与取得在时空上相互分离，任何一个阶段出现的不确定性和矛盾都足以导致货币资本运动的中断，资本投资无法收回，从而出现直接的货币信用危机，也就是金融危机。当这种不确定性和矛盾在较多的生产领域中出现时，生产过程便会因投入不足而无法继续，从而造成产出的严重下降，引致更大范围的经济危机。这便是为何金融危机总是与经济危机相伴随，并总是先于经济危机而发生的原因所在。

在某些情况下，也不能排除金融危机独立于经济危机发生的可能性，尤其是当政府在金融危机之初便采取强有力的应对政策措施，比如，通过大规模的"输血"政策，有效阻断货币信用危机与生产过程的联系，此时就有可能避免经济危机的发生或深入。

（资料来源：中国金融网，2016年2月26日.）

阅读案例 12-1

泡沫的诱惑

郁金香炫丽的魔花，狂热的资本把它从贵族的奢侈品变成了大众的投机品，鲜花总要凋谢，当人们从泡沫中醒来，品尝到的却是一贫如洗的苦果。

教堂是人们表达信仰的地方，但是在几百年前的欧洲，教堂的功能有很多：是人们集会和聚会的场所，婚丧嫁娶乃至交易拍卖也都会选择在教堂内外进行。《郁金香狂热》记载了17世纪发生在荷兰的一场轰动全城的拍卖会。1637年，荷兰北部的阿尔克马尔城一个酒吧老板去世了，他的7个孩子被教会的孤儿院收养。孩子们是不幸的，但他们的父亲留下了一笔财产——99株郁金香，这在当时的荷兰是一笔巨大的财富。为了孩子们的生计，孤儿院决定拍卖这些郁金香，消息一出，全城轰动。

郁金香在欧洲备受皇室贵族追捧，1593年，第一支郁金香被引进荷兰，立刻成为时尚、财富、身份和地位的象征。当时的荷兰人被称为海上马车夫，他们拥有庞大的船队，穿梭于各大洋之间，一度控制了东西方的贸易，垄断了世界贸易的40%。他们还组建了第一家股份公司，最早的股票交易所。伴随着航运、贸易和股票交易，荷兰人手中的财富急剧增长。有了钱，就要追求地位，于是人们开始追逐可炫耀身份和地位的郁金香。郁金香供不应求，所以价格不断上涨，早期贩卖郁金香的商人们赚到了钱，更多的商人们蜂拥而入，最后，就连普通的市民也被卷入了郁金香的投机生意。这时的郁金香已不仅是身份、地位和时尚的象征，它变成了人们实现财富的工具和手段，美丽的郁金香从奢侈的消费品变成了疯狂的投机品。郁金香的交易风靡荷兰，几乎所有的城市都设立了郁金香的交易市场，交易市场的繁荣足以让人们相信财富将汇聚荷兰，全欧洲的资金从四面八方滚滚流入荷兰，也加入到郁金香的投机交易之中。郁金香从下种到开花，要经历七年的时间，投机的商人们急功近利，他们把还没有开花的球茎也拿出来交易，就这样，郁金香球茎的期货市场出现了。在那个为郁金香疯狂的时代，人们心目中只有郁金香才是真正的财富。

拍卖会这天，人们纷纷涌来，99株郁金香经过一轮又一轮激烈的竞价，最后以九万荷兰盾成交。九万荷兰盾，这在当时的荷兰是一个普通家庭三百年的收入之和，阿尔克马尔城这场拍卖会后来被确认为是郁金香泡沫的顶点，金融史上最著名的投机泡沫出现了——名为奥古斯都的郁金香当时的价格可以换回阿姆斯特丹的一所顶级豪宅；一位富商女的出嫁，当时最奢华的婚礼就是新娘的陪嫁是一枝郁金香……就在拍卖会的第二天，有一条消息开始在市场中搞基：有一池塘，白色的郁金香球茎报价 1 250 荷兰盾，但是没有买主。人们忽然意识到，自己手中的郁金香或者球茎也可能再也没有下一个买家，恐慌情绪开始在市场中扩散。每一个人，无论是种花的、卖花的，还是投机的商人们，都急于抛售自己手中的郁金香。短短六天时间，市场全线崩溃，这种断崖式的价格崩溃在后来的资产交易市场中一再出现，如1929—1933 年的大萧条、1997—1998 年的亚洲金融危机、2000—2001 年的美国互联网泡沫破灭和 2007 年的中国 A 股市场。郁金香泡沫的破灭让荷兰人付出了惨痛的代价，很多人倾家荡产，荷兰的经济经历了十年才逐渐恢复。

郁金香泡沫就像一个寓言故事，当投机资本碰到人性的贪婪，它会让人一夕暴富，也会让财富瞬间消失。郁金香泡沫的故事向人们展示了人性的贪婪和恐惧，这是投资市场非理性涨跌的根源。任何物品，一旦成为交易性的资产和货币化的财富，就会在群体的冲动中不断转化为资产泡沫的升腾与破灭，周而复始。

(资料来源：资本的故事.cctv2.)

12.1.2　西方的金融危机理论

早期比较有影响的金融危机理论是由美国经济学家欧文·费雪(1933)提出的债务-通货紧缩理论。费雪认为，在经济扩张过程中，投资的增加主要是通过银行信贷来实现。这会引起货币增加，从而使物价上涨；而物价上涨又有利于债务人，因此信贷会进一步扩大，直到"过度负债"状态，即流动资产不足以清偿到期的债务，结果引起连锁的债务-通货紧缩过程，而这个过程则往往是以广泛的破产而结束。在费雪的理论基础上，海曼·P. 明斯基(1963)提出"金融不稳定"理论，托宾(1980)提出"银行体系关键"理论，Kindleberger(1978)提出"过度交易"理论，M. H. 沃尔芬森(1996)提出"资产价格下降"理论，各自从不同方面发展了 Fisher 的债务——通货紧缩理论。再后来就是著名的第一代到第四代金融危机模型理论。

简而言之，第一代金融危机模型指出，危机的根源在于宏观经济基础变量的恶化或扩张的货币政策与固定汇率间的不协调；第二代金融危机模型指出，政府的经济政策和公共政策导致了经济中的多维平衡点，而自促成因素——投机者的信念和预期最终可能导致政府捍卫或放弃固定汇率——使经济从好的平衡点转移到坏的平衡点，危机具有自促成性质；第三代金融危机模型则跳出了货币政策、汇率体制、财政政策、公共政策等传统的宏观经济分析范围，着眼于金融中介的作用，指出金融中介是金融全球化环境下金融危机的根源；第四代金融危机模型是在已有的三代成熟的金融危机模型上建立起来的，它认为，如果本国企业部门的外债水平越高，"资产负债表效应"越大，经济出现危机的可能性就越大，第四代金融危机模型目前尚不成熟，有待进一步完善。

【阅读材料】

12.1.3　金融危机的防范措施

1. 建立危机预警系统

在危机尚未爆发之前，未雨绸缪，提早采取对策是最为理想的，因此，建立危机预警系统尤为重要。构造危机预警系统的指标体系的主要步骤就是对一系列备选指标进行统计分析，选出其中在统计上显著的指标。选择哪些指标进行分析，在很大程度上取决于人们对危机起因的理解。但这些指标必须是易于测量的，且在测量时应是确定的。

一个好的指标应该具有以下特性：它在发出预警信号后，24个月中发生了金融危机；它如果没有发出预警信号，其后24个月中没有发生金融危机；它第一次发出信号的时间距离危机发生的时间应该尽可能地长；它应该能持续发出预警信号。在现实中这样完美的指标极少存在，但只要能够相对准确地预测金融危机，也就可以认为它是一个好的指标。

通过这样的检验，"好的指标"主要是：国际储备的变化、实际汇率、国内信贷、对公共部门的信贷、国内通货膨胀率、短期外债与GDP的比例、贸易差额、出口、货币供应增长率、GDP增长率、财政赤字等。把这些指标组合成了一套预警指标体系，并力求恰当地赋予这些指标一定的权重，还有可能计算出在某一特定时间后的24个月中发生金融危机的概率。

2. 稳定金融市场

(1) 动用外汇储备干预外汇市场。针对国际投机资本的侵入，中央银行可以运用本外币资金入市干预，以稳定汇率。1997年5—10月，泰国、印度尼西亚、菲律宾、马来西亚的中央银行先后动用近百亿美元外汇储备购买本国货币，以阻止本币贬值。1997年7—9月，中国台湾当局投入了70亿美元干预外汇市场以保卫新台币。对冲性干预确实能在一定时期内减少汇率波动幅度和打击投机。但一国(地区)能持续多久进行这种干预，要受该国(地区)外汇储备的规模、从国际金融机构和其他国家官方机构所能获得的外汇规模、从国际市场所能借到的外汇规模等等所制约。

(2) 提高利率，增加借用本币资金成本。提高短期利率的目的，在于拉高投机者在进行卖空投机操作时借入本币的成本。1997年5月，菲律宾中央银行将隔夜拆借利率由原来的10%提高到15%。1997年7月20日—8月18日，印度尼西亚中央银行将再贴现率由7%提高到30%。同期，泰国中央银行则将隔夜拆借利率提高到1 000%；香港金融管理局也曾将隔夜拆借利率提高至300%。提高利率来捍卫货币的有效性也受到制约。投机者可以利用金融衍生工具的操作来应对高利率。同时提高利率对本国(地区)经济的副作用也很大。譬如香港，利率提高后，银行业就经历了严重的流动性匮乏危机。

(3) 动用财政资金，稳定股市。1997年11月21日，印度尼西亚政府规定国有企业将净利润的1%用于在雅加达股票市场上购买股票。更正规的形式是建立股市稳定基金。当股价下跌到某一水平，可运用基金进场护盘。中国台湾就于1998年11月成立稳定股市专案小组，筹划股市稳定基金2 830亿元新台币，以3个月为运用期限，进场护盘。香港也在危机期间建立了著名的盈富基金。

【拓展视频】

(4) 保障金融债权，维护存款人信心。1998年1月27日，印度尼西亚政府向所有银行提供了储蓄业务和外债的全面保证，以维护储户和债权人的利益。1998年，日本修改存款保险法，允许储蓄存款保险机构设立特别结算账户，共可动用资金13万亿日元，使原先不在保险范围内的大额储蓄存款，也可以获得保险。

3. 管理国际资本流动

国际资本流动具有极强的冲击性，若任其自由流出入可能会给一个经济体带来严重的负面影响。在管理短期资本流动方面，最突出的建议就是对短期资本流动课税。人们称这种税为托宾税。托宾认为，由于流动性不同，商品和劳务依据国际价格信号做出反应的速度要比金融资产价格变动缓慢得多。国际资本市场上由投机引起的国际金融市场震荡，会传递到商品和劳务市场。商品和劳务市场的反应速度慢，来不及做出合适的反应，于是导致商品和劳务市场的扭曲。为此，他于20世纪70年代末建议，在快速运转的国际金融飞轮下面撒些沙子，即对短期资本流动课税，使之转得慢一点，对稳定经济是绝对必要的。托宾税的益处，是有助于减轻国际投机对本国经济的支配程度，而且对贸易和长期投资不会有太大的冲击。

托宾税尽管在发达国家和发展中国家广为应用，但其缺陷是明显的。金融资产多样化使各类头寸相互混合，即使是仅对外汇交易征税也是极其复杂的事情，并很可能降低国际资本市场的流动性和有效性。托宾税在限制资本外逃方面的效能更低。例如，20世纪60年代最早征收资本逃出税的美国，最终因避税严重而放弃了这种课税。

除课税手段外，还有很多直接管理资本流动的手段，但负面影响也是很明显的。

对于加强一国外债的管理，几乎没有反对意见。外债管理有两个基本方面：一是规模管理；二是结构管理，包括期限、来源、投向、币种等方面。控制短期外债余额、限制私人企业从外国借款、严格国家或准国家实体对外部借款的担保、减少对从国外借款的税收优惠和管理优惠、利用法律的手段确保各企业和金融机构增加外债透明度等，都是受推崇的外债管理办法。

4. 重组和改革金融部门

(1) 确立金融部门重组和改革的规划及其执行机构。20世纪90年代的日本、泰国、印度尼西亚、韩国和新加坡等国先后设立相应机构，并公布金融重组计划和方案。

(2) 多渠道分离和处置不良资产。发生了金融危机，必然伴随有巨额不良资产。要维持公众对银行的信心，就得把银行资产负债表中的不良资产分离出去。分离资产负债表，最早是日本于1946年采用的。后来，逐渐发展到由一个中介机构来经营和管理分离出去的不良资产，这个中介机构发展到今天，获得了一个统一名称——资产管理公司(asset management corporation，AMC)。

(3) 多途径充实银行资本金。银行充实资本金的主要措施有动用留存利润、发行债券、提高坏账准备的提取率等。但政府注入资本，作为实现银行资本充足率的非常措施，有关键意义，在许多国家都采用过。

(4) 允许或吸收外资参与重振国内金融业。例如，泰国于1997年10月将外国投资者拥有银行业股份的比例从25%提高到50%以上；1998年，马来西亚允许外商投资于保险业的股权由原先的30%增至49%，允许投资于证券公司的股权由原先的30%增至40%，还允许建立由外方控股或由外方独资的基金管理公司。

(5) 加强金融机构的公司治理。公司治理问题，如果就广义来说，是与公司这种现代经济组织形式始终伴随在一起的。近年来，对公司治理的理解及其内容，则反映着经济发展的当今特点。有效的公司治理结构包括对公司经理人员的激励和约束两个方面,如对公司经理人员利益的奖赏和不负责任行为的惩罚,促使经理人员采取有效率的行动。在多数情况下,如果公司治理结构不合理,内部人控制就会更加严重,管理层可能会转移公司的现金和其他资产,用于偿付管理层个人的债务,或将其直接存入在国外银行的账户,或者注入其他公司。在中国,由于不合理的公司治理结构,在上市公司中,大股东作为控股股东非法侵占上市子公司资产的现象屡见不鲜,结果使上市子公司遭受巨额亏损,这给中国股票市场埋下了巨大的隐患。因此,合理的公司治理结构是防范金融危机的微观基础。

(6) 合并、重组有问题的金融机构。在东南亚金融危机期间,马来西亚27家金融机构被合并成6个中心银行;印度尼西亚关闭38家财务陷入困境的银行,并接管了7家银行;日本政府也被迫接管日本长期信用银行和日本债券信用银行。

5. 推进宏观经济调整及经济整体的结构性改革

防范与治理金融危机,必须注意在宏观经济层面实施扩张性的财政政策和扩张性的货币政策。在这方面值得提醒的是,以往的国际金融组织往往建议发生金融危机的国家采取紧缩政策,但实践证明,这样的建议不是缓解而是加剧困难。东南亚金融危机中的马来西亚就经历了这一政策循环。1997年10月,马来西亚接受国际货币基金组织的建议,实行紧缩性的财政政策,但局势更为紧张,到1998年4月,马来西亚为防止经济进一步衰退而放松了财政政策。此外,政府应当注意调整经济结构。在新兴市场国家,主要是消除制约市场机制发挥资源配置作用的因素。

6. 有效的金融监管

有效的金融监管可以减少道德风险和逆向选择,同时,通过限制金融机构从事高风险的业务活动,也减少了金融机构发生坏账的可能性,从而增强了金融体系的稳定性。

【阅读材料】

阅读材料 12-2

邹至庄:金融危机对中国的启示

关于美国金融危机的书籍很多。在本文我向读者介绍的是英国《金融时报》首席评论员马丁·沃尔夫(Martin Wolf)2014年出版《转折与冲击》(The Shifts and the Shocks: What We've Learned and Have Still to Learn from the Financial Crisis)。我先介绍书的部分内容,再谈该书对中国发展金融市场的意义。

金融市场的正常运作是经济生产与投资必需的,因为经济活动需要资金。美国2008年金融市场危机以后,经济不景气随之发生。金融危机是因为金融机构欠的债太多以致倒闭而金融市场不能正常运作。在这时候向银行借款的顾客不能偿还借款,银行不能应付大量的提款,挤兑后倒闭。其他的金融机构也会因为投资亏本倒闭,金融市场倒闭是因为金融机构冒了过大的风险去投资。本书的作者认为2008年金融危机起因有三:一是金融市场过度的开放与自由化;二是经济全球化,把金融市场的活动范围扩大;三是金融市场发明的新工具,如金融衍生品,使交易的风险增加。

书中讨论金融危机是否在市场经济必定会发生,或者是否可能避免;而快要发生时,要用什么政策来挽救。作者接受了"金融不稳定假设",也就是长期的经济稳定后总有一天自然会倒闭。如果金融危机多年没有发生,在金融市场交易的人便会自满而忽视了积累大量债务的风险。如在美国出现了影子银行增加了大量借贷的风险。

作者认为经济学者与决策者忘记了凯恩斯关于市场经济不稳定的理论,这也是六年经济不景气的原因。他们认为在金融市场交易的新产品会增加市场的稳定与效率,所以尽量推广这种工具的发展和美国与世界的经济自由化,使金融市场回到像20世纪30年代的不稳定。书中说如果亚洲与其他地区的新兴市场也仿效了美国金融市场的发展方向,也会受到同样的风险。

不论市场经济的运作是否基本稳定,书中的讨论,对今后中国金融市场的发展是有价值的。经济学界一部分相信凯恩斯的理论,它在20世纪30年代解释了美国经济大萧条,认为市场经济基本是不稳定的,因为经济发展让人民富有以后,国家总生产大量增加,而总消费的需求不足以吸收生产总量以至失业人数增加。第二次世界大战以后,美国经济繁荣,宏观经济的总需求足够吸收总生产量。部分经济学界人士开始怀疑凯恩斯的理论,并相信了弗里德曼所说,总消费与总生产量是成正比。当总生产大量增加以后,总消费足够吸收国家生产的货物,不致失业人数过多,需要政府增加支出来挽救。弗里德曼还说,20世纪30年代的经济不景气,是因为货币政策错误,如果合时增加货币供应,大萧条便不会发生。

我们讨论避免金融市场不稳定和挽救经济不景气的政策,无须判断市场经济基本是否稳定,或凯恩斯与弗里德曼的理论谁是对的。对避免金融危机与发生后的对策,经济学界大致有共同的观点,只是比较保守的主将多用货币政策,少用财政政策。中国今后金融市场的改革可以从本书中取得教训,应当注意两个问题:第一是金融市场的建立;第二是金融危机与经济不景气发生后的对策。

进行金融市场改革时,不能容许新的金融工具被用来作大量冒险投资。同时应注意整个经济的债务,不能让它大量增加。如果债务太多,一些银行与其他投资机构会倒闭,金融危机与经济不景气便会发生。美国的总债务,包括政府金融机构为个人,共 60 万亿美元,与 17 万亿美元的国内生产总值相比是 3.53 倍。根据渣打银行的统计,在 2014 年中国总债务(连地方政府的在内)是中国国内生产总值的 2.51 倍。但是在 2009 年两者是相等的,所以中国总债务在近 5 年来增加得很快,我们应当留意。

关于经济不景气的对策,中国政府经验相当丰富。中国人民银行施行货币政策,控制利率与货币供应来调整宏观经济的活动;关于财政政策,政府也会在必要时出手,如在 2008 年,增加了政府支出以应付经济不景气,这是我们可以信任的。

(资料来源:FT 中文网,2014 年 10 月 23 日.)

12.2 金 融 监 管

12.2.1 金融监管概述

1. 金融监管与金融监管法的定义

1) 金融监管的定义及必要性

(1) 金融监管的概念。金融监管是金融监督和金融管理的复合词。**金融监管**有狭义和广义之分。狭义的金融监管是指金融主管当局依据国家法律法规的授权对金融业(包括金融机构以及它们在金融市场上的业务活动)实施监督、约束、管制,使它们依法稳健运行的行为总称。广义的金融监管除主管当局的监管之外,还包括金融机构的内部控制与稽核、行业自律性组织的监督以及社会中介组织的监督等。本章所讲的金融监管是指狭义的金融监管。

在理解金融监管的概念时，应注意金融监管与金融管制的概念区别。金融管制是指国家对某些重要的金融活动、金融业务或金融调控工具实行的行政性强制措施，主要包括利率管制、外汇管制、贷款规模控制等。金融监管是金融监督与金融管理的复合词，而金融管制是金融管理和限制的复合词。前者更加注重被监管主体的行为自由和市场运行规律，注重与被监管主体行为的动态调适；而后者则含有人为地限制被监管者行为自由的意思，是比较静态、僵化的措施，有时甚至是违背金融市场运行规律的。

(2) 金融监管的必要性。历史地看，金融监管与金融交易活动并非同步而生，它是金融业高度社会化、复杂化发展后的产物，并随着金融业发展的新趋势、新特点而不断调整和丰富其内容。西方市场经济国家长期的实践表明，市场机制"看不见的手"并非万能，在市场失灵的情况下应当发挥政府这一"看得见的手"的作用。金融市场作为整体经济的重要组成部分，不可避免地也存在着市场失灵问题，因而也需要进行监管。特别是在世界上经历了多次破坏严重的金融危机之后，世界各国对金融业及金融市场都先后采取了不同程度的政府金融监管，并由此而发展和丰富着有关金融监管的理论、政策和制度。那么，为什么要进行金融监管呢？

首先，进行金融监管是由金融在一国国民经济体系中的特殊重要地位所决定的。随着商品经济的发展，金融创新和金融渗透力的加强，金融越来越深入到社会经济生活的各个方面而成为现代经济的核心。作为全社会的货币供给者、货币运行及信用活动的中心，金融体系的良莠及运行状况的好坏对整个社会经济的运行和发展起着重要的作用，还具有特殊的社会公共性和发展全局性。正是由于金融这一特殊重要地位，决定了国家对其进行监管以确保一国社会整体经济的稳定良性发展。

其次，进行金融监管可以防范和化解金融风险，确保金融安全和对债权人利益保护。金融企业的资金来自于存款人、投保人和投资者，如果金融企业经营不善，势必损害金融债权人和投资者的利益，对整个经济发展与社会生活产生很大影响，甚至诱发政局动荡，其后果是非常严重的。为了有效保护社会公众等债权人的合法权益，必须对金融业进行有效监管。

最后，进行金融监管是维护金融秩序、保护公平竞争、提高金融效率的要求。良好的金融秩序是保障金融安全的重要前提，公平竞争是保持金融秩序和金融效率的重要条件。要实现金融业的健康发展，就必然要求各金融机构按照国家有关法律、法规的规定规范化经营、公平竞争，而不能搞无序竞争，也只有这样才能提高金融效率。要做到这一点，监管主体的监管实不可缺。

2) 金融监管法的定义

金融监管法是调整金融监管主体在监管金融业运行过程中所形成的金融监管关系的法律规范的总称，它主要包括银行业监管法、证券业监管法和保险业监管法等。我国目前尚无统一的金融监管法，金融监管的法律规范分散在《中国人民银行法》《银行业监督管理法》《商业银行法》《证券法》《保险法》和《信托法》等法律及其他行政法规、规章中。

2. 金融监管的原则

金融监管必须遵循一定的原则，方能使监管高效、有序、合法进行。所谓**金融监管的原则**，即在政府金融监管机构以及金融机构内部监管机构的金融监管活动中，始终应当遵循的价值追求和最低行为准则。金融监管应坚持以下五个基本原则。

(1) 依法原则。依法监管原则又称合法性原则，是指金融监管必须依据法律、法规进行。监管的主体、监管的职责权限、监管措施等均由金融监管法规和相关行政法律、法规规定，监管活动均应依法进行。

(2) 公开、公正原则。监管活动应最大限度地提高透明度。同时，监管当局应公正执法、平等对待所有金融市场参与者，做到实体公正和程序公正。

(3) 效率原则。效率原则是指金融监管应当提高金融体系的整体效率，不得压制金融创新与金融竞争。同时，金融监管当局合理配置和利用监管资源以降低成本，减少社会支出，从而节约社会公共资源。

(4) 独立性原则。银行业监督管理机构及其从事管理监督管理工作的人员依法履行监督管理职责，受法律保护，地方政府、各级政府部门、社会团体和个人不得干涉。

(5) 协调性原则。监管主体之间职责分明、分工合理、相互配合。这样可以节约监管成本，提高监管的效率。

3. 金融监管体制

金融监管体制，指的是金融监管的制度安排，它包括金融监管当局对金融机构和金融市场施加影响的机制以及监管体系的组织结构。目前，世界各国的金融监管体制大致有四种类型。

(1) 高度集中统一的金融监管体制。这是由单一的监管机构对金融业实施高度集中监管的体制。这种金融监管体制主要是顺应金融混业、金融全能化发展而形成的。目前世界上越来越多的国家采用这种体制，包括英国、德国、日本、韩国、新加坡、比利时瑞典等国政府均设立专门机构或由中央银行统一负责金融监管。

(2) 双层多头的金融监管体制。这是在中央和地方两级设立多家管理机构共同负责金融监管工作的体制。这种体制多存在于联邦制国家，以美国为代表。美国在联邦一级就有联储体系、联邦存款保险公司、证券交易委员会、财政部货币管理局、联邦住宅贷款银行局、全国信用社管理局等机构；在州一级，各州均设有银行管理委员会，分工协作，共同管理。

【阅读案例】

(3) 单层多头的金融监管体制。这是只在中央一级设立几家管理机构分别进行金融监管的体制。法国、波兰、中国等采取此种模式，如中国设有中国人民银行、银监会、证监会、保监会等机构来负责金融监督管理工作。

(4) 不完全统一监管体制。这种监管模式是适应金融混业经营发展的需要，对高度统一监管和多头分业监管体制的一种改造模式。其又可分为牵头监管和"双峰式"监管模式两种类型。前者是指在多头监管主体之间建立及时磋商和协调机制，为防止混业中的监管真空和监管机构相互扯皮，特别确定某一监管机构为主或作为牵头监管机构负责不同监管主体之间的协调工作。巴西属于较典型的牵头监管模式。后者是指根据监管目标设置两类金融监管机构，一类监管机构负责对所有金融机构进行审慎监管，控制金融体系的系统风险，以确保金融安全；另一类机构则对不同金融业务行为的规范运作进行监管,以提高金融服务质量,保护消费者利益。澳大利亚、荷兰、奥地利是这种监管模式的代表。

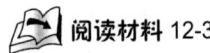阅读材料 12-3

中国的金融监管体制

新中国的金融监管体制是伴随着金融业的改革和发展而逐步演变的。在 1984 年以前,由于我国实行的是"大一统"的金融体制,中国人民银行既是金融管理机关同时又是金融企业,故在金融实践中我国并不存在现代意义的金融监管。在 1984—1998 年间,我国奉行的是以中国人民银行为核心的金融监管体制,人民银行既是国家中央银行,同时又是银行业、证券业、保险业的监管者,人民银行同时兼有金融调控者和金融监管者的职能。而自 1998 年开始,鉴于亚洲金融危机的严重局面和我国的金融现实情势,党中央、国务院决定对金融体制进行重大改革,实施中国人民银行与证监会、保监会的分业监管。2003 年又将对银行业金融机构的监管职能交由新成立的银监会行使,但人民银行依然保留了一定的金融监管职能,从而最终在我国确立了目前仍在实行的多头分业监管体制。

目前我国的金融监管机构包括银监会、证监会、保监会和人民银行四家。它们在金融监管方面的职能划分是:银监会负责对全国银行业金融机构及其业务活动进行监督管理;证监会负责对证券类金融机构及其业务活动进行监督管理;保监会负责对保险类金融机构及其业务活动进行监督管理;人民银行则负责对货币流通、银行间外汇市场、银行间同业拆借市场、银行间债券市场及黄金市场等进行监督管理。同时,法律还规定:国务院应建立金融监督管理协调机制;银监会应当和人民银行、保监会、证监会等建立监督管理信息共享机制。

客观地说,我国现行金融监管体制与金融发展混业化、集团化、全球化发展趋势是有一定差距的,与国际金融监管的潮流也有一定的背离,因而需要在未来进一步加以改革。从短期看,由于金融改革的复杂性和金融监管体制的历史路径依赖,我国金融监管体制目前不宜做大的改变,而应在增强各监管机构独立性的同时完善更大范围的金融监管协调机制,并注重加强金融机构的法人治理和内控机制建设,注重金融行业自律组织和社会审计机构作用的有效发挥。从长远看,我国应当建立统一集中的金融监管体制,以提高监管效率,防范金融系统风险,更好地保护金融消费者的利益。

(资料来源:朱大旗. 金融法. 北京:中国人民大学出版社,2007:132-133.)

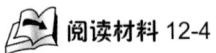阅读材料 12-4

央行行长:中国金融监管体制调整目前还在研究阶段

据央行网站消息,关于金融监管框架,央行行长周小川今日表示,中国的金融监管体制在危机中也有一些不令人满意的表现,特别是 2015 年中国金融市场出现的一些动荡促使中国相关部门反思金融监管体制需要做出调整。目前此问题还处在研究阶段。

G20 财长和央行行长会今日将在上海召开,央行行长周小川在会前出席记者会,并回答媒体关注的问题。

周小川表示,宏观审慎政策框架是 G20 的成果之一,在 2008 年全球金融危机爆发以后,G20 国家共同努力借助巴塞尔委员会和金融稳定理事会的研究,在此基础上,G20 领导人正式批准同意使用宏观审慎政策框架来应对危机。这既包括加强监管,也包括金融政策要有逆周期性,防止经济大起大落,逆周期进行调节。与此同时,G20 也根据对危机的研究和新的体会在规则方面修订了一部分过去的金融监管和评价指标体系,或者建立新的指标体系来使宏观调控更加审慎。此已达成共识。当然各国执行宏观审慎政策框架应考虑各国国情,包括体制、法律。所以各个国家是按照此框架执行,但情况不一样。执行宏观审慎政策框架不一定意味着要有监管体制改革,监管体制改革是一个更复杂、更具有挑战性的题目。

周小川还表示,全球金融危机爆发以来大家发现监管体制有些不令人满意,甚至有些缺陷会导致某些问题的突发或者某些问题的潜在的发展,因此大家都有愿望要改革金融监管体制。有的是渐变,有的动作较大,全球实践不同。有一些倾向性的意见,但没有一个完全一致的模式。中国的金融监管体制在危机中也有一些不令人满意的表现,特别是2015年中国金融市场出现的一些动荡促使中国相关部门反思金融监管体制需要做出调整。目前此问题还处在研究阶段。其中一个因素是要考虑新的监管体制是否有利于宏观审慎政策体系的有效运行和政策框架的执行。

(资料来源:中国新闻网,2016年2月26日.)

12.2.2 银行业监管

1. 银行业监管管理机构

中国银行业监督管理委员会简称银监会,是于2003年4月28日正式挂牌成立的。根据授权,银监会统一监督管理银行、金融资产管理公司、信托投资公司以及其他存款类金融机构,维护银行业的合法、稳健运行。银监会成立后,中国人民银行将只负责货币政策调控等一系列非直接监管金融机构的任务,即人民银行将主要负责货币政策和跨行之间的资金往来,具体包括利率的调整、银行之间的现金结算支付和一些新业务等。而银监会的监管职能包括金融机构的市场准入、运行监督和依法查处违法违规行为,比如中外资银行成立的审批、业务经营中的反洗钱等具体业务。随着银监会的成立,银行、证券、保险中国金融业监管的3个并列系统最终完成,而中国人民银行建国50多年以来集货币政策、金融监管、商业银行等职能于一身的"大而全"的时期正式结束。

2. 银行业监督管理职责

中国银行业监督管理委员会的基本职责如下:

(1) 依照法律、行政法规制定并发布对银行业金融机构及其业务活动监督管理的规章、规则。

(2) 依照法律、行政法规规定的条件和程序,审查批准银行业金融机构的设立、变更、终止以及业务范围。

(3) 对银行业金融机构的董事和高级管理人员实行任职资格管理。

(4) 依照法律、行政法规制定银行业金融机构的审慎经营规则。

(5) 对银行业金融机构的业务活动及其风险状况进行非现场监管,建立银行业金融机构监督管理信息系统,分析、评价银行业金融机构的风险状况。

(6) 对银行业金融机构的业务活动及其风险状况进行现场检查,制定现场检查程序,规范现场检查行为。

(7) 对银行业金融机构实行并表监督管理。

(8) 会同有关部门建立银行业突发事件处置制度,制定银行业突发事件处置预案,明确处置机构和人员及其职责、处置措施和处置程序,及时、有效地处置银行业突发事件。

(9) 负责统一编制全国银行业金融机构的统计数据、报表,并按照国家有关规定予以公布;对银行业自律组织的活动进行指导和监督。

(10) 开展与银行业监督管理有关的国际交流、合作活动。

(11) 对已经或者可能发生信用危机，严重影响存款人和其他客户合法权益的银行业金融机构实行接管或者促成机构重组。

(12) 对有违法经营、经营管理不善等情形的银行业金融机构予以撤销。

(13) 对涉嫌金融违法的银行业金融机构及其工作人员以及关联行为人的账户予以查询；对涉嫌转移或者隐匿违法资金的申请司法机关予以冻结。

(14) 对擅自设立银行业金融机构或非法从事银行业金融机构业务活动予以取缔。

(15) 负责国有重点银行业金融机构监事会的日常管理工作。

(16) 承办国务院交办的其他事项。

12.2.3 证券业监管

1. 证券业监管管理机构

根据《证券法》的规定，我国实行中国证券监督管理委员会集中统一管理为主，证券交易所和证券业协会自律管理为辅的管理体制。因此，我国证券监管的组织体系由中国证监会、证券交易所和证券业协会构成。

2. 证券业监督管理职责

国务院依据有关法律法规，中国证监会在对证券市场实施监督管理中履行下列职责：

(1) 研究和拟订证券期货市场的方针政策、发展规划；起草证券期货市场的有关法律、法规，提出制定和修改的建议；制定有关证券期货市场监管的规章、规则和办法。

(2) 垂直领导全国证券期货监管机构，对证券期货市场实行集中统一监管；管理有关证券公司的领导班子和领导成员。

(3) 监管股票、可转换债券、证券公司债券和国务院确定由证监会负责的债券及其他证券的发行、上市、交易、托管和结算；监管证券投资基金活动；批准企业债券的上市；监管上市国债和企业债券的交易活动。

(4) 监管上市公司及其按法律法规必须履行有关义务的股东的证券市场行为。

(5) 监管境内期货合约的上市、交易和结算；按规定监管境内机构从事境外期货业务。

(6) 管理证券期货交易所；按规定管理证券期货交易所的高级管理人员；归口管理证券业、期货业协会。

(7) 监管证券期货经营机构、证券投资基金管理公司、证券登记结算公司、期货结算机构、证券期货投资咨询机构、证券资信评级机构；审批基金托管机构的资格并监管其基金托管业务；制定有关机构高级管理人员任职资格的管理办法并组织实施；指导中国证券业、期货业协会开展证券期货从业人员资格管理工作。

(8) 监管境内企业直接或间接到境外发行股票、上市以及在境外上市的公司到境外发行可转换债券；监管境内证券、期货经营机构到境外设立证券、期货机构；监管境外机构到境内设立证券、期货机构、从事证券、期货业务。

(9) 监管证券期货信息传播活动，负责证券期货市场的统计与信息资源管理。

(10) 会同有关部门审批会计师事务所、资产评估机构及其成员从事证券期货中介业务的资格，并监管律师事务所、律师及有资格的会计师事务所、资产评估机构及其成员从事证券期货相关业务的活动。

【阅读案例】

(11) 依法对证券期货违法违规行为进行调查、处罚。

(12) 归口管理证券期货行业的对外交往和国际合作事务。

(13) 承办国务院交办的其他事项。

阅读案例 12-2

南 海 骗 局

一家自称前景光明的公司提出了国债换购股票的方案，这个貌似多赢的天才计划背后却是一场精心设计的骗局。

伦敦塔，矗立在泰晤士河北岸，现在是伦敦一个著名的景点。但在 300 多年前，这里却是英国著名的监狱，关押的犯人多为贵族和高官，其中包括曾任英国财政大臣的约翰·艾斯拉比，他入狱的原因是英国历史上最著名的股市骗局。

1719 年 12 月，英国政府收到了一份题为《南海方案》的提案，这是一份用股票换国债的方案。根据这个方案，南海公司将用自己的股票置换价值 3 160 万英镑的国债，并承诺将国债利率从 7%降到 4%，再额外支付给英国政府 760 万英镑，这个方案的提案人正是南海公司本身。此时，英国政府正在为支付高额国债利息发愁，财政吃紧，经济一片萧条，所以，南海方案立刻得到了财政大臣约翰·艾斯拉比的支持。

南海公司成立于 1711 年，英国国王乔治一世曾担任公司的董事会主席，该公司拥有英国在南美洲等地区的贸易专营权，而南美在当时被认为商机无限，南海公司曾经在奴隶贸易中赚过大钱，现在它声称在南美洲又发现了储量巨大的金矿。几乎所有的人都认为南海公司的盈利是不容置疑的，因此，南海方案看起来是一个完美的三赢方案——英国政府可借此化解财政危机，南海公司可获得更多的资金去开发金矿，而国债持有人用他们的国债置换南海公司的股票将可分享公司的未来成长。在 1718 年，由于西班牙和英国的战争，切断了南美的贸易通道，南海公司已经无利可图，但它依然用过去的故事渲染未来的盈利前景，这是一个精心设计的骗局。为了让南海方案能够在议会通过南海公司还用股票行贿，让许多高官和议员变成了南海公司的股东，财政大臣艾斯拉比就是其中之一。1720 年 3 月 21 日，英国议会以压倒多数通过了南海方案，在微弱的反对声中，有一位议员，名叫罗伯特·沃波尔，他大声疾呼"南海计划以获利假象为诱饵，使人们为追求虚幻的财富而走向破产"，然而，南海公司股价的飞涨点燃了人们的欲望，淹没了反对的声音。南海公司的股价在方案提出时还不到 120 英镑，在 3 月 21 日方案被通过时，股价上涨已超过了 300 英镑，6 月份股价达到 1 050 英镑。一时间，南海公司的股票一票难求让政客忘记了政治、医生丢弃了病人、店主关闭了商铺、牧师离开了圣坛，就连时任皇家铸币局局长的大科学家牛顿也成了南海公司的股东。为了满足公众的换股需求，南海公司分三次共发行了 8 万多份新股，股东们大发横财。南海公司的股票暴利引发了英国的股份公司热，其中许多公司模仿南海公司的手法——编概念发股票，这些公司的股价追随南海公司一同上涨，总计吸纳了 3 亿多英镑的公众资金。英国的股份融资热催生了许多皮包公司，这侵犯了南海公司的利益，于是，南海公司又操纵议会在 1720

年 6 月 9 日通过了著名的《泡沫法案》，法案规定，任何股份公司要想发行股票都需事先获得议会的批准。本来南海公司是想通过《泡沫法案》打击那些皮包公司，没想到，搬起石头砸了自己的脚，那些皮包公司由于资金链断裂，纷纷破产，股东们追到南美去寻找资产，他们却发现南海公司是一个包装更为精美的骗子公司——既没有传说中的金矿，也没有可持续的贸易，一切都是骗局。消息传回国内，人们如梦初醒，南海公司的股价从 1 000 磅以上迅速跌回到原点，大科学家牛顿也亏了 2 万多磅，这相当于他十年的收入之和。这时人们才想起沃波尔的警告，请他出来收拾残局，大权在握的沃波尔重拳整顿金融秩序，财政大臣艾斯拉比被判重罪关进了伦敦塔。

南海骗局像一瓢冰水浇熄了英国股票市场的萌生之火，此后 100 年间，英国再没有发行过一张股票，英国约克郡的股票投机家们漂洋过海来到纽约，从这个意义上说，是英国的南海骗局催生了美国的华尔街。

(资料来源：资本的故事.cctv2.)

12.2.4 保险业监管

1. 保险业监管管理机构

根据银行与保险分业经营、分业监管原则，为加大对保险业统一监管的力度，围绕保险业风险防范与控制，在结合中国国情、借鉴国外经验的基础上，建立与社会主义市场经济相适应的全国统一的保险监管体系，1998 年 11 月 18 日，中国保险监督管理委员会(简称中国保监会)成立。中国保监会是全国商业保险的主管部门，根据国务院授权履行行政管理职能，依照法律、法规统一监督管理全国保险市场。中国保监会成立之后，中国人民银行不再肩负保险业的监管职责。成立之初的保监会是国务院直属副部级事业单位。2003 年 3 月之后，中国保监会升为国务院直属正部级事业单位，获得了与中国银监会和中国证监会同样的地位。

中国保监会内设 15 个职能部门，并在全国各省、直辖市、自治区、计划单列市设有 35 个派出机构，依法履行相应职责。

2. 保险业监督管理职责

按照《保险法》《外资保险公司管理条例》和国务院的有关规定，中国保监会对保险业进行监督管理，具体行使下列职责：

(1) 拟定保险业发展的方针政策，制定行业发展战略和规划；起草保险业监管的法律、法规；制定业内规章。

(2) 审批保险公司及其分支机构、保险集团公司、保险控股公司的设立；会同有关部门审批保险资产管理公司的设立；审批境外保险机构代表处的设立；审批保险代理公司、保险经纪公司、保险公估公司等保险中介机构及其分支机构的设立；审批境内保险机构和非保险机构在境外设立保险机构；审批保险机构的合并、分立、变更、解散，决定接管和指定接受；参与、组织保险公司的破产、清算。

(3) 审查、认定各类保险机构高级管理人员的任职资格；制定保险从业人员的基本资格标准。

(4) 审批关系社会公众利益的保险险种、依法实行强制保险的险种和新开发的人寿保险险种等的保险条款和保险费率，对其他保险险种的保险条款和保险费率实施备案管理。

(5) 依法监管保险公司的偿付能力和市场行为；负责保险保障基金的管理，监管保险保证金；根据法律和国家对保险资金的运用政策，制定有关规章制度，依法对保险公司的资金运用进行监管。

(6) 对政策性保险和强制保险进行业务监管；对专属自保、相互保险等组织形式和业务活动进行监管。归口管理保险行业协会、保险学会等行业社团组织。

(7) 依法对保险机构和保险从业人员的不正当竞争等违法、违规行为以及对非保险机构经营或变相经营保险业务进行调查、处罚。

(8) 依法对境内保险及非保险机构在境外设立的保险机构进行监管。

(9) 制定保险行业信息化标准；建立保险风险评价、预警和监控体系，跟踪分析、监测、预测保险市场运行状况，负责统一编制全国保险业的数据、报表，并按照国家有关规定予以发布。

【阅读材料】

(10) 承办国务院交办的其他事项。

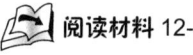
阅读材料 12-5

证监会：2016年资本市场改革发展工作"稳、严、进"

2月26日，国新办举行新闻发布会介绍协调推进资本市场改革稳定发展等方面情况。中国证券监督管理委员会主席刘士余在发布会上表示，过去的一年，在以习近平同志为核心的党中央坚强领导下，证监会系统紧紧围绕稳增长、促改革、调结构、惠民生、防风险这个大局和供给侧结构性改革这条主线，努力做好资本市场改革稳定发展各项工作。一年来的工作，可以概括为三个字："稳、严、进"。

第一是"稳"。一是政策预期稳。证监会牢牢地坚持市场化、法治化、国际化的改革方向，保持政策的连续性，牢牢坚持那些被市场拥护、实践中行之有效的政策和做法，充分尊重市场规律，顺应市场需求，保持工作的定力；二是市场运行稳。2016年，在广大投资者的共同呵护下，沪深两市波动幅度在收窄，投资者的信心在增强，市场运行趋于稳定，市场的各项功能明显增强；三是改革步子稳。证监会坚持问题导向，用制度改革解决股市异常波动后面临的一系列突出的问题，拿捏好改革的顺序，稳扎稳打。

第二是"严"。一年来，证监会坚持依法监管、全面监管、从严监管。具体来讲：一是标准严。证监会确定的 IPO 审核标准是严的，目的就在于保证上市公司质量，从源头上防止病从口入；二是执行严。对于资本市场的乱象，证监会及时亮剑，坚决亮剑，该盯住的线索盯住不放，该立案的及时立案，该彻查的及时彻查；三是自身管理严。证监会牢牢坚持全面从严治党这一条政治主线，扎实抓好中央巡视反馈意见的整改，不断强化政治意识、大局意识、核心意识、看齐意识，全面推进"两学一做"学习教育，保证证监会这支队伍的政治使命感强起来，腰杆子硬起来，监管严起来。

【阅读材料】

第三是"进"。证监会坚持市场化、法治化、国际化的改革方向不动摇，坚持问题导向的改革方法，完善了资本市场一系列基础性的制度。包括：新三板分层，明确区域性股权市场的法律地位、运行规矩；对贫困县企业的 IPO 在坚持标准不变的前提下提高效率；及时修订了上市公司重大重组和再融资的相关制度；着力完善证券基金期货经营机构的监管规则。证监会充分发挥交易所的一线监管职能，创新了投资者权益保护的手段和机制，探索性建立了证券纠纷多元化调解化解机制等。

(资料来源：央视网，2017年2月26日.)

阅读案例 12-3

被保险人和受益人同时死亡，保险该赔谁

2006年2月，王某向某保险公司投保了10万元养老保险及附加意外伤害保险，指定受益人为其妻子张某。5月2日，二人因煤气中毒身亡。5月3日，王某的父母向保险公司报案，并以被保险人王某的法定继承人身份申请给付保险金。两天后，张某父母也以受益人法定继承人身份申请给付保险金。由于争执不下，两亲家诉诸法院。

保险金应属于被保险人的遗产，应由王某的法定继承人王某的父母来继承王某的保险金。

受益人的受益权是一种期待权，只有发生约定的保险事故时才转为现实的财产权。本案中，王某是被保险人，张某是受益人，王某和张某同时身亡，依据《保险法》第42条的规定，推定受益人张某死亡在先，因而保险金应当作为王某的遗产，支付给其法定继承人王某的父母。

理财小窍门

三大理财误区

1. 工资规划要趁早、要科学

不管你是月入10W的壕姐还是每月到手2K的职场菜鸟，工资规划都非常必要。而且一定要早下手。通常我们在做收支规划(工资规划)的时候主要是参考"4321定律"，即可将年收入的40%用于供房和其他投资，30%用于生活开支，20%用于银行存款以备不时之需，10%用于保险。不过，谁没有过一穷二白的那几年呢？对大多数的职场小白领来说，"4321定律"或许暂时还难以付诸实践，那么此时，我们需要坚决执行的两条守则是：再苦也要坚持存钱、再难也要有份保险；除此之外，房租和各种消费占月收入的比重都是需要我们灵活掌握、不断优化的。

另外，在做具体的工资规划之前，我们一定要对自己的财务状况有清晰的了解，这其中包括每个月的收支情况、每年的收支情况、资产现状以及投资现状。如果童靴们平时有记账的习惯，那么就会发现这部分数据很好提取的，但是如果没有记账就必须要对自己的资产进行整理盘点了，然后记账一段时间，弄清楚自己的收支情况，这样才可以进入下一步。因为所有的这些数据都是做好收支规划的基础，一定要真实准确。

例如，进行如下具体的收支规划：

(1) 储蓄：这是我们必须要做的，无论收入高低、金额大小，都务必要建立应急储备金，养成"强制储蓄"的习惯。每次发工资后应立即拿出一部分资金存入专用账户，当然这部分资金可以投资到流动性较强的货币类基金中。需要注意的是，应急储备金的金额通常是我们3~6个月的生活费。

(2) 口粮：我们需要明确每天、每月在吃饭问题上的花销是多少，当然这也包括饮料、水果、零食这类的支出。关于口粮的花销我们应该有一个比较明确的数额。

(3) 日常花销：包括交通、水电、煤气、手机、上网、养车、宠物等等琐碎的开支，这也需要每月有明确的预算。

(4) 信用卡债务：虽然使用信用卡消费实惠多多、方便多多，但是过期未还的利息也是相当高的，所以一定要提前做好债务记录，不要忘记按时还款。

(5) 应酬开支：跟朋友吃饭、唱歌、娱乐、买礼物、结婚凑份子这类的花销。建议平时建立一份"交际基金"，此类花销从中支取，并设立警戒线，一旦花费超过警戒线，那么就该减少败家的活动了。

(6) 扮美费用：衣服、鞋子、包包、护肤品、彩妆香水以及各类让人欲罢不能的小物件。对于这类物品，我们通常都是很难抵抗住诱惑的，因此我们必须提前规划出一部分资金用来满足各类扮美的小欲望，否则等到了忍不住"败家"的时候，当月的理财计划估计就会泡汤了。

小提示：(2)~(6)的部分加起来就是我们的"消费支出"，即"给别人的钱"。建议这部分支出应该控制在月收入的50%以内。

(7) 房租或房贷：作为支出的一大项，即便按季度或年度交付房租，我们也需要把这笔开销平摊到每个月上，不能影响到交租或者还贷当月的理财计划。比较理想的状态是住房支出占月收入的20%~30%，不过对年轻人来说，这个比例在50%以内都是可以接受的。

(8) 保险：单位给上的五险一金虽必不可少，但还无法在出现疾病与意外时完全抵消你的损失。适当的意外险、医疗险、重疾险是我们对自己和家庭非常负责任的关爱。因此在衣食无忧之余，一定要准备出一笔保险年费，平摊进每个月的收支计划中。另外，购买保险时可以参照"双十原则"，就是保费应占年收入的10%，保额应为年收入的10倍。

(9) 投资：这些钱是你理财致富的保障，建议投资你比较熟悉和有信心的领域。注意，投资所带来的收益最好不要归入你的收入中进行下次分配，否则很容易打乱现有的理财计划；最好把它们继续用做投资，这样在它们帮你带来更多收益的同时，你的理财计划也会完成的更加顺畅。投资额度应至少为月收入的10%，否则难以形成规模。

2. 远离套现投资

1) 如何界定信用卡套现

信用卡套现是指持卡人不是通过正常合法手续(ATM或柜台)提取现金，而通过其他手段将卡中信用额度内的资金以现金的方式套取，同时又不支付银行提现费用的行为。通俗的说，就是你不是正常刷卡获取的商品或服务，而是通过刷卡获取了一定的现金。

2) 套现投资的危害

(1) 支付高额手续费。当你通过刷卡套取现金的时候，会被收取套现金额一定比例的费用。费用到底有多少，老班也无从查证，毕竟这个事情是非法进行的，完全取决于双方的约定。老班偷偷打听了下，有的要收取5%，比如你刷卡1万元，要被扣掉500元，实际到手9 500元。

(2) 信用受损甚至被封卡。首先你套现了之后，到期还是要全额还款的。即使你按期还款，可是如果事后被发现，银行会给你安上恶意套现的"罪名"，不仅个人信用会有污点，你的信用卡还会被封掉，以后有可能还会被限制办卡。

(3) 投资失败，还不上卡债。投资这种事情本来就不是稳赚不赔的，尤其炒股亏损的比例要远大于赚钱的比例。你拿自己的钱去投资，即使亏了也不会有很严重的后果，心态也相对正常；可是如果你是拿套现的钱去投资，就相当于是借外债，而且这种外债是约定最晚1个多月就必须还的，此时的心态就是急功近利，在投资决策时也会丧失理智。如果到期没有盈利，你将不得不割肉，即使后期这个股票一定会涨；如果到期你挣钱了，没准会助涨你继续套现的想法，这样循环往复没准哪一天因投资失败最终一无所有，要知道投资从来就没有常胜将军。

3. 管理资产配置，巧用闲钱

国外有关研究表明，投资收益中85%~95%来自于资产配置，而产品选择、时机选择的贡献非常小。所谓资产配置无非就是关于钱的分配。把钱按用途特性分成几个部分，对应着来处置。

第一步，首先留出"没商量的钱"。

记住，这件事永远放在第一步来执行！

何为没商量的钱呢？就是救急用的，必须随时需要用就能拿出来的一笔钱，也就是我们常说的生活备用金(通常为3~6个月生活费)。因为是救急用的，所以对这笔钱的要求是：流动性足够好，本金要有保证。符合这两点的是活期和货基。因为股票可能会亏，p2p不能随用随取，基金赎回也需要两三天甚至更长。

第二步,已经留够生活备用金了,剩下的钱就可以用于风险投资了。

不过这部分钱还得再划分为:有明确特定用途的钱和纯闲钱。

先说有特定用途的钱。有明确用途的钱建议最好投资于固定收益类产品(定存、国债、p2p)和中低风险投资品(混合基金)。一来时间点上能够匹配的比较好,二来风险不会太高,基本不会耽误用。

如果是固定收益类产品,则要清楚每一笔钱分别什么时候需要用,从而选择合适期限的产品。

再说纯闲钱,我们说追求更高收益获得更多理财收入,就是靠这部分钱来实现。既然是闲钱,可以拿来一搏,投资于风险偏高的投资品,例如基金(股基、指基、分级)和股票。那么问题来了:你能承受多大风险?这么问有些笼统,换个问法:你最多可以接受多大幅度的损失?这决定了你在不同风险等级的产品上分别要投入多大比例的资金。

第三步,后续追踪,效果评估。

资产配置是动态过程,因为我们会面临各种变化,市场情况的变化,自身财务状况的改变,等等。很多原因都可能造成我们的目标收益率不能顺利达成。如果没达成,找到原因,才能对症下药。

第四步,根据评估结果对配置进行调整。

理论上讲,资产配置大致分为购买并持有、恒定混合、投资组合保险几个不同流派。但购买并持有(也就是不调整)的方法由于没有考虑情境变化向来不受推崇。另外两种原理比较复杂,我们不细说。只需要知道,它们都是主动出击型,根据情境变化做出及时对应的反应。

总之,资产配置就是在"不耽误正常生活"和"尽可能赚得多一些"之间不断寻求平衡。资产配置不是个一劳永逸的事,勤奋、冷静、敏感的人往往能更好地达成目标。

(资料来源:她理财网,2015年9月24日.)

本章小结

金融危机是指全部或大部分金融指标——短期利率、汇率、资产(证券、房地产、土地)价格、企业偿债能力和金融机构倒闭数——的急剧、短暂和超周期的恶化。

早期比较有影响的金融危机理论是由欧文·费雪(1933)提出的债务—通货紧缩理论。在费雪的理论基础上,海曼·P.明斯基(1963)提出"金融不稳定"理论,托宾(1980)提出"银行体系关键"理论,Kindleberger(1978)提出"过度交易"理论,M. H.沃芬森(1996)提出"资产价格下降"理论,各自从不同方面发展了费雪的债务-通货紧缩理论。再后来就是著名的第一代到第四代金融危机模型理论。

金融危机的防范主要包括建立危机预警系统、稳定金融市场、管理国际资本流动、重组和改革金融部门、推进宏观经济调整及经济整体的结构性改革、有效的金融监管等。

金融监管有狭义和广义之分。狭义的金融监管是指金融主管当局依据国家法律法规的授权对金融业(包括金融机构以及它们在金融市场上的业务活动)实施监督、约束、管制,使它们依法稳健运行的行为总称。广义的金融监管除主管当局的监管之外,还包括金融机构的内部控制与稽核、行业自律性组织的监督以及社会中介组织的监督等。本章所讲的金融监管是指狭义的金融监管。

金融监管法是调整金融监管主体在监管金融业运行过程中所形成的金融监管关系的法律规范的总称,它主要包括银行业监管法、证券业监管法和保险业监管法等。

金融监管必须遵循一定的原则,方能使监管高效、有序、合法进行,主要包括依法原则;公开、公正原则;效率原则;独立性原则;协调性原则。

金融监管体制,指的是金融监管的制度安排,它包括金融监管当局对金融机构和金融市场施加影响的机制以及监管体系的组织结构。目前,世界各国的金融监管体制大致有四种类型:高度集中统一的金融监管体制,双层多头的金融监管体制,单层多头的金融监管体制,不完全统一监管体制。

关键术语

金融危机　金融监管　金融监管法

练 习 题

1. 不定项选择题

(1) 以下不属于我国行使金融监管职能的部门是(　　)。
　　A. 银监会　　　　　　　　　　B. 保监会
　　C. 证监会　　　　　　　　　　D. 财政部

(2) 金融危机的类型主要有(　　)。
　　A. 货币危机　　　　　　　　　B. 债务危机
　　C. 银行业危机　　　　　　　　D. 系统性金融危机

2. 判断题

(1) 各国的金融监管机构都是中央银行。　　　　　　　　　　　　　　(　　)
(2) 各国金融监管当局的构成各不相同,没有统一的模式,也不是一成不变的。
　　　　　　　　　　　　　　　　　　　　　　　　　　　　　　　　(　　)

3. 名词解释

(1) 金融危机　 (2) 金融监管

4. 简答题

(1) 什么是金融监管?为什么要进行金融监管?
(2) 金融监管的一般性原则有哪些内容?

参 考 文 献

[1] 黄达. 金融学[M]. 北京：中国人民大学出版社，2003.
[2] 黄达. 金融法(精编版)[M]. 北京：法律出版社，2009.
[3] 彭兴韵. 金融学原理[M]. 3版. 北京：生活·读书·新知三联书店，2008.
[4] [美]博迪，莫顿. 金融学[M]. 北京：中国人民大学出版社，2000.
[5] 刘旭东，赵红梅. 金融学概论[M]. 北京：化学工业出版社，2009.
[6] 钱水土. 货币银行学[M]. 北京：机械工业出版社，2007.
[7] 戴国强. 货币金融学[M]. 上海：上海财经大学出版社，2006.
[8] 罗剑朝. 货币银行学[M]. 北京：清华大学出版社，2007.
[9] 康书生，鲍静海. 货币银行学[M]. 北京：高等教育出版社，2007.
[10] 董金玲. 金融学[M]. 北京：机械工业出版社，2010.
[11] 宋玮. 金融学概论[M]. 北京：中国人民大学出版社，2007.
[12] 姜旭朝，胡金焱. 货币经济学[M]. 2版. 北京：经济科学出版社，2008.
[13] 刘玉平. 金融学[M]. 上海：复旦大学出版社，2007.
[14] 李江，洪青. 金融学案例教程[M]. 杭州：浙江大学出版社，2010.
[15] 樊纪明，刘双红. 金融理论与实务[M]. 上海：复旦大学出版社，2008.
[16] 伍瑞凡. 金融学[M]. 北京：科学出版社，2003.
[17] 潘淑娟. 货币银行学[M]. 北京：中国财政经济出版社，2008.
[18] 李双伟，宋建鹏. 货币银行学[M]. 杨凌：西北农林科技大学出版社，2007.
[19] 战玉锋. 金融法学理论与实务[M]. 北京：中国农业大学出版社，北京大学出版社，2010.
[20] 陈胜权. 货币银行学经典教材习题详解[M]. 北京：对外经济贸易大学出版社，2005.
[21] 徐筱雯. 金融学学习指导[M]. 北京：人民出版社，2009.
[22] 孙开焕，刘旸. 金融学概论[M]. 大连：东北财经大学出版社，2013.
[23] 南旭光，周孝华. 金融基础教程[M]. 2版. 北京：人民邮电出版社，2011.
[24] 张庆君，朱方圆. 货币银行学[M]. 2版. 大连：东北财经大学出版社，2014.
[25] 奚道同，张福双. 货币银行学[M]. 2版. 哈尔滨：哈尔滨工业大学出版社，2012.
[26] 艾洪德，范立夫. 货币银行学[M]. 大连：东北财经大学出版社，2011.